PCs
Atualização e Manutenção

M946p	Mueller, Scott
	  PCs, atualização e manutenção: guia prático / Scott Mueller e Mark E. Soper; trad. Edson Furmankiewicz. – Porto Alegre: Bookman, 2002
	
	  1. Computadores – Manutenção – PCs – Guia. I Soper, Mark E. II. Título
	
	CDU 621.381.9(023)

Catalogação na publicação: Mônica Ballejo Canto – CRB 10/1023
ISBN 85-363-0042-6

Scott Mueller e Mark E. Soper

PCs
Atualização e Manutenção

**Guia
Prático**

TRADUÇÃO:
Edson Furmankiewicz

REVISÃO TÉCNICA:
Anatólio Laschuk
Professor do Departamento de Engenharia Elétrica da
Universidade Federal do Rio Grande do Sul

2002

Obra originalmente publicada sob o título
Upgrading and Repairing PCs: Field Guide, 1st Edition
© 2002, QUE
Tradução a partir do original em inglês autorizada conforme acordo com Pearson Education, Inc. Todos os direitos reservados.

ISBN 0-7897-2694-7

Capa: *Joaquim da Fonseca*

Leitura final: *Daniel Grassi*

Supervisão editorial: *Arysinha Jacques Affonso*

Editoração eletrônica: *Laser House*

Reservados todos os direitos de publicação em língua portuguesa à
ARTMED® EDITORA S.A.
(BOOKMAN® COMPANHIA EDITORA é uma divisão da ARTMED® EDITORA S.A.)
Av. Jerônimo de Ornelas, 670 - Santana
90040-340 – Porto Alegre – RS – Brasil
Fone: (51) 3330-3444 – Fax: (51) 3330-2378

É proibida a duplicação ou reprodução deste volume, no todo ou em parte, sob quaisquer formas ou por quaisquer meios (eletrônico, mecânico, gravação, fotocópia, distribuição na Web e outros), sem permissão expressa da Editora.

SÃO PAULO
Av. Rebouças, 1073 – Jardins
05401-150 – São Paulo – SP – Brasil
Fone: (11) 3062-3757 – Fax: (11) 3062-2487

SAC 0800 703-3444

IMPRESSO NO BRASIL
PRINTED IN BRAZIL

Sobre os autores

Scott Mueller é presidente da Mueller Technical Research, uma empresa internacional de pesquisa e treinamento corporativo. Desde 1982, a MTR especializou-se em seminários, os mais eficientes, profundos e exatos, para empresas sobre hardware e treinamento técnico de PC, mantendo uma lista de clientes que inclui empresas da lista das 500 maiores da revista *Fortune*, o governo dos EUA e governos estrangeiros, importantes corporações de software e hardware, bem como entusiastas e empresários de PC. Seus seminários foram apresentados para vários milhares de profissionais de suporte de PC por todo o mundo.

Scott desenvolveu e apresentou cursos de treinamento em todas as áreas de hardware e software de PC. É especialista em hardware de PC, sistemas operacionais e técnicas de recuperação de dados. Atualmente, passa aproximadamente de 20 a 25 semanas por ano "na estrada", ministrando seus seminários em vários clientes corporativos. Para obter informações adicionais sobre um hardware de PC personalizado ou seminários de treinamento de recuperação de dados para sua organização, entre em contato com Lynn no endereço:

Mueller Technical Research

21 Spring Lane

Barrington Hills, IL 60010-9009

(847) 854-6794

(847) 854-6795 Fax

Internet: scottmueller@compuserve.com

Web: http://www.upgradingandrepairingpcs.com

http://www.m-tr.com

Scott tem muitos livros populares, artigos e materiais de curso com seus créditos, incluindo o livro *Upgrading and Repairing PCs*, que vendeu mais de dois milhões de cópias nos EUA, tornando-o de longe o livro mais popular de hardwares de PC no mercado atualmente.

Se você tiver sugestões para a próxima versão do livro ou qualquer comentário sobre o livro em geral, envie-os para Scott através do correio eletrônico `scottmueller@compuserve.com` ou visite a página `www.upgradingandrepairingpcs.com` e clique no botão Ask Scott.

Quando não está trabalhando em livros relacionados com PC ou ministrando seminários, em geral Scott pode ser encontrado em sua oficina, envolvido com vários projetos. Este ano ele continua a trabalhar em sua motocicleta personalizada Harley 99 FLHRCI Road King Classic com um motor Twin-Cam de 95 cilindradas (*Te vejo em Sturgis, <g>*, bem como em uma Grand Cherokee 1998 de 5,9 L modificada (imagine um utilitário esportivo envenenado).

Mark Edward Soper é presidente da Select Systems and Associates, Inc., empresa de redação e treinamento técnicos.

Mark ensina a solucionar problemas de computador e outros assuntos técnicos a milhares de alunos, do Maine ao Havaí, desde 1992. É técnico de hardware certificado com A+ e um profissional certificado pela Microsoft. Mark escreve documentos técnicos desde meados da década de 1980 e contribuiu para muitos outros livros da Que, incluindo *Upgrading and Repairing PCs, 11th, 12th, e 13th Editions, Upgrading and Repairing Networks, Second Edition, Special Edition Using Microsoft Windows Millennium Edition, Special Edition Using Microsoft Windows XP Home Edition* e *Special Edition Using Microsoft Windows XP Professional Edition*. Mark foi co-autor da primeira e segunda edições de *Upgrading and Repairing PCs, Technician's Portable Reference e Upgrading and Repairing PCs: A+Study Certification Guide, Second Edition*. É autor de *The Complete Idiot's Guide to High-Speed Internet Connections* e co-autor de *TechTV's Upgrading Your PC*.

Mark escreve para importantes revistas de informática desde 1990, com mais de 140 artigos em publicações como *SmartComputing, PCNovice, PCNovice Guides* e *PCNovice Learning Series*. Seus trabalhos iniciais foram publicados na *WordPerfect Magazine, The WordPerfectionist* e *PCToday*. Muitos dos artigos de Mark estão disponíveis em exemplares atrasados que podem ser encomendados pelo correio ou através da World Wide Web no endereço `www.smartcomputing.com`. A Select Systems mantém um índice de assuntos de todos os artigos de Mark na página `http://www.selectsystems.com`.

Mark recebe comentários pelo e-mail `mesoper@selectsystems.com`.

Sobre o editor técnico

Mark Reddin é presidente da Trinity Microsystems, Inc., revendedora de equipamentos de informática e prestador de serviços de manutenção em Indiana. É Engenheiro de Sistemas certificado pela Microsoft (MCSE) e técnico de PC certificado com A+ que se divertia utilizando, estragando e consertando computadores desde os primeiros dias das máquinas Commodore e Atari. Mark ainda se diverte envolvendo-se com computadores e redes em um nível prático e freqüentemente pode ser encontrado nas "trincheiras", configurando hardwares e trocando cabos. Esteve envolvido em várias publicações da Que, fornecendo verificação e desenvolvimento técnicos. Você pode entrar em contato com ele pela sua página da Web no endereço www.trinitymicrosystems.com.

Os autores agradecem qualquer comentário ou sugestão que o leitor deseje fazer e lembram que eles não podem ajudar a resolver problemas técnicos relacionados às questões do livro. Os comentários podem ser enviados em inglês, juntamente com o título e o autor da obra, por fax, através do número 317-581-4666 nos EUA, pelo e-mail feedback@quepublishing.com, ou por carta, para o endereço:

Greg Wiegand
Que
201 West 103rd Street
Indianapolis, IN 46290 EUA

Dedicatória

A Edward, Ian e Jeremy — que amam ver o que há dentro da caixa.

— Mark Soper

Agradecimentos

Mark agradece a Scott Mueller, cuja série *Upgrading and Repairing PCs* fez uma diferença surpreendente em seu conhecimento de PCs e em sua carreira; a Rick Kughen e às demais pessoas da equipe da Que, cujo suporte, orientação e estímulo foram impressionantes; a Mark Reddin, por seus comentários técnicos especializados; e a Cheryl, por lembrá-lo do que é mais importante na vida e na eternidade.

Sumário

Introdução 20

1 Referência técnica geral 21

Referência rápida para os componentes de subsistema do PC 21

A placa-mãe e seus componentes 24

Entendendo bits e bytes 25
    Abreviações-padrão de capacidade e seus significados 25

Glossário de termos essenciais 26

Conversões hexadecimais/ASCII 32

Números de release/versão do Windows 39

2 Componentes e configuração de sistema 41

Processadores e suas larguras de barramento de dados 41

Diferenças entre os sistemas PC/XT e AT 42

Especificações de processadores Intel e compatíveis 43

Solucionando problemas do processador 49

Formatos da placa-mãe 51
    Placa-mãe Baby-AT 51
    Placa-mãe LPX 52
    Placa-mãe ATX 53
    Placa-mãe NLX 53

Como identificar as placas-mãe? 54

Códigos de cores PC99 para portas 54

Fontes de alimentação 55
    Fontes de alimentação LPX versus ATX 56
    Conectores de alimentação para a(s) unidade(s) de disco 57
    Conectores da fonte de alimentação ATX ... 58
    Conectores de alimentação elétrica ATX principal e auxiliar proprietários da Dell 60
    Tabela de referência rápida para solução de problemas de fontes de alimentação 61

Tipos de memórias 62
    DIMMs 63
    RDRAM 63
    SDRAM DDR 64

Memória com paridade versus sem paridade 65
Requisitos para utilização de memória ECC 66
Utilizando a regra de "dividir por 9" para
determinar o suporte de paridade 67
Expandindo a memória em um sistema 67
Solução de problemas de memória 68
Utilização da memória dentro do sistema 68
Dispositivos de hardware e firmware que
utilizam endereços de memória 69
Utilizando endereços de memória além de
1 MB (0FFFFF) 72
Determinando intervalos de endereço de
memória em uso 72

Outras questões de configuração de placas
de expansão 73
IRQs 74
DMA 76
Determinando a utilização real de IRQ e
DMA 76
Endereços de portas de E/S 78
Determinando intervalos reais de endereços de
E/S em utilização 81
Solucionando problemas de conflito de
recursos em placas suplementares de expansão..81

Slots de expansão 86
Barramento ISA, EISA e VL 86
PCI 86
AGP 87
Comparando os slots de expansão 88

3 Configurações e atualizações de BIOS 91

O que é e o que faz o BIOS 91

Quando é necessária uma atualização de BIOS 91
Testes específicos para determinar se seu BIOS
precisa de atualização 92
Corrigindo as limitações de BIOS —
correções e alternativas de BIOS 92

Como são feitas as atualizações de BIOS 93

De onde vêm as atualizações de BIOS 93

Precauções a tomar antes de se atualizar um BIOS 94

Como recuperar o sistema após um procedimento
malsucedido de atualização de BIOS 95

BIOS Plug-and-Play 96

Sumário **11**

Opções de configuração de BIOS PnP 97
Quando utilizar as opções de configuração
de BIOS PnP 99
Outras dicas para a solução de problemas de BIOS 100
Configurações Soft do BIOS da velocidade
de CPU e de multiplicadores 101
Determinando qual BIOS você tem 101
Determinando o fabricante da placa-mãe para a
atualização de BIOS 102
    Identificando placas-mãe com BIOS AMI 102
    Identificando placas-mãe com BIOS Award 104
    Identificando placas-mãe com BIOS
    Phoenix ou Microid Research 104
Acessando os programas de configuração de BIOS 104
Como o BIOS informa os erros 105
    Códigos de bipe do BIOS e seus propósitos 106
    Códigos de bipe do BIOS AMI e soluções 106
    Códigos de bipe do BIOS Award 108
    Códigos de bipe do BIOS Phoenix 108
    Códigos de bipe do BIOS IBM e códigos de
    erro alfanumérico 109
Códigos de bipe do BIOS Microid Research 110
Códigos de bipe e POST de outros fabricantes
de BIOS e de placa-mãe 110
Lendo os códigos de erro do BIOS 110
    Mensagens de erro na tela 110
    Interpretando os códigos e as mensagens de erro 111
Planilha de configuração do BIOS 111

**4 Unidades de disco SCSI e ATA e
unidades óticas 115**
Entendendo a terminologia do disco rígido 115
    Cabeçotes, setores por trilha e cilindros............115
        Cabeçotes de unidade de disco rígido 116
        Setores por trilha 116
        Cilindros 116
Identificação da unidade de disco IDE/ATA 117
    Unidades mestres e escravos 117
Padrões ATA 119
    Limites de capacidade da unidade ATA/IDE 120
    Quebrando a barreira dos 528 MB das unidades
    de disco 121

Sumário

Utilizando o modo LBA 122
    Quando o modo LBA é necessário — e quando
    não 123
    Problemas com suporte de LBA no BIOS 123
    Perigos de se alterar as configurações de tradução 124
    Detectando falta de suporte do modo LBA em
    seu sistema 124
    Utilizando o FDISK para determinar problemas
    de compatibilidade entre o disco rígido e o
    BIOS 125
    A especificação Enhanced Disk
    Drive (EDD) do Bios 127
    Obtendo suporte de LBA e de BIOS Enhanced
    Disk Drive (EDD) para seu sistema 127
    Determinando se seu sistema suporta EDD 128
    Questões de capacidade do drive no
    Microsoft Windows 95 e 98 129

Fontes para a atualização de BIOS e alternativas de
    suporte para discos rígidos ATA grandes 130

Configurações-padrão e configurações alternativas
    de jumper 131

Aumentando a velocidade do disco rígido 131

Ultra DMA 132
    Questões com o UDMA/66 e o UDMA/100 133

Chipsets de bus mastering para ATA 134

Benefícios da determinação manual dos
    tipos das unidades 136

Solucionando problemas de instalação do drive ATA 137

Serial ATA 138

SCSI 139
    Tipos de SCSI e taxas de transferência de dados 139

SCSI com terminação simples versus SCSI diferencial 141
    Dispositivos diferenciais de baixa voltagem 141

Configurações SCSI de drive e de dispositivo 142
    ID de dispositivo SCSI 142
    Terminação SCSI 144

Solucionando problemas de configuração SCSI 144

Preparação do disco rígido 149

Utilizando o FDISK 150
    Limites de tamanho de letra da unidade 150
    Suporte a discos rígidos grandes 151

Benefícios do particionamento do disco rígido 152
Tamanhos de cluster FAT32 versus FAT16 153
Convertendo FAT16 para FAT32 153
Considerações de NTFS e tamanhos-padrão
   de cluster 154

Como o particionamento de disco e o sistema
operacional criam e alocam letras da unidade 155
   Atribuindo letras de drive com FDISK 156
   Diferenças entre FDISK e o gerenciamento
     de disco 158
   Formatação de alto nível (DOS) 158

Programas de terceiros para instalação de disco rígido ..160

Métodos de transferência de dados para migração
   de drive 162
   XCOPY 162
   Utilitários de cópia de unidade 163

Solução de problemas e manutenção de unidades
   de disco rígido 164
   Erros de configuração de sistema e de drive 165

Tipos de interface de unidade ótica 166

Acesso por linha de comando no MS-DOS aos drives
   de CD-ROM para recarregar o Windows 166

Solucionando problemas das unidades óticas 168
   Falha ao ler um CD 168
   Falha ao ler discos CD-R e CD-RW em uma
     unidade de CD-ROM ou DVD-ROM 168
   A unidade de CD-ROM ATA/ATAPI está lenta 169
   Problema ao se utilizar CDs de inicialização 170

5   Armazenamento em disquete, fita removível e memória flash 171

Unidades de disquete 171
   Onde falham as unidades de disquete — e
     correções simples 172
   Recursos de hardware de unidade de disquete e
     conflitos em potencial 174
   Conectores de dados e alimentação de unidades de
     disco 174
   Solucionando problemas da unidade de
     disquete 177
   Mensagens de erro comuns da unidade de
     disquete — causas e soluções 178

Unidades de armazenamento removíveis 180

Fontes para mídia de unidade "órfã",
manutenção, drivers e suporte 184
Solucionando problemas de unidades de
mídia removível 185
Tipos de dispositivos de memória flash 186
Solucionando problemas de dispositivos de
memória flash 187
Unidades e mídia de backup de fita 187
Padrões comuns de backup de fita 187
Unidades e mídia de fita Travan 188
Além da Travan — dispositivos maiores de
backup de fita 189
Procedimentos bem-sucedidos de backup e
restauração em fita 190
Solucionando problemas da unidade de fita 191
Retensionamento de fita 194

6 Dispositivos e portas seriais e paralelas 195

Entendendo as portas seriais 195
Pinagens para portas seriais 195

UARTs 197
Tipos de UART 197
Identificando o UART do seu sistema 199

Portas seriais de alta velocidade (ESP e Super ESP) 200

Configuração de porta serial 200
Evitando conflitos com portas seriais 201
Solucionando problemas de portas de E/S no
Windows 9x/Me/2000/XP 202
Diagnósticos avançados que utilizam o teste de
loopback 202

Modems 203
Modems e portas seriais 203
56 Kbps e padrões mais antigos de modulação
de modem 203
Atualizando de X2 ou K56flex para V.90 com
atualização de flash 204
Modems externos versus internos 206
Solucionando problemas de modem 207
Pinagens para cabo de modem externo (9 pinos
no PC) 209

Conectores de porta paralela 210
Desempenho de porta paralela 210
Configurações de porta paralela 211
Testando portas paralelas 212

Solucionando problemas de dispositivos e
portas paralelas 212
Impressoras 213
Comparando impressoras baseadas em
hospedeiro com as baseadas em PDL 215
Problemas de hardware da impressora 216
Problemas de conexão da impressora 218
Problemas de aplicativo e driver de impressora 220

7 Portas e dispositivos USB e IEEE-1394 223

Universal Serial Bus 223
Identificação da porta USB 223
Pinagem para o conector USB 223
Localizações típicas da porta USB 224
Adicionando portas USB a seu
computador 224
USB 1.x versus USB Hi-Speed (USB 2.0) 224
Pré-requisitos para se utilizar portas e periféricos
USB 227
Utilizando hubs de USB com portas de legado
(seriais, paralelas e PS/2) 228
Fontes de referência on-line para suporte
adicional a USB 229
Solucionando problemas de portas USB 229
IEEE-1394 231
Adicionando portas IEEE-1394 ao seu
computador 232
Versões futuras e atuais de IEEE-1394 232
Comparando IEEE-1394a e USB 1.1/2.0 233
Solucionando os problemas de controladoras
e dispositivos IEEE-1394 234
IEEE-1394 e Linux 234
Fontes on-line para se obter suporte adicional ao
IEEE-1394 235

8 Teclados, mouses e dispositivos de entrada 237

Designs de teclado 237
Utilizando as teclas do Windows 237
Comandos somente de teclado para o
Windows 9x/NT4/2000/Me com
qualquer teclado 238
Tipos de teclado 241
Limpando um teclado 242

16 Sumário

Ajustando os parâmetros de teclado no Windows 243
Leiautes do teclado e códigos de varredura 243
Conectores de teclado 247
   Sinais de conectores de teclado 247
Requisitos de teclado USB 248
Solução de problemas e manutenção de teclado 249
Especificações de voltagens e de sinais do conector de teclado 250
Códigos de erro de teclado 250
Mouses e dispositivos apontadores 251
   Métodos de detecção do movimento do mouse 251
   Tipos de interface do dispositivo apontador 252
   Tipos de mouse sem-fio 253
   Drivers de software para o mouse 253
   Dispositivos apontadores alternativos 254
Solucionando problemas de mouse 255

9 Vídeo e áudio 259

Resolução de monitor 259
   CRTs versus LCDs 259
   Resoluções comuns de monitor 260
Modos de gerenciamento de energia do monitor 261
Pinagens do conector de vídeo VGA 262
   Pinagem do conector analógico DB-15 VGA 262
   Pinagens da Interface Visual Digital (DVI) 263
RAM de vídeo 264
Memória, resolução e profundidade da cor 265
Determinando a quantidade de RAM em sua placa de vídeo 268
Padrões de vídeo de barramento local 268
Taxas de reatualização (refresh) 269
   RAMDAC 269
   Ajustando a taxa de atualização do vídeo 270
   Comparando placas de vídeo que têm o mesmo chipset 270
Configurar suporte a múltiplos monitores nos Windows 98/Me/2000/XP 271
   Questões de configuração de sistema para suporte a múltiplos monitores 272
   Placas de vídeo para múltiplos monitores 273
Dispositivos multimídia 274

Sumário **17**

Solucionando problemas de dispositivos de
  captura de vídeo 274
  Testando um monitor com aplicativos comuns 276

Conectores de E/S de áudio 278
  Conectores para recursos avançados 280
  Equipamento e software adicionais 280

Padrões de qualidade de áudio 281

Configurando as placas de som 282
  Placas de som PCI versus ISA 282
  Placas multifunção (modem e som) 283

Solucionando problemas de hardware de áudio 283
  Conflitos de recursos de hardware 283
  Detectando conflitos de recurso 283
  Causas mais comuns de conflitos de hardware
    com placas de som ISA 286
  Outros problemas de placas de som 286

10 Redes 289

Redes ponto-a-ponto versus cliente – servidor 289

Escolhendo hardware e software de rede 290
  NIC – placa de rede 291
  Cabo UTP 291
  Hubs e switches 292
  Software 293

Protocolos de rede 295
  IP e TCP/IP 295

Selecionando um protocolo de link de dados de
  rede (especificação) 296

Conectores de cabo de rede 297

Pareamento dos fios de um cabo de par trançado 298
  Fazendo seus próprios cabos UTP 299

Limitações de distância de cabeamento de rede 301

Opções de redes especializadas 302
  Redes de linha telefônica 302
  Padrões de rede sem-fio 303
  Questões de configuração e seleção de rede
    sem-fio 305
  Calculando o custo por usuário para sua rede
    sem-fio 306

Configurações de protocolo de rede TCP/IP 307
  Configurando uma rede doméstica 308
  Roteadores e TCP/IP 308

Planilha de protocolo TCP/IP 309
Solucionando problemas de redes 311
   Solucionando problemas de configuração
   de software de rede 311
   Solucionando problemas de redes em utilização ..312
   Solucionando problemas de TCP/IP 313
Compartilhamento de conexão com a Internet (ICS) 314
   Requisitos para o ICS 315
Conexões diretas via cabo 318
   Cabos de transferência de dados 319
   Software de conexão direta 320
   Configurando a conexão direta via cabo 320
   Utilizando a conexão direta via cabo 322
   Solucionando problemas de conexão direta
   via cabo 322

11 Ferramentas e técnicas 327

Informações gerais 327
Ferramentas de hardware e suas utilizações 327
   Ferramentas do ofício — instalação de
   unidades de disco 329
   Ferramentas do ofício — instalação da
   placa-mãe e das placas de expansão 330
   Ferramentas do ofício — instalação de
   dispositivos externos e conexões de rede 331
   Ferramentas do ofício — transferência de
   dados 333
   Ferramentas do ofício — limpeza e
   manutenção 333

12 Referência rápidas de conectores 335

Portas e cabos seriais 335
   Portas paralelas 336
   Portas SCSI 337
   USB e IEEE-1394 (FireWire) 339
Portas de teclado e mouse 340
Conectores de vídeo 341
   Porta de vídeo 341
   Cabos de vídeo 342

Portas de placa de som 343
    Portas externas básicas de placas de som 343
    Conectores internos de placas de som 345

Portas e cabos de rede e de modem 345
    Porta e cabo RJ-45 345
    Porta e conector de cabo RJ-11 346
    Conectores de rede mais antigos 346

Índice **349**

Introdução

Quer seja um técnico de manutenção de computadores ou ainda um aluno, você sabe exatamente a importância de se ter especificações técnicas, detalhadas e concisas na ponta dos dedos. Isso pode significar o sucesso ou fracasso do seu trabalho.

Infelizmente, os livros mais detalhados de hardware são muito grandes para carregar em uma pasta, em uma mochila de livros ou em seu bolso traseiro — onde você precisa deles.

PCs, Atualização e Manutenção: Guia Prático representa uma exceção nesse universo. Este livro conciso fornece somente as informações de que você precisa para atualizar ou consertar os PCs, sem sobrecarregá-lo. E contém mais informações práticas que as encontradas em volumes para serviço pesado em hardware de PC.

Embora você deva ver este livro como um companheiro para o best-seller de Scott Mueller, *Upgrading and Repairing PCs,* você também achará que ele é auto-suficiente. Embora muitas das informações estejam no livro principal, grande parte do que se encontra aqui é apresentado de uma forma resumida e fácil de localizar que o ajudará a terminar o trabalho rápida e eficientemente. Você também descobrirá que essa referência portátil contém algumas informações não encontradas no livro principal — as informações que foram especialmente projetadas para ajudar o técnico no seu trabalho de campo.

Recomendo que você mantenha o livro *Upigrading and Repairing PCs, 13th editon* (ISBN: 0-7897-2542-8) em sua escrivaninha ou bancada e *PCs Atualização e Manutenção: Guia Prático* com seu kit de ferramentas, de modo que ele esteja sempre pronto para ir com você a qualquer lugar e qualquer hora — quer seja o local de trabalho de um cliente ou uma sala de aula.

Capítulo 1
Referência técnica geral

Referência rápida para os componentes de subsistema do PC

A Tabela 1.1 lista os principais subsistemas de PC e como são configurados. Utilize essa tabela como atalho para o(s) lugar(es) mais provável(is) onde se deve procurar problemas com esses subsistemas. Assim, dirija-se para o capítulo apropriado para obter informações adicionais.

PCs, Atualização e Manutenção

Tabela 1.1 — Principais subsistemas do PC

Subsistema	Componentes	Como é controlado e configurado	Onde fica localizado ou como é encaixado	Veja os capítulos para obter detalhes
Placa-mãe	CPU, RAM, BIOS, slots de expansão, RTC/NVRAM, bateria	Jumper ou configuração de BIOS (CPU), configuração de BIOS (todos os outros)	Interior do gabinete	2, 3
Portas-padrão de E/S	Serial (COM)	BIOS e sistema operacional	Traseira da placa-mãe ou placa suplementar	3, 6
	Paralela (LPT)	BIOS e sistema operacional	Traseira da placa-mãe ou placa suplementar	3, 6
	USB	BIOS e drivers do OS	Traseira da placa-mãe, frente do gabinete ou placa suplementar	3, 7
	Mouse PS/2	Blocos de jumper MB, BIOS e drivers do OS	Traseira da placa-mãe	3, 8
	Teclado	BIOS e drivers do OS	Traseira da placa-mãe	3, 8
Portas opcionais de E/S	IEEE-1394	Drivers do fabricantes, drivers do OS e BIOS	Placa suplementar ou traseira da placa-mãe	3, 7
	Modem analógico	Drivers do fabricantes, drivers do OS, blocos de jumper na placa suplementar, BIOS	Placa suplementar ou placa riser AMR/CMR ou conectada a portas COM ou USB externas	6
	Som	Drivers do OS, BIOS, blocos de jumper na placa suplementar	Placa baseada na placa-mãe ou placa suplementar, ou placa riser AMR/CMR	10
	SCSI	Drivers do OS, BIOS de placa suplementar, switches de placa suplementar, BIOS	Placa suplementar ou conectores da placa-mãe	4
Dispositivos de entrada	Mouse, trackball, touchpad, teclado	Drivers do fabricantes, drivers do OS, BIOS	Conectado a portas USB, PS/2 ou COM	8
		Drivers do OS, BIOS	Conectado a portas USB ou OS/2	8
Armazenamento de massa padrão	Disquete	Drivers do OS, BIOS	Interface de disquete de placa-mãe	5
	IDE	Drivers do OS, BIOS	Interface de placa-mãe IDE	4

Tabela 1.1	Principais subsistemas do PC (continuação)			
Subsistema	Componentes	Como é controlado e configurado	Onde fica localizado ou como é encaixado	Veja os capítulos para obter detalhes
Armazenamento de massa em mídia removível	CD-ROM, DVD-ROM	Drivers do OS, BIOS	Interface IDE da placa-mãe, SCSI, IEEE-1394 ou portas USB	4
	CD-RW, unidades graváveis de DVD	Drivers do OS, BIOS, drivers de aplicativo	Placa-mãe da interface IDE, SCSI, IEEE-1394 ou portas USB	4
	SuperDisk, Jaz, Zip, Peerless	Drivers de fabricantes drivers de OS, BIOS	IDE, SCSI, USB, IEEE-1394, porta LPT (varia com o dispositivo)	4
	Backup de fita	Drivers de fabricantes, drivers do OS, drivers de aplicativo	IDE, SCSI, USB, IEEE-1394, porta LPT (varia com o dispositivo)	4
Vídeo	Placas de vídeo ou vídeo integrado	Drivers de fabricantes (recursos avançados), BIOS (recursos básicos)	Slot AGP ou PCI	9
	Monitor	Drivers de fabricantes, drivers do OS	Porta VGA ou DVI na traseira da placa-mãe ou placa de vídeo suplementar	9
Fonte de alimentação	Fonte de alimentação	Auto-seleciona a voltagem ou utiliza chave deslizante na traseira da unidade; algum BIOS talvez exiba níveis de voltagem	Traseira do gabinete ou parte superior traseira do gabinete	2

A placa-mãe e seus componentes

A Figura 1.1 mostra uma placa-mãe típica, com seus principais componentes rotulados como apareceriam antes da instalação em um sistema.

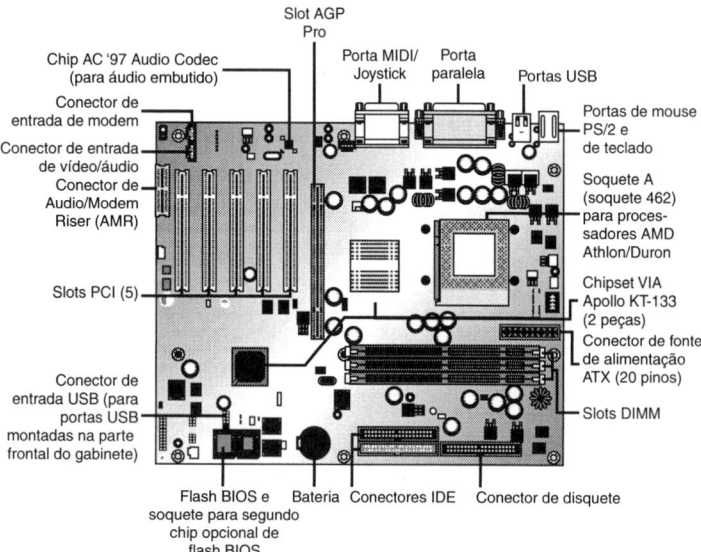

Figura 1.1 Uma placa-mãe típica ATX (vista de cima).

A Figura 1.2 mostra as portas em uma placa-mãe típica ATX como seriam vistas da parte traseira do sistema. As placas-mãe sem vídeo integrado freqüentemente têm uma segunda porta serial no lugar do VGA, e as placas-mãe sem Ethernet ou áudio integrados omitem essas portas.

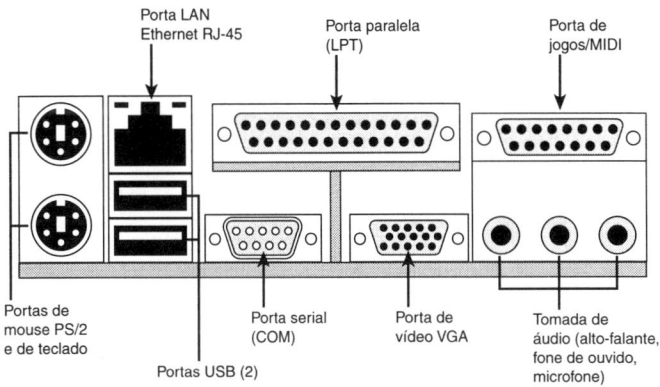

Figura 1.2 Portas na parte traseira de uma placa-mãe ATX, com portas integradas de áudio e LAN.

Entendendo bits e bytes

A base de toda a memória e de todos os cálculos de tamanho de disco é o *byte*. Ao armazenar os dados simples de texto, um byte é igual a um caractere.

Os dados também podem ser armazenados ou transmitidos em partes de um byte. O *bit* é igual a 1/8 de um byte — ou, em outras palavras, um byte é igual a 8 bits. Lembre-se da diferença entre bits e bytes quando você revisar a tabela de abreviações de capacidade marcada e seus significados.

Quando os bits e os bytes são utilizados como parte de alguma outra medida, a diferença entre bits e bytes freqüentemente é marcada pelo uso de uma letra "B" minúscula ou maiúscula. Por exemplo, os megabits em geral são abreviados com uma letra b em minúscula, resultando na abreviação Mbps para megabits por segundo, ao passo que MBps indica megabytes por segundo.

Abreviações-padrão de capacidade e seus significados

Utilize a seguinte tabela para traduzir megabytes, gigabytes e outras abreviações utilizadas para se referir à memória e ao espaço em disco em seus valores decimais ou binários.

As abreviações-padrão da indústria para as unidades utilizadas que medem a capacidade das unidades magnéticas (e outras) são mostradas na Tabela 1.2.

Tabela 1.2	Abreviações-padrão e seus significados		
Abreviação	Descrição	Potência	Valor
K	Kilo	10^3	1000
Ki*	Kibi	2^{10}	1024
M	Mega	10^6	1.000.000
Mi*	Mebi	2^{20}	1.048.576
G	Giga	10^9	1.000.000.000
Gi*	Gibi	2^{30}	1.073.741.824
T	Tera	10^{12}	1.000.000.000.000
Ti*	Tebi	2^{40}	1.099.511.627.776
P	Peta	10^{15}	1.000.000.000.000.000
Pi*	Pebi	2^{50}	1.125.899.906.842.624

Nota da tabela: esses prefixos e significados foram padronizados pela International Electrotechnical Commission (IEC) em dezembro de 1998, mas ainda não foram divulgados.

De acordo com o novo padrão de prefixo, 1 mebibyte (1 MiB = 2^{20} B = 1.048.576 B). É o mesmo valor primeiramente mencionado por alguns como um megabyte binário. Um megabyte (1 MB = 10^6 B = 1.000.000 B); esse valor era anteriormente chamado por alguns como megabyte decimal. Entretanto, M ou MB podem significar milhões de decimais ou mebibytes binários. De maneira semelhante, G ou GB podem significar bilhões de decimais ou gibibytes binários.

Em geral, os valores de memória são expressos utilizando-se os valores binários, enquanto as capacidades de disco podem aparecer de qualquer maneira. Isso freqüentemente gera confusão ao informar as capacidades de disco porque muitos fabricantes tendem a utilizar qualquer valor que faz seus produtos parecerem melhores. Por exemplo, as capacidades da unidade são freqüentemente avaliadas em bilhões de decimais (G — Giga), enquanto a maioria dos chips da BIOS e dos utilitários do sistema operacional como o Fdisk do Windows avaliam a mesma unidade em gigabytes binários (Gi — Gibi).

Glossário de termos essenciais

Tabela 1.3	Termos e suas definições
Termo	Definição
ACPI	Advanced Configuration and Power Interface (Interface de Energia e Configuração Avançada). Gerenciamento de energia para todos os tipos de dispositivos de computador.
AGP	Accelerated Graphics Port (Porta Gráfica Aceleradora) desenvolvida pela Intel. Uma interface de slot dedicada e rápida entre o adaptador de vídeo ou chipset e o chipset da placa-mãe North Bridge. A porta AGP tem 32 bits de largura, trabalha a 66 MHz e pode transferir 1, 2 ou 4 bits por ciclo (modos de 1x, 2x e 4x).
APM	Advanced Power Management (Gerenciamento de Energia Avançada). O gerenciamento de energia para unidades de disco e monitores.

Tabela 1.3 — Termos e suas definições (continuação)

Termo	Definição
ATA	AT Attachment (também denominado IDE). Uma interface de armazenamento utilizada nos PCs desde o final da década de 1980. A interface de 40 pinos utilizada na maioria das unidades de disco, CD-ROMs e outros dispositivos internos de armazenamento.
ATAPI	AT Attachment-Packet Interface. Versão modificada da interface IDE que suporta mídia removível e unidades óticas que utilizam drivers de software. Pode coexistir no mesmo cabo com unidades de disco ATA.
Barramento de dados	A conexão que transmite os dados entre o processador e o resto do sistema. A largura do barramento de dados define o número de bits de dados que podem ser movidos para dentro ou para fora do processador em um ciclo.
BIOS	Basic Input/Output System (Sistema Básico de Entrada/Saída). Uma coleção de drivers utilizados para interfacear o sistema operacional com o hardware.
Cluster	O espaço mínimo em disco realmente utilizado por um arquivo quando é armazenado. Também chamado de uma *unidade de alocação*. Esse tamanho aumenta com as unidades maiores devido às limitações do tamanho de FAT.
Códigos de bipe	Uma série de um ou mais bipes utilizados pelo BIOS de sistema para informar erros. Os códigos de bipe variam de acordo com a marca e versão de BIOS.
COM	Communication Port. Também chamada de porta *serial*.
CPU	Central Processing Unit (Unidade Central de Processamento). Os "cérebros" de um computador.
CRT	Cathode-Ray Tube (Tubo de Raios Catódicos). Tecnologia de vídeo de tubo de imagem semelhante à TV convencional utilizada na maioria dos monitores de mesa.
DCC	Direct Cable Connection (Conexão Direta via Cabo). O programa Windows 9x/Me/2000 que permite aos computadores conectar-se por meio de portas paralelas ou seriais. O Windows NT 4.0 suporta somente conexões de porta serial.
Device Manager	(Gerenciador de Dispositivos). Parte da folha de Propriedades do Sistema para o Windows 99x/2000/Me/XP que permite visualizar, alterar a configuração e remover os dispositivos e drivers de sistema e suplementares.
DFP	Digital Flat Panel (Painel Digital Plano). Um padrão de monitor digital primitivo substituído pelo DVI.
DIMM	Dual In-line Memory Module (Módulo de Memória em Dupla Fila). Primeiro tipo de dispositivo de memória que surgiu no final da década de 1990. As versões atuais têm 168 conectores laterais.
DMA	Direct Memory Access (Acesso Direto à Memória). O método de transferência de dados utilizado por alguns dispositivos para pular a CPU e sair diretamente da memória. Alguns dispositivos ISA exigem o uso de um canal DMA específico.
DNS	Domain Name System (Sistema de Nomes de Domínio). Faz a correspondência de endereços IP a sites da Web e nomes de servidor da Web.
DPMS	Display Power Management Standard. O padrão original de gerenciamento de energia para monitores.
DVD	Digital Versatile Disc. O padrão emergente para vídeo doméstico e também um suplemento popular para os computadores.
DVI	Digital Video Interface. O padrão de monitor digital atual.

PCs, Atualização e Manutenção

Tabela 1.3	Termos e suas definições (continuação)
Termo	**Definição**
ECC	Error-Correcting Code. Um método de correção de erro.Tipo de memória de sistema ou cache que é capaz de detectar e corrigir alguns tipos de erros de memória sem interromper o processamento. O ECC exige memória de paridade verificada mais uma placa-mãe compatível com ECC com ECC ativado.
EISA	Enhanced Industry Standard Architecture. Uma versão de 32 bits de ISA desenvolvida em 1989 e encontrada principalmente em servidores mais antigos. É obsoleta, mas pode ser utilizada para placas ISA.
FAT	File Allocation Table (Tabela de Alocação de Arquivos). Diretório em disco que lista os nomes de arquivo, os tamanhos e as localizações de todos os clusters em um arquivo. O tamanho da FAT limita o tamanho da unidade.
FAT-16	FAT de 16 bits suportada pelo MS-DOS e Windows 95/95 OSR 1.x. A letra da unidade é limitada a 2,1 GB.
FAT-32	FAT de 32 bits suportada pelo Windows 95 OSR 2.x/98/Me. A letra da unidade é limitada a 2,1 TB.
FCC ID	Número de identificação colocado em todo hardware de computador para certificar a aprovação pela Federal Communications Commission. Utilize esse número para localizar drivers para algumas placas.
Firmware	"Software em um chip". Termo geral para o código de BIOS em placas-mãe e em dispositivos como modems, impressoras e outros.
Flash BIOS	BIOS/firmware em sistemas ou dispositivos que podem ser atualizados por software.
Flash compacto	Um tipo de dispositivo de memória flash.
Geometria de unidade	Combinação de cabeçotes, setores por trilha e cilindros utilizados para definir uma unidade IDE no programa de configuração da BIOS CMOS do sistema. Quando uma unidade é movida para outro sistema, a mesma geometria de unidade e configurações de tradução devem ser utilizadas para permitir ao novo sistema ler dados da unidade.
HomePNA	Home Phoneline Networking Alliance. Um grupo de entidades que desenvolve padrões para rede com linhas telefônicas dentro de uma casa ou pequeno escritório.
Host based	(Baseado em hospedeiro). Um tipo de impressora em que o computador processa os dados de imagem. Essas impressoras são mais baratas, mas menos versáteis que as que contêm uma linguagem de comandos de descrição de páginas ou de impressora.
Hub	Dispositivo que aceita múltiplas conexões, como hubs USB, 10BASE-T e 10/100 ou Fast Ethernet.
ICS	Internet Connection Sharing. Um recurso no Windows 98SE, Windows 2000 e Windows Me que permitem a um computador compartilhar sua conexão de Internet com outros computadores Windows, incluindo as versões originais do Win95 e Win98.
IDE	Integrated Drive Electronics. Mais adequadamente chamado de interface *AT Attachment*. Veja o item anterior "ATA".
IEEE-1284	Uma série de padrões de porta paralela que inclui modos bidirecionais de alta velocidade EPP e ECP.
IEEE-1394	Também chamado de *i.Link* e *FireWire*. Uma interface de conexão direta de alta velocidade para vídeo digital de alto desempenho e dispositivos de armazenamento e de digitalização.
IPX/SPX	(Linha de Pedido de Interrupção) Protocolos-padrão utilizados em redes NetWare 3.x/4.x.

Capítulo 1 – Referência técnica geral

Tabela 1.3 — Termos e suas definições (continuação)

Termo	Definição
IRQ	Interrupt Request Line. Utilizado por dispositivos para solicitar atenção da CPU.
ISA	Industry Standard Architecture, também denominada barramento AT. Um padrão de slot desenvolvido pela IBM em 1981 para placas de 8 bits e aprimorado pela IBM em 1984 para placas de 16 bits. Agora está obsoleto, embora alguns sistemas ainda tenham um ou dois slots ISA na placa.
KDE	K Desktop Environment, uma GUI popular para Linux.
LAN	Local area network – rede local.
LBA	Logical Block Addressing (Endereçamento Lógico de Blocos); um método baseado em BIOS de endereçar setores em uma unidade de disco para superar o limite de 8,4 GB imposto pelo endereçamento de setor do cabeçote de cilindro (cylinder head sector – CHS). Também pode ser implementado por placas suplementares ou drivers de software (não recomendado).
LCD	Liquid Crystal Display. A tecnologia de monitor de tela plana utilizada em notebooks e computadores desktop avançados.
Legacy	(Legado) Placa não–Plug-and-Play (PnP). Também pode referir-se a portas seriais e paralelas.
Local bus	(Barramento Local) Uma série de padrões de slot de alta velocidade (VL-Bus, PCI e AGP) para vídeos que pulam o barramento ISA lento.
Loopback	Um método de testar portas que envolve enviar dados e receber dados pela mesma porta. É implementado com conectores de loopback que faz um laço de transmissão de dados pelas linhas de envio para as linhas de recebimento.
LPT	Line Printer Port. Também chamado de porta *paralela*.
LS-120	Uma unidade de 3,5 pol. e o respectivo disco feito pela Imation (originalmente 3M) com capacidade de 120 MB. Também chamado de *SuperDisk*. A unidade também pode ler/gravar/formatar mídia-padrão de 3,5 pol de 1,44 MB.
MCA	Micro Channel Architecture. Um padrão de slot de 16/32 bits desenvolvido pela IBM em 1987 para seus modelos PS/2. Nunca se tornou popular fora dos círculos da IBM e agora está obsoleto e incompatível com qualquer outro padrão.
Memória flash	Dispositivo de memória cujo conteúdo pode ser alterado eletricamente, mas que não requer energia elétrica para reter seu conteúdo. Utilizado em câmeras digitais e players portáteis de música.
Memory Bank	(Banco de Memória) Quantidade de memória (em bits) igual ao barramento de sistema de uma CPU específica. O número de módulos de memória para alcançar um banco de memória em um sistema dado varia com a CPU e os tipos de memória que o sistema pode utilizar.
Memory Stick	Um tipo de dispositivo de memória flash desenvolvido pela Sony para utilização em sua câmera e produtos eletrônicos.
Mwave	Uma série de chips processadores digitais de sinais produzida pela IBM que combina funções de áudio e modem.
NetBEUI	Versão da Microsoft de protocolo de rede NetBIOS. Pode ser utilizado por pequenas redes não-roteáveis de grupo de trabalho.
NIC	Network Interface Card – placas de rede. Conecta o computador a uma rede local LAN.

Tabela 1.3 — Termos e suas definições (continuação)

Termo	Definição
Parity	(Paridade) Um método de verificação de erros em que um bit extra é enviado para o dispositivo receptor para indicar se um número par ou ímpar de bits 1 binários foi transmitido. A unidade receptora compara as informações recebidas com esse bit e pode obter uma avaliação razoável sobre a validade do caractere. A verificação de paridade era utilizada com muitos chips de memória antigos e SIMMs, mas é agora utilizada principalmente na configuração de modems e portas seriais.
Parity Error	(Erro de Paridade) Um erro exibido quando uma verificação de paridade de memória revela que foram armazenados valores incorretos.
PC Card	(Placa PC) Termo atual para a primeira placa PCMCIA padrão utilizado em computadores notebook.
PC/AT	Sistemas que utilizam uma CPU 80286 ou superior. Têm um barramento de dados de 16 bits ou mais largo.
PC/XT	Sistemas que utilizam uma CP8088 ou 8086. Têm um barramento de dados de 8 bits.
PCI	Peripheral Component Interconnect (Interconexão de Componentes Periféricos). Um padrão de slot de 32/64 bits desenvolvido pela Intel em 1992. A versão de 32 bits é utilizada em todos os PCs de meados da década de 1990 em diante na maioria das placas suplementares. A versão de 64 bits é encontrada em alguns servidores.
PCL	Printer Control Language (Linguagem de Controle de Impressoras). Uma série de comandos de controle de impressora e rotinas utilizadas pela Hewlett-Packard em suas impressoras Laserjet.
PCMCIA	Personal Computer Memory Card International Association, termo original para o que agora é chamado de *cartões PC*. São principalmente utilizadas em computadores notebook. Alguns utilizam o termo "cartão PCMCIA" para evitar confusão com placas suplementares comuns para computadores desktop.
PDL	Page Description Language (Linguagem de Descrição de Página). Termo geral para qualquer conjunto de comandos de impressora, como PCL ou postScript.
Peer server	Servidor ponto-a-ponto ou não-hierárquico. Computador que pode ser utilizado como cliente e que também compartilha impressoras, pastas e unidades com outros usuários.
PIO	Programmed input/output (Entrada/Saída Programada). Uma série de taxas de transferência de dados IDE que permite throughput de dados mais rápido. Tanto a unidade como a interface devem suportar o mesmo modo de PIO por segurança.
PnP	Plug-and-Play. A combinação de dispositivo suplementar, BIOS e sistema operacional (OS) que permite ao sistema operacional detectar, instalar software e configurar dispositivo. O PnP é suportado pelo Windows 9x/Me/2000/XP.
Porta E/S	Porta de entrada/saída. Utilizada para comunicar-se com a placa-mãe ou dispositivos suplementares. Todos os dispositivos requerem um ou mais intervalos de endereço de porta de E/S, que devem ser únicos para cada dispositivo.
POST	Power-on self-test (teste automático ao ligar). Um teste realizado pelo BIOS do sistema durante a inicialização do sistema.
PostScript	Linguagem sofisticada da Adobe para impressoras utilizada em impressoras a laser e jato de tinta (inkjet) projetadas para profissionais de artes gráficas.

Capítulo 1 – Referência técnica geral   31

Tabela 1.3	Termos e suas definições (continuação)
Termo	**Definição**
Profundidade da cor	Quantas cores uma placa de vídeo pode exibir em uma resolução dada. Quanto mais alta for a resolução, mais RAM é necessária para exibir uma profundidade de cor dada.
QIC	Quarter-Inch Committee. O comitê responsável pelos padrões de unidade de fita utilizados por muitos clientes de PC e servidores pequenos de rede.
QIC-EX	Cartuchos de capacidade extra desenvolvidos para algumas unidades QIC, QIC-Wide e Travan pela Verbatim.
Register size	(Tamanho de registrador). Número de bits de dados que a CPU pode processar em uma única operação.
Resolução	Combinação de píxeis horizontais e verticais em uma imagem. Monitores maiores suportam resoluções mais altas.
ROM BIOS	Read-only memory BIOS (BIOS em memória só de leitura). Um ou mais chips na placa-mãe ou em placas adaptadoras que contém drivers de BIOS e código necessário para iniciar ou inicializar o sistema.
RS-232	Padrão diverso de porta serial com muitas pinagens diferentes para dispositivos específicos. Suporta tanto portas de 9 pinos como de 25 pinos.
Scan codes	(Códigos de varredura). Códigos hexadecimais transmitidos pelo teclado quando as chaves são pressionadas. Deve ser convertido em ASCII para exibição na tela.
SCSI	Small Computer System Interface (Interface de Sistema para Computadores Pequenos). Uma família de interfaces de alto desempenho utilizadas em unidades de disco de alta velocidade, unidades óticas, scanners e outros dispositivos internos e externos. Cada dispositivo deve ter um número único de ID.
SIMM	Single In-line Memory Module (Módulo de Memória de Fila Simples). Tipo de dispositivo comum de memória do final da década de 1980 a meados de 1990. Pode ter 30 ou 72 conectores laterais.
Slot combinado	Um par de slots que compartilha um único suporte de placa. Também chamado de *slot compartilhado*. Somente um dos dois slots pode ser utilizado por vez.
SmartMedia	Um tipo de dispositivo de memória flash.
SoundBlaster	Família de placas de som de longa data da Creative Labs. O padrão *de facto* para áudio baseado em DOS.
TCP/IP	Transmission Control Protocol/Internet Protocol (Protocolo de Controle de Transmissão/Protocolo de Internet). O protocolo da World Wide Web e da Internet.
Teclas do Windows	Teclas além das 101 teclas do teclado normal que realizam tarefas especiais no Windows 9x/NT4/2000/Me/XP.
Travan	Uma família de unidades de fita e mídia desenvolvidas a partir dos padrões QIC e QIC-Wide pela Imation (originalmente 3M).
UART	Um chip de recepção/transmissão assíncrona universal. O coração de uma porta serial ou modem baseado em hardware.
UDMA	Ultra DMA. Uma série de taxas de transferência de dados IDE que utiliza DMA para desempenho mais rápido. Mais eficaz quando combinado com software de driver para controladora de disco rígido com controle de barramento.
USB	Universal Serial Bus (Barramento Serial Universal). Uma interface de alta velocidade baseada em hub para dispositivos apontadores, de impressão e de escaneamento.

Tabela 1.3	Termos e suas definições (continuação)
Termo	**Definição**
UTP	Cabo de par trançado não-blindado, como a Categoria 5 utilizada com Ethernet 10/100.
V.90	Padrão atual de modem discado de 56 Kbps de alta velocidade. Substituiu o x2 e K56flex.
V.92	Nova versão de V.90. Suporta espera de chamada e uploading mais rápido.
VESA	Video Electronic Standards Association. Grupo comercial de fabricantes de placas de monitor e de vídeo que desenvolvem vários padrões de gerenciamento de monitores e de energia.
VGA	Video Graphics Array. Uma família de padrões de vídeo analógico que suporta 16 ou mais cores e resoluções de 640 × 480 ou mais altas.
VL-Bus	VESA Local-Bus. Um padrão de slot baseado em ISA que adicionou um conector de 32 bits a slots ISA em alguns modelos de Pentium 486 e anteriores. É obsoleto, mas pode ser utilizado para placas ISA.
WINS	Windows Internet Naming Service. Faz a correspondência de endereços IP com computadores em uma rede Windows.
x86	Todos os processadores que são compatíveis com CPUs da Intel desde os originais 8088 até os mais novos Pentium 4s e Celerons. Pode referir-se tanto a CPUs da Intel como não-Intel (AMD, VIA/Cyrix) que executam instruções de x86.

Conversões hexadecimais/ASCII

Utilize a Tabela 1.4 para pesquisar as várias representações para qualquer caractere que você vê na tela ou que queira inserir em um documento. Você pode utilizar o Alt + números de teclado para inserir qualquer caractere em um documento ASCII que você cria com um programa como o Bloco de Notas do Windows ou o Edit do MS-DOS.

Tabela 1.4 Conversões hexadecimais/ASCII					
Dec	**Hexadecimal**	**Octal**	**Binário**	**Nome**	**Caractere**
0	00	000	0000 0000	branco	
1	01	001	0000 0001	face feliz	☺
2	02	002	0000 0010	face feliz em negativo	☻
3	03	003	0000 0011	coração	♥
4	04	004	0000 0100	ouros	♦
5	05	005	0000 0101	paus	♣
6	06	006	0000 0110	espadas	♠
7	07	007	0000 0111	marcador	•
8	08	010	0000 1000	marcador em negativo	◘
9	09	011	0000 1001	círculo	○
10	0A	012	0000 1010	círculo em negativo	◎
11	0B	013	0000 1011	símbolo masculino	♂
12	0C	014	0000 1100	símbolo feminino	♀

Capítulo 1 – Referência técnica geral

Tabela 1.4 Conversões hexadecimais/ASCII (continuação)

Dec	Hexadecimal	Octal	Binário	Nome	Caractere
13	0D	015	0000 1101	nota musical isolada	♪
14	0E	016	0000 1110	nota musical simples	♫
15	0F	017	0000 1111	sol	☼
16	10	020	0001 0000	triângulo à direita	►
17	11	021	0001 0001	triângulo à esquerda	◄
18	12	022	0001 0010	seta para cima/para baixo	↕
19	13	023	0001 0011	exclamação dupla	‼
20	14	024	0001 0100	sinal de parágrafo	¶
21	15	025	0001 0101	sinal de seção	§
22	16	026	0001 0110	marcador retangular	■
23	17	027	0001 0111	acima/abaixo da linha	↨
24	18	030	0001 1000	seta para cima	↑
25	19	031	0001 1001	seta para baixo	↓
26	1A	032	0001 1010	seta para direita	→
27	1B	033	0001 1011	seta para esquerda	←
28	1C	034	0001 1100	canto inferior esquerdo	∟
29	1D	035	0001 1101	seta esquerda/direita	↔
30	1E	036	0001 1110	triângulo para cima	▲
31	1F	037	0001 1111	triângulo para baixo	▼
32	20	040	0010 0000	espaço	Espaço
33	21	041	0010 0001	ponto de exclamação	!
34	22	042	0010 0010	aspas	"
35	23	043	0010 0011	sinal de número (sustenido)	#
36	24	044	0010 0100	sinal de cifrão	$
37	25	045	0010 0101	sinal de porcentagem	%
38	26	046	0010 0110	"e" comercial	&
39	27	047	0010 0111	apóstrofe	'
40	28	050	0010 1000	parêntese de abertura	(
41	29	051	0010 1001	parêntese de fechamento	)
42	2A	052	0010 1010	asterisco	*
43	2B	053	0010 1011	sinal de mais	+
44	2C	054	0010 1100	vírgula	,
45	2D	055	0010 1101	hífen ou sinal de menos	-
46	2E	056	0010 1110	ponto final	.
47	2F	057	0010 1111	barra	/

Tabela 1.4 Conversões hexadecimais/ASCII (continuação)

Dec	Hexadecimal	Octal	Binário	Nome	Caractere
48	30	060	0011 0000	zero	0
49	31	061	0011 0001	um	1
50	32	062	0011 0010	dois	2
51	33	063	0011 0011	três	3
52	34	064	0011 0100	quatro	4
53	35	065	0011 0101	cinco	5
54	36	066	0011 0110	seis	6
55	37	067	0011 0111	sete	7
56	38	070	0011 1000	oito	8
57	39	071	0011 1001	nove	9
58	3A	072	0011 1010	dois-pontos	:
59	3B	073	0011 1011	ponto-e-vírgula	;
60	3C	074	0011 1100	sinal de menor que	<
61	3D	075	0011 1101	sinal de igual	=
62	3E	076	0011 1110	sinal de maior que	>
63	3F	077	0011 1111	ponto de interrogação	?
64	40	100	0100 0000	arroba	@
65	41	101	0100 0001	A maiúsculo	A
66	42	102	0100 0010	B maiúsculo	B
67	43	103	0100 0011	C maiúsculo	C
68	44	104	0100 0100	D maiúsculo	D
69	45	105	0100 0101	E maiúsculo	E
70	46	106	0100 0110	F maiúsculo	F
71	47	107	0100 0111	G maiúsculo	G
72	48	110	0100 1000	H maiúsculo	H
73	49	111	0100 1001	I maiúsculo	I
74	4A	112	0100 1010	J maiúsculo	J
75	4B	113	0100 1011	K maiúsculo	K
76	4C	114	0100 1100	L maiúsculo	L
77	4D	115	0100 1101	M maiúsculo	M
78	4E	116	0100 1110	N maiúsculo	N
79	4F	117	0100 1111	O maiúsculo	O
80	50	120	0101 0000	P maiúsculo	P
81	51	121	0101 0001	Q maiúsculo	Q
82	52	122	0101 0010	R maiúsculo	R
83	53	123	0101 0011	S maiúsculo	S
84	54	124	0101 0100	T maiúsculo	T
85	55	125	0101 0101	U maiúsculo	U
86	56	126	0101 0110	V maiúsculo	V
87	57	127	0101 0111	W maiúsculo	W

Tabela 1.4 Conversões hexadecimais/ASCII (continuação)

Dec	Hexadecimal	Octal	Binário	Nome	Caractere
88	58	130	0101 1000	X maiúsculo	X
89	59	131	0101 1001	Y maiúsculo	Y
90	5A	132	0101 1010	Z maiúsculo	Z
91	5B	133	0101 1011	colchete de abertura	[
92	5C	134	0101 1100	barra invertida	\
93	5D	135	0101 1101	colchete de fechamento	]
94	5E	136	0101 1110	acento circunflexo	^
95	5F	137	0101 1111	sublinhado	_
96	60	140	0110 0000	acento grave	`
97	61	141	0110 0001	A minúsculo	a
98	62	142	0110 0010	B minúsculo	b
99	63	143	0110 0011	C minúsculo	c
100	64	144	0110 0100	D minúsculo	d
101	65	145	0110 0101	E minúsculo	e
102	66	146	0110 0110	F minúsculo	f
103	67	147	0110 0111	G minúsculo	g
104	68	150	0110 1000	H minúsculo	h
105	69	151	0110 1001	I minúsculo	i
106	6A	152	0110 1010	J minúsculo	j
107	6B	153	0110 1011	K minúsculo	k
108	6C	154	0110 1100	L minúsculo	l
109	6D	155	0110 1101	M minúsculo	m
110	6E	156	0110 1110	N minúsculo	n
111	6F	157	0110 1111	O minúsculo	o
112	70	160	0111 0000	P minúsculo	p
113	71	161	0111 0001	Q minúsculo	q
114	72	162	0111 0010	R minúsculo	r
115	73	163	0111 0011	S minúsculo	s
116	74	164	0111 0100	T minúsculo	t
117	75	165	0111 0101	U minúsculo	u
118	76	166	0111 0110	V minúsculo	v
119	77	167	0111 0111	W minúsculo	w
120	78	170	0111 1000	X minúsculo	x
121	79	171	0111 1001	Y minúsculo	y
122	7A	172	0111 1010	Z minúsculo	z
123	7B	173	0111 1011	chave de abertura	{
124	7C	174	0111 1100	linha vertical		
125	7D	175	0111 1101	chave de fechamento	}
126	7E	176	0111 1110	til	~

Tabela 1.4 Conversões hexadecimal/ASCII (continuação)

Dec	Hexadecimal	Octal	Binário	Nome	Caractere
127	7F	177	0111 1111	casinha	⌂
128	80	200	1000 0000	C cedilha maiúsculo	Ç
130	82	202	1000 0010	e minúsculo com acento agudo	é
131	83	203	1000 0011	a minúsculo com circunflexo	â
129	81	201	1000 0001	u minúsculo com trema	ü
132	84	204	1000 0100	a minúsculo com trema	ä
133	85	205	1000 0101	a minúsculo com acento grave	à
134	86	206	1000 0110	a minúsculo com anel	å
135	87	207	1000 0111	c cedilha minúsculo	ç
136	88	210	1000 1000	e minúsculo com circunflexo	ê
137	89	211	1000 1001	e minúsculo com trema	ë
138	8A	212	1000 1010	e minúsculo com acento grave	è
139	8B	213	1000 1011	I maiúsculo com trema	ï
140	8C	214	1000 1100	I maiúsculo com circunflexo	î
141	8D	215	1000 1101	I maiúsculo com acento grave	ì
142	8E	216	1000 1110	A maiúsculo com trema	Ä
143	8F	217	1000 1111	A maiúsculo com anel	Å
144	90	220	1001 0000	E maiúsculo com acento agudo	É
145	91	221	1001 0001	ligadura de "a" e "e" minúsculo	æ
146	92	222	1001 0010	ligadura de "A" e "E" maiúsculo	Æ
147	93	223	1001 0011	o minúsculo com circunflexo	ô
148	94	224	1001 0100	o minúsculo com trema	ö
149	95	225	1001 0101	o minúsculo com acento grave	ò
150	96	226	1001 0110	u minúsculo com circunflexo	û
151	97	227	1001 0111	u minúsculo com acento grave	ù
152	98	230	1001 1000	y minúsculo com trema	ÿ
153	99	231	1001 1001	O maiúsculo com trema	Ö
154	9A	232	1001 1010	U maiúsculo com trema	Ü
155	9B	233	1001 1011	sinal de centavo	¢
156	9C	234	1001 1100	sinal de libra	£
157	9D	235	1001 1101	sinal de iene	¥
158	9E	236	1001 1110	Pt	₧

Tabela 1.4 Conversões hexadecimais/ASCII (continuação)

Dec	Hexadecimal	Octal	Binário	Nome	Caractere
159	9F	237	1001 1111	função	ƒ
160	A0	240	1010 0000	a minúsculo com acento agudo	á
161	A1	241	1010 0001	i minúsculo com acento agudo	í
162	A2	242	1010 0010	o minúsculo com acento agudo	ó
163	A3	243	1010 0011	u minúsculo com acento agudo	ú
164	A4	244	1010 0100	n minúsculo com til	ñ
165	A5	245	1010 0101	N maiúsculo com til	Ñ
166	A6	246	1010 0110	vogal a longa	ā
167	A7	247	1010 0111	vogal o longa	ō
168	A8	250	1010 1000	ponto de interrogação invertido	¿
169	A9	251	1010 1001	canto superior esquerdo	⌐
170	AA	252	1010 1010	canto superior direito	¬
171	AB	253	1010 1011	1/2	½
172	AC	254	1010 1100	1/4	¼
173	AD	255	1010 1101	exclamação invertido	¡
174	AE	256	1010 1110	aspa francesa de abertura	«
175	AF	257	1010 1111	aspa francesa de fechamento	»
176	B0	260	1011 0000	bloco claro	░
177	B1	261	1011 0001	bloco médio	▒
178	B2	262	1011 0010	bloco escuro	■
179	B3	263	1011 0011	vertical simples	│
180	B4	264	1011 0100	junção simples à direita	┤
181	B5	265	1011 0101	junção de 2 para 1 à direita	╡
182	B6	266	1011 0110	junção de 1 para 2 à direita	╢
183	B7	267	1011 0111	superior direito de 1 para 2	╖
184	B8	270	1011 1000	superior direito de 2 para 1	╕
185	B9	271	1011 1001	junção dupla à direita	╣
186	BA	272	1011 1010	vertical dupla	║
187	BB	273	1011 1011	duplo superior direito	╗
188	BC	274	1011 1100	duplo inferior direito	╝
189	BD	275	1011 1101	inferior direito de 1 para 2	╜
190	BE	276	1011 1110	inferior direito de 2 para 1	╛
191	BF	277	1011 1111	superior direito único	┐
192	C0	300	1100 0000	inferior esquerdo único	└
193	C1	301	1100 0001	junção inferior simples	┴

Tabela 1.4 Conversões hexadecimais/ASCII (continuação)

Dec	Hexadecimal	Octal	Binário	Nome	Caractere
194	C2	302	1100 0010	junção superior simples	┬
195	C3	303	1100 0011	junção simples à esquerda	├
196	C4	304	1100 0100	horizontal simples	─
197	C5	305	1100 0101	interseção simples	┼
198	C6	306	1100 0110	junção de 2 para 1 à esquerda	╞
199	C7	307	1100 0111	junção de 1 para 2 à esquerda	╟
200	C8	310	1100 1000	duplo inferior esquerdo	╚
201	C9	311	1100 1001	duplo superior esquerdo	╔
202	CA	312	1100 1010	junção inferior dupla	╩
203	CB	313	1100 1011	junção superior dupla	╦
204	CC	314	1100 1100	junção dupla à esquerda	╠
205	CD	315	1100 1101	dupla horizontal	═
206	CE	316	1100 1110	dupla interseção	╬
207	CF	317	1100 1111	junção inferior de 1 para 2	╧
208	D0	320	1101 0000	junção inferior de 2 para 1	╨
209	D1	321	1101 0001	junção superior de 1 para 2	╤
210	D2	322	1101 0010	junção superior de 2 para 1	╥
211	D3	323	1101 0011	inferior esquerdo de 1 para 2	╙
212	D4	324	1101 0100	inferior esquerdo de 2 para 1	╘
213	D5	325	1101 0101	superior esquerdo de 2 para 1	╒
214	D6	326	1101 0110	superior esquerdo de 1 para 2	╓
215	D7	327	1101 0111	interseção de 2 para 1	╫
216	D8	330	1101 1000	interseção de 1 para 2	╪
217	D9	331	1101 1001	inferior direito simples	┘
218	DA	332	1101 1010	superior direito simples	┐
219	DB	333	1101 1011	espaço em negativo	■
220	DC	334	1101 1100	inferior em negativo	▬
221	DD	335	1101 1101	esquerdo em negativo	▮
222	DE	336	1101 1110	direito em negativo	▮
223	DF	337	1101 1111	superior em negativo	▬
224	E0	340	1110 0000	alfa	α
225	E1	341	1110 0001	beta	β
226	E2	342	1110 0010	Gama	Γ
227	E3	343	1110 0011	pi	π
228	E4	344	1110 0100	Sigma	Σ

Tabela 1.4 Conversões hexadecimais/ASCII (continuação)

Dec	Hexadecimal	Octal	Binário	Nome	Caractere
229	E5	345	1110 0101	sigma	σ
230	E6	346	1110 0110	mu	μ
231	E7	347	1110 0111	tau	τ
232	E8	350	1110 1000	Phi	Φ
233	E9	351	1110 1001	theta	θ
234	EA	352	1110 1010	Ômega	Ω
235	EB	353	1110 1011	delta	δ
236	EC	354	1110 1100	infinito	∞
237	ED	355	1110 1101	phi	φ
238	EE	356	1110 1110	épsilon	ε
239	EF	357	1110 1111	interseção de conjuntos	∩
240	F0	360	1111 0000	é idêntico a	≡
241	F1	361	1111 0001	sinal de mais ou menos	±
242	F2	362	1111 0010	sinal de maior/ou igual	≥
243	F3	363	1111 0011	sinal de menor/ou igual	≤
244	F4	364	1111 0100	metade superior da integral	⌠
245	F5	365	1111 0101	metade inferior da integral	⌡
246	F6	366	1111 0110	sinal de divisão	÷
247	F7	367	1111 0111	aproximadamente	≈
248	F8	370	1111 1000	grau	°
249	F9	371	1111 1001	grau preenchido	•
250	FA	372	1111 1010	marcador pequeno	·
251	FB	373	1111 1011	raiz quadrada	√
252	FC	374	1111 1100	n sobrescrito	ⁿ
253	FD	375	1111 1101	2 sobrescrito	²
254	FE	376	1111 1110	caixa	■
255	FF	377	1111 1111	espaço oculto	ˇ

Números de release/versão do Windows

Os recursos de qualquer sistema são afetados em grande escala pela versão do Windows que está sendo executada. A Tabela 1.5 lista os números de versão para o Windows 95, o 98 e o Me.

Tabela 1.5 Os números de versão do Windows 9x/Windows Me

Número de versão do Windows	Revisão	Recursos
Windows 95 4.00.950	Windows 95 original	Limite de 2,1 GB por letra de unidade, somente sistema de arquivos FAT16
Windows 95 4.00.950a	Windows 95 OSR 1 ou original depois de instalar o Service Pack 1	Correções de bug para o Windows 95 original

Tabela 1.5 Os números de versão do Windows 9x/Windows Me (continuação)

Número de versão do Windows	Revisão	Recursos
Windows 95 4.00.950B	Windows 95 OSR 2 (também conhecido como Win95B); não disponível para download	Introduziu o sistema de arquivos FAT32 com limite de 2 TB (teórico) por letra unidade e controle com IRQ
Windows 95 4.00.950C	Windows 95 OSR 2.1 (também conhecido como Win95C)	Introduziu o suporte a USB e AGP
Windows 98 4.10.1691	Beta do Windows 98	Todos os recursos do Windows 95 OSR 2.x, mais a capacidade de utilizar unidades de disco com mais de 32 GB em tamanho
Windows 98 4.10.1998	Windows 98 versão original	A instalação do Service Pack 1 não altera o número de versão
Windows 98 4.10.2222A e o IE 5.0	Windows 98 segunda edição	Introduziu o Compartilhamento de Conexão com a Internet (ICS)
Windows Me 4.90.3000	Windows Me versão original	Melhorou o ICS, Assistente para Rede Doméstica, o IE 5.5, a geração de imagens e os assistentes de camcorder de DV, restauração de sistema

Nota

Os números de versão do Windows XP não estavam disponíveis no momento em que este livro estava sendo produzido.

Capítulo 2

Componentes e configuração de sistema

Processadores e suas larguras de barramento de dados

Tabela 2.1 Processadores e suas larguras de barramento de dados	
Processador	**Largura do barramento de dados**
Intel 8088	8 bits
Intel 8086	16 bits
Intel 286	16 bits
Intel 386SX	16 bits
Intel 386DX	32 bits
IBM 486SLC	16 bits[1]
Intel 486 (toda a série SX/DX)	32 bits
Intel Pentium	64 bits
AMD K5	64 bits[2]
Intel Pentium MMX	64 bits
AMD K6	64 bits[2]
Cyrix 6×86	64 bits[2]
Cyrix 6×86MX	64 bits[2]
Cyrix MII	64 bits[2]
Cyrix III	64 bits[3]
Intel Pentium Pro	64 bits
Intel Pentium II	64 bits
Intel Celeron	64 bits
Intel Pentium III	64 bits
Pentium II Xeon	64 bits
Intel Pentium III Xeon	64 bits
Intel Pentium 4	64 bits
Intel Xeon	64 bits
AMD Athlon	64 bits
AMD Duron	64 bits
Intel Itanium	64 bits[4]

1. Projetado e produzido pela IBM, sob licença da Intel. Apesar do nome, o 486SLC baseou-se no 386SX.

2. Pinagem compatível com o Pentium.

3. Pinagem compatível com o Intel Celeron.

4. Executa novas instruções de 64 bits além de instruções de 32 bits existentes; anteriormente tinha o nome de código "Merced."

Diferenças entre os sistemas PC/XT e AT

Os sistemas que apresentam um barramento de 8 bits de memória são chamados sistemas *PC/XT* em função do pioneirismo do PC da IBM e do PC/XT da IBM. Como você pode ver na Tabela 2.2, as diferenças entre esses sistemas e os descendentes do AT da IBM (barramento de 16 bits de memória e acima) são significativas. Todos os sistemas modernos enquadram-se na categoria de AT.

Tabela 2.2 Diferenças entre os sistemas PC/XT e AT

Atributos de sistema tipo PC/XT	8 bits	Tipo AT de 16, 32, 64 bits
Processadores suportados	Todos os x86 ou x88	286 ou superior
Modos do processador	Real	Real, Protegido, Real Virtual[2]
Software suportado	somente 16 bits	16 ou de 32 bits[2]
Largura de slot de barramento	8 bits	16, 32[1], e 64 bits[4]
Tipo de slot	somente ISA	ISA, EISA[1], MCA, Cartão PC, Cardbus[3], VL-Bus[3], PCI[3], AGP[4]
Interrupções de hardware	8 (6 usáveis)	16 (11 usáveis)
Canais DMA	4 (3 usáveis)	8 (7 usáveis)
RAM máxima	1MB	16 MB/4 GB[1] ou mais
Velocidade do controlador de disquete	250Kbps	250, 300, 500 e 1000Kbps
Drive de inicialização padrão	360KB or 720KB	1,2M, 1,44MB e 2,88MB

Tabela 2.3 Especificações do processador Intel

Processador	Clock da CPU	Voltagem	Tamanho interno do registrador	Largura do barramento de dados	
8088	1x	5V	16 bits	8 bits	
8086	1x	5V	16 bits	16 bits	
286	1x	5V	16 bits	16 bits	
386SX	1x	5V	32 bits	16 bits	
386SL	1x	3,3V	32 bits	16 bits	
386DX	1x	5V	32 bits	32 bits	
486SX	1x	5V	32 bits	32 bits	
486SX2	2x	5V	32 bits	32 bits	
487SX	1x	5V	32 bits	32 bits	
486DX	1x	5V	32 bits	32 bits	
486SL	1x	3,3V	32 bits	32 bits	
486DX2	2x	5V	32 bits	32 bits	
486DX4	2–3x	3,3V	32 bits	32 bits	

Capítulo 2 – Componentes e configuração de sistema **43**

Tabela 2.2 Diferenças entre os sistemas PC/XT e AT (continuação)

Atributos de sistema tipo PC/XT	8 bits	Tipo AT de 16, 32, 64 bits
Interface de teclado	Unidirecional	Bidirecional
Memória/clock CMOS	Nenhum padrão	Compatível com MC146818
Porta serial UART	8250B	16450/16550A ou melhor

1. *Exige sistema baseado em 386DX ou superior.*
2. *Exige sistema baseado em 386SX ou superior.*
3. *Exige sistema baseado em 486SX ou superior.*
4. *Exige sistema baseado em Pentium ou superior.*

Especificações de processadores Intel e processadores compatíveis

Veja as Tabelas 2.3 e 2.4 para ajudar a determinar os recursos de qualquer CPU que encontrar. Talvez seja necessário remover o dissipador de calor ou ventilador para ver as marcações do processador em um sistema mais antigo, mas muitos sistemas recentes exibem a identificação da CPU e as velocidades na inicialização.

A Tabela 2.4 mostra as principais CPUs da classe Pentium fabricadas por outras empresas que não a Intel. As mais novas versões desses processadores freqüentemente podem ser utilizadas para atualizar um Pentium mais antigo — contanto que a voltagem adequada e as informações de configuração de sistema possam ser fornecidas, tanto por ajuste das configurações da placa-mãe/BIOS como pela compra de um processador do tipo atualização com suporte independente.

Memória máxima	Cache de nível 1	Tipo de cache L1	Cache L2	Velocidade de cache L2	Recursos especiais
1MB	—	—	—	—	—
1MB	—	—	—	—	—
16MB	—	—	—	—	—
16MB	—	—	—	Barramento	—
16MB	0KB[1]	WT	—	Barramento	—
4GB	—	—	—	Barramento	—
4GB	8KB	WT	—	Barramento	—
4GB	8KB	WT	—	Barramento	—
4GB	8KB	WT	—	Barramento	FPU
4GB	8KB	WT	—	Barramento	FPU
4GB	8KB	WT	—	Barramento	FPU Opcional
4GB	8KB	WT	—	Barramento	FPU
4GB	16KB	WT	—	Barramento	FPU

Tabela 2.3 Especificações do processador Intel (continuação)

Processador	Clock da CPU	Voltagem	Tamanho interno do registrador	Largura do barramento de dados
486 Pentium OD	2,5x	5V	32 bits	32 bits
Pentium 60/66	1x	5V	32 bits	64 bits
Pentium 75-200	1,5–3x	3,3–3,5V	32 bits	64 bits
Pentium MMX	1,5–	1,8–2,8V	32 bits	64 bits
Pentium Pro	4,5x 2–3x	3,3V	32 bits	64 bits
Pentium II	3,5–4,5x	1,8–2,8V	32 bits	64 bits
Celeron	3,5–4,5x	1,8–2,8V	32 bits	64 bits
Celeron A	3,5–8x	1,8–2,8V	32 bits	64 bits
Pentium II PE[1]	3,5–6x	1,6V	32 bits	64 bits
Pentium II Xeon	4–4,5x	1,8–2,8V	32 bits	64 bits
Celeron III	4,5–9x	1,3–1,6V	32 bits	64 bits
Pentium III Slot1	4–6x	1,8–2V	32 bits	64 bits
Pentium IIIE	4–9x	1,8–2V	32 bits	64 bits
Pentium III Xeon	5–6x	1,8–2,8V	32 bits	64 bits
Pentium IIIE Xeon	4,5–6,5x	1,65V	32 bits	64 bits
Pentium 4	3–5x	1,7V	32 bits	64 bits
(Pentium 4) Xeon	3–5x	1,7V	32 bits	64 bits
Itanium	3–5x	1,6V	64 bits	64 bits

Tabela 2.4 Processadores da classe Pentium compatíveis com Intel

Processador	Clock da CPU	Voltagem	Tamanho interno do registrador	Largura do barramento de dados	Memória máxima
AMD K5	1,5–1,75x	3,5V	32 bits	64 bits	4GB
AMD K6	2,5–4,5x	2,2–3,2V	32 bits	64 bits	4GB
AMD K6-2	2,5–6x	1,9–2,4V	32 bits	64 bits	4GB

Capítulo 2 – Componentes e configuração de sistema

Memória máxima	Cache de nível 1	Tipo de cache L1	Cache L2	Velocidade de cache L2	Recursos especiais
4GB	2×16KB	WB	—	Barramento	FPU
4GB	2×8KB	WB	—	Barramento	FPU
4GB	2×8KB	WB	—	Barramento	FPU
4GB	2×16KB	WB	—	Barramento	FPU, MMX
64GB	2×8KB	WB	256KB, 512KB, 1MB	Núcleo	FPU
64GB	2×16KB	WB	512KB	1/2 Núcleo	FPU, MMX
64GB	2×16KB	WB	0KB	—	FPU, MMX
64GB	2×16KB	WB	128KB	Núcleo	FPU, MMX
64GB	2×16KB	WB	256KB	Núcleo	FPU, MMX
64GB	2×16KB	WB	512KB, 1MB, 2MB	Núcleo	FPU, MMX
64GB	2×16KB	WB	128KB	Núcleo	FPU, SSE
64GB	2×16KB	WB	512KB	1/2 Núcleo	FPU, SSE
64GB	2×16KB	WB	256KB	Núcleo	FPU, SSE
64GB	2×16KB	WB	512KB, 1MB, 2MB	Núcleo	FPU, SSE
64GB	2×16KB	WB	256KB, 1MB, 2MB	Núcleo	FPU, SSE
64GB	8KB+12KB	WB	256KB	Núcleo	FPU, SSE2
64GB	8KB+12KB	WB	256KB	Núcleo	FPU, SSE2
16TB	2×16KB	WB 2MB	96KB+	Núcleo	FPU, MMX

Cache de nível 1	Tipo de cache L1	Cache L2	Velocidade de cache L2	Recursos especiais	Semelhante a
16+8KB	WB	—	Barramento	FPU	Pentium
2×32KB	WB	—	Barramento	FPU, MMX	Pentium MMX
2×32KB	WB	—	Barramento	FPU, 3DNow	Pentium MMX

Tabela 2.4 Processadores da classe Pentium compatíveis com Intel (continua)

Processador	Clock de CPU	Voltagem	Tamanho interno do registrador	Largura do barramento de dados	Memória máxima
AMD K6-3	3,5–4,5x	1,8–2,4V	32 bits	64 bits	4GB
AMD Athlon	5–10x^{10}	1,6–1,8V	32 bits	64 bits	8TB
AMD Duron	5–10x^{10}	1,5–1,8V	32 bits	64 bits	8TB
AMD Athlon 4	5–10x^{10}	1,5–1,8V	32 bits	64 bits	8TB
AMD Athlon MP	5–10x^{10} 10x1,8V	1,75V	32 bits	64 bits	8TB
Cyrix 6×86	2x	2,5–3,5V	32 bits	64 bits	4GB
Cyrix 6x86MX/MII	2–3,5x	2,2–2,9V	32 bits	64 bits	4GB
VIA Cyrix III	2,5–7x	2,2V	32 bits	64 bits	4GB
Nexgen Nx586	2x	4V	32 bits	64 bits	4GB
IDT Winchip	3–4x	3,3–3,5V	32 bits	64 bits	4GB
IDT Winchip2/2A	2,33–4x	3,3–3,5V	32 bits	64 bits	4GB
Rise mP6	2–3,5x	2,8V	32 bits	64 bits	4GB

FPU = Unidade de ponto flutuante (co-processador matemático interno)

WT = Write-through cache (cache de somente leitura)

WB = Write-back cache (cache de leitura e gravação)

Barramento = Velocidade do barramento externo do processador (velocidade da placa-mãe)

Núcleo = Velocidade do núcleo interno do processador (velocidade da CPU)

MMX = extensões de multimídia, 57 instruções adicionais para imagens gráficas e processamento de som

3DNow = MMX mais 21 instruções adicionais para imagens gráficas e processamento de som

SSE = Extensões streaming SIMD (Single Instruction Multiple Data), MMX mais 70 instruções adicionais para imagens gráficas e processamento de som

1. O 386SL contém um controlador de cache integral, mas a memória cache deve ser fornecida fora do chip.

2. A Intel mais tarde vendeu as versões SL Enhanced dos processadores SX, DX e DX2. Estavam disponíveis tanto em versões 5V como 3,3 V e incluíam as capacidades de gerenciamento de energia.

Capítulo 2 – Componentes e configuração de sistema

Cache de nível 1	Tipo de cache L1	Cache L2	Velocidade de cache L2	Recursos especiais	Semelhante a[4]
2×32KB	WB	256KB	Núcleo	FPU, 3DNow	Pentium MMX
2×64KB	WB	512KB[6]	1/3 Núcleo[7]	FPU, 3DNow	Pentium III[8]
2×64KB	WB	64KB	Núcleo	FPU, 3DNow	Celeron III
2×64KB	WB	256KB	Núcleo	FPU, 3DNow	Pentium III
2×64KB	WB	256KB	Núcleo	FPU, 3DnowPro	Pentium III Xeon
16KB	WB	—	Barramento	FPU	Pentium
64KB	WB	—	Barramento	FPU, MMX	Pentium MMX
64KB	WB	256KB	Núcleo		
2×16KB	WB	—	Barramento	FPU	Pentium[5]
2×32KB	WB	—	Barramento	FPU, MMX	Pentium MMX
2×32KB	WB	—	Barramento	FPU, 3DNow	AMD K6-2
2×8KB	WB	—	Barramento	FPU, MMX	Pentium MMX

3. *O Enhanced móvel PII tem uma cache L2 on-die (isto é, na mesma placa de silício que o processador) semelhante ao Celeron.*

4. *Esses processadores fisicamente se encaixam no mesmo Soquete 7 utilizado pelo Intel Pentium 75 MHz e modelos acima exceto como notado, mas podem exigir chipsets especiais ou configurações de BIOS para se obter operações melhores. Verifique com o fabricante da placa-mãe e do chip antes de instalá-los no lugar de seu chip existente da classe Pentium.*

5. *Desempenho de classe Pentium, mas pinagem exclusiva e não-padrão.*

6. *Tamanho da cache para as entregas iniciais (4º tri 1999). O projeto da Athlon permite tamanhos de cache de até 8 MB.*

7. *A interface de cache da Athlon é projetada para tratar relações de velocidade variáveis, de modo que versões posteriores podem trabalhar com cache L2 mais rapidamente.*

8. *O Athlon utiliza o novo Slot A da AMD, fisicamente semelhante ao Slot 1 mas com uma pinagem elétrica diferente.*

9. *As versões Duron e "Thunderbird" de Athlon utilizam o novo Soquete A.*

10. *Os multiplicadores de clock listados baseiam-se em velocidades de barramento de sistema de 100 MHz (FSB); embora a Athlon e o Duron utilizem barramento de 200 MHz, a memória para esses sistemas trabalham com velocidades de PC100 ou PC133, dependendo do modelo do processador.*

Utilize as Tabelas 2.5 e 2.6 para ajudar a determinar quais processadores *podem* substituir sua CPU atual. Observe que a CPU substituta deve ter a mesma pinagem e os mesmos requisitos elétricos e deve ser compatível com sua placa-mãe. Muitos fornecedores vendem versões de processadores para atualização, que foram modificados em relação a suas formas originais pelo acréscimo de um regulador de voltagem e outras opções de suporte.

Tabela 2.5 Tipos e especificações de soquete de CPU Intel e compatíveis 486/Classe Pentium/Itanium

Número do soquete	Pinos	Leiaute dos pinos	Voltagem	Processadores suportados
Soquete 1	169	17×17 PGA	5V	486 SX/SX2, DX/DX2[1], DX4 OverDrive
Soquete 2	238	19×19 PGA	5V	486 SX/SX2, DX/DX2[1], DX4 OverDrive, 486 Pentium OverDrive
Soquete 3	237	19×19 PGA	5/3.3V	486 SX/SX2, DX/DX2, DX4, 486 Pentium OverDrive, AMD 5×86, Cyrix 5×86
Soquete 4	273	21×21 PGA	5V	Pentium 60/66, OverDrive
Soquete 5	320	37×37 SPGA	3.3/3.5V	Pentium 75-133, OverDrive
Soquete 6[2]	235	19×19 PGA	3.3V	486 DX4, 486 Pentium OverDrive
Soquete 7	321	37×37 SPGA	VRM	Pentium 75-233+, MMX, OverDrive, AMD K5/K6, Cyrix M1, VIA Cyrix MII
Soquete 8	387	Padrão dual SPGA	Auto VRM	Pentium Pro
Soquete 370	370	37×37 SPGA	Auto VRM	Celeron/Pentium III PPGA/FC-PGA, VIA C3
Soquete PAC418	418	38×22 split SPGA	Auto VRM	Itanium
Soquete 423	423	39×39 SPGA	Auto VRM	Pentium 4
Soquete 603	603	31×25 SPGA	Auto VRM	Xeon (versão P4)
Slot 1 (SC 242)	242	Slot	Auto VRM	Pentium II/III, Celeron
Slot 2 (SC 330)	330	Slot	Auto VRM	Pentium II Xeon/Pentium III Xeon
Slot A	242	Slot	Auto VRM	AMD Athlon (K7) SECC
Soquete A	462	SPGA	Auto VRM	AMD Duron, AMD Athlon 4 PGA, AMD Athlon MP

1. *O AMD 5×86 ou o DX4 sem overdrive também podem ser suportados com a adição de um adaptador regulador de voltagem de 3,3 V comumente encontrado no mercado.*

2. *O soquete 6 era apenas um padrão no papel e nunca realmente foi implementado em quaisquer sistemas.*

PGA = Pin grid array (array grade de pinos)

SPGA = Staggered pin grid array (array grade de pinos afastados)

VRM = Voltage regulator module (módulo regulador de voltagem)

A Tabela 2.6 lista os processadores mais rápidos que você pode instalar de acordo com o tipo de soquete em seu sistema. Observe que os designs dos soquetes mais novos permitem processadores mais rápidos, mas a velocidade de barramento e as configurações multiplicadoras de clock de sua placa-mãe também são fatores limitantes para alguns tipos de CPU.

Tabela 2.6 Velocidades máximas do processador por soquete	
Tipo de soquete	**Processador mais rápido suportado**
Soquete 1	5×86 133 MHz com adaptador 3,3 V
Soquete 2	5×86 133 MHz com adaptador 3,3 V
Soquete 3	5×86 133MHz
Soquete 4	Pentium OverDrive 133MHz
Soquete 5	Pentium MMX 233 MHz ou AMD K6 com adaptador de 2,8 V
Soquete 7	AMD K6-2 até 550 MHz, K6-III até 500 MHz
Soquete 8	Pentium OverDrive Pro (desempenho do Pentium II de 333 MHz)
Slot 1	Celeron 433 MHz (barramento de 66 MHz)
Slot 1	Pentium III 1,0 GHz (barramento de 100MHz)
Slot 1	Pentium III 1,13 GHz (barramento de 133 MHz)
Slot 2	Pentium III Xeon 550 MHz (barramento de 100 MHz)
Slot 2	Pentium III Xeon 866 MHz (barramento de 133 MHz)
Soquete 370	Celeron 700 MHz (barramento de 66 MHz)
Soquete 370	Pentium III 933 MHz (barramento de 100 MHz), Pentium III de 1 GH (barramento de 133 MHz)
Soquete 426	Pentium 4 1,7 GHz (barramento de 400 MHz utilizando RDRAM)
Soquete 603	Xeon (P4) 1,7 GHz (barramento de 400 MHz utilizando RDRAM)
Slot A	AMD Athlon de 1 GHz, AMD Athlon Thunderbird de 1 GHz
Soquete A	AMD Duron de 950 MHz e AMD Athlon de 1,3 GHz (FSB de 200 MHz), Athlon de 1,4 GHz (FSB de 266 MHz)

Solucionando problemas do processador

A Tabela 2.7 fornece uma lista geral de verificação dos problemas relacionados com os processadores de PC.

Tabela 2.7 Solucionando problemas relacionados com o processador		
Identificação do problema	**Possível causa**	**Solução**
O sistema está morto; sem cursor, sem bipe ou ventilação.	Falha do cabo de alimentação.	Conecte ou substitua o cabo de alimentação. Os cabos de alimentação podem falhar mesmo quando parecem bons.
	Falha da fonte de alimentação.	Substitua a fonte de alimentação. Utilize uma de reserva em bom estado para testar.
	Falha da placa-mãe.	Substitua a placa-mãe. Utilize uma de reserva em bom estado para testar.

Tabela 2.7 Solucionando problemas relacionados com processador

Identificação do problema	Possível causa	Solução
O sistema está morto; sem bipe ou trava antes de o POST iniciar.	Falha de memória.	Remova toda a memória exceto um banco e teste novamente. Se o sistema ainda não inicializar, substitua o banco 1.
	Faltam componentes ou foram incorretamente instalados.	Verifique todos os periféricos, especialmente memória, processador e adaptador gráfico.
		Reencaixe todas as placas e componentes fixados em soquete, como CPUs e módulos de memória.
O sistema emite um bipe ao inicializar; o tilador funciona mas não há cursor na tela.	Adaptador gráfico impropriamente encaixado ou falhando.	Reencaixe ou substitua o adaptador gráfico. Utilize um de reserva em bom estado para testar. ven-
Travamentos durante ou logo depois do POST.	Má dissipação de calor.	Verifique o ventilador/dissipador de calor da CPU; substitua, se necessário, por um de capacidade mais alta.
		Use pasta térmica entre o ventilador/dissipador de calor e CPU, como instruídos pelos fornecedores de dissipador de calor e CPU.
	Configurações impróprias de voltagem.	Configure a placa-mãe com a voltagem adequada do processador.
	Velocidade de barramento errada de placa-mãe.	Configure a placa-mãe para obter a velocidade adequada.
	Multiplicador de clock de CPU errado.	Configure os jumpers da placa-mãe para o multiplicador de clock adequado.
Identificação imprópria de CPU durante POST.	BIOS antigo.	Atualize o BIOS do fabricante.
	Placa não configurada adequadamente.	Verifique o manual e o jumper da placa de acordo com o barramento adequado e as configurações do multiplicador.
		Se a placa não tiver jumpers, ajuste o barramento e multiplicador na BIOS.
O sistema operacional não inicializa.	Má dissipação de calor.	Verifique o ventilador da CPU; substitua, se necessário. Pode precisar de dissipador de calor de capacidade mais alta e pasta térmica.
	Configurações impróprias de voltagem.	Configure os jumpers da placa-mãe para a voltagem adequada.
	Velocidade de barramento da placa-mãe errada.	Configure os jumpers da placa-mãe ou ajuste as configurações de BIOS para corrigir a velocidade.
	Clock de CPU errado para multiplicador.	Configure os jumpers da placa-mãe ou ajuste as configurações corretas do BIOS do multiplicador.
	Os aplicativos não podem ser instalados ou não são executados	Drivers impróprios ou hardware incompatível. Atualize os drivers e verifique as questões de compatibilidade.
O sistema parece funcionar, mas nenhum vídeo é exibido	Monitor desligado ou com defeito.	Verifique o monitor e a energia para o monitor. Utilize um de reserva em bom estado para testar.

Se durante o POST o processador não for identificado corretamente, as configurações da placa-mãe talvez estejam incorretas ou a BIOS talvez precise ser atualizada. Verifique se a placa-mãe recebeu os jumpers adequados ou foi configurada corretamente para o processador que você tem e certifique-se de que você tem a última versão da BIOS para sua placa-mãe.

Se o sistema parece funcionar irregularmente depois de aquecer, tente configurar o processador para uma velocidade mais baixa. Se o problema desaparecer, talvez o processador esteja defeituoso ou com clock rápido demais.

Muitos problemas de hardware são realmente problemas disfarçados de software. Certifique-se de que tem o BIOS mais recente para sua placa-mãe e os drivers mais recentes para seus periféricos. Além disso, é útil utilizar a última versão do sistema operacional em questão porque, normalmente, ocorrerão menos problemas.

> **Nota**
>
> Para obter informações adicionais sobre processadores, consulte o Capítulo 3 de *Upgrading and Repairing PCs, 13th Edition*, publicado pela Que.

Formatos da placa-mãe

Embora muitos usuários de PC tenham aumentado o período de vida de seus sistemas trocando a CPU, qualquer sistema que será mantido durante muito tempo pode ser candidato a uma troca de placa-mãe. Utilize as tabelas seguintes para determinar se seu sistema utiliza um desses formatos-padrão, o que lhe dará a escolha de muitos fornecedores para uma substituição. Uma placa-mãe substituta fornece-lhe estes benefícios:

- Acesso a CPUs mais rápidas e mais avançadas
- BIOS atualizada "gratuitamente" com suporte para grandes unidades de disco, Y2K e inicialização a partir de unidades LS-120, Zip e de CD-ROM
- Os recursos de E/S mais novos, como portas USB, interface de disco rígido UDMA-66 e vídeo AGP

Placa-mãe Baby-AT

Até meados de 1996, esse descendente da placa-mãe IBM/XT era o modelo dominante. Embora números limitados dessas placas-mãe ainda estejam disponíveis para utilização tanto com processadores da classe Pentium como Pentium II/III/Celeron, a falta de portas embutidas e problemas de resfriamento tornam-no um projeto obsoleto. Se você estiver tentando atualizar um sistema que utiliza esse projeto de placa-mãe, pense em comprar um novo gabinete no estilo ATX, uma fonte de alimentação e uma placa-mãe. Além disso, você deve pensar em transferir a CPU, a RAM, as unidades e as placas de seu sistema existente à nova caixa (veja a Figura 2.1).

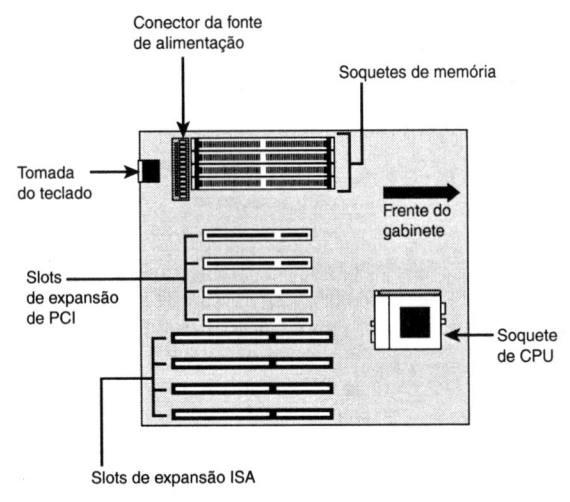

Figura 2.1 Leiaute da placa-mãe Baby-AT com os principais componentes.

Placa-mãe LPX

Desde 1987, muitos sistemas de baixo custo utilizaram variações nesse leiaute que apresenta um único slot utilizado para uma placa riser(placa elevadora). As placas de expansão para vídeo, áudio, etc, são conectadas à placa riser, não à placa-mãe. A maioria dos sistemas LPX utiliza placas riser que suportam os slots de expansão paralelamente à placa-mãe; alguns utilizam uma placa riser na forma de T que mantém os slots de expansão em sua posição vertical normal. Além disso, a maioria dos sistemas LPX tem vídeo, áudio e outras portas de E/S incorporados. Infelizmente, como seus detalhes nunca foram padronizados, é praticamente impossível de se atualizar. Os sistemas para essa placa-mãe são atualmente obsoletos e descartáveis (veja a Figura 2.2).

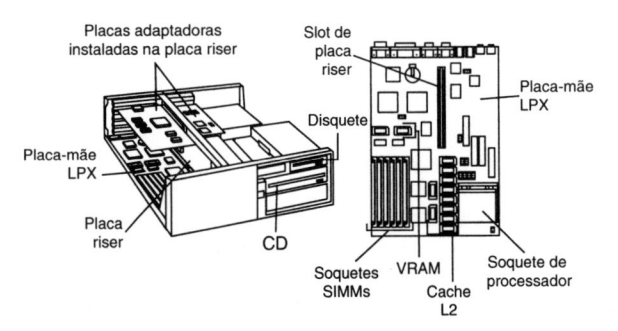

Figura 2.2 Placa-mãe e chassi típicos do sistema LPX.

Placa-mãe ATX

Desde meados de 1996, a placa-mãe ATX tornou-se o padrão para a maioria dos sistemas que utilizam placas-mãe não-patenteadas (veja a Figura 2.3). Semelhante à Baby-AT, é também um padrão da indústria, e, similar a LPX, apresenta portas incorporadas. Comparadas com as duas, contudo, ela oferece muito maior facilidade de atualização e manutenção. As placas-mãe ATX são rotacionadas 90° quando comparadas às Baby-AT e também utilizam uma fonte de alimentação diferente para recursos de gerenciamento de energia avançados. Por causa de suas portas incorporadas e diferenças no leiaute, as placas-mãe ATX exigem um gabinete ATX. Portanto, alguns gabinetes ATX também podem ser utilizados para a placa-mãe Baby-AT (depende do modelo do gabinete). A Figura 2.3 mostra um leiaute de ATX completo; entretanto, agora existem várias versões menores, incluindo micro-ATX e flex-ATX.

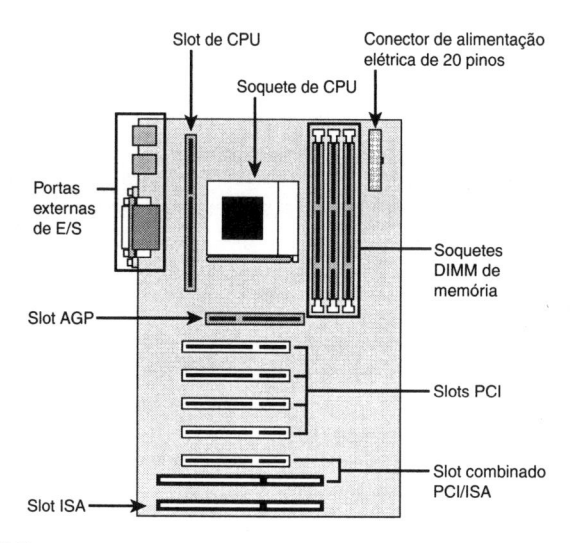

Figura 2.3 Leiaute de placa-mãe ATX e seus principais componentes. Pouquíssimas placas-mãe têm um soquete de CPU e um slot de CPU, como mostrado aqui.

Placa-mãe NLX

O substituto para a placa-mãe LPX antiga de perfil baixo é a placa-mãe NLX (veja a Figura 2.4). A NLX também apresenta portas incorporadas e uma placa riser, mas seu modelo-padrão permite que as placas-mãe substitutas possam ser compradas de alguns fornecedores (ao contrário dos sistemas LPX, que não são padronizados). Uma vantagem importante dos sistemas NLX é que a placa-mãe é fácil de remover para trabalhar através de um painel lateral, um recurso que torna os sistemas baseados em NLX populares, como os PCs clientes de redes corporativas.

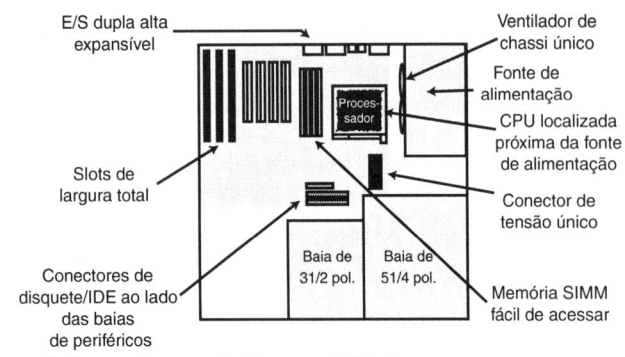

Figura 2.4 Combinação da placa-mãe NLX e riser.

Como identificar as placas-mãe?

Utilize a Tabela de 2.8 para ajudar a determinar se um sistema é uma placa Baby-AT, LPX, ATX ou um sistema baseado em NLX.

Tabela 2.8 Comparação dos principais formatos-padrão da placa-mãe				
	Baby-AT	**LPX**	**ATX/Micro ATX**[1]	**NLX**
Portas incorporadas na placa	Não	Sim	Sim	Sim
Placa riser	Não	Sim	Não	Sim
Fila única de portas na traseira embaixo dos slots de expansão	—	Sim	Não	Não
Duas filas de portas à esquerda dos slots de expansão	—	Não	Sim	Sim
Duas filas de portas à direita dos slots de expansão	—	Não	—	Sim
Slots em ambos os lados da placa riser	—	Opcional	—	Não
Placa riser próxima do local da fonte de alimentação da placa-mãe	—	Meio	—	

1. As placas-mãe MicroATX podem caber nos gabinetes ATX, mas tem menos slots e são projetadas para processadores em soquete em vez de baseados em slot. Além disso, a maioria delas também apresenta áudio e vídeo on-board, sendo ambos normalmente opcionais na placa-mãe ATX.

Códigos de cores PC99 para portas

A Microsoft e a Intel desenvolveram os seguintes códigos padronizados de cor de conectores para os computadores compatíveis com os padrões de projeto PC99. Utilize a Tabela 2.9 para ajudá-lo a fazer a correspondência entre os periféricos codificados sem cor com as portas externas corretas.

Capítulo 2 – Componentes e configuração de sistema 55

> **Nota**
>
> Alguns sistemas, especialmente aqueles construídos antes de 1999, talvez utilizem um esquema de cor patenteado para as portas.

Consulte o Capítulo 12 para obter imagens dessas portas. Para obter exemplos de cor, visite o site da Web http://www.pcdesguide.com/documents/pc99icons.htm.

Tabela 2.9 Padrões de códigos de cor PC99 para as portas

Tipo de porta	Cor
VGA analógica (DB15)	Azul
Entrada de áudio	Azul claro
Saída de áudio	Verde lima
Monitor digital	Branco
IEEE-1394 (iLink, FireWire)	Cinza
Microfone	Rosa
MIDI/Porta de jogos	Dourado
Porta paralela	Borgonha (vinho)
Porta serial	Turquesa
Saída de alto-falante (subwoofer)	Laranja
Alto-falante direito para esquerdo	Marrom
USB	Preto
Saída de vídeo	Amarelo
SCSI, rede, telefone, modem e assim por diante	Nenhum

Fontes de alimentação

As fontes de alimentação, na realidade, convertem corrente alternada (CA) de alta voltagem em corrente contínua (CC) de baixa voltagem para utilização por PCs. As fontes de alimentação assumem vários formatos-padrão e também apresentam vários tipos de conectores de placa-mãe para estar de acordo com os mais novos designs de placa-mãe no mercado. A Tabela 2.10 ilustra quais fontes de alimentação são mais provavelmente utilizados com as várias placas-mãe.

Tabela 2.10 Fontes de energia e placas-mãe correspondentes

Formato-padrão da placa-mãe	Formato-padrão de FA mais utilizado	Outros formatos-padrão de FA utilizados
Baby-AT	Estilo LPX	Baby-AT, AT/Tower ou AT/Desk
LPX	Estilo LPX	Nenhum
ATX	Estilo ATX	Estilo SFX

Tabela 2.10	Fontes de energia e placas-mãe correspondentes (continuação)	
Formato-padrão da placa-mãe	Formato-padrão de FA mais utilizado	Outros formatos-padrão de FA utilizados
MicroATX	Estilo ATX	Estilo SFX
NLX	Estilo ATX	Estilo SFX

Fontes de alimentação LPX versus ATX

Algumas placas-mãe são feitas para trabalhar com fontes de alimentação LPX ou ATX. O ATX é o modelo preferido porque fornece a voltagem mais baixa necessária para os circuitos atuais, oferece instalação à prova de falhas e também fornece designs de resfriamento melhores que os mais antigos.

A Tabela 2.11 compara dois dos formatos-padrão mais comuns de fonte de alimentação utilizados nos computadores atuais, e a Figura 2.5 mostra uma fonte de alimentação LPX.

Tabela 2.11	Comparando fontes de alimentação ATX e LPX		
Tipo de fonte de alimentação	Saída de voltagem	Conectores de alimentação da placa-mãe	Outros recursos/Notas
LPX	5V, 12V	2–6 pinos cada (P8/P9)	Fácil de inverter o conector devido à fraca ação do pino guia
ATX	3,3V, 5V, 12V	1–20 pinos	Entram de apenas uma maneira; permite desligamento temporário através do sistema operacional ou de comando de teclado

A Tabela 2.12 detalha o conector típico LPX de fonte de alimentação.

Atenção

Para inserir os cabos corretamente, mantenha os fios-terra (preto) próximos uns dos outros. Embora a maioria dos conectores seja guiada para impedir que você os conecte de forma inadequada, alguns conectores podem ser facilmente inseridos incorretamente. Isso destruirá sua placa-mãe na primeira vez que você ligar a energia e poderá provocar incêndio.

Tabela 2.12	Conexões típicas da fonte de alimentação LPX	
Conector	Voltagem	Cor-padrão/Notas
P8-1	Power_Good (+5V)*	Laranja
P8-2	+5V	Vermelho
P8-3	+12V	Amarelo

---

* N. de R.T. Indica que a fonte está funcionando bem.

Tabela 2.12 Conexões típicas da fonte de alimentação LPX (continuação)

Conector	Voltagem	Cor-padrão/Notas
P8-4	–12V	Azul
P8-5	Terra (0)	Preto
P8-6	Terra (0)	Preto
P9-1	Terra (0)	Preto
P9-2	Terra (0)	Preto
P9-3	–5V	Branco
P9-4	+5V	Vermelho
P9-5	+5V	Vermelho
P9-6	+5V	Vermelho

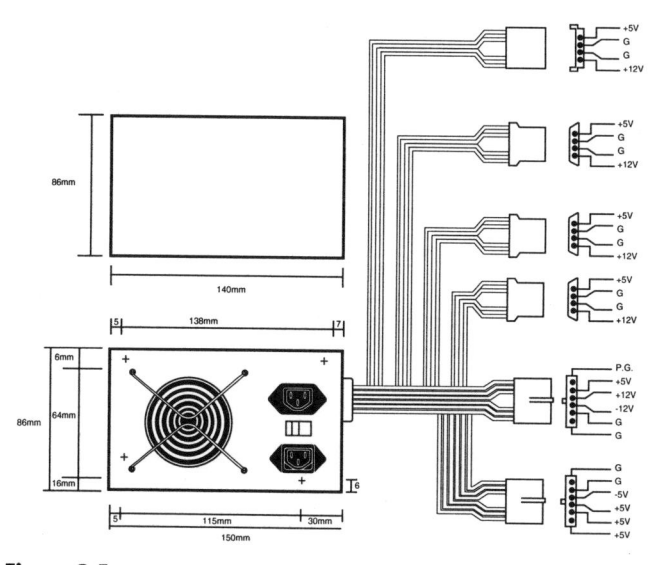

Figura 2.5 Fonte de alimentação de formato-padrão LPX.

Conectores de alimentação para a(s) unidade(s) de disco

Os conectores mostrados na Tabela 2.13 talvez não tenham rótulos, mas podem ser facilmente distinguidos pelo cabo de quatro fios e pelos códigos de cor. Utilizam-se as mesmas cores para os conectores de unidade de disco nas fontes de alimentação ATX. A Figura 2.6 mostra uma fonte de alimentação ATX.

Tabela 2.13 Códigos de cores da fonte de alimentação de unidades ATX/LPX

Conector	Voltagem	Cor padrão/Notas
P10-1	+12V	Amarelo
P10-2	Terra (0)	Preto
P10-3	Terra (0)	Preto
P10-4	+5V	Vermelho

Conectores da fonte de alimentação ATX

A fonte de alimentação ATX utiliza um conector de 20 pinos (veja a Figura 2.6) que é guiado para se conectar apenas de uma forma com a placa-mãe. Os pinos adicionais de energia fornecem energia de 3,3 V à placa-mãe e permitem que esta ligue e desligue a fonte de alimentação.

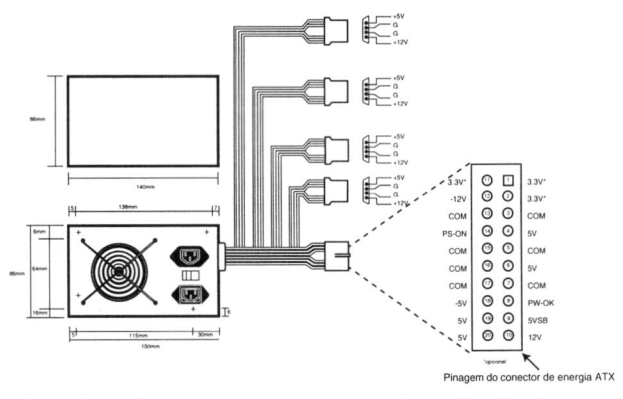

Figura 2.6 Fonte de alimentação com formato-padrão ATX utilizada com os sistemas ATX e NLX. A pinagem para a energia da placa-mãe é mostrada no canto direito inferior. Observe o pino quadrado único utilizado como guia.

A Tabela 2.14 mostra a pinagem do conector de energia da placa-mãe ATX.

Tabela 2.14 Conexões da fonte de alimentação da placa-mãe ATX

Cor	Sinal	Pino	Pino	Sinal	Cor
Laranja	+3,3V	11	1	+3,3v	Laranja
Azul	−12V	12	2	+3,3v	Laranja
Preto	GND	13	3	GND	Preto
Verde	PS_On	14	4	+5v	Vermelho
Preto	GND	15	5	GND	Preto

Capítulo 2 – Componentes e configuração de sistema **59**

Tabela 2.14	Conexões da fonte de alimentação da placa-mãe ATX (continuação)				
Cor	Sinal	Pino	Pino	Sinal	Cor
Preto	GND	16	6	+5v	Vermelho
Preto	GND	17	7	GND	Preto
Branco	–5V	18	8	Power_Good	Cinza
Vermelho	+5V	19	9	+5VSB (Stand by)	Púrpura
Vermelho	+5V	20	10	+12v	Amarelo

Conector ATX auxiliar

Muitas fontes de alimentação ATX também apresentam um conector auxiliar de seis pinos, que fornece níveis adicionais de energia de 3,3 V e 5 V para as placas-mãe que assim o exigem. Geralmente, os sistemas que precisam de 250 watts ou mais utilizam esses conectores.

O conector auxiliar (mostrado na Figura 2.7) é um conector do tipo Molex de seis pinos, semelhante a um dos conectores de energia de placa-mãe utilizados em fontes AT/LPX. Ele é moldado para evitar problemas de conexão.

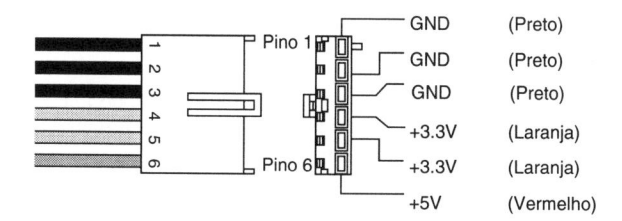

Conector auxiliar de energia ATX

Figura 2.7 Conector auxiliar de energia ATX.

As pinagens dos conectores auxiliares são mostradas na Tabela 2.15.

Tabela 2.15	Pinagem do conector auxiliar de energia ATX	
Pino	Sinal	Cor
1	GND	Preto
2	GND	Preto
3	GND	Preto
4	+3,3V	Laranja
5	+3,3V	Laranja
6	+5V	Vermelho

Conector de energia ATX12V

Para aumentar o fornecimento de energia de +12 V à placa-mãe, a Intel criou uma nova especificação de fonte de alimentação ATX12V. Isso adiciona um terceiro conector de energia, denominado conector ATX12V, especificamente para fornecer energia adicional de +12 V à placa. Esse conector é mostrado na Figura 2.8.

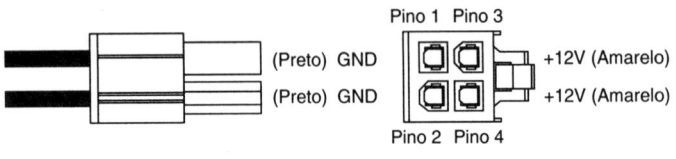

Figura 2.8 Um conector de energia ATX12V.

A pinagem do conector de energia de +12 V é mostrada na Tabela 2.16.

Tabela 2.16	Pinagem do conector de energia ATX +12 V (vista lateral dos fios)				
Cor	Sinal	Pino	Pino	Sinal	Cor
Amarelo	+12V	3	1	GND	Preto
Amarelo	+12V	4	2	GND	Preto

Se sua nova placa-mãe requer o conector ATX12V (as novas placas-mãe Pentium 4 são algumas das que exigem) e sua fonte de alimentação atual não tiver esse conector ATX12V, entre em contato com a PC Power e Cooling (http://www.pcpowerandcooling.com) para obter um adaptador.

Conectores de alimentação elétrica ATX principal e auxiliar proprietários da Dell

No início de setembro de 1998, os computadores da Dell mudaram para uma versão patenteada dos conectores ATX de alimentação elétrica. Infelizmente, a fonte de alimentação e a placa-mãe da Dell, que utilizam voltagens completamente diferentes da ATX padrão, ainda utilizam os mesmos conectores físicos. Portanto, você pode *destruir* sua fonte de alimentação, sua placa-mãe ou ambas utilizando uma fonte de alimentação da Dell com uma placa-mãe padrão ou utilizando uma fonte de alimentação padrão com uma placa-mãe da Dell. Se você estiver consertando um sistema da Dell, compare as pinagens nas Tabelas 2.17 e 2.18 com as pinagens ATX padrão nas Tabelas 2.15 e 2.16, para determinar se o sistema está utilizando uma fonte de alimentação patenteada.

Capítulo 2 – Componentes e configuração de sistema

Tabela 2.17 Pinagem do conector de energia ATX principal (não-padrão) de proprietário da Dell (vista lateral dos fios)

Cor	Sinal	Pino	Pino	Sinal	Cor
Cinza	PS_On	11	1	+5V	Vermelho
Preto	GND	12	2	GND	Preto
Preto	GND	13	3	+5V	Vermelho
Preto	GND	14	4	GND	Preto
Branco	–5V	15	5	Power_Good	Laranja
Vermelho	+5V	16	6	+5VSB (espera)	Púrpura
Vermelho	+5V	17	7	+12V	Amarelo
Vermelho	+5V	18	8	–12V	Azul
CHAVE (lacuna)	—	19	9	GND	Preto
Vermelho	+5V	20	10	GND	Preto

Tabela 2.18 Pinagem do conector de energia ATX auxiliar (não-padrão) proprietário da Dell

Pino	Sinal	Cor
1	GND	Preto
2	GND	Preto
3	GND	Preto
4	+3.3V	Azul/Branco
5	+3.3V	Azul/Branco
6	+3.3V	Azul/Branco

Alguns fornecedores independentes vendem fontes de alimentação compatíveis com as da Dell. Você pode substituir tanto a placa-mãe como a fonte de alimentação por unidades-padrão se decidir atualizar uma unidade de Dell que utiliza uma fonte de alimentação patenteada.

Consulte o Capítulo 21 do livro *Upgrading and Repairing PCs 13th. Edition*, para obter informações adicionais sobre fontes de alimentação proprietárias da Dell.

Tabela de referência rápida para solução de problemas de fontes de alimentação

Tabela 2.19 Solucionando problemas de fontes de alimentação

Sintoma	Causa(s)	Testes e solução(ões)
O sistema está superaquecendo.	Sistema inadequado de resfriamento	Verifique a ventilação em torno do sistema. Limpe o sistema por dentro. Verifique se faltam algumas coberturas de slot.
	Carga em watts mais alta no sistema que a especificada na fonte de alimentação	Substitua a fonte de alimentação por uma com especificações mais elevadas.

Tabela 2.19	Solucionando problemas de fontes de alimentação (continuação)		
O sistema reinicializa sozinho.	Nível incorreto de energia em Power_Good; pode indicar fonte de alimentação sobrecarregada ou unidade danificada	Utilize multímetro digital de tensão CC (DMM) para testar o P8-1 (fio laranja) em fontes de alimentação LPX ou mais antigas; ou o Pino 8 (fio cinza) em fontes de alimentação ATX ou mais novas. A voltagem especificada é +5 V; o intervalo aceitável é de +3,0 V a +6,0 V.
		Substitua a fonte de alimentação com problema por uma unidade com potência maior.
O ventilador gira apenas por um instante e depois pára.	Voltagem errada (FA configurada como 220/230V nos EUA)	Desligue o sistema; reinicialize a FA com a voltagem correta (110/115V nos EUA) e reinicie. Utilizar energia de 220/230V em uma FA configurada para 110/115V a destruirá!
	Curto-circuito fatal no sistema	O curto-circuito pode ser causado por parafusos frouxos, unidades de disco com problema ou placas suplementares.
		Desligue e desconecte o sistema; desconecte a unidade de disco e veja se o sistema inicializa. Se o sistema ainda falhar, conecte a unidade e remova a placa suplementar; repita até que cada placa e unidade tenha sido verificada. Também verifique os cabos adaptadores em Y porque cabos inadequados podem causar curto-circuito.
		Substitua o(s) componente(s) defeituoso(s).

Nota

Para obter informações adicionais sobre fontes de alimentação, especificações de watts e teste, consulte o Capítulo 21 de *Upgrading and Repairing PCs, 13th. Edition*, publicado pela Que.

Tipos de memórias

A memória de acesso aleatório (RAM) fornece a área de trabalho que os processadores utilizam para criar e modificar os dados. A RAM às vezes foi localizada nas placas de expansão em sistemas da antiga classe XT e das primeiras classes AT, mas agora todos os sistemas-padrão baseados em 486 e na classe Pentium têm seus módulos de memória anexados à placa-mãe.

Os módulos de memória assumem três formas importantes: SIMM, DIMMs e RIMMs. *SIMM* significa módulo de face simples de memória em linha (*single-sided in-line memory module*) e *DIMM* significa módulo de dupla face de memória em linha (*dual-sided in-line memory module*). Esses termos referem-se às configurações de pinos utilizadas no módulo em vez da localização dos chips de memória no módulo. *RIMM* significa módulo de memória Rambus em linha (*Rambus in-line memory module*), referindo-se aos chips Rambus DRAM utilizados nos módulos RIMM.

DIMMs

Os DIMMs de 168 pinos tornaram-se populares com o crescimento da família de processadores Pentium II/III/Celeron — série Athlon da AMD — e também podem ser encontrados em muitos modelos recentes de placas-mãe Pentium e "Super Socket7" utilizadas com processadores da série AMD K6 e Cyrix 6× 86MX/MII (veja a Figura 2.9). Os DIMMs são o tipo de módulo de memória mais popular e mais rápido em ampla utilização. A maioria dos DIMMs são DRAMs síncronos (SDRAM). Em placas-mãe com soquetes SIMM e DIMM, SDRAMs não podem ser utilizados junto com SIMMs, mas os relativamente raros DIMMs EDO podem ser utilizados junto com SIMMs EDO.

Os seguintes recursos são comuns para todos os DIMMs:

- Três conectores de larguras diferentes para um encaixe efetivo
- Pinagens diferentes em cada lado do DIMM

A Figura 2.9 compara os SIMMs de 30 pinos e 72 pinos com um módulo DIMM de 168 pinos.

Os DIMMs SDRAM estão disponíveis com diferentes velocidades, e a maioria das placas-mãe são capazes de utilizar memória mais rapidamente do que originalmente projetadas sem efeitos desfavoráveis. A Tabela 2.20 lista os valores de tempos e de velocidade para os módulos de memória SDRAM padrão.

Tabela 2.20 Tempos, velocidade real e velocidade especificada de SDRAM

Tempos	Velocidade real	Velocidade especificada
15ns	66MHz	PC66
10ns	100MHz	PC66
8ns	125MHz	PC100
7,5ns	133MHz	PC133

RDRAM

O *RDRAM* ou *Rambus DRAM* é um novo design radical de memória que está lentamente aparecendo nos sistemas PC *high-end* (topo de linha) que utilizam chipsets da Intel. O RDRAM difere dos dispositivos antigos de memória, pois fornece múltiplas transferências de dados de alta velocidade (800 MHz) e canal estreito (largura de 16 bits) para e de um barramento de memória de 128 bits, em vez das transferências de dados mais lentas

> **Nota**
>
> Os SIMMs de 30 pinos e 72 pinos não são utilizados nos novos sistemas há vários anos e estão obsoletos. Para obter informações adicionais sobre o SIMM, consulte o livro *Upgrading and Repairing PCs, 13th. Edition*.

64 PCs, Atualização e Manutenção

SIMM de 30 pinos

SIMM de 72 pinos

DIMM de 168 pinos

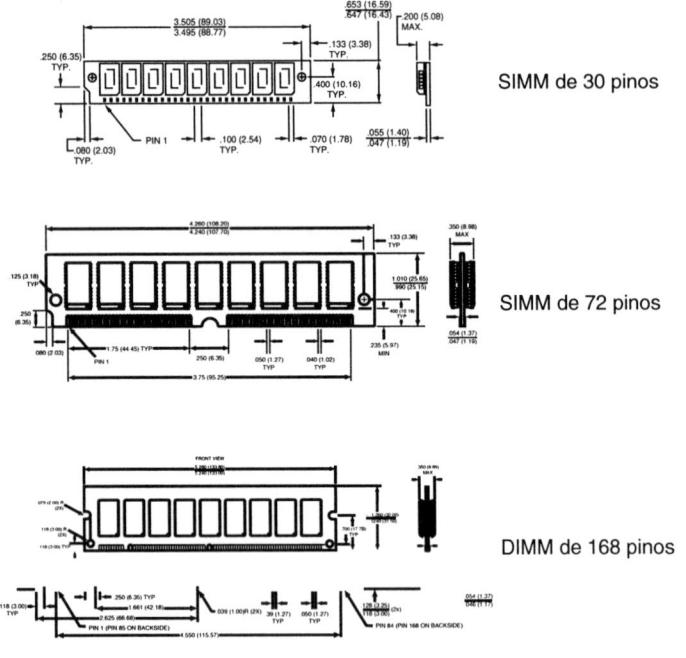

Figura 2.9 Comparação de memória DIMM de 168 pinos com memória SIMM de 72 pinos e 30 pinos.

(100 MHz ou 66 MHz) de 32 bits ou de 64 bits dos SDRAMs e dos tipos de memória antigos.

Os módulos RDRAM chamam-se *RIMMs*, e quaisquer slots de RIMM não utilizados em uma placa-mãe devem ser preenchidos com um módulo de continuidade para permitir um caminho contínuo de dados de alta velocidade pelos RIMMs. Cada RIMM representa vários bancos de memória e assim pode-se acrescentar um único RIMM por vez a um sistema — muito parecido com a maneira pela qual funciona a instalação dos DIMMs, embora os tipos de memória não sejam intercambiáveis.

SDRAM DDR

A memória SDRAM de *taxa dupla de dados* (*double data rate – DDR*) é uma versão melhorada do SDRAM padrão porque a transferência de dados é duas vezes mais rápida. Em vez de dobrar a velocidade real do clock, a memória de DDR alcança a duplicação no desempenho transferindo duas vezes por ciclo de transferência — uma vez na borda inicial do ciclo (des-

Capítulo 2 – Componentes e configuração de sistema

cida) e uma vez na final (subida). Isso é semelhante à maneira como o RDRAM opera e efetivamente dobra a taxa de transferência, ainda que o mesmo clock e sinais de tempos sejam utilizados.

O SDRAM DDR é suportado por muitos dos mais novos chipsets de servidor e fornece uma alternativa de projeto para o RDRAM mais radical. O DDR Consortium — um consórcio do setor formado pela Fujitsu, Ltd., Hitachi, Ltd., Hyundai Electronics Industries Co., Mitsubishi Electric Corp., NEC Corp., Samsung Electronics Co., Texas Instruments, Inc. e Toshiba Corp. — empreendeu a padronização oficial da DDR.

O SDRAM DDR utiliza um novo projeto de módulo DIMM com 184 pinos. A Figura 2.10 mostra o DIMM SDRAM DDR.

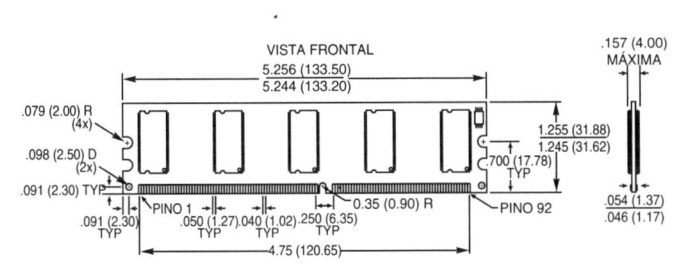

Figura 2.10 Um módulo DIMM SDRAM DDR de 184 pinos; ele tem somente dois conectores, comparado com os três conectores utilizados em módulos DIMM SDRAM de 168 pinos convencionais.

Os DIMMs DDR são especificados tanto para operação de PC1600 (200 MHz × 8 ou 1.600 MBps) como para PC2100 (133 MHz × 8 ou 2.100 MBps) e normalmente trabalham em 2,5 volts. Trata-se basicamente de uma extensão dos DIMMs de PC100 e PC133 reprojetados para suportar a temporização dupla, na qual os dados são enviados em cada transição de clock (duas vezes por ciclo), em vez de uma vez por ciclo, como é padrão com o SDRAM.

Memória com paridade versus sem paridade

A RAM com verificação de paridade utiliza unidades de 8 bits de memória mais 1 bit de paridade, para um total de 9 bits. Além disso, a verificação de paridade utiliza tanto os bits de dados como o bit de paridade para garantir que o conteúdo de memória esteja correto a cada acesso à memória.

Praticamente todos os sistemas baseados em 386 e mais antigos, e a maioria dos sistemas baseados em 486, requerem memória com verificação de paridade, que pode detectar mas não corrigir erros de memória. Por outro lado, a maioria dos sistemas da classe Pentium e superiores não requerem RAM de verificação de paridade, mas ignorarão o(s) bit(s) de paridade se existir (em).

A memória de verificação de paridade *deve* ser utilizada em sistemas que dela necessitam e *deve* ser utilizada em sistemas que podem ser configurados para utilizar os bits de paridade, *especialmente* se o sistema suporta operações com código de correção de erro *(error correction code – ECC)*, que utiliza o bit de paridade como meio de *corrigir* um bit de memória defeituoso.

Requisitos para utilização de memória ECC

O ECC requer o seguinte:

- Módulos de verificação de paridade ou compatíveis com ECC
- Um chipset de placa-mãe que oferece suporte de ECC
- Suporte de ECC habilitado na configuração do sistema de BIOS

A operação de ECC é recomendada para servidores e outros sistemas que estão realizando tarefas críticas porque uma operação de ECC pode corrigir um bit errado de memória de cada vez. Erros maiores de memória farão com que o sistema exiba uma mensagem de erro e pare.

Entretanto, os sistemas que utilizam o ECC custarão mais por causa do custo mais alto de RAM com verificação de paridade. Além disso, o desempenho do sistema é ligeiramente mais lento por causa do tempo extra envolvido na operação de ECC. Verifique a documentação de sua placa-mãe ou do sistema para determinar se o ECC é uma opção para seu sistema.

Para determinar se um módulo de memória suporta a verificação de paridade ou ECC, utilize as seguintes dicas.

Tabela 2.22 Larguras de bancos de memória em vários sistemas

Processador	Barramento de dados	Tamanho do banco de memória (sem paridade)	Tamanho do banco de memória (com paridade)
8088	8 bits	8 bits	9 bits
8086	16 bits	16 bits	18 bits

Capítulo 2 – Componentes e configuração de sistema **67**

Utilizando a regra de "dividir por 9" para determinar o suporte de paridade

Pode-se usar a regra de "dividir por 9" para determinar a verificação de paridade se você souber o número de bits de memória no módulo. Observe na Tabela 2.21 que o número de bits em módulos com verificação de paridade pode ser dividido por 9, mas o número de bits em módulos sem paridade pode ser dividido somente por 8.

Tabela 2.21 Capacidades de DIMMs e RIMMs

Capacidades de DIMMs de 168 ou 184 Pinos		
Capacidade	**DIMM com paridade**	**DIMM sem paridade**
8MB	1MB × 72	1MB × 64
16MB	2MB × 72	2MB × 64
32MB	4MB × 72	4MB × 64
64MB	8MB × 72	8MB × 64
128MB	16MB × 72	16MB × 64
256MB	32MB × 72	32MB × 64

Capacidades de RIMM		
	RIMM com ECC	**RIMM sem ECC**
64MB	32MB × 18	32MB × 16
128MB	64MB × 18	64MB × 16
256MB	128MB × 18	128MB × 16

Expandindo a memória em um sistema

Deve-se adicionar memória a um sistema em bancos quando são usados chips de memória convencional, SIMMs ou DIMMs. Em termos simples, o *banco* de memória é a quantidade de RAM em bits igual à largura do barramento de dados da CPU do computador (veja a Tabela 2.22). Portanto, o barramento de dados de um Pentium é 64 bits e o(s) módulo(s) de memória utilizado(s) com um Pentium deve(m) ter uma largura total de 64 bits para memória sem paridade e de 72 bits para memórias com verificação de paridade ou ECC.

Os módulos RIMM devem ser adicionados em canais. Alguns sistemas que usam RIMMs utilizam um único canal (RIMM simples), enquanto outros apresentam canais duplos, exigindo dois RIMMs casados.

SIMMs de 30 pinos por banco	SIMMs de 72 pinos por banco	DIMMs de 168 pinos por banco	DIMMs de 184 pinos por banco
1	—	—	n/d
2	—	—	n/d

Tabela 2.22 Larguras de bancos de memória em vários sistemas (continuação)

Processador	Barramento de dados	Tamanho do banco de memória (sem paridade)	Tamanho do banco de memória (paridade)
286	16 bits	16 bits	18 bits
386SX, SL, SLC	16 bits	16 bits	18 bits
386DX	32 bits	32 bits	36 bits
486SLC, SLC2	16 bits	16 bits	18 bits
486SX, DX, DX2, DX4, 5×86	32 bits	32 bits	36 bits
Pentium, K5, K6 6×86, 6×86MX, MII	64 bits	64 bits	72 bits
Pentium Pro, PII, PIII, Celeron, Xeon, AMD Athlon, Duron, Intel Itanium	64 bits	64 bits	72 bits

1. *Pouquíssimas placas-mãe para esses processadores realmente utilizam esse tipo de memória.*

O número de bits para cada banco pode ser composto por chips únicos, SIMMs ou DIMMs. Os sistemas modernos não usam chips individuais; em vez disso, usam somente SIMMs ou DIMMs. Se o sistema tiver

Solução de problemas de memória

A Figura 2.11 fornece passos básicos que lhe permitem efetivamente testar e solucionar problemas de sua RAM de sistema. Primeiro, vamos analisar os procedimentos de teste e de solução de problemas de memória.

Depois de determinar se a memória do sistema está defeituosa, você precisa determinar qual módulo de memória está falhando. Siga o procedimento na Figura 2.12 para isolar o módulo para substituição.

Utilização da memória dentro do sistema

O PC original tinha um total de 1 MB de memória endereçável e os 384 KB superiores foram reservados para utilização pelo sistema. Colocar esse espaço reservado na parte superior (entre 640 KB e 1024 KB, em vez de na parte inferior, entre 0 KB e 640 KB) leva ao que é freqüentemente chamado de *barreira de memória convencional*. Os sistemas com mais de 1 MB de RAM tratam a RAM adicional como memória estendida, começando em 1 MB.

Portanto, há uma "lacuna" no uso de memória entre 640 KB e 1 MB. Algumas placas suplementares padrão de expansão e dispositivos de placa-mãe utilizam parte dessa área de memória para os endereços de RAM e ROM, deixando o restante desse espaço livre para uso adicional da placa.

SIMMs de 30 pinos por banco	SIMMs de 72 pinos por banco	DIMMs de 168 pinos por banco	DIMMs de 184 pinos por banco
2	—	—	n/d
2	—	—	n/d
4	1	—	n/d
2	—	—	n/d
4	1	—	n/d
8[1]	2	1	1
8[1]	2	1	1

um processador de 16 bits, como um 386SX, provavelmente ele utiliza SIMMs de 30 pinos e tem dois SIMMs por banco. Todos os SIMMs em um único banco devem ser do mesmo tamanho e tipo.

Os SIMMs de 30 pinos têm 8 bits por módulo; os SIMMs de 72 pinos têm 32 bits por módulo; o SDRAM de 168 pinos e o SDRAM DDR de 184 pinos têm 64 bits por módulo.

Dispositivos de hardware e firmware que utilizam endereços de memória

A lista de dispositivos de hardware e de firmware que utilizam endereços de memória é relativamente curta quando comparada com a utilização de endereços de portas de IRQ, DMA e E/S, mas não é menos importante. Dois dispositivos não podem compartilhar um endereço de memória. A Tabela 2.23 mostra o uso de memória no intervalo de memória de 640 KB–1 MB para os dispositivos-padrão.

Tabela 2.23 Uso de memória no intervalo de 640 KB–1 MB

Dispositivo	Intervalo de endereço	Notas
RAM de vídeo de modo gráfico	0A0000–0AFFFF	
RAM de vídeo monocromático no modo texto	0B0000–0B7FFF	
RAM de vídeo colorido no modo texto	0B8000–0BFFFF	
ROM de vídeo para VGA, Super VGA	0C0000–0C7FFF	
Não atribuído	0C8000–0DFFFF	Disponível para utilização por chips de BIOS ou RAM em placas suplementares de expansão ou por gerenciadores de memória, como QEMM ou EMM386

PCs, Atualização e Manutenção

Tabela 2.23 Uso de memória no intervalo de 640 KB–1 MB (continuação)

Dispositivo	Intervalo de endereço	Notas
Extensão de BIOS ROM da placa-mãe (IBM PS/2s, a maioria dos sistemas de classe Pentium e dos mais novos)	0E0000–0EFFFF	Se não for utilizado por extensões de BIOS, pode ser tratado como espaço adicional livre
ROM BIOS da placa-mãe (todos os sistemas)	0F0000–0FFFFF	

Reinicie o sistema e entre na configuração de BIOS sob configuração avançada ou de chipset, selecione parâmetros de temporização de memória e configure tudo como padrão de BIOS. Salve as configurações, reinicialize e teste novamente.

→ Veja quais são os mais lentos.

O problema foi resolvido → Se o problema foi resolvido, a causa eram as configurações impróprias de BIOS.

O problema não foi resolvido

Abra o gabinete de seu sistema. Identifique os SIMMs/DIMMs/RIMMS. Determine o arranjo do banco. Remova e reinstale todos os módulos de memória reencaixando-os. Certifique-se de que são de tamanhos, velocidades, voltagens e tipos corretos para seu sistema.

O problema foi resolvido → Se o problema for resolvido removendo-se tudo exceto o banco 1, o problema pode estar em um dos módulos que você removeu. Adicione um por vez e teste novamente. Quando o problema aparecer, substitua o módulo.

Se o problema não acontecer de novo depois de remover/ substituir os módulos, pode ser que os contatos precisem ser limpos.

Se o problema continuar com todos exceto o primeiro banco removido, o problema foi isolado no primeiro banco. Substitua os módulos de memória.

O problema não foi resolvido → Se o problema ainda permanecer depois que todos os bancos forem testados, substitua a placa-mãe.

O problema foi resolvido

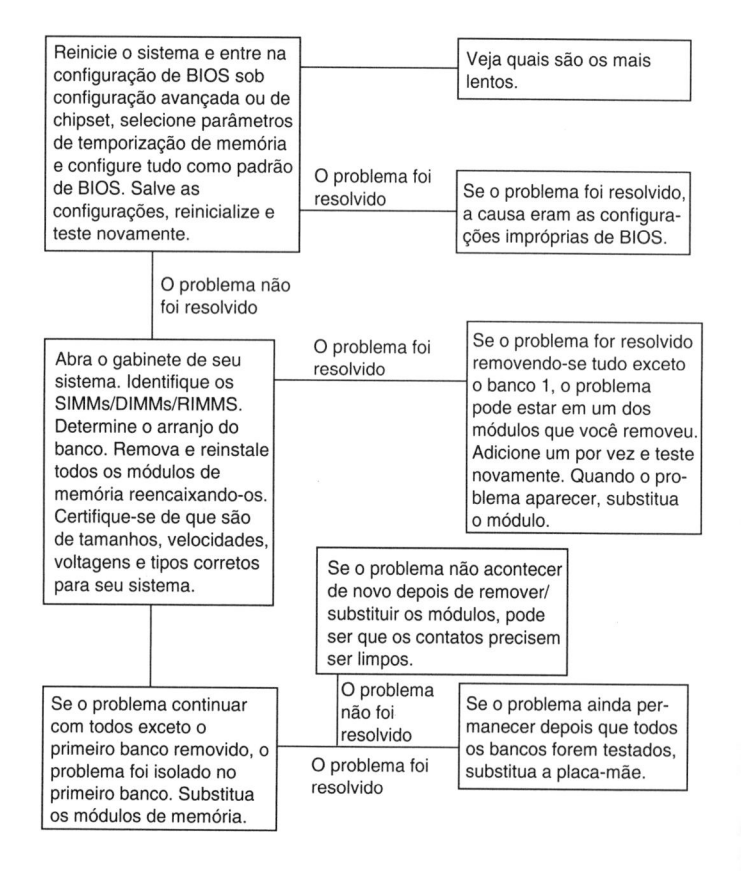

Figura 2.11 Testando e solucionando problemas de memória.

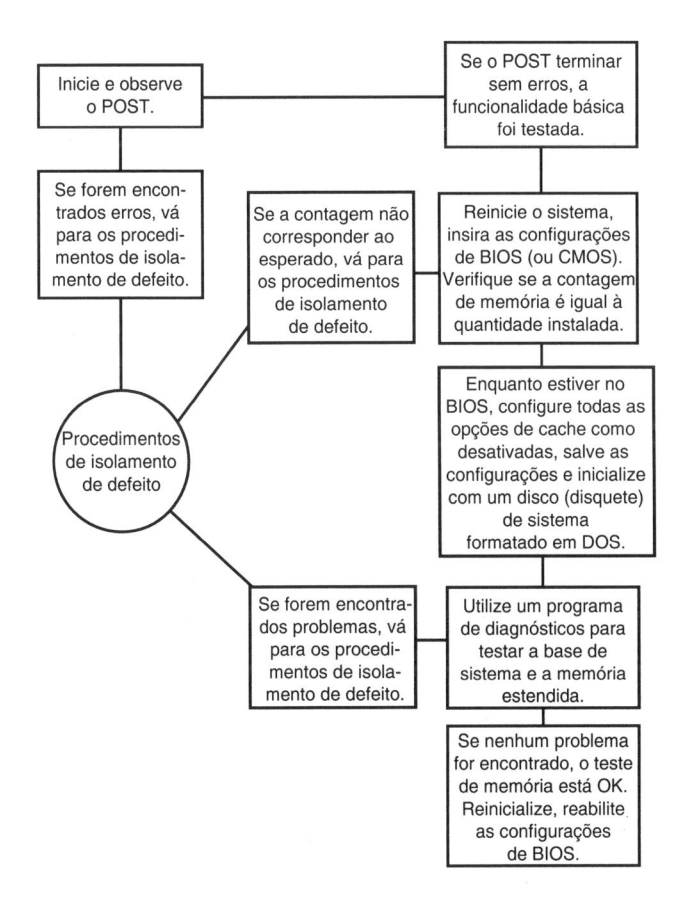

Capítulo 2 – Componentes e configuração de sistema

```
[Inicie e observe o POST.] ── [Se o POST terminar sem erros, a funcionalidade básica foi testada.]
         │                                    │
[Se forem encontrados erros, vá para os procedimentos de isolamento de defeito.]
                      │
         [Se a contagem não corresponder ao esperado, vá para os procedimentos de isolamento de defeito.] ── [Reinicie o sistema, insira as configurações de BIOS (ou CMOS). Verifique se a contagem de memória é igual à quantidade instalada.]
                      │
         (Procedimentos de isolamento de defeito)
                      │                       [Enquanto estiver no BIOS, configure todas as opções de cache como desativadas, salve as configurações e inicialize com um disco (disquete) de sistema formatado em DOS.]
                      │
         [Se forem encontrados problemas, vá para os procedimentos de isolamento de defeito.] ── [Utilize um programa de diagnósticos para testar a base de sistema e a memória estendida.]
                                              │
                              [Se nenhum problema for encontrado, o teste de memória está OK. Reinicialize, reabilite as configurações de BIOS.]
```

Figura 2.12 Siga estes passos se você ainda estiver encontrando erros de memória depois de completar os passos na Figura 2.11.

Se você estiver utilizando uma placa suplementar que utiliza um chip de BIOS ROM on-board para superar as limitações do acionador de disco rígido IDE, resolver os problemas de data Y2K ou fornecer suporte para unidades de disco rígido SCSI de inicialização, os chips de BIOS nessas placas devem ser colocados no intervalo de memória livre listado anteriormente. Se você tiver duas ou mais placas suplementares que utilizam intervalos de endereço de memória, para melhor desempenho do sistema, configure as placas para utilizar endereços de memória adjacentes.

A Tabela 2.24 mostra as utilizações típicas de memória para algumas placas de interface SCSI e IDE comuns que utilizam chips de BIOS ROM.

Tabela 2.24 Endereços de memória utilizados por várias placas adaptadoras

Tipo de adaptador	Tamanho de BIOS on-board	Intervalo de endereços de BIOS
Maioria das controladoras compatíveis com XT	8KB	0C8000–0C9FFF
Maioria das controladoras AT	Nenhum	Drivers em BIOS de placa-mãe
Maioria dos adaptadores-padrão de disco rígido IDE	Nenhum	Drivers em BIOS de placa-mãe
Maioria dos adaptadores-avançados[1] de disco rígido IDE	16KB	0C8000–0CBFFF
Algumas controladoras SCSI	16KB	0C8000–0CBFFF
Algumas controladoras SCSI	16KB	0DC000–0DFFFF

1. Esse tipo de adaptador suplementa a interface IDE da placa-mãe suportando as controladoras além de 528 MB (decimal) ou 504 MB (binário) ou além de 8,4 GB (decimal) de tamanho. Alguns desses adaptadores também podem fornecer suporte à passagem do ano 2000. As placas que combinam ambas as funções talvez utilizem um chip maior de BIOS (em KB).

Algumas placas de rede mais antigas também utilizavam endereços de memória para buffers de RAM ou para chips de BIOS ROM que permitem que as estações de trabalho sem disco utilizem uma cópia de rede do sistema operacional para inicializar. As placas de rede que utilizam endereços de memória são raramente utilizadas hoje.

Utilizando endereços de memória além de 1 MB (0FFFFF)

Algumas placas Super VGA mais antigas, principalmente as da ATI, também podiam ser configuradas para utilizar um endereço de memória estendido de 1 MB, iniciando em 15 MB para mover os dados de vídeo. Essa técnica, chamada de *abertura de memória,* tornou as placas de vídeo que a utilizavam mais rápidas, mas não podia ser utilizada em sistemas com 16 MB de RAM ou superior. Se você utiliza uma placa de vídeo que usa uma abertura de memória fixa em 15 MB em um sistema com menos de 16 MB de RAM, desative o recurso de abertura de memória antes de atualizar a RAM com mais de 16 MB. Algumas placas de vídeo PCI e AGP atuais também utilizam aberturas de memória, mas em endereços que geralmente não interferem com as memórias RAM maiores dos sistemas atuais.

Determinando intervalos de endereços de memória em uso

Em um sistema com o Windows 9x, o 2000, o Me ou o XP, utilize a página de Sistema do Gerenciador de dispositivos para ver o uso total de endereço de memória (veja a Figura 2.13).

Utilize a documentação da placa suplementar ou um visualizador de memória, como aqueles incluídos no AMIDiag, CheckIt ou MSD.EXE da Microsoft, para ver o uso de memória em sistemas que utilizam o Windows 3.1 ou MS-DOS.

> **Nota**
>
> Para aprender mais sobre módulos de memória, consulte o Capítulo 6 de *Upgrading and Repairing PCs, 13th. Edition*, publicado pela Que.

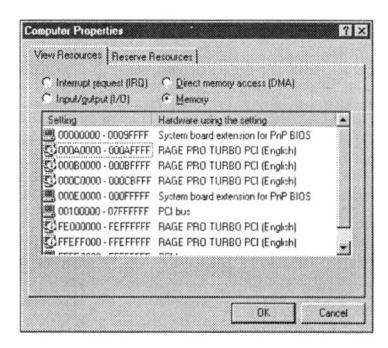

Capítulo 2 – Componentes e configuração de sistema   **73**

Figura 2.13 O uso de memória superior de um sistema como exibido pelo Gerenciador de dispositivos do Windows 9x. Os endereços entre 000CCFFFF e 000DFFFF na memória superior estão disponíveis para as placas suplementares. A placa de vídeo ATI (*on-board*) também utiliza endereços de memória acima de 1 MB para um intervalo de memória de alta velocidade.

Outras questões de configuração de placas de expansão

Quando uma placa é instalada em um slot de expansão ou um dispositivo de placa PCMCIA/PC é instalado em um slot de placa PC, a placa deve utilizar pelo menos um de quatro recursos de hardware para ser acessível para o sistema. Todas as placas suplementares devem utilizar pelo menos um intervalo ou intervalos de endereços de portas de E/S; a maioria utiliza linha de pedido de interrupção (*interrupt request line* – IRL), algumas placas utilizam Acesso Direto à Memória (*direct memory access* – DMA), e endereços de memória são os menos utilizados. Muitas placas utilizam dois ou mais desses recursos de hardware.

> **Nota**
>
> Para obter informações adicionais, veja a seção "Dispositivos de hardware e firmware que utilizam endereços de memória" nesse capítulo.

Se uma placa suplementar de expansão for configurada para utilizar o mesmo recurso de hardware que uma placa existente, ela não funcionará, a menos que o recurso seja projetado para ser compartilhado entre as placas. Embora a capacidade de compartilhar IRQs tenha existido (pelo menos em teoria) desde a Micro Channel Architecture do final da década de 1980, mesmo hoje a melhor regra geral para adicionar placas é "cada placa tem suas próprias configurações".

A configuração Plug-and-Play (PnP) — lançada pelo Windows 95 e também presente no Windows 98, no Me, no 2000 e no XP — foi projetada para minimizar o transtorno de se adicionar placas, mas essa tecnologia está em um estado de desenvolvimento contínuo desde que foi lançada. Para ajudá-lo a adicionar placas, as seguintes tabelas de configurações-padrão também listam as ferramentas de software e hardware que podem ajudar a localizar as configurações já em uso antes de você instalar a sua próxima placa.

IRQs

As *IRQs* ou a interrupção de hardware são utilizadas por vários dispositivos de hardware para avisar a placa-mãe de que uma solicitação deve ser atendida. A maioria das placas suplementares utiliza IRQs e, como os sistemas hoje têm o mesmo número de IRQs disponível com os primeiros sistemas IBM PC/AT construídos em 1984, as IRQs freqüentemente causam problema nas instalações de placas suplementares de expansão.

A Tabela 2.25 mostra as atribuições de IRQ para slots de expansão ISA de 16 bits e VL-Bus/ PCI de 32 bits, listadas por prioridade. Tecnicamente falando, as interrupções PCI podem ser compartilhadas, mas, na prática, muitos sistemas Pentium mais antigos devem utilizar um valor único de IRQ para cada placa PCI, como ocorre com placas ISA e VL-Bus.

Tabela 2.25 Atribuições-padrão de interrupção ISA/VL-Bus/PCI de 16/32 bits

IRQ	Função-padrão	Slot de barramento	Tipo de placa	Utilização recomendada
0	Timer do sistema	Não	—	—
1	Controladora do teclado	Não	—	—
2[1]	Segunda controladora em cascata de IRQ	Não	—	—
8	Relógio de tempo real	Não	—	—
9	Disponível (aparece como IRQ 2)	Sim	8/16 bits	Placas de rede
10	Disponível	Sim	16 bits	USB
11	Disponível	Sim	16 bits	Controladora SCSI
12	Porta do mouse da placa-mãe disponível	Sim	16 bits	Porta do mouse de placa-mãe
13	Co-processador matemático	Não	—	—
14	IDE primário	Sim	16 bits	IDE primário (discos rígidos)
15	IDE secundário/disponível	Sim	16 bits	IDE secundário (CD-ROM/fita)
3[4]	Porta serial 2 (COM 2:)	Sim	8/16 bits	COM 2:/modem interno
4[3]	Porta serial 1 (COM 1:)	Sim	8/16 bits	COM 1:
5[2]	Porta 2 som/paralela (LPT2:)	Sim	8/16 bits	Placa de som

Capítulo 2 – Componentes e configuração de sistema   **75**

Tabela 2.25   Atribuições-padrão de interrupção ISA/VL-Bus/PCI de 16/32 bits (continuação)

IRQ	Função-padrão	Slot de barramento	Tipo de placa	Utilização recomendada
6	Controladora de disquete	Sim	8-/16 bits	Controladora de disquete
7	Porta paralela 1 (LPT1:)	Sim	8-/16-bit	LPT1:

1. O IBM PC/XT original e os sistemas compatíveis com os slots ISA de 8 bits não atribuem nenhum dispositivo-padrão à IRQ 2. Quando o slot ISA de 16 bits foi lançado, junto com um segundo intervalo de IRQs (8–15), isso permitiu o "cascateamento" dessas interrupções através da IRQ 2. As placas mais antigas que têm IRQ 2 como configuração usam na realidade IRQ 9 ao invés de em sistemas baseados em 286 ou superiores.

2. Em sistemas originais da classe XT com slots ISA de 8 bits, a IRQ 5 foi atribuída à placa controladora de disco rígido. Mesmo que a atribuição "oficial" da IRQ 5 seja para tratar LPT2 em sistemas com slots ISA de 16 bits, somente modos de porta paralela EPP e ECP (IEEE-1284) realmente utilizam uma IRQ. Isso permite o uso de IRQ 5 para placas de som na maioria dos sistemas sem interferir no uso de LPT2.

3. Sistemas com COM 3 "compartilham" por padrão a IRQ 4 da COM 1. Isso causará travamentos de sistema no Windows se um mouse serial for utilizado na COM 1 com um modem na COM 3. Se você utilizar o modem, o conflito de IRQ derrubará o sistema. Para evitar problemas, configure o dispositivo utilizando a COM 3 para uma IRQ diferente ou desative a COM 2 e use-a para o modem.

4. Sistemas com COM 4 "compartilham" por padrão a IRQ 3 da COM 2. Isso causará travamentos de sistema no Windows se um mouse serial for utilizado na COM 2 com um modem na COM 4. Se você utilizar o modem, o conflito de IRQ derrubará o sistema. Para evitar problemas, configure o dispositivo utilizando COM 4 para uma IRQ diferente ou desative COM 2 e utilize-a para o modem.

Ativando o direcionamento de IRQs

Iniciando com OSR 2.*x* do Windows 95 (Windows 95B), o Microsoft Windows suporta um recurso chamado direcionamento de IRQ, que permite a duas ou mais placas PCI compartilhar uma única IRQ. Os sistemas que utilizam direcionamento de IRQ terão uma entrada para o dispositivo que usa uma IRQ e uma entrada que indica que o direcionamento de IRQ está acontecendo, como mostrado na Figura 2.14 mais adiante nesse capítulo.

Para ocorrer o direcionamento de IRQ PCI deve-se observar o seguinte:

- Nenhum dispositivo ISA está utilizando a IRQ.
- A BIOS e o sistema operacional suportam o direcionamento de IRQ PCI.
- O direcionamento da IRQ PCI está ativado.

Para ajustar o comportamento de direcionamento da IRQ com o Gerenciador de dispositivos do Windows 98, execute esses passos:

1. Clique em Iniciar, Configurações, Painel de controle.
2. Abra a opção Sistemas.
3. Clique na opção Gerenciador de dispositivos.
4. Role a tela para baixo até a categoria Dispositivos do sistema e dê um clique duplo para abri-la.

5. Selecione Barramento PCI e clique em Propriedades.
6. Clique na opção Direcionamento de IRQs para ver ou alterar as configurações atuais.

Para obter informações adicionais sobre como solucionar problemas de direcionamento de IRQs, consulte o Capítulo 4 de *Upgrading and Repairing PCs 13th. Edition*.

DMA

O acesso direto à memória (DMA) permite a transferência de dados em alta velocidade entre dispositivos de E/S e memória sem o gerenciamento da CPU. Esse método de transferência de dados melhora o desempenho para os dispositivos que o utilizam, mas, como não há nenhum gerenciamento de CPU, a possibilidade de destruição dos dados é mais alta que para transferências não-DMA. Embora os canais de DMA teoricamente possam ser "compartilhados" entre os dispositivos que não estão em utilização ao mesmo tempo, essa não é uma prática recomendada.

As placas PCI não utilizam esses canais de DMA (com exceção das placas de som que estão emulando a Sound Blaster baseada em ISA ou compatíveis — os principais usuários de canais de DMA hoje em dia). Veja a Tabela 2.26.

Tabela 2.26 Atribuições-padrão de canal de DMA ISA/PCI de 16/32 bits

DMA	Função-padrão	Slot de barramento	Tipo de placa	Transferência	Utilização recomendada
0	Disponível	Sim	16 bits	8 bits	Som integrado
1	Disponível	Sim	8/16 bits	8 bits	Som de 8 bits
2	Controladora de disquete	Sim	8/16 bits	8 bits	Controladora de disquete
3	Disponível	Sim	8/16 bits	8 bits	LPT1: no modo ECP
4	Primeira controladora em cascata de DMA	Não	—	16 bits	—
5	Disponível	Sim	16 bits	16 bits	Som de 16 bits
6	Disponível	Sim	16 bits	16 bits	Adaptador SCSI ISA
7	Disponível	Sim	16 bits	16 bits	Disponível

Observe que os adaptadores PCI não utilizam esses canais de DMA ISA; servem apenas para as placas ISA.

Em sistemas PC/XT com slots ISA de somente 8 bits, estão disponíveis apenas os canais de DMA 1–3. Os canais de DMA 2 eram utilizados para a controladora de disquete, como é hoje, mas os canais 1 e 3 não eram atribuídos para dispositivos-padrão.

As transferências de DMA também podem ser realizadas por interfaces de unidade de disco IDE/ATA, mas, como se trata de dispositivos PCI, os canais de DMA não são necessários.

Determinando a utilização real de IRQ e DMA

Embora essas tabelas forneçam as diretrizes "oficiais" para o uso de IRQ e DMA, essas configurações podem não se aplicar sempre a todos os sistemas.

Capítulo 2 – Componentes e configuração de sistema 77

As placas suplementares de expansão de rede, de som, as seriais, as paralelas e de SCSI freqüentemente podem ser movidas para canais diferentes de IRQ e DMA para contornar conflitos. As configurações não-padrão podem ser feitas manualmente com algumas placas, e isso é quase certo para as placas PnP utilizadas com o Windows 9x/Me/2000/XP. Placas PnP bem projetadas e já instaladas em um sistema são projetadas para automaticamente se moverem para configurações sem conflito quando são inseridas placas PnP menos flexíveis. Os sistemas da classe Pentium mais atuais que usam o Windows 95 OSR 2.x, o Windows 98, o 2000, o Me ou o XP também podem utilizar um recurso chamado de *IRQ holder* para o direcionamento de PCI que permite que vários dispositivos PCI utilizem uma única IRQ, se o BIOS for projetado para suportá-lo.

Para visualizar as configurações atuais de IRQ e DMA para os sistemas que usam o Windows 9x e versões superiores, use o Gerenciador de dispositivos (uma opção no item Sistema). Visualize as propriedades para o ícone Computador na parte superior da lista de dispositivos e você pode escolher a partir de IRQ, DMA, porta de E/S e informações de endereço de memória (veja a Figura 2.14).

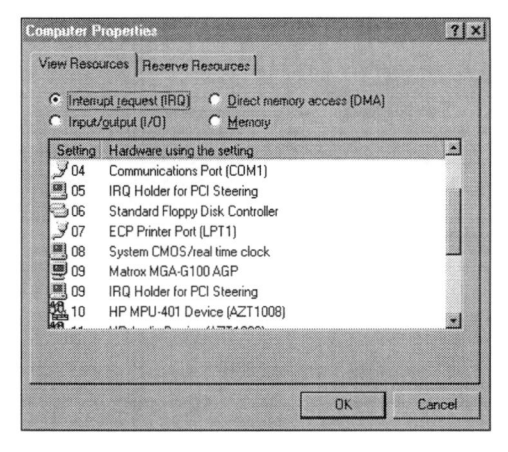

Figura 2.14 A janela Gerenciador de dispositivos das Propriedades do computador do Windows 9x mostra as IRQs em uso; as IRQs disponíveis não são listadas. O recurso de direcionamento de IRQ permite que a IRQ 5 seja compartilhada entre duas placas diferentes baseadas em PCI sem conflitos.

Para os outros sistemas operacionais, recomendamos uma placa de interface com indicadores luminosos para uso de IRQ e DMA. A Discovery Card, desenvolvida por John Rourke, foi pioneira nessa categoria de diagnóstico, e muitos fornecedores oferecem placas com esse recurso. Alguns fornecedores combinam a detecção de IRQ/DMA com a detecção de código POST ou teste de sistema ativo.

Para utilizar uma placa IRQ/DMA, desligue o sistema, insira a placa em um slot livre e ligue o sistema. Quando os dispositivos que utilizam uma IRQ ou uma DMA são ativados, o indicador luminoso correspondente na placa é exibido. A maioria das placas tem uma chave de reinicialização, que permite que as luzes da placa sejam reinicializadas, permitindo que você teste possíveis conflitos. Quando combinado com informações de um modelo de configuração de sistema, ajuda a fornecer informações exatas de uso de IRQ e DMA.

Endereços de portas de E/S

As portas de E/S do seu computador permitem comunicação entre dispositivos e software no sistema. São equivalentes aos canais de rádio de duas vias. Se quiser conversar com sua porta serial, você precisa saber qual porta de E/S (canal de rádio) ela está ouvindo. De maneira semelhante, se quiser receber dados da porta serial, você precisa ouvir no mesmo canal em que está transmitindo.

Uma questão confusa é que as portas de E/S são designadas por endereços hexadecimais semelhantes aos endereços de memória. As portas de E/S não são memória; são portas.

Os dispositivos da placa-mãe e do chipset normalmente são configurados para utilizar endereços de portas de E/S de 0h a FFh, e todos os outros dispositivos utilizam de 100h a FFFFh. A Tabela 2.27 mostra o uso da placa-mãe e da porta de E/S baseado em chipset.

Tabela 2.27 Endereços de porta de dispositivo baseados em chipset e placa-mãe		
Endereço (hexadecimal)	**Tamanho**	**Descrição**
0000–000F	16 bytes	Chipset—8237 DMA 1
0020–0021	2 bytes	Chipset — 8259 controladora de interrupção 1
002E–002F	2 bytes	Super registrador de configuração de controladora de E/S
0040–0043	4 bytes	Chipset — Contador/Timer 1
0048–004B	4 bytes	Chipset — Contador/Timer 2
0060	1 byte	Byte controlador de teclado/mouse — zera IRQ
0061	1 byte	Chipset — NMI, controle de alto-falante
0064	1 byte	Controladora de teclado/mouse, byte CMD/STAT
0070, bit 7	1 bit	Chipset — ativa NMI
0070, bits 6:0	7 bits	MC146818 — relógio de tempo real, endereço
0071	1 byte	MC146818 — relógio de tempo real, dados
0078	1 byte	Reservado — configuração de placa
0079	1 byte	Reservado — configuração de placa
0080–008F	16 bytes	Chipset — registradores de página de DMA
00A0–00A1	2 bytes	Chipset — 8259 controladora de interrupção 2
00B2	1 byte	Porta de controle APM

Capítulo 2 – Componentes e configuração de sistema

Tabela 2.27 Endereços de porta de dispositivo baseado em chipset e placa-mãe (continuação)

Endereço (hexadecimal)	Tamanho	Descrição
00B3	1 byte	Porta de status APM
00C0–00DE	31 bytes	Chipset — 8237 DMA 2
00F0	1 byte	Reinicialização de erro numérico do co-processador matemático

Para descobrir exatamente quais endereços de porta estão sendo utilizados em sua placa-mãe, consulte a documentação da placa ou pesquise as configurações no Gerenciador de dispositivos do Windows.

Os dispositivos baseados em barramento (dispositivos de E/S localizados na placa-mãe ou em placas suplementares) normalmente utilizam os endereços de 100h em diante. A Tabela 2.28 arrola os endereços do dispositivo baseados em barramento comumente utilizados e algumas placas adaptadoras comuns e suas configurações.

Tabela 2.28 Endereços de porta de dispositivo baseado em barramento

Endereço (hexadecimal)	Tamanho	Descrição
0130–0133	4 bytes	Adaptador SCSI Adaptec (alternativo)
0134–0137	4 bytes	Adaptador SCSI Adaptec (alternativo)
0168–016F	8 bytes	Interface IDE quaternária
0170–0177	8 bytes	Interface IDE secundária
01E8–01EF	8 bytes	Interface IDE terciária
01F0–01F7	8 bytes	Controlador de disco rígido IDE/AT primário (16 bits)
0200–0207	8 bytes	Porta de jogos ou adaptador de joystick
0210–0217	8 bytes	Chassi de expansão de IBM XT
0220–0233	20 bytes	Audio Creative Labs Sound Blaster 16 (padrão)
0230–0233	4 bytes	Adaptador SCSI Adaptec (alternativo)
0234–0237	4 bytes	Adaptador SCSI Adaptec (alternativo)
0238–023B	4 bytes	Mouse de barramento da MS (alternativo)
023C–023F	4 bytes	Mouse de barramento da MS (padrão)
0240–024F	16 bytes	Adaptador SMC Ethernet (padrão)
0240–0253	20 bytes	Audio Creative Labs Sound Blaster 16 (alternativo)
0258–025F	8 bytes	Intel Above Board
0260–026F	16 bytes	Adaptador SMC Ethernet (alternativo)
0260–0273	20 bytes	Audio Creative Labs Sound Blaster 16 (alternativo)
0270–0273	4 bytes	Portas Plug-and-Play de E/S de leitura
0278–027F	8 bytes	Porta paralela 2 (LPT2)
0280–028F	16 bytes	Adaptador SMC Ethernet (alternativo)
0280–0293	20 bytes	Audio Creative Labs Sound Blaster 16 (alternativo)
02A0–02AF	16 bytes	Adaptador Ethernet SMC (alternativo)

Tabela 2.28 Endereços de porta de dispositivo baseado em barramento (continuação)

Endereço (hexadecimal)	Tamanho	Descrição
02C0–02CF	16 bytes	Adaptador Ethernet SMC (alternativo)
02E0–02EF	16 bytes	Adaptador Ethernet SMC (alternativo)
02E8–02EF	8 bytes	Porta serial 4 (COM 4)
02EC–02EF	4 bytes	Vídeo, 8514 ou porta-padrão ATI
02F8–02FF	8 bytes	Porta serial 2 (COM 2)
0300–0301	2 bytes	Porta MIDI MPU-401 (secundária)
0300–030F	16 bytes	Adaptador Ethernet SMC (alternativo)
0320–0323	4 bytes	Controlador de disco rígido XT (8 bits)
0320–032F	16 bytes	Adaptador SMC Ethernet (alternativo)
0330–0331	2 bytes	Porta MIDI MPU-401 (padrão)
0330–0333	4 bytes	Adaptador Adaptec SCSI (padrão)
0334–0337	4 bytes	Adaptador Adaptec SCSI (alternativo)
0340–034F	16 bytes	Adaptador SMC Ethernet (alternativo)
0360–036F	16 bytes	Adaptador SMC Ethernet (alternativo)
0366	1 byte	Porta IDE de comando quaternária
0367, bits 6:0	7 bits	Porta IDE de status quaternária
0370–0375	6 bytes	Controlador de disquete secundário
0376	1 byte	Porta IDE de comando secundário
0377, bit 7	1 bit	Troca de disco de controlador de disquete secundário
0377, bits 6:0	7 bits	Porta de status IDE secundária
0378–037F	8 bytes	Porta paralela 1 (LPT1)
0380–038F	16 bytes	Adaptador Ethernet SMC (alternativo)
0388–038B	4 bytes	Áudio — sintetizador de FM
03B0–03BB	12 bytes	Vídeo, portas-padrão Mono/EGA/VGA
03BC–03BF	4 bytes	Porta paralela 1 (LPT1) em alguns sistemas
03BC–03BF	4 bytes	Porta paralela 3 (LPT3)
03C0–03CF	16 bytes	Vídeo, portas-padrão EGA/VGA
03D0–03DF	16 bytes	Vídeo, portas-padrão CGA/EGA/VGA
03E6	1 byte	Porta de comando IDE terciária
03E7, bits 6:0	7 bits	Porta de status IDE terciária
03E8–03EF	8 bytes	Porta serial 3 (COM 3)
03F0–03F5	6 bytes	Controlador de disquete primário
03F6	1 byte	Porta de comando IDE primária
03F7, bit 7	1 bit	Troca de disco de controlador de disquete primário
03F7, bits 6:0	7 bits	Porta IDE de status primária
03F8–03FF	8 bytes	Porta serial 1 (COM 1)
04D0–04D1	2 bytes	Controlador de interrupção PCI acionado por nível/borda
0530–0537	8 bytes	Sistema de som do Windows (padrão)
0604–060B	8 bytes	Sistema de som do Windows (alternativo)
0678–067F	8 bytes	LPT2 no modo ECP
0778–077F	8 bytes	LPT1 no modo ECP

Capítulo 2 – Componentes e configuração de sistema   **81**

Tabela 2.28   Endereços de porta de dispositivo baseado em barramento (continuação)

Endereço (hexadecimal)	Tamanho	Descrição
0A20–0A23	4 bytes	Adaptador Token Ring da IBM (padrão)
0A24–0A27	4 bytes	Adaptador Token ring da IBM (alternativo)
0CF8–0CFB	4 bytes	Registradores de endereços de configuração PCI
0CF9	1 byte	Registrador de controle turbo e de reinicialização
0CFC–0CFF	4 bytes	Registradores de dados de configuração PCI
FF00–FF07	8 bytes	Registradores mestres de barramento IDE
FF80–FF9F	32 bytes	Universal Serial Bus (USB)
FFA0–FFA7	8 bytes	Registradores de barramento IDE mestre primário
FFA8–FFAF	8 bytes	Registradores de barramento IDE mestre secundário

Determinando intervalos reais de endereços de E/S em utilização

Para descobrir exatamente o que seus dispositivos estão utilizando, consulte a documentação do dispositivo ou pesquise o dispositivo no Gerenciador de dispositivos do Windows 9x. Observe que alguma documentação do dispositivo talvez liste somente o endereço inicial de E/S, não a linha completa de endereços utilizados.

Praticamente todos os dispositivos nos barramentos de sistema utilizam os endereços de porta de E/S. A maioria deles são relativamente padronizados, o que significa que você freqüentemente não terá conflitos nem problemas com essas configurações.

Solucionando problemas de conflito de recursos em placas suplementares de expansão

Os recursos em um sistema são limitados. Infelizmente, as demandas sobre esses recursos parecem ser ilimitadas. À medida que você adiciona mais placas adaptadoras a seu sistema, você verá que aumenta o potencial para conflitos de recursos.

Sintomas de um conflito de recursos em potencial

- O dispositivo transfere dados imprecisamente.
- O sistema freqüentemente trava.
- A placa de som não tem um som adequado.
- O mouse não funciona.
- Lixo aparece na tela de vídeo sem nenhuma razão aparente.
- A impressora imprime caracteres incompreensíveis.
- Você não consegue formatar um disquete.
- O PC inicia no modo de segurança (Windows 9x/2000/Me/XP).

Examinando conflitos de recursos com o Windows 9x/2000/Me/XP

Os Windows 9x/Me/2000 também mostram os conflitos destacando um dispositivo em amarelo ou em vermelho na representação do Gerenciador de dispositivos. Utilizando o Gerenciador de dispositivos do Windows, você normalmente pode reconhecer os conflitos rapidamente (veja a Figura 2.15).

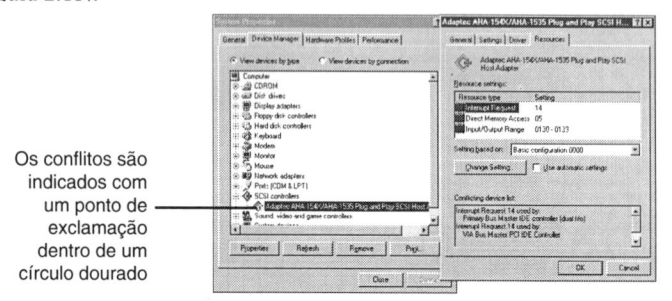

Os conflitos são indicados com um ponto de exclamação dentro de um círculo dourado

Figura 2.15 O círculo amarelo ao lado da placa Adaptec 154x SCSI indica conflito; visualize os recursos da placa (janela direita) para ver o dispositivo conflitante.

Lembre-se de que muitos vírus de computador também podem causar sintomas semelhantes aos conflitos de recurso do hardware. Passe um antivírus em seu sistema antes de começar a trabalhar com ele.

Salvando as configurações do sistema

Utilize um Modelo de Configuração de Sistema para registrar as configurações do sistema. Essa planilha é orientada para recursos, não para dispositivos, a fim de facilitar a localização dos conflitos. Você pode fazer uma impressão do Resumo do Sistema a partir do Gerenciador de dispositivos do Windows 9x/Me/2000/XP para obter uma grande quantidade dessas informações. Nos outros sistemas operacionais, utilize os métodos listados anteriormente.

O primeiro mapa de recursos do sistema é fornecido como modelo para sua utilização; ele lista os recursos fixos em um PC moderno. Adicione os outros recursos utilizados em seu PC. Note que muitas placas de vídeo PCI ou AGP de alto desempenho utilizam uma IRQ, embora alguns chipsets da placa-mãe ofereçam a capacidade de desativar o uso de IRQ.

Também observe que talvez você veja as alterações na configuração do sistema depois de instalar uma nova placa Plug-and-Play (PnP). As placas PnP não apenas podem utilizar recursos adicionais como também podem exigir que os dispositivos existentes sejam movidos para outros recursos a fim de permitir que a nova placa seja instalada. As placas PnP podem receber também atribuições de IRQ do slot de expansão utilizado; e algumas placas-mãe compartilhem uma IRQ entre slots ou entre um slot e um dispositivo on-board como recursos de áudio ou de rede. Isso será bom para o computador contanto que o direcionamento de IRQ seja ativado no sistema operacional e seja suportado pelo BIOS.

Capítulo 2 – Componentes e configuração de sistema

Mapa de recursos do sistema

Marca e modelo do PC: _____
Número de série: _____
Data: _____

Interrupções (IRQs):   *Endereços de portas de E/S:*

0—Circuitos de timer	040–04B
1—Controlador de teclado/mouse	060 e 064
2—Controlador secundário de IRQ 8259	0A0–0A1
8—Relógio de tempo real/CMOS RAM	070–071
9— _____	_____
10— _____	_____
11— _____	_____
12— _____	_____
13—Co-processador matemático	0F0
14— _____	_____
15— _____	_____
3— _____	_____
4— _____	_____
5— _____	_____
6— _____	_____
7— _____	_____

Dispositivos que não utilizam interrupções: *Endereços de portas de E/S:*

Portas-padrão Mono/EGA/VGA	3B0–3BB
Portas-padrão EGA/VGA	3C0–3CF
Portas-padrão CGA/EGA/VGA	3D0–3DF
_____	_____
_____	_____
_____	_____
_____	_____
_____	_____

Canais de DMA:

0— _____
1— _____
2— _____
3— _____
4—Cascata de canais de DMA 0–3
5— _____
6— _____
7— _____

Eis um exemplo de como preencher a planilha:

Mapa de recursos do sistema

Marca e modelo do PC:	Intel SE440BX-2
Número de série:	100000
Data:	06/09/99

Interrupções (IRQs): — *Endereços de portas de E/S*

- 0—Circuitos de timer — 040–04B
- 1—Controlador de teclado/mouse — 060 e 064
- 2—Controlador secundário de IRQ 8259 — 0A0–0A1
- 8—Relógio de tempo real/CMOS RAM — 070–071
- 9—Placa SMC EtherEZ Ethernet — 340–35F
- 10—
- 11—Adaptador Adaptec 1542CF SCSI (scanner) — 334–337[1]
- 12—Porta do mouse de placa-mãe — 060 e 064
- 13—Co-processador matemático — 0F0
- 14—IDE primária (disco rígido 1 e 2) — 1F0–1F7, 3F6
- 15—IDE secundária (CD-ROM/tape) — 170–177, 376
- 3—Porta serial 2 (Modem) — 3F8–3FF
- 4—Porta serial 1 (COM1) — 2F8–2FF
- 5—Audio Sound — 220–233
- 6—Controlador de disquete — 3F0–3F5
- 7—Porta paralela 1 (impressora) — 378–37F

Dispositivos que não utilizam interrupções: — *Endereços de portas de E/S:*

- Portas-padrão Mono/EGA/VGA — 3B0–3BB
- Portas-padrão EGA/VGA — 3C0–3CF
- Portas-padrão CGA/EGA/VGA — 3D0–3DF
- Portas adicionais de placas de vídeo ATI Mach 64 — 102, 1CE–1CF, 2EC–2EF
- Porta MIDI Sound Blaster 16 — 330–331
- Porta de jogos Sound Blaster 16 (joystick) — 200–207
- Sintetizador de FM Sound Blaster 16 (música) — 388–38B

Canais de DMA:

- 0—
- 1—Sound Blaster 16 (DMA de 8 bits)
- 2—Controlador de disquete
- 3—Porta paralela 1 (no modo ECP)
- 4—Cascata de canais de DMA 0–3
- 5—Sound Blaster 16 (DMA de 16 bits)
- 6—Adaptador[1] SCSI Adaptec 1542CF
- 7—

1. Representa uma configuração de recurso que teve de ser alterada para resolver um conflito.

Depois que você completou seu mapa de recursos do sistema registrando as configurações atuais do hardware, você está pronto para resolver os conflitos.

> **Nota**
>
> A utilização de recursos pode mudar quando o hardware PnP ou não-PnP é instalado ou removido; logo, você deve atualizar essa planilha sempre que adicionar ou remover hardware interno.

Resolvendo conflitos por tipo de placa e de sistema operacional

Tabela 2.29   Guia para resolver conflitos

Sistema operacional	Tipo de placa	Notas
Windows 9x/2000/Me/XP	PnP	Utilize o Gerenciador de Dispositivos para alterar as configurações de placa, se possível. Remova e reinstale a placa para detectar novamente a placa e utilize novas configurações se ela não puder ser configurada manualmente. Se a nova placa não puder ser detectada quando instalada, remova as outras placas PnP e instale a nova placa primeiro.
	Não-PnP	Utilize o Gerenciador de Dispositivos para ver os dispositivos conflitantes. Configure manualmente as placas para configurações não-conflitantes alterando para jumpers ou switches DIP ou executando novamente os programas de configuração.
Outros sistemas operacionais	Qualquer	*Quando o conflito apareceu pela primeira vez?* Se o conflito ocorreu depois que você instalou uma nova placa de adaptador, essa nova placa provavelmente está causando o conflito. Se o conflito ocorreu depois que você começou a utilizar o novo software, é bem provável que o software utilize um dispositivo que está sobrecarregando os recursos do seu sistema de uma maneira nova.
		Há dois dispositivos semelhantes em seu sistema que não funcionam? Por exemplo, se seu modem, as portas seriais integradas ou os dispositivos de mouse que utilizam uma porta COM não funcionam, as chances são boas que esses dispositivos estão conflitando entre si.
		Outras pessoas tiveram o mesmo problema? E se tiveram, como elas resolveram isso? Fóruns públicos como aqueles na CompuServe, newsgroups da Internet e a America Online são ótimos lugares para encontrar outros usuários que talvez sejam capazes de ajudá-lo a resolver o conflito.Também verifique os fóruns do fornecedor para obter ajuda.
		Depois de pesquisar essas questões, faça uma (uma!) alteração na configuração de seu sistema, reinicialize o computador e veja se o problema agora está resolvido. Repita com uma configuração diferente até que o problema seja resolvido.

Tabela 2.29 Guia para resolver conflitos (continuação)		
Sistema operacional	Tipo de placa	Notas
		Teste todos os componentes para certificar-se de que a "correção" de um componente não causou um conflito com outro.

Slots de expansão

Se quiser adicionar recursos de rede, modem SCSI ou som para um sistema existente ou atualizar sua placa de vídeo, você precisa entender os slots de expansão. Os slots de expansão agem como uma extensão do barramento de sistema e permitem conectar as placas com recursos diferentes em seu sistema.

Barramentos ISA, EISA e VL

Os slots de expansão do tipo Industry Standard Architecture (ISA) são o tipo mais antigo de slot de expansão encontrado nos PCs atuais. As versões de 8 bits remontam ao PC original da IBM de 1981. Embora somente os slots ISA de 8 bits tenham desaparecido, os slots ISA de 16 bits (lançados com o PC/AT IBM em 1984) são completamente compatíveis com placas ISA de 8 bits quanto à pinagem.

O barramento Enhanced ISA (EISA) foi desenvolvido a partir da arquitetura ISA para fornecer transferências de dados de 32 bits. O slot de expansão EISA (lançado em 1988) é uma versão mais profunda do ISA, fornecendo um segundo conjunto de conectores que permitem que os slots EISA suportem as placas ISA. A Figura 2.16 compara um slot EISA com um slot ISA de 16 bits. Os slots EISA são encontrados basicamente em 386, 486 e nos primeiros servidores Pentium.

Lançado em 1992, o barramento VL (barramento local VESA) era uma versão de 32 bits melhorada da ISA projetada originalmente para fornecer desempenho mais rápido a placas de vídeo em sistemas baseados no 486. Esse projeto de slot, como o EISA, está agora obsoleto. Embora a maioria dos slots de barramento VL tenha sido adicionada a um slot ISA, o conector de barramento VL também pode ser adicionado a um slot EISA. Portanto, qualquer slot de barramento VL é também um slot ISA ou um ISA/EISA.

PCI

A Intel desenvolveu o Peripheral Component Interconnect (PCI) em 1992 para finalmente substituir a ISA e suas variações. A maioria dos slots PCI fornece transferências de 32 bits, com uma versão de 64 bits de PCI que está sendo utilizada em muitos servidores de arquivos mais recentes.

Capítulo 2 – Componentes e configuração de sistema **87**

Slot ISA de 16 bits ⟶   ⟵ Slot EISA

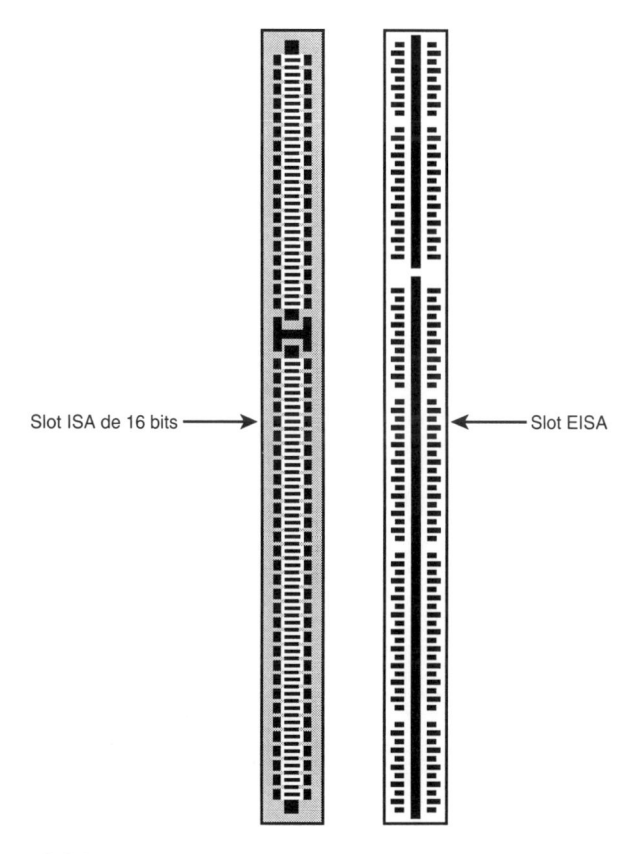

Figura 2.16   Slot ISA de 16 bits comparado com um slot EISA. Os dentes menores no slot EISA permitem ao conector aceitar placas EISA e ISA.

Embora a maioria dos sistemas mais novos ofereça somente slots PCI, muitos sistemas que você encontrará também terão um ou mais slots ISA, como na Figura 2.3.

AGP

O último tipo de slot de expansão é a AGP (Accelerated Graphics Port), lançada em 1996 para permitir um desempenho de vídeo mais rápido em um slot dedicado. A AGP não substitui o slot PCI para uso geral, mas as placas de vídeo AGP oferecem desempenho muito mais rápido que as placas PCI semelhantes e também podem "pedir emprestada" memória principal para texturização 3D. A maioria dos sistemas típicos Pentium II/III, Celeron, Athlon, Duron ou Super Socket 7 incluem um único slot AGP e uma mistura de slots PCI e ISA (veja a Figura 2.3).

Nota

Embora o vídeo AGP seja o padrão em todos os sistemas desktop atuais, freqüentemente ele é implementado em muitos sistemas de baixo custo por meio de vídeo on-board em vez de um slot AGP.

Tipos de slots AGP

Há três tipos principais de slots AGP:

- AGP 1x/2x — Localizado em antigas placas-mãe AGP
- AGP 4x — O padrão atual
- AGP Pro — Um slot AGP 4x modificado que pode fornecer mais potência elétrica (em watts) para placas AGP da classe estação de trabalho.

Esses slots são ilustrados na Figura 2.17.

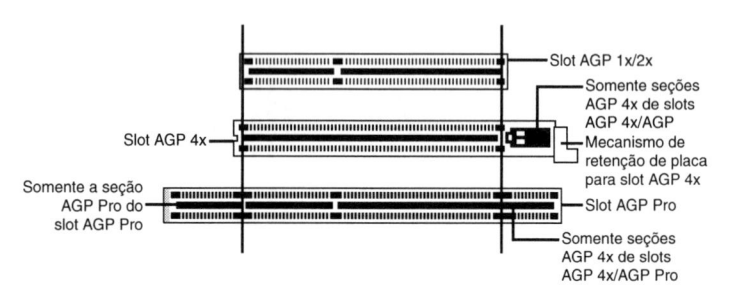

Figura 2.17 Slots AGP padrão (1x/2x), AGP 4x e AGP Pro comparados entre si. O AGP 4x e AGP Pro podem aceitar placas AGP 1x, 2x, e 4x.

Comparando os slots de expansão

A Figura 2.18 e a Tabela 2.30 fornecem uma referência visual rápida para os slots de expansão localizados nos PCs que existem hoje.

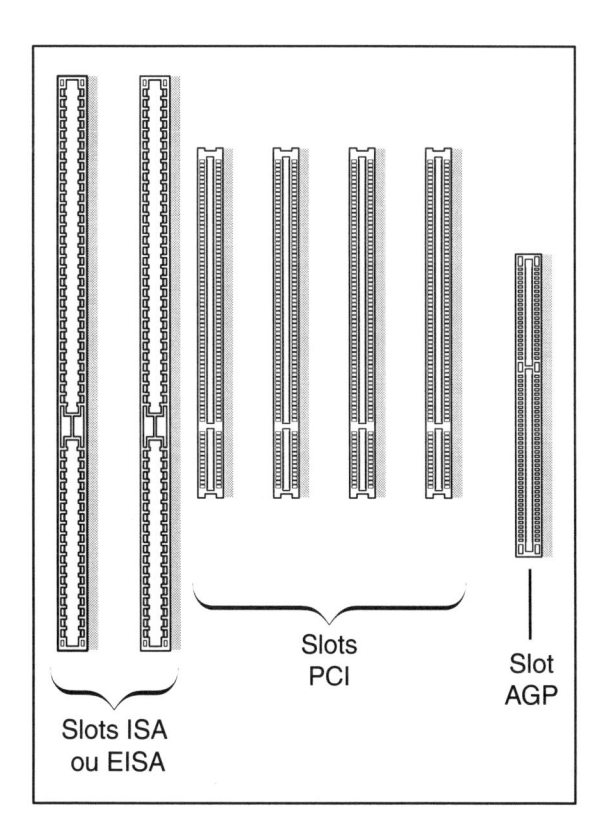

Figura 2.18 O slot AGP ocupa a primeira posição dos slots nas placas-mãe com um slot AGP. Observe a falta de espaço entre o último slot PCI e o primeiro slot ISA. Chama-se slot de *combinação* ou *compartilhado*; apenas um dos slots pode realmente ser utilizado.

PCs, Atualização e Manutenção

Tabela 2.30 Tabela de referência rápida dos slots de expansão

Tipo de slot	Velocidade de barramento	Largura de barramento	Utilização melhor
ISA	8,33MHz	8 bits ou 16 bits	Modems, portas seriais, paralelas; estarão defasados a partir de 2001
EISA	8,33MHz	32 bits com placas EISA; compatíveis com placas ISA	Obsoleto para a maioria das utilizações; funciona bem com placas de rede otimizadas por servidor
MCA	10MHz	16 bits ou 32 bits	Lançado com os MicroChannel PS/2s da IBM em 1987; obsoleto
Barramento VL	25–33 MHz típico; pode trabalhar em até 40 MHz em alguns sistemas	32 bits; o slot também pode ser utilizado como ISA	Obsoleto; era popular para as placas de vídeo e as interfaces de disco rígido IDE
PCI	25–33MHz (depende da velocidade da placa-mãe)	A maioria é de 32 bits; algumas implementações de 64 bits utilizadas em servidores de arquivos	Vídeo, SCSI, som, modems; substituíram ISA como barramento de uso geral
AGP	66MHz	64 bits	Vídeo dedicado de alta velocidade; a placa-mãe pode suportar velocidades 1x, 2x ou 4x de placas AGP, dependendo do tipo de placa

Capítulo 3

Configurações e atualizações de BIOS

O que é e o que faz o BIOS

O chip de BIOS (*basic input/output system* – sistema básico de entrada/saída) em ROM (*Read Only Memory* – memória de somente leitura) na placa-mãe do computador foi projetado para fornecer a interface essencial entre hardware (como unidades de disco, o clock, a CPU, o chipset, portas e vídeo) e software (o sistema operacional). Embora placas de vídeo, algumas SCSI e algumas placas suplementares IDE também possam ter chips de BIOS que ajudam a gerenciar esses dispositivos, sempre que nos referirmos ao *chip de BIOS* do computador, queremos dizer o primeiro na placa-mãe. O chip de BIOS é freqüentemente conhecido como BIOS em ROM, porque, em sua forma tradicional, era um chip de memória de leitura com conteúdo que não podia ser alterado. As versões antigas podiam ser reprogramadas com um programador EPROM, e, desde meados da década de 1990, os chips de BIOS que usavam memória flash (*BIOS flash*) começaram a aparecer. Os BIOSes flash podem ser reprogramados por software e praticamente todos os BIOSes nas máquinas da classe Pentium e outras são atualizáveis com memória flash.

Independentemente de sua forma, o chip de BIOS na placa-mãe também é conhecido como *BIOS de sistema*.

Quando é necessária uma atualização de BIOS

A lista a seguir mostra os principais benefícios de se atualizar o BIOS em ROM:

- Adiciona suporte à unidade de disquete LS-120 (120 MB) (também conhecida como unidade SuperDisk)

- Adiciona suporte para outras unidades de disco removíveis ATAPI, como as unidades Zip da Iomega

- Adiciona suporte para unidades de disco maiores que 8,4 GB

- Adiciona suporte para Ultra-DMA/33, UDMA/66, UDMA/100 ou unidades de disco IDE mais rápidas

- Adiciona suporte para a unidade de CD-ROM de inicialização ATAPI (El Torito)
- Adiciona ou melhora suporte e compatibilidade de Plug-and-Play
- Corrige bugs relacionados com calendário
- Corrige bugs conhecidos ou problemas de compatibilidade com certos hardware e software
- Adiciona suporte aos processadores mais novos ou mais rápidos

Em geral, se seu computador é incapaz de utilizar todos os recursos de software ou hardware novos, talvez você precise de uma atualização de BIOS.

Testes específicos para determinar se seu BIOS precisa de atualização

Para determinar se seu BIOS precisa ser atualizado por causa de limitações de capacidade da unidade de disco, consulte o Capítulo 4.

Para determinar se seu BIOS precisa ser atualizado por causa do sistema operacional ou por questões de atualização da CPU, consulte os sites na Web de suporte técnico para o sistema operacional ou atualização de CPU.

Corrigindo as limitações de BIOS — correções e alternativas de BIOS

Utilize a Tabela 3.1 para determinar quais opções você pode seguir se não for possível fazer uma atualização de BIOS, dependendo do problema de BIOS percebido.

Tabela 3.1	Alternativas para atualização de BIOS		
Problema	**Correção alternativa**	**Benefícios da correção alternativa**	**Limitações da correção alternativa**
Limitações da capacidade de disco rígido IDE	Consulte o Capítulo 4 para obter detalhes dessas correções		
Solução completa	Substitua a placa-mãe.	Fornece tanto recursos de BIOS novo como placa-mãe nova a um preço freqüentemente levemente mais alto que uma atualização de BIOS por terceiros.	O sistema deve utilizar formatos MB padrão. A mistura de slots ISA e PCI/AGP talvez signifique que algumas placas existentes não se ajustarão porque as placas-mãe mais atuais têm mais slots PCI que ISA. Instalação de hardware demorado; nova detecção e configuração de drivers de hardware no sistema operacional demoradas.

Capítulo 3 – Configurações e atualizações de BIOS

Como são feitas as atualizações de BIOS

Há duas maneiras diferentes de se atualizar um BIOS de placa-mãe.

- **Substituindo o chip físico de BIOS** — Com sistemas mais antigos, é necessária uma *troca de chip* físico (também chamada de *atualização de chip de BIOS*). O chip original de BIOS é removido e um novo chip é inserido em seu lugar. O novo BIOS deve ser personalizado para ser compatível com a placa-mãe e o chipset do sistema antigo, utilizar sua CPU existente e fornecer os recursos extras especificados pelo fabricante do BIOS de atualização. A faixa típica de custo está em torno de US$ 30–US$ 60 para um único chip de BIOS.

- **Realizando uma atualização com flash** — Com os mais novos sistemas que têm um BIOS flash atualizável, o software de atualização é baixado e instalado em um disco, que é utilizado para inicializar o computador. Então, o novo código de BIOS é copiado para o chip de BIOS em um processo que leva aproximadamente 3–5 minutos. Se a atualização de BIOS vem de uma *outra* fonte que a do sistema original ou fabricante de placa-mãe, ele também custará em torno de US$ 60 para a atualização.

Em qualquer caso, o sistema talvez precise ser reconfigurado, especialmente se o novo BIOS foi instalado fisicamente ou se qualquer BIOS baseado em chip ou baseado em flash for de uma marca de BIOS diferente da do original.

De onde vêm as atualizações de BIOS

O melhor lugar (e mais barato) para obter uma atualização de BIOS é do fornecedor de sua placa-mãe ou sistema. A maioria dos principais fabricantes de sistema oferece atualizações gratuitas de BIOS para seus sistemas com chips de BIOS flash em seus sites da Web. Para conhecer os sistemas genéricos com placa-mãe de vários produtores, veja a seção "Determinando qual BIOS você tem", mais adiante nesse capítulo.

A segunda fonte para se atualizar o BIOS é de uma das seguintes empresas:

Para os sistemas que originalmente utilizavam o BIOS da Phoenix, entre em contato com a Micro Firmware (www.firmware.com ou 800-767-5465). A Micro Firmware em geral fornece código atualizado de BIOS flash da Phoenix em disco para sistemas que suportam. Veja o site da Web para obter a lista atual de sistemas e placas-mãe suportados.

Para os sistemas que originalmente utilizavam o Award, AMI, MR BIOS ou o Phoenix BIOS (incluindo sistemas não-suportados pelo Micro Firmware), entre em contato com a Unicore Software (www.unicore.com ou 800-800-BIOS). A Unicore pode fornecer a atualização em disco ou como um chip substituto BIOS MR. Entre em contato com esses fornecedores para obter detalhes e preços, que variam para cada sistema.

Precauções a tomar antes de se atualizar um BIOS

Utilize a seguinte lista de verificação para ficar seguro, sem se arrepender, ao atualizar um BIOS:

1. Primeiro, faça backup de seus dados. Um BIOS "quase funcionando" mas que não funciona bem com sua unidade de disco pode danificar os dados.

2. Faça backup de seu código atual de BIOS, se puder. Alguns programas de carga de atualização de BIOS oferecem essa opção, porém outros não. Como alternativa, alguns chips de BIOS mantêm um mini-BIOS on-board que pode ser reativado se uma atualização mal feita destruir o BIOS principal. Algumas placas-mãe têm um jumper que pode ser utilizado para mudar para o backup; verifique a documentação de seu sistema. Nos outros, verifique o site da Web da Micro Firmware na sua página Flash BIOS Recovery Disks a fim de descobrir se sua placa-mãe é listada. Se a atualização de BIOS não for completada adequadamente, você pode ter um sistema morto que não precisa voltar para o fabricante para ser consertado. Veja a seção "Como recuperar o sistema após um procedimento malsucedido de atualização de BIOS", mais adiante nesse capítulo para conhecer um procedimento típico de recuperação.

3. Registre as informações de configuração da unidade de disco. Se estiver mudando para uma marca diferente de BIOS, você talvez precise reinserir essas informações. As informações que você deve guardar incluem

   - Cilindros
   - Cabeçotes
   - Setores por trilha
   - Tradução (Translation) (Normal, LBA [maior que 528 MB], Large e assim por diante)

4. Registre outras configurações não-padrão de BIOS, como as configurações de taxa de transferência de disco rígido, as configurações de portas paralelas e seriais incorporadas e assim por diante. Uma planilha que você pode utilizar como guia encontra-se mais adiante neste capítulo.

5. Leia com atenção todas as informações fornecidas com o kit de atualização de BIOS flash ou com o download do BIOS tipo chip.

Verifique on-line ou chame o fabricante do BIOS se tiver qualquer dúvida antes que você arruine o BIOS.

6. Verifique se o seu sistema tem um jumper de configuração de *proteção contra gravação* na placa-mãe que deve ser ajustado para permitir atualizações do BIOS. Algumas placas-mãe automaticamente desativam as atualizações de BIOS por padrão para proteger o BIOS do sistema contra alterações não-autorizadas. Configure sua placa-mãe de forma a permitir a alteração antes de instalar a atualização de BIOS flash e redefinir a proteção depois que a atualização estiver completa.

Como recuperar o sistema após um procedimento malsucedido de atualização de BIOS

Se o seu procedimento de atualização de BIOS falhar, seu sistema será inútil até você substituir o código de BIOS. Você tem duas opções:

- Instale um chip substituto de BIOS (se o BIOS estiver localizado em um chip fixado em soquete).
- Utilize o recurso de recuperação de BIOS (disponível em muitos sistemas com chips de BIOS montados na superfície ou soldados no lugar).

Se seu BIOS for de soquete, você precisará substituí-lo por um chip de BIOS compatível. Os chips substitutos de BIOS estão disponíveis nas fontes de atualização de BIOS listadas anteriormente. Entretanto, se o seu sistema ainda for suportado pelas atualizações de BIOS do fabricante, você pode solicitar um substituto do BIOS na BIOSWorld (www.biosworld.com), uma empresa que fará download do sistema ou do último BIOS do fabricante de placa-mãe em um chip de memória flash substituta por aproximadamente US$ 30.

A maioria das placas-mãe com ROM tipo flash soldado têm um procedimento especial de recuperação de BIOS que pode ser realizado. Isso depende de uma parte especial não-apagável da ROM flash que é reservada para esse propósito.

No caso improvável de uma atualização de flash ser interrompida no momento inoportuno, o BIOS talvez fique em estado inutilizável. Recuperar o sistema dessa condição exige os seguintes passos. No mínimo, uma fonte de alimentação, um alto-falante e uma unidade de disquete configurada como unidade A devem ser anexados à placa-mãe para esse procedimento funcionar.

1. Mude o jumper de recuperação de flash para a posição de modo de recuperação. Praticamente, todas as placas-mãe da Intel e muitas

placas-mãe de terceiros têm um jumper ou switch para se fazer a recuperação de BIOS, que normalmente é rotulado Recover/Normal.

2. Instale o disco de inicialização de atualização de BIOS que você criou antes para realizar a atualização de flash na unidade A e reinicialize o sistema.

   Devido à pequena quantidade de código disponível na área não-apagável do bloco em flash de inicialização, nenhum prompt de vídeo está disponível para controlar o procedimento. Em outras palavras, você não verá nada na tela. Na verdade, nem mesmo é necessário que uma placa de vídeo esteja conectada para esse procedimento funcionar. O procedimento pode ser monitorado ouvindo-se o alto-falante e examinando-se o LED da unidade de disquete. Quando o sistema emitir um bipe e o LED da unidade acender, o sistema está copiando o código de recuperação de BIOS para o dispositivo flash.

3. Depois que o LED da unidade se apagar, a recuperação deve estar completa. Desligue o sistema.

4. Altere o jumper de recuperação de flash de volta à posição-padrão para operação normal.

Quando você ligar o sistema de novo, o novo BIOS deve estar instalado e funcional. Entretanto, talvez você queira deixar o disquete de atualização de BIOS na unidade A e verificar se a versão adequada de BIOS foi instalada.

> **Nota**
>
> Observe que esse procedimento de recuperação do BIOS é em geral a maneira mais rápida de se atualizar um número grande de máquinas, especialmente se você estiver realizando outras atualizações ao mesmo tempo. É assim que se faz em uma linha de montagem de sistemas ou em um ambiente de produção.

BIOS Plug-and-Play

O papel do BIOS tradicional era gerenciar os dispositivos essenciais no sistema: a unidade de disco, a unidade de disquete, o vídeo, as portas paralelas e seriais, o teclado e o timer do sistema. Os dispositivos que sobraram competem pelas IRQs restantes e pelos outros recursos de hardware listados no Capítulo 2. Quando o Windows 95 foi lançado, o papel do BIOS mudou drasticamente. Para suportar o Windows 95, foi lançado o BIOS Plug-and-Play, mudando a maneira como as placas eram instaladas e gerenciadas. A Tabela 3.2 compara um BIOS Plug-and-Play (PnP) com um BIOS convencional.

Capítulo 3 – Configurações e atualizações de BIOS

Tabela 3.2 BIOS Plug-and-Play e BIOS convencional

Tarefa	BIOS convencional	BIOS Plug and play
Configuração de hardware	Dispositivos baseados somente em placa-mãe e vídeo	Todos os dispositivos PnP e os dispositivos de placa-mãe
Tipo de configuração	Estático (configurações fixas)	Dinâmico (as configurações podem ser alteradas quando vários dispositivos são instalados)
Configuração	Configuração manual	Manual, auxiliado pelo BIOS ou por um método do sistema operacional
Relacionamento do sistema operacional com o BIOS	Aceita todas as configurações de BIOS sem alteração	Recebe as informações de dispositivo PnP do BIOS e pode alterar as configurações conforme necessário

Nota

Há uma lista completa de IDs de dispositivo PnP na seção de referência técnica do CD incluído com o livro *Upgrading and Repairing PCs, 13th. Edition*.

Opções de configuração de BIOS PnP

Embora os BIOSes PnP variem amplamente em seus recursos, as configurações seguintes são as mais comuns. Utilize a lista na Tabela 3.3, junto com as tabelas que seguem, para ajudá-lo a fazer alterações de configuração quando necessário.

Configuração de recurso

Utiliza-se o menu Configuração de recurso para configurar o uso da memória e das interrupções por dispositivos baseados em barramento ISA não–Plug-and-Play (de legado). A Tabela 3.3 mostra as funções e as opções encontradas em um BIOS que comumente se usa hoje.

Tabela 3.3 Menu[1] típico de configuração de recurso

Recurso	Opções	Descrição
Reserva de memória	C800 CBFF Disponível (padrão) | Reservado CC00 CFFF Disponível (padrão) | Reservado D000 D3FF Disponível (padrão) | Reservado D400 D7FF Disponível (padrão) | Reservado D800 DBFF Disponível (padrão) | Reservado DC00 DFFF Disponível (padrão) | Reservado	Reserva blocos de memória superior específicos para utilização por dispositivos ISA de legado.
Reserva de IRQ	IRQ 3 Disponível (padrão) | Reservado IRQ 4 Disponível (padrão) | Reservado IRQ 5 Disponível (padrão) | Reservado IRQ 7 Disponível (padrão) | Reservado IRQ 10 Disponível (padrão) | Reservado IRQ 11 Disponível (padrão) | Reservado	Reserva IRQs específicas para utilização por dispositivos ISA de legado. Um asterisco (*) exibido ao lado de uma IRQ indica conflito de IRQ.

1. *Baseado no BIOS Phoenix utilizado pela placa-mãe Intel SE440BX2. Utilizado com permissão da Intel Corporation.*

Observe que essas configurações são apenas para dispositivos ISA de legado (não–Plug-and-Play). Para todos os dispositivos ISA Plug-and-Play e os dispositivos PCI (que são Plug-and-Play por padrão), esses recursos são configurados pelo sistema operacional ou pelo software que vem com as placas.

Configurar esses recursos aqui na realidade não controla o dispositivo ISA de legado; isso normalmente deve ser feito movendo-se os jumpers na placa. Configurando o recurso como reservado aqui, você está dizendo ao sistema operacional Plug-and-Play que os recursos reservados estão fora dos limites, assim o sistema não irá configurar acidentalmente um dispositivo Plug-and-Play para utilizar o mesmo recurso que um dispositivo ISA de legado. É necessário, às vezes, reservar os recursos dessa maneira porque o software Plug-and-Play não pode detectar todos os dispositivos ISA de legado e, portanto, não saberá as configurações que o dispositivo poderia utilizar.

Em um sistema sem dispositivos de legado, não é necessário reservar nenhum recurso através desse menu. Para habilitar mais opções para o número crescente de slots PCI/PnP e das placas encontradas em sistemas recentes, você pode desativar a reserva para dispositivos de legado que você não utiliza. Por exemplo, se você não utiliza as portas LPT 1 (IRQ 7) e COM 2 (IRQ 3), desabilite-as no BIOS e configure essas IRQs como disponíveis para os dispositivos PCI/PnP.

Algumas placas têm opções adicionais de configuração para os recursos de BIOS Plug-and-Play (PnP) e do barramento PCI. Esses recursos são amplamente dependentes do chipset, mas alguns exemplos comuns são mostrados na Tabela 3.4.

Tabela 3.4 Opções típicas de PnP e PCI[1]	
DMA Assigned to (DMA atribuído para)	Quando os recursos são controlados manualmente, defina cada canal de DMA de sistema como um dos seguintes tipos, dependendo do tipo de dispositivo que utiliza a interrupção: • Dispositivos ISA de legado compatíveis com a especificação de barramento original do PC AT, requerendo um canal de DMA específico. • Dispositivos PnP PCI/ISA compatíveis com o padrão Plug-and-Play, se projetados para a arquitetura de barramento PCI ou ISA.
PCI IRQ Activated by (PCI IRQ ativado por)	Deixe o gatilho de IRQ configurado como Nível (Level), a menos que o dispositivo PCI atribuído à interrupção especifique interrupções acionadas por Borda (Edge).
PCI IDE IRQ Map to (Mapa de PCI IDE IRQ para)	Esse campo permite selecionar mapeamento de IRQ IDE PCI ou interrupções PC AT (ISA). Se seu sistema não tem um ou dois conectores IDE PCI na placa de sistema, selecione os valores de acordo com o tipo de interface(s) IDE instalada(s) em seu sistema (PCI ou ISA). As interrupções ISA padrão para os canais IDE são IRQ 14 para primária e IRQ 15 para secundária.

Capítulo 3 – Configurações e atualizações de BIOS **99**

Tabela 3.4 Opções típicas de PnP e PCI¹ (continuação)	
Primary/Secondary IDE INT (IDE INT primária/secundária#)	Cada conexão PCI periférica é capaz de ativar até quatro interrupções: INT# A, INT# B, INT# C e INT# D. Por padrão, uma conexão PCI é atribuída a INT# A. Atribuir INT# B não tem nenhum significado a menos que o dispositivo periférico exija dois serviços de interrupção em vez de um. Como a interface IDE PCI no chipset tem dois canais, ela exige dois serviços de interrupção. Os campos IDE INT# primários e secundários assumem valores-padrão apropriados para dois canais IDE PCI, com o canal IDE PCI primário tendo uma interrupção mais baixa que o secundário. Perceba que todas as placas PCI de função simples normalmente utilizam INT# A e cada uma delas deve ser atribuída a uma IRQ de ISA diferente e exclusiva.
Used Mem Base Addr (End. base de memória usada)	Selecione um endereço de base para a área de memória utilizada por qualquer periférico que requer memória alta.
Used Mem Length (Tam. de memória usada)	Selecione um tamanho para a área de memória especificada no campo anterior. Esse campo não aparece se nenhum endereço de base for especificado.
Assign IRQ for USB (Atribuir IRQ para USB)	Selecione Enabled (habilitado) se seu sistema tiver um controlador USB e você tiver um ou mais dispositivos USB conectado(s). Se você não estiver utilizando seu controlador USB do sistema, selecione Disabled (desabilitado) para liberar o recurso de IRQ.

1. *Baseado no Phoenix BIOS utilizado pela placa-mãe Intel SE440BX2. Utilizado com permissão da Intel Corporation.*

Quando utilizar as opções de configuração de BIOS PnP

Em uma situação que envolve sistemas operacionais ideais que reconhecem o PnP como o Windows 9x/Me ou o 2000/XP, um computador com um BIOS PnP e um dispositivo PnP, o BIOS detecta o dispositivo PnP e o Windows configura-o sem intervenção do usuário. A Tabela 3.5 lista as circunstâncias nas quais você pode precisar utilizar as opções de configuração de BIOS PnP.

Tabela 3.5 Resolvendo problemas de configuração com as opções de configuração de BIOS PnP		
Problema	**Solução**	**Notas**
A placa de legado (não-PnP) precisa da configuração particular de IRQ ou DMA já em utilização por dispositivo PnP.	Configure o DMA e IRQ utilizados pela placa de legado para a opção ISA no BIOS.	Isso impede que os dispositivos PnP utilizem o recurso; verifique se a configuração da placa de legado corresponde às seleções de BIOS.
O Windows 9x/Me/2000/XP não está detectando e configurando os dispositivos PnP não necessários durante a inicialização do computador (como modems, impressoras e assim por diante).	Configure a opção Plug and Play Aware Operating System como Yes no BIOS.	

Tabela 3.5	Resolvendo problemas de configuração com as opções de configuração de BIOS PnP (continuação)	
Problema	**Solução**	**Notas**
A placa de vídeo PCI é atribuída a uma IRQ que você precisa para outro dispositivo.	Configure a opção Assign IRQ to VGA como No no BIOS.	Libera a IRQ sem efeitos nocivos em alguns casos; talvez não funcione se a placa for utilizada para a reprodução de filme MPEG. Não utilize para placas de vídeo AGP.
O novo dispositivo PnP não pode ser detectado pelo sistema.	Configure a opção PCI Slot x IRQ Priority para a IRQ desejada (não utilizada); instale a placa no slot PCI designado.	Se a configuração da IRQ para o slot PCI não funcionar, remova todas as placas PnP não-essenciais, instale a nova placa PnP primeiro e depois reinstale as outras.
Novo dispositivo PnP interfere com o dispositivo PnP existente.	Verifique o manual de sistema para determinar se o slot que é utilizado compartilha uma IRQ com outro slot ou com um dispositivo on-board.	Utilizar um slot diferente para o novo dispositivo PnP pode evitar conflitos.

Outras dicas para a solução de problemas de BIOS

Utilize a Tabela 3.6 para ajudar a resolver outros problemas típicos de sistema por meio das configurações do BIOS.

Tabela 3.6	Solucionando problemas comuns de sistema relacionados com BIOS	
Problema	**Solução**	**Notas**
Impossível acessar o sistema porque a(s) senha(s) para inicialização ou acesso de configuração não são conhecidas.	As senhas são armazenadas na RAM não-volátil (NVRAM) do CMOS e são configuradas pelo BIOS.	Remova a bateria na placa-mãe e espere que todas as configurações de CMOS se percam ou utilize o jumper MB chamado Clear CMOS; antes de limpar o CMOS, anote as informações de configuração de inicialização e observe as informações de configuração da unidade de disco porque todas as informações de configuração devem ser reinseridas depois que as CMOS for limpa.
O sistema desperdiça tempo detectando unidades de disco em cada partida.	Desative a detecção automática de unidade no BIOS; bloqueie as configurações para as unidades que usam a opção Detect Drives no BIOS.	Utilize a detecção automática de unidade se você troca com freqüência as unidades.
O sistema derruba a conexão de rede ou de modem quando desocupado.	O gerenciamento de energia não foi configurado corretamente para as IRQs em utilização pelo modem ou placa de rede.	Determine quais IRQs são utilizadas pelos dispositivos e ajuste o gerenciamento de energia para esses dispositivos; desative o gerenciamento de energia no BIOS.

Tabela 3.6	Solucionando problemas comuns de sistema relacionados com BIOS (continuação)	
Problema	Solução	Notas
A porta paralela ou serial está em conflito	Altere a configuração no BIOS.	Consulte o Capítulo 6 e o Capítulo 7 para obter detalhes.

Para saber mais sobre a solução de problemas e o ajuste das configurações do BIOS, consulte o Capítulo 5 de *Upgrading and Repairing PCs, 13th. Edition*, publicado pela Que.

Configurações Soft do BIOS da velocidade de CPU e de multiplicadores

As placas-mãe convencionais talvez exijam que o usuário configure a velocidade da CPU, a velocidade da FSB (placa-mãe ou barramento de sistema) e os multiplicadores de clock por uma série de jumpers ou switches ou através das telas de configuração de BIOS. Um perigo na configuração do BIOS é que o usuário talvez crie uma configuração que não permita que o sistema inicialize e talvez exija que a configuração do CMOS seja apagada para permitir que o usuário tente outra opção.

Um número de placas-mãe diferentes agora oferece configuração controlada por BIOS de velocidades da CPU, de multiplicadores de clock, velocidades de FSB (barramento de placa-mãe/sistema) e voltagem de núcleo da CPU.

Determinando qual BIOS você tem

É importante conhecer a marca e a versão do BIOS que um computador tem, por duas razões.

Primeiro, se ocorrer uma falha de inicialização, os códigos de erro do BIOS, que variam em marca e modelo, podem ser utilizados para ajudá-lo a localizar a causa do problema e levá-lo a uma solução.

Segundo, saber qual marca e versão do BIOS que você tem pode permitir que você obtenha ajuda do vendedor do BIOS ou do sistema para certas questões de configuração de chipset.

Para determinar a BIOS que você tem, utilize os seguintes métodos:

- Observe a tela de abertura de seu sistema para obter informações sobre a marca e versão do BIOS, como `Award BIOS v4.51PG`.
- Utilize um utilitário de teste e relatório de hardware, como AMI-Diag, CheckIt ou outros.

Observe que a melhor fonte para se obter informações específicas sobre a máquina em relação aos códigos de erro e outras questões de BIOS é o próprio fabricante do sistema. Os principais fornecedores como IBM, Dell, Compaq, Gateway, Hewlett-Packard e outros mantêm excelentes sites na Web que listam informações específicas para seu sistema. Entretanto, se você estiver trabalhando com um sistema clone feito de componentes genéricos, as informações de nível de BIOS talvez sejam as melhores informações que você pode obter.

Determinando o fabricante da placa-mãe para a atualização de BIOS

Embora o fato de se conhecer a marca e a versão do BIOS seja suficiente para solucionar problemas de um sistema que não dá partida, para se resolver problemas de suporte a discos rígidos grandes e gerenciamento de energia é preciso saber exatamente qual placa-mãe você tem e quem a produziu. Como os fabricantes da placa-mãe adaptam o código de BIOS às necessidades de cada modelo de placa-mãe, o fornecedor do sistema ou da placa-mãe — não o fornecedor do BIOS — é a fonte à qual se deve recorrer quando se deseja fazer atualizações de BIOS e outras questões de configuração de BIOS.

Identificando placas-mãe com BIOS AMI

As placas-mãe que utilizam as versões de BIOS AMI construídas de 1991 até hoje (BIOS High-Flex ou WinBIOS da AMI) exibem uma longa série de números na parte inferior da primeira tela que é exibida quando o sistema é ligado ou reiniciado:

    51-0411-001771-00111111-071595-82439HX-F

Interprete um número como esse com a seguinte chave numérica (veja a Tabela 3.7):

    AB-CCCC-DDDDDD-EFGHIJKL-mmddaa-MMMMMMM-N

Tabela 3.7	AB-CCCC-DDDDDD-EFGHIJKL-mmddaa-MMMMMMM-N
Posição	**Descrição**
A	Tipo de processador:
	0 = 8086 ou 8088
	2 = 286
	3 = 386
	4 = 486
	5 = Pentium
	6 = Pentium Pro/II/III/Celeron/Athlon/Duron
B	Tamanho do BIOS:
	0 = BIOS 64K
	1 = BIOS 128K
	2 = BIOS 256K

Tabela 3.7 AB-CCCC-DDDDDD-EFGHIJKL-mmddaa-MMMMMMM-N (continuação)

Posição	Descrição
CCCC	Número de versão de BIOS maior e menor
DDDDDD	Número de referência de código da licença do fabricante:
	0036xx = placa-mãe AMI 386, xx = Nº de série
	0046xx = placa-mãe AMI 486, xx = Nº de série
	0056xx = placa-mãe AMI Pentium, xx = Nº de série
	0066xx = placa-mãe AMI Pentium Pro, xx = Nº de série
	(Para conhecer outros números, veja a nota abaixo)
E	1 = Pára em erro de POST
F	1 = Inicializa o CMOS a cada inicialização do computador
G	1 = Bloqueia os pinos 22 e 23 da controladora do teclado
H	1 = Suporte de mouse na controladora do teclado/BIOS
I	1 = Espera a tecla F1 nos erros de POST
J	1 = Exibe erro de disquete durante o POST
K	1 = Exibe erro de vídeo durante o POST
L	1 = Exibe erro de teclado durante o POST
mmddaa	Data do BIOS, mm/dd/aa
MMMMMMM	Identificador de chipset ou nome de BIOS
N	Número de versão da controladora do teclado

> **Nota**
>
> Utilize os seguintes recursos para determinar o fabricante da placa-mãe não-AMI que utilizam o AMI BIOS:
>
> A AMI apresenta uma lista dos fabricantes de placa-mãe dos EUA e que não são dos EUA no endereço http://www.ami.com/support/bios.html.
>
> A AMI também oferece um programa utilitário que se pode baixar denominado AMIMBID para utilização com o Windows 9x/2000/NT/Me/XP e MS-DOS. Faça download dele no endereço http://www.ami.com/support/mbid.html.
>
> Há uma lista mais detalhada, incluindo a identificação completa de modelos particulares de placa-mãe, no site de BIOS da Wim (http://www.wimsbios.com). Esse site também tem links para os fabricantes de placa-mãe para as atualizações do BIOS.

Identificando placas-mãe com BIOS Award

As placas-mãe com o BIOS da Award Software também utilizam um código numérico, embora a estrutura seja diferente daquela usada para o BIOS Hi-Flex da AMI.

O código seguinte é um ID típico de BIOS Award:

    2A59I**AB**DC-00

O sexto e sétimo caracteres (em negrito para dar ênfase) indicam o fabricante da placa-mãe, ao passo que o oitavo caractere pode ser utilizado para o número do modelo ou a família de placa-mãe (várias placas-mãe que utilizam o mesmo chipset).

> **Nota**
>
> Para conhecer as tabelas de pesquisa desses códigos, veja os seguintes sites da Web:
>
> A tabela oficial da Award Software somente para fabricantes está disponível no endereço http://www.phoenix.com/pcuser/phoenixbios/motherboard.html.
>
> Uma lista expandida, também contendo informações sobre o chipset (armazenadas nos primeiros cinco caracteres do ID do BIOS Award) está disponível no site de BIOS da Wim (http://www.wimsbios.com).

Identificando placas-mãe com BIOS Phoenix ou Microid Research

Infelizmente, nem a Phoenix nem a Microid Research (MR BIOS) utilizam qualquer tipo de sistema padronizado de números de ID de placa-mãe.

Para os sistemas que utilizam um BIOS Phoenix, veja se sua placa-mãe ou seu sistema está listado na página de atualizações de BIOS da Micro Firmware. Os links dessa página para as placas-mãe da Intel e da Micronics listam os códigos que aparecem na tela durante a inicialização. Compare esses códigos com seu sistema e talvez você poderá utilizar uma atualização da Micro Firmware. A maioria das instalações de BIOS MR (BIOS da Microid Research) é feita como atualizações, em vez do que em equipamento original. Veja a lista de chipsets suportados (identificado por marca e modelo de chipset, não por fornecedor de placa-mãe) e placas-mãe utilizando chipsets da série Triton da Intel para ver se seu sistema pode utilizar um BIOS MR, ou entre em contato com a Microid Research diretamente para obter informações específicas do sistema.

Acessando os programas de configuração de BIOS

O BIOS pode ser configurado de várias maneiras. Os primeiros computadores, como o PC da IBM e o PC/XT, utilizavam switches DIP na placa-mãe para configurar um intervalo limitado de opções de BIOS, incluindo tamanho da memória e o número de unidades de disquete. O PC/AT IBM introduziu um utilitário de configuração baseado em disco para lidar com as muitas opções adicionais nas CPUs baseadas no 286. Desde o final da década de 1980, a maioria dos computadores tinha seus programas de BIOS Setup incorporados no próprio chip de BIOS. O programa de instalação é acessado nesses sistemas pressionando-se uma tecla ou uma combinação de teclas logo na inicialização do sistema. Os computadores mais modernos exibem as teclas corretas para utilizar durante a inicialização do sistema. Se não, utilize a Tabela 3.8 para conhecer as teclas utilizadas para iniciar os tipos comuns de BIOS.

Tabela 3.8 Teclas comumentes utilizadas para acessar o programa de configuração de BIOS

BIOS	Teclas	Notas
BIOS Phoenix	Ctrl+Alt+Esc	
	Ctrl+Alt+F1	
	Ctrl+Alt+S	
	Ctrl+Alt+Enter	
	Ctrl+Alt+F11	
	Ctrl+Alt+Ins	
BIOS Award	Ctrl+Alt+Esc	
	Esc	
	Del	
BIOS AMI	Del	
BIOS IBM	Ctrl+Alt+Ins* F1	*Primeiros modelos de notebook; pressione quando o cursor estiver no canto superior direito da tela.
BIOS Compaq	F10*	O pressionamento de tecla, na realidade, carrega o programa Compaq Setup da partição de disco rígido; pressione quando o cursor estiver no canto superior direito da tela.

Nota

Consulte o Capítulo 5 de *Upgrading and Repairing PCs, 13th. Edition*, para ver como funciona um programa de instalação típico de BIOS.

Como o BIOS informa os erros

O BIOS utiliza três métodos para informar os erros: códigos de bipe, códigos de erro/status e mensagens na tela. Os códigos de erro/status devem ser lidos com uma placa especial de interface, ao passo que os outros não exigem nenhum equipamento especial.

Códigos de bipe do BIOS e seus propósitos

Praticamente todos os sistemas emitem um "bipe" cortês quando iniciados, mas a maioria têm uma série especial de códigos de bipe que serve aos seguintes propósitos:

- Os bipes alertam para problemas sérios de sistema, e muitos deles podem até impedir que o sistema inicie (*erro fatal*) ou que trabalhe em sua capacidade máxima (*erro não-fatal*).

- Como a maioria dos erros fatais e de muitos não-fatais acontecem antes de o subsistema de vídeo ser inicializado (ou talvez indicando que o vídeo não está funcionando), os bipes podem ser utilizados para determinar a causa do problema.

- Um sistema que não pode iniciar e que informa um problema com códigos de bipe dará o código uma vez e depois pára. Para ouvir o código novamente, reinicie o computador.

Utilize as seguintes tabelas de códigos de bipe para determinar por que seu sistema não inicia. Para resolver o problema informado pelos códigos de bipe, corrija ou substitua o dispositivo listado na descrição. Se a correção ou substituição resolver o problema, o código de bipe não vai mais soar quando você reiniciar o sistema.

Para os erros que envolvem dispositivos removíveis (chips fixados em soquete, memória ou vídeo), uma correção fácil é remover e substituir o item porque um dispositivo que não está firme dentro de seu soquete fará com que o teste falhe.

> **Nota**
>
> Para obter uma lista completa de códigos de BIOS, códigos de bipe e mensagens de erro, veja o CD que acompanha o livro *Upgrading and Repairing PCs, 13th. Edition*.

Códigos de bipe do BIOS AMI e soluções

> **Nota**
>
> Os códigos de bipe do BIOS AMI são utilizados com permissão da American Megatrends, Inc.

Capítulo 3 – Configurações e atualizações de BIOS

Bipes	Mensagem de erro	Descrição	Explicação
1	DRAM Refresh Failure	O circuito de refresh da memória na placa-mãe está defeituoso.	Remova e reinstale a memória e tente novamente. Substitua a memória por outra que você sabe que está funcionando.
2	Parity Error	Ocorreu um erro de paridade na memória de sistema.	Remova e reinstale a memória e tente novamente. Substitua a memória por outra que você sabe que está funcionando. Desative a verificação de paridade no BIOS se estiver utilizando memória sem paridade.
3	Base 64K (First Bank) Memory Failure	Falha de memória no primeiro banco	Remova e reinstale a memória e tente novamente. Substitua a memória por outra que você sabe que está funcionando.
4	System Timer Failure	Falha de memória no primeiro banco ou o Timer 1 na placa-mãe não está funcionando.	Remova e reinstale a memória e tente novamente. Substitua a memória por outra que você sabe que está funcionando. Substitua a placa-mãe se a troca de memória não resolver.
5	Processor Error	O processador na placa-mãe gerou um erro.	Remova e reinstale o processador. Substitua o processador por outro que você sabe que está funcionando. Substitua a placa-mãe se a troca do processador não resolver.
6	Keyboard Controller Gate A20 Failure	A controladora do teclado pode estar com defeito. O BIOS não consegue mudar para o modo protegido.	Remova e reinstale o chip de controladora do teclado (se fixado em soquete). Substitua e reinstale o teclado; procure o fusível queimado de teclado na placa-mãe e substitua.
7	Virtual Mode Processor Exception Interrupt Error	O processador gerou uma interrupção de exceção.	Remova e reinstale o processador. Substitua o processador por um que esteja funcionando. Substitua a placa-mãe se a troca do processador não resolver.
8	Display Memory Read/Write Error	Ou o adaptador de vídeo de sistema está ausente ou sua memória está defeituosa.	Remova e reinstale a memória na placa de vídeo (se for memória removível). Remova e reinstale a placa de vídeo. Substitua a placa de vídeo por uma que esteja funcionando.
9	ROM Checksum Error	O valor de checksum de ROM não corresponde ao valor codificado no BIOS.	Chip defeituoso de BIOS; substitua o chip de BIOS, se fixado em soquete ou substitua a placa-mãe.
10	CMOS Shutdown Register Read/Write Error	O registrador de desligamento para a CMOS RAM falhou.	Substitua a placa-mãe.

PCs, Atualização e Manutenção

Bipes	Mensagem de erro	Descrição	Explicação
11	Cache Error/L2 Cache Bad	A cache L2 está defeituosa.	Localize a cache L2.
			Se estiver embutida no processador, remova e reinstale o processador. Substitua o processador por um que esteja funcionando. Se estiver embutida na placa-mãe, substitua a placa-mãe. Se estiver fixada no soquete, remova e reinstale os chips ou o módulo de RAM de cache. Substitua por RAM de cache que você sabe que está funcionando ou substitua a placa-mãe.
1 longo, 3 curtos	Conventional/ extended memory failure	A memória de placa-mãe está defeituosa.	Remova e reinstale a memória e tente novamente. Substitua a memória por outra que você sabe que está funcionando.
1 longo, 8 curtos	Display/retrace test failure	A placa de vídeo está defeituosa.	Reinsira a placa de vídeo em seu slot ou mova-a para um slot diferente.

Códigos de bipe do BIOS Award

Atualmente existe somente um código de bipe no BIOS Award. Um único bipe longo seguido por dois bipes curtos indica que ocorreu um erro de vídeo e o BIOS não pode inicializar a tela de vídeo para exibir quaisquer informações adicionais.

Códigos de bipe do BIOS Phoenix

Os seguintes códigos de bipe são para a versão atual do BIOS Phoenix, versão 4.0, release 6. Outras versões terão bipes um pouco diferentes e códigos Port 80h. Para visualizar os códigos Port 80h, você precisará de uma placa POST de diagnósticos com um indicador luminoso de dois dígitos de LED, disponível em muitos fornecedores de ferramentas de diagnóstico. Recomendo uma placa POST baseada em PCI porque os slots ISA estão caindo em desuso.

Nota

Os códigos de bipe do BIOS Phoenix são utilizados com permissão da Phoenix Technologies, Ltd.

Bipes	Código Port 80h	Explicação
1-2-2-3	16h	Checksum de BIOS ROM
1-3-1-1	20h	Testa o refresh de DRAM
1-3-1-3	22h	Testa a controladora do teclado

Bipes	Código Port 80h	Explicação
1-3-3-1	28h	Autodimensiona a DRAM
1-3-3-2	29h	Inicializa o gerenciador de memória de POST
1-3-3-3	2Ah	Limpa a RAM de base 512 KB
1-3-4-1	2Ch	Falha de RAM na linha de endereço *xxxx*
1-3-4-3	2Eh	Falha de RAM nos bits de dados *xxxx* do byte baixo do barramento de memória
1-4-1-1	30h	Falha de RAM nos bits de dados *xxxx* do byte alto do barramento de memória
2-1-2-2	45h	Inicialização POST de dispositivo
2-1-2-3	46h	Verifica o aviso de direitos autorais de ROM
2-2-3-1	58h	Testa interrupções inesperadas
2-2-4-1	5Ch	Testa RAM entre 512 KB e 640 KB
1-2	98h	Procura a opção ROMs; um bipe longo, dois bipes curtos na falha de checksum
1	B4h	Um bipe curto antes da inicialização

Códigos de bipe do BIOS IBM e códigos de erro alfanuméricos

Depois de completar o autoteste ao ligar *(power-on self-test* – POST), um código de áudio indica uma condição normal ou que ocorreu um erro.

> **Nota**
>
> Os códigos de BIOS IBM e os códigos de erro alfanumérico foram utilizados com permissão da IBM.

Código de áudio	Som gráfico	Descrição
Um bipe curto	•	POST normal — sistema funcionando
Dois bipes curtos	••	Erro de POST— código de erro no vídeo
Nenhum bipe		Fonte de alimentação, placa de sistema
Bipe contínuo	———	Fonte de alimentação, placa de sistema
Repetidos bipes curtos	••••	Fonte de alimentação
	••	Placa de sistema
Um bipe longo, um curto	—•	Placa de sistema
Um bipe longo, dois curtos	—••	Adaptador de vídeo (MDA/CGA)
Um bipe longo, três curtos	—•••	Adaptador de vídeo (EGA/VGA)
Três bipes longos	———	Placa de teclado 3270

Códigos de bipe do BIOS da Microid Research

O BIOS MR gera padrões de bipes altos e baixos para sinalizar uma condição de erro. Para ver os códigos de bipe da Microid Research, consulte a referência técnica no CD que acompanha o livro *Upgrading and Repairing PCs 13th. Edition* ou visite o endereço http://www.mrbios.com/postcode.html.

Códigos de bipe e POST de outros fabricantes de BIOS e de placa-mãe

Os códigos de bipe e de POST para outros fabricantes, da Acer à Zenith, estão disponíveis a partir da BIOS Central, no endereço http://www.bioscentral.com.

Lendo os códigos de erro do BIOS

Como os códigos de bipe podem indicar apenas alguns dos problemas em um sistema em inicialização, a maioria dos BIOSes também fornece uma série de códigos de status durante o procedimento de inicialização. Esses códigos são enviados para um endereço de porta de E/S que pode ser lido por placas de diagnóstico especializadas, que você pode comprar de muitos fornecedores diferentes. Essas *placas POST* (sigla para Power-On Self Test, "autoteste ao ligar a energia elétrica") apresentam um painel de LEDs de dois dígitos que exibe a saída dos códigos de status gerados pelo BIOS. As placas POST mais simples são fisicamente construídas (*hard-wired*) para interceptar sinais do endereço de porta de E/S 80hex mais comumente utilizado, mas modelos mais caros podem ser ajustados com blocos de jumper para usar outros endereços utilizados por certos BIOSes (como Compaq).

Essas placas normalmente são vendidas com manuais que listam os códigos de status de erro. Embora as placas sejam duráveis, os códigos podem tornar-se ultrapassados. Para obter uma lista atualizada de códigos, entre em contato com o site da Web do fornecedor do sistema ou do BIOS.

A maioria das placas POST baseia-se no barramento ISA, mas os últimos modelos agora estão sendo feitos para se encaixar nos slots PCI porque o ISA está saindo de uso. Para diagnosticar sistemas portáteis e evitar a necessidade de se abrir um sistema para inserir uma placa POST, a Ultra-X oferece uma unidade de vídeo MicroPOST que é anexada à porta paralela. Entre em contato com a Ultra-X no endereço http://www.uxd.com para obter mais informações. Para placas ISA padrão e POST PCI, consulte a empresa JDR Computer Products no endereço http://www.jdr.com.

Mensagens de erro na tela

Uma mensagem de erro na tela é freqüentemente o método de erro mais fácil de entender porque você não precisa contar o número de bipes nem abrir o sistema para instalar uma placa POST. Mas, como alguns sistemas utilizam códigos de erro numéricos e como até mesmo os códigos em "inglês simples" precisam de interpretação, essas mensagens ainda podem ser um desafio para interpretar. Como os circuitos de vídeo são testados depois dos componentes, como placa-mãe, CPU e BIOS, uma mensagem de erro na tela é normalmente indicativo de erro menos sério que aquele informado com os códigos de bipe.

Interpretando os códigos e as mensagens de erro

Como os códigos de bipe, os códigos de erro/status e as mensagens na tela variam muito de acordo com o fornecedor de BIOS (e às vezes de acordo com o modelo), você deve saber qual BIOS um sistema tem antes de poder escolher a tabela correta. Com as principais marcas de sistemas (e algumas outras), em geral você encontrará uma lista de códigos de erro e mensagens na documentação do sistema. Você também pode entrar em contato com os sites da Web dos fornecedores de BIOS de sistema, para obter essas informações ou verificar o CD incluído no *Upgrading and Repairing PCs, 13th. Edition.*

Planilha de configuração do BIOS

As opções de configuração de BIOS variam muito e configurações incorretas podem fazer com que um sistema falhe, perca dados ou não funcione corretamente com sistemas operacionais compatíveis com o PnP, como o Windows 9x/2000/Me/XP. A seguinte planilha pode ser utilizada para registrar as informações de configuração de BIOS mais importantes. Utilize-a quando você não puder imprimir as telas reais de configuração.

ID de sistema _____ **Marca e Nº de Modelo** _____

Data registrada _____ **Sistema operacional** _____

Partições do disco rígido _____

Notas _____

_____

Configuração-padrão de CMOS/BIOS

(Opção de configuração)	(Configuração— faça um círculo na configuração utilizada ou anote a que você usa)
Drive A	1,44MB
	2,88MB
	Outro_____
	Nenhum
Drive B	1,44MB
	2,88MB
	Outro_____
	Nenhum
Primeira unidade IDE	*Tipo de unidade:*
	Disco rígido
	CD-ROM

	Outro (especificar)
	_____
	Geometria de disco
	*Cil:*_____
	Setores/trilha: ____
	Cabeçotes: _____
	LBA S/N:
Segunda unidade IDE	*Tipo de unidade:*
	Disco rígido
	CD-ROM
	Outro (especificar)
	_____
	Geometria de disco
	*Cil:*_____
	Setores/trilha: ____
	Cabeçotes: _____
	LBA S/N:
Terceira unidade IDE	*Tipo de unidade:*
	Disco rígido
	CD-ROM
	Outro (especificar)
	_____
	Geometria de disco
	*Cil:*_____
	Setores/trilha: ____
	Cabeçotes: _____
	LBA S/N:
Quarta unidade IDE	*Tipo de unidade:*
	Disco rígido
	CD-ROM
	Outro (especificar)
	_____
	Geometria de disco rígido
	*Cil:*_____
	Setores/trilha: ____
	Cabeçotes: _____
	LBA S/N:
Telas de configuração de outros BIOSes	
Seqüência de inicialização	*Unidade 1:* _____
	*Unidade 2:*_____

Capítulo 3 – Configurações e atualizações de BIOS

	*Unidade 3:*_____
	*Unidade 4:*_____
Antivírus ou setor de inicialização com proteção de escrita	Habilitado/Desabilitado
Mouse PS/2	Habilitado/Desabilitado
Senha	Para ligar
	Senha: _____
	Para configurar
	Senha: _____
Cache de memória externa (Nível 2)	Habilitado/Desabilitado
Cache de memória externa (Nível 1)	Habilitado/Desabilitado
Sombreamento da RAM/ROM de sombra	*Especifique intervalo(s) em utilização:*
	_____
	_____
	_____
	_____
Portas USB	Habilitado/Desabilitado
Suporte de legado USB (teclado e mouse)	Habilitado/Desabilitado
Configuração de temporização da memória	Auto/Manual
	Se for manual, especificar alterações-padrão de sistema aqui:
	_____
	_____
	_____
	_____
Gerenciamento de energia	Habilitado/Desabilitado
	Se estiver habilitado, especificar alterações-padrão de sistema aqui:
	_____
	_____
	_____
	_____
Plug and Play (PnP)	Habilitado/Desabilitado
	Se estiver habilitado, especificar alterações no padrão de sistema aqui:
	_____
	_____
	_____

	_____
	_____
Porta LPT	*Modo selecionado:*
	Padrão EPP ECP Bi-Di
	Desabilitado
	EPP versão # _____
	IRQ: 7 5 _____
	DMA para modo ECP: _____
	Endereço de E/S:
	378H
	278H
	3BCH
	Desabilitado
Porta Serial (COM) 1	*Endereço de E/S:*
	3FH (COM1)
	2FH (COM2)
	3EH (COM3)
	2EH (COM4)
	Desabilitado
	Notas: _____
Porta Serial (COM) 2	*Endereço de E/S:*
	3FH (COM1)
	2FH (COM2)
	3EH (COM3)
	2EH (COM4)
	Desabilitado
	Notas: _____
Interface de disco rígido IDE 1	*Interface:*
	Habilitado/Desabilitado
	Modo de 32 bits: Habilitado/Desabilitado
	Modo de PIO: 0 1 2 3 4
	Modo de UDMA: 33MHz 66MHz 100MHz
	Modo de Bloco: Habilitado/Desabilitado
	Nº de blocos: _____
Interface de disco rígido IDE 2	*Interface:*
	Habilitado/Desabilitado
	Modo de 32 bits: Habilitado/Desabilitado
	Modo de PIO: 0 1 2 3 4
	Modo de UDMA: 33MHz 66MHz 100MHz
	Modo de Bloco: Habilitado/Desabilitado
	Nº de blocos: _____

Capítulo 4

Unidades* de disco SCSI e ATA e unidades óticas

Entendendo a terminologia do disco rígido

Ao instalar discos rígidos ATA em particular, pelo menos três parâmetros devem ser indicados no programa de configuração do BIOS para definir um disco rígido:

- O número de cabeçotes de leitura/gravação (H)
- O número de setores por trilha (S)
- O número de cilindros (C)

Os valores CHS (também conhecidos como *geometria do disco rígido*) são utilizados para calcular a capacidade da unidade.

> **Nota**
>
> Entender como as unidades de disco armazenam dados é um tópico enorme. Se você quiser aprender mais, veja os Capítulos 9 e 10 de *Upgrading and Repairing PCs, 13th. Edition*, também publicado pela Que.

Cabeçotes, setores por trilha e cilindros

Se as informações CHS não são listadas com exatidão na configuração de BIOS para as unidades ATA, a capacidade completa da unidade não estará disponível a menos que drivers especiais de disco rígido ou placas suplementares de BIOS sejam utilizados. Sempre que possível, o próprio BIOS em ROM do computador deve suportar completamente a capacidade da unidade.

Para unidades maiores que 504 MB (binário) ou 528 milhões de bytes, opções adicionais de tradução de endereço também são necessárias, com o MS-DOS e o Windows para se conseguir operar com capacidade completa.

As unidades SCSI são suportadas por um BIOS especial nas controladoras SCSI compatíveis com disco rígido, não pelo BIOS de sistema.

---

*N. de R.T. Neste livro, os termos drive e unidade podem aparecer como sinônimos conforme o contexto.

Cabeçotes de unidade de disco rígido

A unidade de disco rígido é composta por um ou mais discos, normalmente feitos de alumínio mas também feitos de vidro. Esses discos são cobertos por um filme delgado e rígido de material magnetizado. As estruturas magnéticas dos discos são lidas ou alteradas por cabeçotes de leitura/gravação que se movem ao longo da superfície dos discos, mas são separados deles por uma fina almofada de ar. Praticamente todos os discos são lidos de ambos os lados.

Setores por trilha

As estruturas magnéticas armazenadas nos discos são organizadas em setores de 512 bytes de dados cada um, mais as áreas adicionais em cada setor para identificar a localização do setor no disco rígido. Esses setores formam círculos concêntricos com numeração que vai do lado externo de cada disco para a sua área central.

Cilindros

O terceiro fator utilizado para calcular o tamanho do disco rígido é o número de cilindros no disco. As trilhas identicamente posicionadas em cada lado de cada disco compõem um cilindro.

O BIOS calcula o tamanho do disco rígido a partir do número de cilindros, o número de cabeçotes e o número de setores por trilha. A maioria dos BIOSes de sistema calcula o tamanho da unidade de disco em mibibytes (MI) ou gibibytes (Gi) (da mesma maneira como os programas de preparação de disco rígido como FDISK ou Disk Management – Gerenciamento de Disco – o fazem), mas alguns fazem o cálculo em megabytes (MB) ou gigabytes (GB) (consulte o Capítulo 1 para obter as diferenças destes métodos de numeração). Os BIOSes que utilizam cálculos de megabyte ou de gigabyte informam o tamanho da unidade da mesma maneira que os fabricantes das unidades. De qualquer maneira, o mesmo número de bytes estará disponível *se* a unidade for completa e exatamente tratada pelo BIOS em ROM e pelo sistema operacional. As unidades atuais mais recentes imprimem as informações de cilindro, cabeçote e setores por trilha (coletivamente chamado de *geometria* da unidade) em um rótulo na parte superior da unidade para referência fácil durante a instalação. Mibibytes e gibibytes eram antes chamados de megabytes binários e gigabytes binários.

Observe que todos os três elementos da geometria de unidade são, na realidade, lógicos, não físicos, nas unidades ATA. Esse fator explica por que a geometria pode ser traduzida (veja a seguir) e por que algumas unidades ATA em máquinas mais antigas funcionam, apesar de serem instaladas com geometrias "incorretas".

Utilize a planilha no final do Capítulo 3 para registrar sua geometria de unidade de disco e outras informações para cada sistema que você gerencia.

Capítulo 4 – Unidades de disco SCSI e ATA e unidades óticas   **117**

Identificação da unidade de disco IDE/ATA

A Integrated Drive Electronics (Eletrônica integrada de unidade) – IDE, mais adequadamente chamada de unidade ATA (AT Attachment) – é a mais preferida para as instalações de PC do cliente. Embora as unidades de disco SCSI (veja o seguinte) ofereçam benefícios para a utilização em rede e estações de trabalho de alto desempenho, a combinação de desempenho constantemente aperfeiçoado, baixíssimo preço por megabyte (menos de 1 centavo e em queda) e capacidades enormes (até 100 GB em ascensão) continuará a fazer das unidades IDE/ATA a escolha da maioria dos usuários. A Figura 4.1 mostra os conectores típicos da unidade ATA.

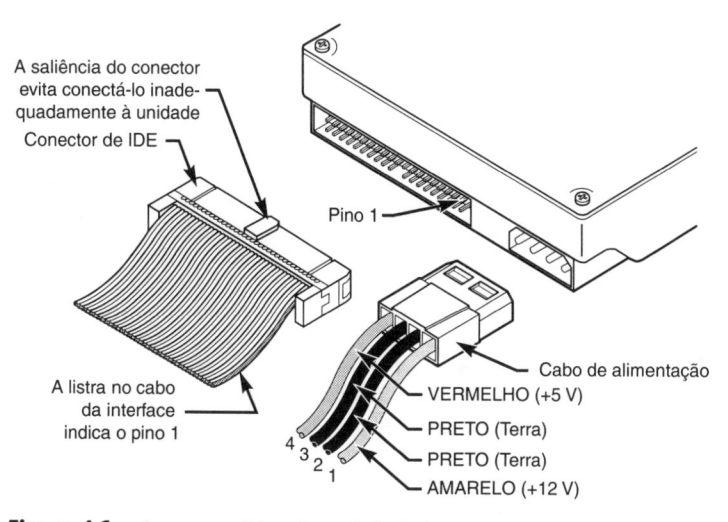

Figura 4.1 Conectores típicos da unidade de disco ATA (IDE)

Unidades mestres e escravos

Praticamente, toda interface de unidade ATA é projetada para tratar duas unidades com um único cabo de interface de 40 pinos.

Como o cabo não tem nenhuma torção, diferentemente de um cabo de interface típico de disquete de 34 pinos, os blocos de jumper em cada unidade de disco devem ser configurados para distinguir entre a primeira unidade (ou *mestre*) no cabo e a segunda unidade (ou *escravo*) no cabo.

A maioria das unidades ATA pode ser configurada de quatro maneiras possíveis:

- Mestre (unidade única), também chamada de simples
- Mestre (unidade dual)

- Escrava (unidade dual)
- Cable Select

Quando se usa o tradicional cabo ATA de 40 pinos, de 40 fios não Cable Select, pode-se ignorar a configuração de Cable Select. Se o cabo suporta o Cable Select, configurar todas as unidades dessa maneira torna a instalação mais fácil: depois disso, os jumpers nunca precisarão ser alterados — o Cable Select automaticamente configurará uma unidade como mestre e a outra como escrava. Entretanto, as unidades que suportam UDMA/66, UDMA/100 ou os modos UDMA mais rápidos utilizam um novo cabo de 40 pinos de 80 fios que sempre suporta o Cable Select. Em outras palavras, todos os cabos de 80 vias suportam o Cable Select, enquanto apenas alguns cabos de 40 vias suportam o Cable Select. Aqueles que não o suportam exigem que as unidades sejam configuradas através de jumper(s) como mestre/escravo. A Tabela 4.1 lista as configurações de jumper utilizadas com cabos de 40 fios, enquanto a Tabela 4.2 lista o jumper e as configurações de posição de unidade exigidas para o cabo UDMA de 80 fios.

Tabela 4.1 Configurações de jumper para unidades ATA típicas compatíveis com IDE o que usam um cabo ATA de 40 fios não Cable Select			
Nome do jumper	**Unidade simples**	**Mestre de unidade dual**	**Escravo de unidade dual**
Mestre (M/S)	Ativado ou desativado[1]	Ativado	Desativado
Escravo presente (SP)	Desativado	Ativado	Desativado
Cable Select	Não utilizado	Não utilizado	Não utilizado

1. Varia com a unidade; verifique a documentação do usuário.

Utilize a Tabela 4.1 apenas como diretriz. Siga as recomendações do fabricante da unidade se elas variarem.

Tabela 4.2 Cores do conector e configuração de jumpers para as unidades ATA compatíveis com IDE que usam um cabo UDMA ATA de 80 vias		
Cor do conector	**Utilizado para**	**Jumpers de unidade**
Azul	Controladora ATA	N/D
Preto	Unidade primária	CS[1]
Cinza	Unidade escrava	CS[1]

1. Cable Select.

Os jumpers na unidade de disco podem estar localizados atrás da unidade (entre os conectores de alimentação e dos dados) ou na parte inferior da unidade. Os jumpers típicos do disco rígido são mostrados na Figura 4.2.

Capítulo 4 – Unidades de disco SCSI e ATA e unidades óticas 119

```
Unidades de 10      Unidades de
    pinos            6 pinos
  9 7 5 3 1          5 3 1      Simples
  ▪ ▪ ▓ ▪ ▪          ▓ ▪ ▪      (Posição neutra)
  10 8 6 4 2         6 4 2      Pode ter jumper
  9 7 5 3 1          5 3 1      5 & 3 ou 6 & 4
  ▪ ▪ ▪ ▪ ▪          ▪ ▪ ▪      Simples
  ▪ ▪ ▪ ▪ ▪          ▪ ▪ ▪      (Instalação-padrão)
  10 8 6 4 2         6 4 2
  9 7 5 3 1          5 3 1
  ▪ ▪ ▪ ▪ ▪          ▪ ▪ ▪      Dual (Mestre)
  10 8 6 4 2         6 4 2
  9 7 5 3 1          5 3 1
  ▪ ▪ ▪ ▪ ▪          ▪ ▪ ▪      Dual (Escravo)
  10 8 6 4 2         6 4 2
  9 7 5 3 1          5 3 1
  ▪ ▪ ▪ ▪ ▪          ▪ ▪ ▪      Cable Select
  10 8 6 4 2         6 4 2
```

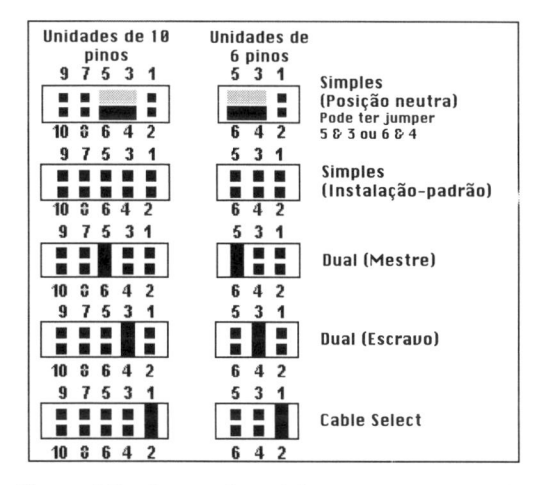

Figura 4.2 Jumpers da unidade ATA (IDE). Muitas unidades agora têm 8, 9 ou 10 pinos de jumper para permitir configurações especiais necessárias em alguns sistemas para quebrar a barreira dos 528 MB (veja as seções seguintes).

Padrões ATA

As unidades IDE foram originalmente desenvolvidas no final da década de 1980 como uma interface de unidade patenteada utilizada pela Compaq e algumas outras marcas. Mais tarde, foram desenvolvidos os padrões formais para o tipo de unidade IDE mais comum, a unidade AT Attachment (ATA). A Tabela 4.3 fornece uma referência rápida para os padrões ATA, que são freqüentemente utilizados para descrever os recursos fornecidos pelo BIOS de sistema, pelas controladoras ATA e pelas unidades ATA.

Tabela 4.3 Padrões ATA

Padrão	Período	Modos de PIO	Modos de DMA	Modos de Ultra-DMA	Recursos[1] de velocidade
ATA-1	1986–1994	0–2	0	—	8,33 Suporte a unidades de até 136,9 GB; questões de BIOS não resolvidas
ATA-2	1995–1996	0–4	0–2	—	16,67 Modos mais rápidos de PIO; tradução pelo BIOS de CHS/LBA definida até 8,4 GB, cartão PC
ATA-3	1997	0–4	0–2	—	16.67 SMART[2]; integridade de sinal melhorada, suporte a LBA obrigatório; modos de DMA de palavra simples eliminados

Tabela 4.3 Padrões ATA (continuação)					
Padrão	Período	Modos de PIO	Modos de DMA	Modos de Ultra-DMA	Recursos[1] de velocidade
ATA-4	1998	0–4	0–2	0–2	33,33 Modos de Ultra-DMA; BIOS suporta até 136,9 GB
ATA-5	1999–2000	0–4	0–2	0–4	66,67 Modos mais rápidos de UDMA, cabo de 80 pinos com autodetecção
ATA-6	2001–presente	0–4	0–2	0–5	100,00 100 Mbps modo de UDMA; suporte e unidade de BIOS estendido de até 144 PB[3]

1. A velocidade está em megabytes por segundo (Mbps).

2. SMART = Self-monitoring, analysis, and reporting technology (Tecnologia de automonitoramento, análise e relatório).

3. PB = Petabyte; 1 PB é igual a 1 quatrilhão de bytes.

MB = Milhões de bytes

GB = Bilhões de bytes

CHS = Cylinder head sector (cilindro, cabeçote, setor lógico)

LBA = Logical block address (endereço lógico de bloco)

UDMA = Ultra DMA (Direct Memory Access – acesso direto à memória)

Limites de capacidade da unidade ATA/IDE

As versões de interface ATA até a ATA-5 sofriam de uma limitação de capacidade de 136,9 GB (bilhões de bytes). Dependendo do BIOS utilizado, essa limitação pode ser mais ainda reduzida a 8,4 GB ou mesmo tão baixo quanto 528 MB (milhão de bytes). Isso se deve a limitações tanto no BIOS como na interface ATA, que, quando combinados, criam ainda mais limitações. Para entender esses limites, você tem de ver o BIOS e a interface ATA.

As limitações pertinentes são aquelas da própria interface ATA, além do BIOS (drivers) utilizado para a comunicação com a interface. Um resumo das limitações é mostrado na Tabela 4.4.

Tabela 4.4 Limitações da capacidade da unidade ATA/IDE	
Especificação	Setores máximos
BIOS CHS padrão	1.032.192
BIOS CHS com tradução	16.515.072
Interface ATA-1 a 5	267.386.880
Interface ATA-6	281.474.976.710.655
Enhanced (EDD BIOS)	18.446.744.073.709.551.600

1. Capacidade máxima em bytes.

ATA = AT Attachment

CHS = Cylinder head sector (cilindro cabeçote setor)

EDD = Enhanced disk drive (unidade de disco aprimorada)

A primeira especificação, BIOS CHS padrão, lista a capacidade máxima possível da unidade em sistemas antigos que não têm qualquer meio de traduzir a geometria da unidade para alcançar capacidades maiores. O limite de 528 MB também se aplica aos mais novos sistemas em que a tradução de endereços do disco (veja a próxima seção) foi desativada.

Quebrando a barreira dos 528 MB das unidades de disco

Três fatores contribuem para o limite CHS de 528 MB (504 MiB) para as unidades de disco ATA:

- O BIOS, além do MS-DOS e dos sistemas operacionais baseados em DOS como o Windows, pode acessar somente 1024 cilindros.
- A interface ATA pode endereçar somente 16 cabeçotes.
- O BIOS pode endereçar somente 63 setores por trilha.

1.024 × 16 × 63 = 1.032.192 setores por unidade (veja a Tabela 4.4).

Esse limite era meramente teórico até 1994, quando a Phoenix lançou a especificação Enhanced Disk Drive (EDD 1.0), que definiu um BIOS aprimorado para superar esses limites.

O BIOS aprimorado supera os limites utilizando uma geometria diferente ao conversar com a unidade de disco do que quando conversa com o software. O que acontece nos intervalos chama-se *tradução*. Por exemplo, se sua unidade tem 2000 cilindros e 16 cabeçotes, o BIOS de tradução definirá a unidade como tendo 1000 cilindros e 32 cabeçotes. As mais novas versões de padrões ATA adicionaram mais métodos de tradução. Os métodos mais comuns de tradução são listados na Tabela 4.5.

Capacidade[1]	Capacidade máxima
528.482.304	528,5MB
8.455.716.864	8,4GB
136.902.082.560	136,9GB
144.115.188.075.855.360	144,12PB
9.444.732.965.739.290.430.000	9,4ZB

MB = Milhão de bytes

GB = Bilhão de bytes

PB = Petabytes; 1PB é igual a um quatrilhão de bytes

ZB = Zettabytes, 1ZB é igual a um bilhão de trilhões de bytes

Tabela 4.5	Métodos de endereçamento de setor da unidade de disco	
Modo de BIOS	Sistema operacional para o BIOS	BIOS para a unidade de disco
Padrão (normal) sem tradução	Parâmetros físicos CHS	Parâmetros físicos CHS
Tradução de CHS estendido (large)	Parâmetros lógicos CHS	Parâmetros físicos CHS
Tradução de LBA	Parâmetros lógicos CHS	Parâmetros LBA
LBA puro (BIOS EDD)	Parâmetros LBA	Parâmetros LBA

O BIOS que suporta somente o CHS padrão reconhece apenas um máximo de 1024 cilindros, 16 cabeçotes e 63 setores por trilha para qualquer unidade IDE/ATA. Portanto, se instalar uma unidade IDE/ATA de 6,4 GB em um sistema com esse tipo de BIOS, ele reconhecerá somente 528 MB com o MS-DOS e o Windows. Os sistemas operacionais não-DOS como o Novell Netware, o UNIX e o Linux não exigem tradução se forem o único sistema operacional nas partições de disco.

Nos sistemas que fornecem tradução, esse modo de BIOS chama-se *Normal*, porque a geometria não muda. Configurar uma unidade para utilizar o modo Normal é correto para os sistemas operacionais como UNIX, Linux e Novell Netware, mas não para os sistemas que utilizam estruturas de arquivos do MS-DOS, incluindo o próprio MS-DOS, o Windows 99*x*/NT/2000/Me/XP e OS/2.

Os próximos dois modos, Extended CHS e LBA (Logical Block Addressing), traduzem a geometria. O Extended CHS também é chamado de modo *Large* (grande) e é recomendado somente para unidades maiores que 528 MB, que não podem ser operadas no modo LBA. Os BIOSes mais aprimorados não oferecem o modo Large, mas todos oferecem o modo LBA, que numera os setores seqüencialmente. Portanto, o modo LBA é a melhor opção a ser selecionada, caso você venha a precisar mover uma unidade de um sistema para outro; a maioria dos BIOSes será capaz de reconhecer a unidade, uma vez que seus parâmetros de CHS foram inseridos e o modo LBA foi ativado. Entretanto, alguns (como os BIOSes mais antigos da Acer) podem chamar o modo LBA de algo diferente, como modo DOS ou modo >504Mi.

Utilizando o modo LBA

O modo LBA pode ser ativado de duas maneiras, dependendo do BIOS. Na maioria dos BIOSes atuais, o uso da opção de detecção automática no BIOS ou durante a inicialização de sistema detectará a geometria básica da unidade de disco e selecionará o modo LBA automaticamente. Em alguns BIOSes, entretanto, a detecção automática configura a geometria da unidade básica cilindro-cabeçote-setores por trilha, mas ela não ativa o modo LBA, a menos que você mesmo o configure. Dependendo da release do BIOS utilizado por um sistema dado, a configuração do modo LBA pode ser realizada na mesma tela de configuração do BIOS utilizado para configuração da unidade-padrão ou talvez esteja localizada em uma configuração Advanced CMOS ou em uma tela de configuração de periférico.

O BIOS que realiza a tradução de LBA deve permitir que você use uma unidade de disco ATA de até 8,4 GB com o MS-DOS. Se você descobrir que pode utilizar um disco rígido de 2,1 GB mas não maiores, a versão de modo LBA suportada por seu BIOS é uma versão bem antiga e seu BIOS deve ser atualizado. O suporte para as unidades maiores que 8,4 GB é discutido mais adiante neste capítulo.

Quando o modo LBA é necessário — e quando não usá-lo

Utilize a Tabela 4.6 para determinar quando é necessário utilizar o modo LBA.

Tabela 4.6	Usando o modo LBA		
Tamanho da unidade	**Sistema operacional**	**Utilize o modo LBA**	**Razão**
<=528MB	Qualquer um	Não	Não necessário
>528MB	Linux, UNIX, Novell NetWare	Não	Não há limite de 1024 cilindros com esses sistemas operacionais[1]

1. Versões recentes de Linux incluem drivers compatíveis com LBA que permitem ao Linux operar em unidades configuradas com LBA.

Problemas com suporte de LBA no BIOS

Teoricamente, o modo LBA automaticamente seria ativado de uma maneira claramente compreensível em cada sistema com um BIOS aprimorado. Também seria fácil saber quando você *não* precisaria utilizá-lo. Infelizmente, esse freqüentemente não é o caso.

Muitas versões de BIOS de 1994–1996 baseadas em texto e gráfico (Win-BIOS) da AMI listavam a geometria básica da unidade de disco em uma tela e a opção de modo LBA em uma tela diferente. Para piorar o problema, as opções de configuração automática da unidade de disco em muitos desses BIOSes não configuravam o modo LBA para você; você tinha de localizá-lo e depois configurá-lo. Mas talvez o pior problema de tudo era para os usuários que cuidadosamente tinham configurado o modo LBA e depois encontravam problemas com outras configurações de BIOS. A maioria das versões BIOS AMI oferece um recurso chamado *configuração automática* com valores padronizados BIOS/Optimal (alto desempenho) ou padrões Power-On/Fail-Safe (baixo desempenho). Nos BIOSes AMI em que o modo LBA *não* foi listado na mesma tela com a geometria de disco rígido, *qualquer* configuração automática redefiniria o modo LBA para sua configuração-padrão — desativado.

Embora as versões mais novas do BIOS AMI e outros BIOSes coloquem a opção de LBA na tela de configuração de disco rígido, é fácil desativá-lo se você não for cuidadoso. O BIOS Award, por exemplo, oferece configurações de LBA, Large e Normal quando autodetecta as unidades de disco; o usuário pode selecionar qualquer uma das três opções. Com qualquer

BIOS, você pode desativar o modo LBA se utilizar uma configuração de unidade definida pelo usuário, em vez de autodetecção.

Como a localização da configuração de LBA pode variar de um sistema para outro, sempre verifique se o modo LBA ainda está ativado se você fizer quaisquer alterações em uma configuração de BIOS nos sistemas que utilizam o modo LBA.

Perigos de se alterar as configurações de tradução

Dependendo do sistema operacional e da configuração de unidade, vários eventos desagradáveis podem acontecer quando a tradução de LBA é desligada depois que uma unidade é configurada com LBA. A Tabela 4.7 resume esses problemas, sendo alguns deles fatais para os dados.

Tabela 4.7 Problemas associados ao se desativar o modo LBA

Configuração da unidade	Sistema operacional	Sintoma	Resultado final
Partições primária (C:) e estendidas (D: e acima) em uma única unidade física	MS-DOS	Não é possível acessar as letras da unidade de disco na partição estendida porque parte da capacidade está localizada além do cilindro 1024.	Normalmente nenhum dano aos dados porque a unidade é inacessível até que o modo LBA seja reativado.
C: ou C:, D:, e assim por diante	Windows 9x, Windows 2000, Windows NT, Windows Me, Windows XP	Não é possível inicializar a unidade por causa de geometria incorreta.	Normalmente nenhum dano aos dados porque a unidade é inacessível até que o modo LBA seja reinicializado.
Somente C:	MS-DOS	O sistema inicializa e opera normalmente até que os dados sejam gravados em um cilindro além do 1024.	Wrap around* A unidade retorna ao cilindro 0 (localização da tabela de partição e outras estruturas vitais de disco) porque a tradução de LBA que acessa cilindros além do 1024 está ausente. A unidade sobrescreve o início do disco, causando perda de todos os dados.

Utilizamos algumas vezes este último cenário em uma aula de solução de problemas de computador e foi uma surpresa ver um disco rígido se "auto-digerir"! Entretanto, nunca é uma boa idéia "brincar" com a tradução de LBA depois que foi configurada em um sistema.

Detectando falta de suporte do modo LBA em seu sistema

Para determinar se seu sistema não tem suporte de LBA ou não tem suporte de LBA ativado, faça o seguinte:

1. Instale a unidade de disco configurada como Mestre, Escravo ou Cable Select, conforme apropriado.

---

* N. de R. T. Isto é semelhante ao que ocorre no odômetro de um carro, quando a quilometragem indicada atinge o máximo e o odômetro volta a indicar zero.

2. Ligue o computador e detecte a unidade de disco no programa BIOS Setup. Anote o tamanho informado da unidade.

3. Execute o programa de particionamento de disco do seu sistema operacional (FDISK com o MS-DOS ou o Windows 9x/Me) ou o Disk Management – Gerenciamento de disco – (Windows 2000/XP).

4. Selecione a nova unidade e visualize sua capacidade.

5. Se o tamanho de unidade for listado como de apenas 504 MI e a unidade for maior, o suporte de LBA está ausente ou não está ativado.

6. Reinicie o computador, ative o modo LBA no BIOS e siga os passos 3–5 novamente. Se seu programa de particionamento de disco informar o mesmo tamanho ou um tamanho semelhante ao que o BIOS informa, sua unidade está sendo traduzida corretamente pelo BIOS se seu disco rígido for de <=8,4 GB/7,8 Gi. Se o FDISK ainda informar um tamanho significativamente menor que a capacidade real do disco rígido, veja a Tabela 4.8 para conhecer as soluções.

7. Se seu disco rígido for >8,4 GB/7,8 Gi e você estiver utilizando o Windows 9x/2000/Me/NT/XP, o tamanho que o FDISK deve informar pode ser maior que o exibido pelo BIOS. Se o FDISK informar somente 8192 MI (8,4 GB) mas o disco rígido for maior, veja a Tabela 4.8 para conhecer as soluções.

> **Nota**
>
> Lembre-se de que os fabricantes das unidades de disco especificam seus discos rígidos em megabytes ou gigabytes e a maioria dos BIOSes segue o padrão FDISK para especificar as unidades em mibibytes ou gibibytes (megabytes binários ou gigabytes binários). Veja a Tabela 1.2 no Capítulo 1 para conhecer os equivalentes.

8. Se você não conseguir iniciar o computador depois de instalar a nova unidade de disco, o BIOS é incapaz de tratar a geometria da unidade. Veja a Tabela 4.8 para conhecer as soluções.

Utilizando o FDISK para determinar problemas de compatibilidade entre o disco rígido e o BIOS

Uma não-correspondência entre a capacidade que o FDISK informa para o disco rígido e a que o BIOS informa para o disco rígido indica um problema com tradução de LBA ou com suporte para discos rígidos acima de 8,4 GB.

O FDISK também pode ser utilizado para determinar quando existe a perigosa condição "DOS wraparound", em que uma unidade preparada com tradução de LBA tem essa tradução desabilitada.

126   PCs, Atualização e Manutenção

Incluímos um modelo de como aparece a tela Display Partition Information do FDISK. Veja a discussão de modo LBA anteriormente neste capítulo para conhecer as soluções. No exemplo seguinte, o FDISK não indica nenhum problema, porque os valores para X (tamanho de partição de disco rígido) e Y (tamanho total de unidade) são iguais. Observe que o termo "Mbytes" utilizado por FDISK é equivalente a mebibytes, como descrito na Tabela 1.2 no Capítulo 1.

```
Display Partition Information    Current fixed
disk drive: 1
Label  Mbytes   System   Usage      C: 1
A      PRI DOS
Partition  Status   Type    Volume
W95US1U        1626  FAT16     100%
               X


       Total disk space is 1626 Mbytes (1 Mbyte =
1048576 bytes)
                     Y
```

Press Esc to continue

X = Tamanho da partição do disco rígido (a unidade já foi preparada pelo FDSIK)

Y = Espaço em disco total (como visto pelo FDISK)

Utilize a Tabela 4.8 para determinar o que o número de espaço total em disco de FDISK está lhe dizendo sobre seu sistema.

Tabela 4.8	Espaço em disco detectado pelo FDISK como guia para os problemas de disco		
Valor X[1]	**Valor Y[2]**	**Tamanho da unidade**	**Causa subjacente**
>504MiB	=504MiB	>504MiB (528MB)	A unidade foi preparada com o modo LBA ativado, mas o modo LBA foi desativado no BIOS.
			Veja a seção "Perigos de se alterar as configurações de tradução", nesse capítulo.
Não listado	=504MiB	>504MiB	Modo LBA não-ativado no BIOS ou ausente.
Não listado	8064MiB	>8064MiB (8,4GB)	O BIOS suporta o modo LBA, mas não os modos EDD.

1. O valor X aparece somente quando a unidade já foi preparada pelo FDSIK.

2. O valor Y aparece em qualquer unidade que está sendo visualizada pelo FDISK, se o processo de FDISK foi completado ou não.

Para obter informações adicionais sobre como utilizar o FDISK, veja a seção "Utilizando o FDISK", mais adiante nesse capítulo.

Se você utiliza o Windows 2000 ou o Windows XP, o Gerenciamento de disco (Disk Management) informará 504 MiB se instalar uma unidade maior e não habilitar o modo LBA, ou 8064 MiB se você habilitar os modos LBA, mas seus BIOSes não suportarem as funções Enhanced Disk Drive (EDD) do BIOS.

A especificação Enhanced Disk Drive (EDD) do BIOS

O modo de tradução LBA de parâmetros CHS do drive funciona somente até 8,4 GB, uma capacidade de drive que é agora rotineiramente excedida mesmo pelas unidades IDE/ATA de custo mais baixo. Os BIOSes compatíveis com unidades maiores devem suportar a especificação Enhanced Disk Drive (EDD) do BIOS, lançada em 1998. A EDD também foi chamada de suporte Extended Int13h. Ela utiliza valores puros de LBA para acessar todos os setores do drive, em vez de traduzir valores de CHS para LBA como ocorre com o BIOS original de tradução LBA.

A maioria dos BIOSes de sistema que datam de 1998 até o momento oferece suporte à EDD, que é ativada automaticamente quando necessário sempre que o modo LBA está ativado para unidades maiores que 8,4 GB.

Obtendo suporte de LBA e de Enhanced Disk Drive (EDD) para seu sistema

Se seu computador não conseguir detectar a capacidade completa de seu disco rígido ou travar depois que você instalar a unidade de disco, seu BIOS não é compatível com a unidade de disco. Utilize a Tabela 4.9 para determinar as causas e soluções que o ajudarão a obter a capacidade completa de seu novo disco rígido com segurança máxima.

Tabela 4.9	Por que o drive ATA não é detectado na capacidade completa			
Sintoma	Tamanho do drive	Sistema operacional	Causa	Solução
O sistema trava depois de instalar o novo drive.	>2,1GB	Qualquer um	O BIOS não pode tratar 4096 cilindros ou mais, mesmo com o LBA ativado.	Atualize o BIOS (veja a Tabela 4.7) ou instale o drive com ferramentas de disco de terceiros.
	>32GB	Qualquer um	O BIOS não pode tratar este tamanho mesmo com LBA ativado.	Atualize o BIOS (veja a Tabela 4.7) ou instale o drive com ferramentas de disco de terceiros.
Capacidade completa não disponível.	>528MB–8,4GB	MS-DOS, Windows 9x/NT/2000/XP, OS/2	Sem modo LBA ou suporte de LBA inadequado no BIOS.	Atualize o BIOS (veja a Tabela 4.7) ou instale o drive com as ferramentas de disco de terceiros.
	>8,4GB	Windows NT	Atapi.sys não com versão correta; o BIOS não tem suporte de EDD necessário para drives grandes.	Atualize Atapi.sys (incluído em SP3 ou superior de NT 4.0) e atualize o BIOS, se necessário (veja a Tabela 4.7); instale o drive com ferramentas de disco de terceiros.

Tabela 4.9 Por que o drive ATA não é detectado na capacidade completa (continuação)

Sintoma	Tamanho do drive	Sistema operacional	Causa	Solução
	>8,4GB	Novell NetWare 4.11	Os drivers necessários para suportar a unidade na capacidade completa.	Entre em contato com a Novell para obter os drivers. O NetWare 5.x suportará unidades >8,4 GB. Atualize o BIOS, se necessário.
	>8,4GB	IBM OS/2 Falha	É necessário patch para suportar o drive na capacidade completa.	Entre em contato com a IBM para obter o arquivo de patch; atualize o BIOS, se necessário.
	>8,4GB	Windows 9x, Windows 2000, Windows Me, Windows XP	O Windows 9x tem EDD para o drive, mas o BIOS não tem suporte.	Atualize o BIOS (veja a Tabela 4.7) ou instale o drive com ferramentas de disco de terceiros.
	>8,4GB	MS-DOS	O MS-DOS não pode utilizar o drive ATA acima de 8,4 GB a menos que uma ferramenta de disco de terceiros seja utilizada para preparar o drive no lugar de FDISK e FORMAT	Compre o drive de 8,4 GB ou menor; atualize para o Windows 9x ou versões mais novas; instale o drive com ferramentas de disco de terceiros.

Para obter detalhes sobre as ferramentas de disco de terceiros que podem ser utilizadas para superar os limites de capacidade, veja a seção "Programas de terceiros para instalação de disco rígido", mais adiante nesse capítulo.

Determinando se seu sistema suporta EDD

Os drives que são de 8,4 GB ou maiores exigem suporte de EDD no BIOS para serem acessíveis em sua capacidade completa. Esse tamanho representa uma segunda barreira para a capacidade de drive do MS-DOS e uma que não pode ser sobrepujada sem se trocar para um tipo de drive diferente (SCSI), fazer a mudança para o Windows 9x/2000/Me/XP ou utilizar uma ferramenta de particionamento de disco de terceiros.

Mesmo se você atualizou o sistema operacional para versões que suportam as capacidades de ATA além de 8,4 GB, seu BIOS também deve oferecer esse suporte. A Tabela 4.10 descreve as diferenças entre como funciona o suporte de LBA e o de EDD.

Tabela 4.10 Modo LBA versus EDD

Modo	Configuração	Listagem da capacidade do drive no BIOS
LBA	Deve ser configurado no BIOS pelo usuário ou automaticamente pela detecção do tipo da unidade.	Indica capacidade completa de drive se ele estiver abaixo de 8,4 GB no tamanho. Alguns BIOSes podem exibir valores de geometria traduzida.

Capítulo 4 – Unidades de disco SCSI e ATA e unidades óticas   **129**

Tabela 4.10 Modo LBA versus EDD (continuação)		
Modo	Configuração	Listagem de capacidade da unidade no BIOS
EDD	Automaticamente ativado quando o modo LBA é ativado nos sistemas que suportam funções de EDD.	A configuração de BIOS pode ou não indicar a capacidade completa do drive.

Esse suporte não é "visível" no BIOS; não há opção Enhanced Int13h para ativar, como há com o modo LBA.

Além disso, em alguns casos, a geometria informada pelos drives de tamanhos variados não muda. Em um sistema que suporta o EDD mas não exibe a capacidade completa dos drives na configuração de BIOS, o disco rígido de 8,4 GB informará uma geometria para o BIOS de 16 cabeçotes, 16.383 cilindros e 63 setores por trilha; um disco rígido de 80 GB informa a mesma geometria! O suporte de discos rígidos além de 8,4 GB em alguns sistemas quebra a regra normal de a configuração de BIOS corresponder à capacidade da unidade.

Como ocorre com as questões do modo LBA previamente mencionadas, utilize o FDISK ou o Gerenciamento de disco (Disk Management) para determinar se seu sistema suporta uma unidade de disco ATA maior que 8,4 GB na capacidade completa.

Questões de capacidade do drive no Microsoft Windows 95 e 98

A Tabela 4.11 arrola as limitações e questões de capacidade para o Windows 95 e 98.

Tabela 4.11 Questões de capacidade do drive para o Windows 95 e 98		
Versão do Windows	Limitação de capacidade do drive	Correção
Windows 95 (todas as releases)	32GB	Ferramentas de disco de terceiros podem ser utilizadas para superar o limite de 32 GB; entretanto, o drive será suportado por software em vez de por BIOS.
		Recomendamos atualizar para Windows 98, NT, 2000, XP ou Me antes de instalar uma unidade de disco maior em vez disso.
		Veja o documento on-line Q246818 da Microsoft para obter detalhes.
Windows 98 (todas as releases)	32GB e acima	A versão gráfica do ScanDisk lista os erros para todos os setores além de 32 GB em alguns sistemas que usam BIOS da Phoenix com tradução de drive ATA da BitShift.
		Veja o documento on-line Q243450 da Microsoft para fazer download (Microsoft KnowledgeBase). Utilize o ScanDisk através da linha de comando como uma maneira de contornar o problema.

Tabela 4.11	Questões de capacidade do drive para o Windows 95 e 98 (continuação)	
Versão do Windows	Limitação de capacidade do drive	Correção
Windows 98 (todas as releases)	64GB e acima	A unidade funciona na capacidade completa, mas o FDISK informa a capacidade de 64 GB mais baixa que a real; veja o documento on-line Q263044 da Microsoft para obter instruções de download da correção.
Windows 98 (todas as releases)	64GB e acima	A execução de FORMAT a partir da linha de comando informa a capacidade de 64 GB mais baixa que a real, mas FORMAT funciona corretamente; utilize a opção FORMAT dentro do Windows Explorer como uma maneira de contornar o problema. Veja o documento on-line Q263045 da Microsoft.

Fontes para a atualização de BIOS e alternativas de suporte para discos rígidos ATA grandes

Se seu BIOS não suportar a capacidade completa de seu disco rígido, utilize a Tabela 4.12 para escolher a melhor solução.

Tabela 4.12	Fontes para BIOS e suporte alternativo para unidades de disco grandes		
Solução	Benefícios	Custo	Preocupações
Atualizar o BIOS.	Melhor solução para o disco rígido e outras questões de suporte.	Gratuito se o BIOS for do tipo Flash e é suportado pela placa-mãe ou fabricante do sistema. Se o BIOS não for mais suportado por MB ou pelo fabricante, adquira a atualização.	Certifique-se de identificar corretamente seu sistema ou placa-mãe antes de instalar a atualização; teste depois (consulte o Capítulo 3 para obter detalhes). Consulte o Capítulo 3 para obter fontes e detalhes de sistema.
Comprar a placa de atualização do BIOS.	Talvez seja menos caro que adquirir substituição de BIOS ou nova placa-mãe; instalação rápida e fácil.	US$ 35–US$ 75; pode ser combinado com suporte UDMA66/100 e pode incluir controladoras ATA adicionais.	Certifique-se de que a placa suporta o limite de tamanho de 136,9 GB (ATA-5) para disco; muitas versões prévias tinham limites de 2,1 GB ou 8,4 GB. Exige slot ISA ou PCI aberto.
Utilizar o recurso de substituição do BIOS no software de instalação de disco rígido fornecido com a unidade.	Nenhum.	Gratuito com o drive.	Pior escolha para suporte de disco rígido grande porque os drivers de software e as estruturas de disco não-padrão podem ser alterados e destruídos muito facilmente. Isso *não* é recomendado.

Capítulo 4 – Unidades de disco SCSI e ATA e unidades óticas **131**

> **Atenção**
>
> Observe que acreditamos que só uma solução de BIOS ou de adaptador de BIOS deve ser utilizada. Definitivamente *não* recomendamos utilizar nenhum dos programas que vêm com os drives para corrigir o sistema a fim de reconhecer um drive além da capacidade do BIOS. Você pode obter uma placa de BIOS como a ATA Pro Flash da Micro-Firmware (http://www.firmware.com) por apenas US$ 35. Por esse preço, simplesmente não vale o perigo envolvido em mexer com o BIOS e o software de extensão do SO que freqüentemente vêm com as unidades.

Depois de se decidir sobre uma estratégia para tratar a capacidade completa de seu disco rígido, não a altere mais! Não utilize uma opção de substituição do BIOS em um programa como o Gerenciador de disco (Disk Management) ou o EZ-Drive e depois pense em instalar uma atualização de BIOS (flash, chip ou placa). O suporte de BIOS não será capaz de funcionar com seu drive porque ele já está sendo traduzido pelo software. Faça sua escolha antes de terminar a instalação da unidade.

Configurações-padrão e configurações alternativas de jumper

Se decidir utilizar o software de substituição de BIOS distribuído com a unidade de disco, em vez de fazer download ou comprar uma atualização, talvez você precise utilizar configurações alternativas de jumper em seu disco rígido. Em geral, elas envolvem o uso de dois jumpers em vez de um para configurar uma unidade mestre, uma escrava ou simples; o bloco normal de jumper mestre e escravo e um segundo bloco de jumper reduzem a capacidade informada da unidade. Verifique a documentação do seu drive para obter detalhes.

Um drive configurado com a configuração Alternate exige o uso do EZ-Drive, do MAXBlast ou de outros programas utilitários de disco fornecidos pelo fabricante de drives para acessar a capacidade completa da unidade. Em alguns casos, o sistema talvez precise ser desligado ao fim de uma sessão em vez de em uma reinicialização *warm*. Verifique junto ao fabricante do drive os detalhes sobre a utilização dessa configuração com o Windows NT/2000 ou com o Linux, o UNIX ou o Novell Netware. Recomendamos um BIOS de sistema ou atualização de placa de BIOS em vez desse recurso, se possível.

Aumentando a velocidade do disco rígido

Um benefício importante do ATA-2 foi melhorar as taxas de transferência de dados, como mostrado na Tabela 4.13.

Tabela 4.13 Modos de PIO e taxas de transferência

Modo de PIO	Tempo de ciclo (ns)	Taxa de transferência (MB/s)	Especificação
0	600	3,33	ATA
1	383	5,22	ATA
2	240	8,33	ATA
3	180	11,11	ATA-2, EIDE, ATA rápido
4	120	16,67	ATA-2, EIDE, ATA rápido

Os modos de PIO 0–2 podem ser obtidos com a placa-mãe original de 16 bits ou controladoras de expansão IDE/ATA baseadas em slot, mas os modos de PIO 3 e acima exigem uma conexão de barramento local — ou um barramento VL, uma placa PCI ou (como ocorre mais freqüentemente) uma conexão PCI de placa-mãe.

As primeiras unidades de disco ATA-2/EIDE lançadas em 1994 conseguiam alcançar taxas de transferência de PIO 3, porém as mais novas unidades trabalham a taxas de transferência de PIO 4 ou superior. Os BIOSes mais recentes detectam o modo correto de PIO e a geometria básica da unidade e o configuram para você. Nos BIOSes que oferecem uma configuração de modo PIO que você deve fazer manualmente, consulte o fornecedor do drive para saber o modo correto. Configurar o modo de PIO muito alto causará danos aos dados.

Ultra DMA

As novas unidades de disco e placa-mãe suportam um método mais rápido ainda de transferência de dados denominado Ultra DMA ou UDMA. Veja a Tabela 4.14 para conhecer os modos Ultra DMA mais comuns.

Tabela 4.14 Modos Ultra DMA mais comuns

Modo de UDMA	Taxa de transferência (Mbps)	Especificação
2	33,33	ATA-4, Ultra-ATA/33
4	66,67	ATA-5, Ultra-ATA/66
5	100,00	Ultra-ATA/100
6	133,00	Ultra-ATA/133

Com os modos PIO e UDMA, as taxas de transferência listadas são taxas máximas de transferência (*burst-rajada*); as taxas sustentadas são muito mais lentas. Contudo, você vai querer trabalhar com seu disco rígido no modo de PIO ou UDMA mais alto que ele conseguir.

Capítulo 4 – Unidades de disco SCSI e ATA e unidades óticas

Questões com o UDMA/66 e o UDMA/100

Praticamente todas as unidades de disco hoje no mercado são projetadas para suportar taxas de transferência UDMA/66 (também denominada Ultra ATA-66) ou UDMA/100, *se* certos requisitos forem atendidos; a Maxtor lançou o último padrão UDMA/133 (Ultra ATA-133), em julho de 2001. A Tabela 4.15 apresenta os requisitos para a conformidade com o UDMA/66, UDMA/100 e o UDMA/133.

Tabela 4.15 Requisitos do Ultra DMA/66, UDMA/100 e UDMA/133

Item	Recursos	Notas
Drive	O drive deve ter firmware para o modo desejado.	Algumas unidades automaticamente percebem a conformidade; outras exigem que se execute um programa de configuração para ativar o modo. Consulte o fornecedor do drive.
Chipset da placa-mãe	Deve suportar o mesmo modo utilizado pelo drive ou o drive operará mais lentamente que o projetado.	Verifique a conformidade com o fornecedor do sistema ou placa-mãe; para obter desempenho mais alto, você também deve instalar um driver de dispositivo com bus mastering (veja a Tabela 4.13).
		Se a placa-mãe não pode executar a unidade em velocidade máxima, você pode adicionar uma placa de interface ATA UDMA/66 ou UDMA/100 baseada em PCI de fontes como MicroFirmware (http://www.firmware.com) ou Promise Technologies (http://www.promise.com).
Cabo	O cabo deve ser de 80 fios (40 fios de dados separados por 40 fios-terra).	Conecte a extremidade azul do cabo de dados UDMA/66 e UDMA/100 à placa-mãe para assegurar uma operação adequada.

Qualquer sistema que não conseguir trabalhar com o drive em UDMA/66 ou UDMA/100 pode utilizar o drive na velocidade máxima do sistema (UDMA/33, PIO 4 e assim por diante).

Veja a Figura 4.3 para obter uma comparação de um cabo-padrão ATA de 40 fios com um cabo de 80 fios exigido pelo UDMA/66 e por uma operação mais rápida.

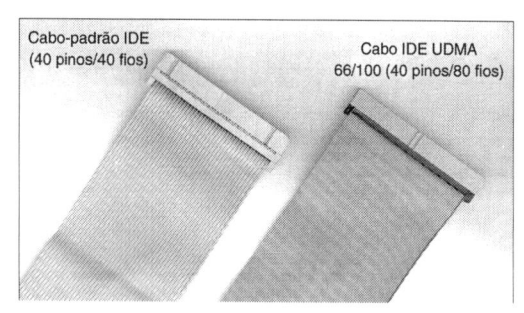

Figura 4.3 Um cabo-padrão ATA de 40 fios (esquerda) comparado com um cabo ATA de 80 fios UDMA/66-100 (direita). Ambos os cabos utilizam o mesmo conector de 40 pinos. Os 40 fios do cabo-padrão dão uma aparência ondulada pronunciada ao cabo quando comparado com os fios menores e mais finos no cabo de 80 fios.

Chipsets de bus mastering para ATA

A maioria das placas-mãe dos últimos modelos da classe Pentium e as placas-mãe mais recentes podem suportar drivers de bus mastering para suas interfaces ATA. Os benefícios do bus mastering incluem a transferência ATA de dados mais rápida para o CD-ROM, CD-R/CD-RW e unidades de disco e taxas mais baixas de utilização de CPU (a porcentagem de tempo total que a CPU gasta executando uma tarefa em particular). A Tabela 4.16 lista os principais chipsets que fornecem recursos de bus mastering e informa onde obter o driver. Certifique-se de instalar o driver correto em seu chipset.

Mesmo se você ativar os modos UDMA/33 ou UDMA mais rápidos no BIOS do seu sistema, você deve instalar o driver de bus mastering em seu hardware e no sistema operacional para obter o benefício máximo de suas unidades compatíveis com UDMA.

Tabela 4.16 Chipsets de bus mastering por fornecedor e sistema operacional

Fornecedor	Chipsets	Fonte do driver por sistema operacional
Intel	430FX 430HX 430VX	(O mesmo driver para todos os chipsets da Intel na esquerda) O Windows 95 original e OSR1 (95a): Faça download do driver BM-ATA 3.02 ou maior do site da Intel.
	440FX 430TX 440LX 440BX 440EX 440GX 440ZX 440ZX-66 450NX	Windows 95B, 95C (OSR 2.x), Windows 98, Windows Me: incluídos no CD-ROM do Windows.

Capítulo 4 – Unidades de disco SCSI e ATA e unidades óticas

Tabela 4.16 Chipsets de bus mastering por fornecedor e sistema operacional (continuação)

Fornecedor	Chipsets	Fonte do driver por sistema operacional
Intel	Série 800	Faça download do Ultra ATA Storage Driver chipsets (todos) do site da Intel (http://developer.intel.com). Ele funciona com o Windows 98, 98 SE, Windows Me, Windows 2000 e Windows NT 4.0. Todas versões exceto para Windows NT 4.0 exigem que você primeiro instale o Intel Chipset Software Installation Utility, também disponível no site da Intel.
VIA Apollo	Pro 266 Pro 133A Pro 133 ProSavage PM133 PLE133 KT266 KT133A ProSavage KM133 KT133 KX133 MVP4 MVP3	Para o Windows 95 (qualquer versão) e o NT 4.0 e versões superiores: faça download dos drivers do site da VIA. Para o Windows 98, 2000, Me e XP: os drivers para alguns chipsets estão incluídos no CD do Windows. As mais novas versões podem ser baixadas do site da VIA separadamente ou estão no driver 4-in-1 da VIA (AGP, ATA, roteamento de IRQ e INF).
SiS	Vários chipsets	Veja as FAQs de Suporte no site da SiS (http://www.sis.com) para obter detalhes de quais chipsets e drivers exigem suportes específicos de drivers e para downloads de driver.
ETEQ	Vários modelos de placas-mãe	Visite o endereço http://www.soyo.com.tw para pesquisar modelos e drivers; faça download daí ou de um site FTP relacionado.
PCChips	Vários modelos de placas-mãe	Visite o endereço http://www.pcchips.com para pesquisar drivers ATA por modelo e sistema operacional (Windows 95, 98, Windows NT 4.0 e Windows 2000).
ALi (Acer Labs)	ALiMAGiK 1 ALADDiN-Pro 5 ALADDiN-Pro 4 CyberBLADE ALADDiN i1 ALADDiN TNT2 ALADDiN-Pro 2 ALADDiN 7 ALADDiN 5	O driver ATA M1533 e M1543C da South Bridge disponível do site da ALI (http://www.acerlabs.com); outros chips da South Bridge utilizam drivers ATA padrão fornecidos com o Windows 95 OSR 2.1 e as mais novas releases.

Tabela 4.16 Chipsets de bus mastering por fornecedor e sistema operacional (continuação)

Fornecedor	Chipsets	Fonte do driver por sistema operacional
	ALADDiN 4	O driver M1523B da South Bridge para o Windows ALADDiN 3 95 está disponível no site da Acer Labs (http://www.acerlabs.com); utilize o driver-padrão do Windows para as versões posteriores do Windows.

Todos os chipsets da Intel que contêm um dispositivo PIIXn (PIIX, PIIX3, PIIX4, PIIX4E etc.) são chipsets de bus mastering.

Embora os nomes de chipset da PCChips sejam semelhantes a certos chipsets Pentium da Intel (série TX, HX e VX da Triton), os drivers listados são unicamente para chipsets da PCChips, e não da Intel.

A Acer Labs e a VIA recomendam verificar primeiro os sites dos fabricantes de placa-mãe para obter informações sobre os drivers porque talvez sejam personalizados para os produtos de um fornecedor específico.

Benefícios da determinação manual dos tipos das unidades

Mesmo que praticamente todo BIOS utilizado desde meados da década de 1990 suportasse detecção automática de drive (também denominada *tipificação de unidade*) na inicialização, existem alguns benefícios ao se realizar essa tarefa dentro da tela de configuração do BIOS:

- Se precisar mover o drive para outro sistema, você conhecerá a geometria do drive e o esquema de tradução (como LBA) que foram utilizados para acessar a unidade. Se a unidade for movida para outro computador, devem-se utilizar idêntica geometria de drive (cilindro, cabeçote, setores por trilha) e idêntico esquema de tradução no outro computador; caso contrário, os dados na unidade não serão acessíveis e podem se perder. Como muitos sistemas com autoconfiguração não exibem essas configurações durante o processo de inicialização, realizar a operação de determinação do tipo de drive talvez seja a única maneira de obter essas informações.

- Se quiser remover um drive que já está em utilização, ao mesmo tempo em que o BIOS exibe a geometria do drive, tome nota dela! Como a interface ATA permite a um drive funcionar com *qualquer* geometria definida que não exceda a capacidade do drive, a configuração atual de BIOS para qualquer drive dado talvez *não* seja o que o fabricante recomenda (e o que seria detectado pelo BIOS, utilizando o comando do drive de identificação do drive ATA). Trabalhamos em uma unidade Conner de 203 MB com sucesso durante anos com uma configuração de BIOS incorreta que fornecia 202 MB, porque não era fácil se obter informações técnicas sobre os drives nos primórdios da ATA. Os drives que trabalham com a geometria "errada" *não* deveriam ser "corrigidos", pois isso exigiria um backup completo do drive e a redefinição da geometria no BIOS, o reparticionamento e a reformatação do drive, e a restauração dos dados. Simplesmente rotule o drive com os cabeçotes, cilindros e setores por trilha que ela utiliza agora.

Capítulo 4 – Unidades de disco SCSI e ATA e unidades óticas

Solucionando problemas de instalação do drive ATA

Além das questões de capacidade do BIOS e da configuração do modo de PIO/UDMA, você talvez encontre outros problemas durante a instalação do drive ATA. Utilize a Tabela 4.17 para determinar os problemas, as causas e as soluções.

Tabela 4.17 Outros problemas e soluções de instalação do drive ATA

Problema	Causa	Solução
O drive não é reconhecido pelo BIOS, mas o sistema inicializa do disquete (o drive está girando).	Cabeamento do drive incorretamente instalado.	Certifique-se de que o pino 1 na interface ATA e no drive ATA está conectado no pino 1 (borda colorida) do cabo ATA; alguns cabos usam como guia um orifício conectado no pino 20 ou uma saliência no meio do cabo que corresponde a um recorte no revestimento plástico que envolve o cabo. Nos conectores ATA de placa-mãe sem laterais, certifique-se de que os pinos estão conectados às duas fileiras do cabo, sem quaisquer deslocamentos.
O vídeo do sistema permanece sem nada depois de ligar. Nenhuma inicialização ou outra atividade.	Cabeamento de unidade invertido; o pino 1 está conectado no pino 39 no conector do drive ou de interface.	Muitos sistemas não podem inicializar a placa de vídeo até que a unidade de disco ATA seja inicializada com sucesso. A utilização de cabos com guias ajudará a eliminar esse problema (veja a dica anterior).
Drive não reconhecido pelo BIOS, mas o sistema inicializa do disquete (o drive não está girando).	Cabo de alimentação da unidade não conectado ou defeituoso.	Se um divisor em Y (*splitter*) ou extensor de alimentação estiver em utilização, verifique se há danos nele ou remova-o e conecte o drive diretamente à fonte de alimentação; certifique-se de que o conector de alimentação está firmemente inserido no drive; utilize um multímetro digital (DMM) para verificar os pinos de alimentação; o drive talvez esteja defeituoso se a alimentação estiver correta.
Uma ou ambas as unidades ATA em um único cabo não são reconhecidas pelo sistema (as unidades estão girando).	As unidades talvez estejam configuradas incorretamente com jumpers: como mestre ou ambas como escravo ou como Cable Select com um cabo ATA de 40 fios-padrão.	Configure os jumpers da unidade de inicialização do sistema como drive mestre e secundário.
Uma ou ambas as unidades ATA em um único cabo não são reconhecidas pelo sistema (as unidades estão girando e estão corretamente configuradas com jumpers).	As unidades talvez não sejam 100% compatíveis com os padrões ATA (muito provavelmente ao se tentar misturar várias marcas de drives ATA, especialmente os mais antigos).	Inverta os jumpers mestre e escravo; mova a segunda unidade para o outro conector ATA e ajuste os jumpers de ambas as unidades de maneira correspondente.

Serial ATA

O Serial ATA (SATA), que define uma nova interface de drive de alta velocidade, é o sucessor dos padrões ATA-6 e dos padrões ATA anteriores; veremos sistemas, unidades e placas de expansão Serial ATA começarem a aparecer em 2002. O Serial ATA utiliza um cabo de sinal de sete fios finos em vez do cabo de 40 fios ou de 80 fios utilizados pelos padrões UDMA ATA/IDE atuais e transmite sinais em três taxas diferentes, como mostrado na Tabela 4.18. O SATA-150, que é a velocidade utilizada pelos primeiros dispositivos SATA, é 50% mais rápido que a velocidade máxima do UDMA-100 e muito mais rápido que a taxa de transferência sustentada do UDMA-100.

Tabela 4.18 Especificações-padrão SATA				
Tipo de Serial ATA	Largura de barramento (bits)	Velocidade de barramento (MHz)	Ciclos de dados por clock	Largura de banda (Mbps)
SATA-150	1	1500	1	150
SATA-300	1	3000	1	300
SATA-600	1	6000	1	600

O Serial ATA transmite dados serialmente (1 bit por vez), assim como fazem outras interfaces de E/S recentes como USB e IEEE-1394 (consulte o Capítulo 6 para obter detalhes). Outras diferenças entre os padrões Serial ATA e ATA/IDE atuais incluem o seguinte:

- **Nenhum jumper mestre/escravo/cable select** — Cada drive é conectado diretamente à controladora Serial ATA.

- **Um comprimento máximo de cabo de 1 metro** (mais de 39 polegadas) — Mais que duas vezes o comprimento de 18 polegadas dos cabos utilizados com drives UDMA/66 e UDMA mais rápidos.

- **Conectores opcionais de alimentação de 4 pinos ou de 15 pinos (12 fios) de padrão industrial** — O conector opcional de alimentação de 15 pinos fornecerá 3,3 V de tensão e amperagem adicional para cada unidade.

Capítulo 4 – Unidades de disco SCSI e ATA e unidades óticas **139**

Veja a Figura 4.4 para saber os detalhes dos conectores SATA de sinal e de alimentação.

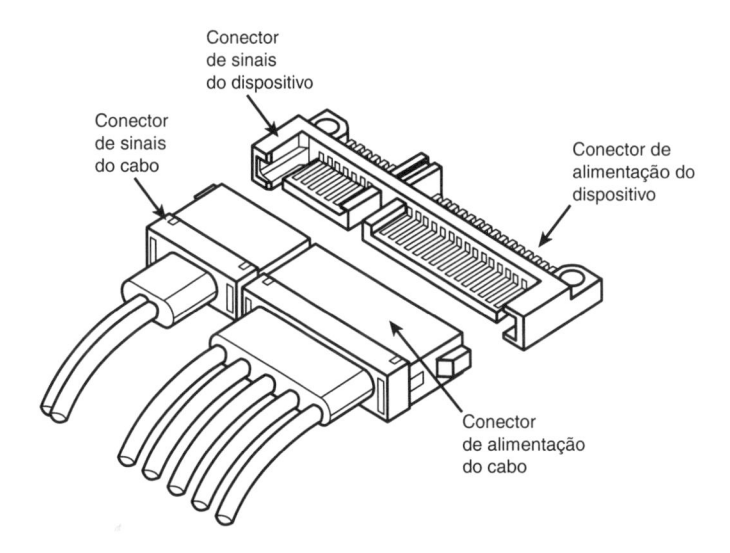

Figura 4.4 Conectores SATA (Serial ATA) de energia e de sinais.

SCSI

A Small Computer System Interface (SCSI) é uma interface de alto desempenho muito flexível de drive e de dispositivo. Além de suportar as unidades de disco, também pode suportar armazenamento não-inicializável e óptico de fitas, scanners e muitos outros tipos de dispositivos.

Tipos de SCSI e taxas de transferência de dados

Embora haja muitos tipos de SCSI, podem-se misturar tipos diferentes de SCSI na mesma controladora. Para obter melhores resultados, você deve comprar uma controladora capaz de trabalhar com seus dispositivos mais rápidos em suas velocidades máximas *e* que permita que vários tipos de dispositivos trabalhem sem que um reduza a velocidade dos demais. Utilize a Tabela 4.19 para conhecer os tipos de SCSI mais comuns e suas características.

Tabela 4.19 Tipos de SCSI

Termo de marketing	Padrão SCSI	Termo de tecnologia SCSI	Velocidade de transferência (Mbps)	Largura de transferência	Tipo de cabo
Asynchronous	SCSI-1	Async	4	8 bits	A
Synchronous	SCSI-1	Fast-5	5	8 bits	A
Fast	SCSI-2	Fast-10	10	8 bits	A
Wide	SCSI-2	Fast-10/Wide	20	16 bits	P
Ultra	SPI	Fast-20	20	8 bits	A
Ultra/Wide	SPI	Fast-20/Wide	40	16 bits	P
Ultra2	SPI-2	Fast-40	40	8 bits	A
Ultra2/Wide	SPI-2	Fast-40/Wide	80	16 bits	P
Ultra 160 (Ultra 3)	SPI-3	Fast-80DT	160	16 bits	P
Ultra 320 (Ultra 4)	SPI-4	Fast-160DT	320	16 bits	P

SPI = SCSI Parallel Interface; substitui a antiga terminologia de SCSI-3.

O cabo A é o cabo-padrão SCSI de 50 pinos, ao passo que o cabo P é um cabo de 68 pinos projetado para 16 bits. O comprimento máximo do cabo é de 6 metros para velocidade-padrão de SCSI e apenas 3 metros para Fast/Fast-20/Fast-40 (Ultra) SCSI; que cai para 1,5 metro se mais de três dispositivos forem anexados. SPI-2, SPI-3 e SPI-4 permitem comprimentos de cabo de até 12 metros se apenas um dispositivo for anexado à controladora (interconexão ponto a ponto).

Consulte o Capítulo 12 para ver ilustrações de conectores de cabo SCSI.

SCSI com terminação simples versus SCSI diferencial

A SCSI é não apenas uma interface flexível; é também uma interface multiplataforma. Tradicionalmente, os PCs usam a SCSI com terminação simples, ao passo que outras plataformas utilizam a SCSI diferencial. Como esses dois tipos de SCSI não são intercambiáveis, nunca se deve misturá-los em uma controladora projetada para SCSI com terminação simples. Utilize as marcações na Figura 4.5 para distinguir os dois tipos.

Dispositivos SCSI com terminação simples (SE)

SCSI diferencial de baixa voltagem (LVD)

SCSI multimodo diferencial/com terminação simples (SE) de baixa voltagem

SCSI diferencial (DIFF) de alta voltagem

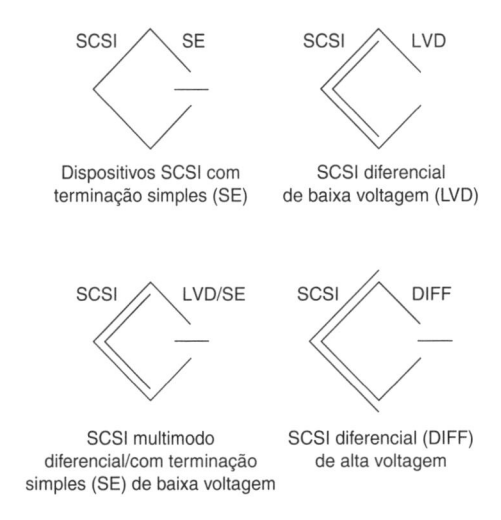

Figura 4.5 Símbolos universais de SCSI com terminação simples e diferencial.

Dispositivos diferenciais de baixa voltagem

Os dispositivos SCSI Ultra2Wide, que trabalham com taxas máximas de transferência de 80 Mbps, utilizam uma versão modificada de SCSI diferencial denominada diferencial de baixa voltagem (*low-voltage differential* – LVD). As placas orientadas para estação de trabalho, como AHA-2940U2W da Adaptec, permitem o uso de dispositivos Ultra2Wide LVD e dispositivos SCSI com terminação simples padrão na mesma placa. As placas com esse recurso utilizam dois barramentos — um para LVD e outro para dispositivos-padrão SCSI.

> **Nota**
>
> Se você precisa utilizar dispositivos SCSI com terminação simples e diferencial no mesmo cabo, os adaptadores atualmente disponíveis seguramente funcionarão. A Paralan Corporation (4655 Ruffner St., San Diego, CA 92111, EUA, telefone 858-560-7266; fax 858-560-8929, http://www.paralan.com) oferece vários modelos de prateleira e pode criar soluções SCSI personalizadas.

Configuração SCSI de drive e de dispositivo

Os drives e dispositivos SCSI precisam de dois ajustes de configuração:

- Configuração SCSI de ID (0–7 ou 0–15, dependendo da controladora SCSI)
- Resistores de terminação

O número de IDs SCSI disponíveis em uma controladora depende do seu design: 0–7 em adaptadores SCSI com um barramento de 8 bits (também conhecido como *SCSI estreito – narrow*); 0–15 em adaptadores SCSI com um barramento de 16 bits (*SCSI largo – large*); e dois grupos de 0–15 em um barramento de 16 bits com uma controladora de barramento com dois processadores.

ID de dispositivo SCSI

Até sete dispositivos SCSI (mais o adaptador, para um total de oito) podem ser utilizados em um único barramento SCSI estreito (8 bits), ou até 15 dispositivos (mais o adaptador, para um total de 16) podem ser utilizados em um barramento SCSI largo (16 bits). Atualmente há controladoras de processador duplo de 16 bits que podem operar até 30 dispositivos, mais a controladora. Em cada caso, cada dispositivo deve ter um endereço SCSI único de ID. A controladora usa um endereço, e assim o restante fica livre para até sete periféricos SCSI (ou mais, conforme definido pela controladora). A maioria das controladoras SCSI é definida pela fábrica com um ID de 7 ou 15, que é o ID de prioridade mais alta. Todos os outros dispositivos devem ter IDs únicos que não entrem em conflito um com o outro. Algumas controladoras inicializam somente a partir de um disco rígido configurado com um ID específico. As controladoras Adaptec mais antigas exigiam que os discos rígidos de inicializações fossem de ID 0; as mais novas podem inicializar com qualquer ID. Um dispositivo SCSI que contém vários drives (como uma torre trocadora de CD-ROMs) terá um único ID, mas cada unidade física ou unidade lógica também será conhecida por um número lógico de unidade (*logical unit number* – LUN). Por exemplo, um trocador de cinco CDs é SCSI ID 3. Cada "unidade virtual" ou posição de disco dentro de SCSI ID 3 tem um LUN de 0–4. Assim, a úl-

Capítulo 4 – Unidades de disco SCSI e ATA e unidades óticas

tima "unidade" tem a letra J de drive e também é identificada pelo Windows como SCSI ID#3, LUN 4.

Configurando o ID SCSI

Os métodos para configurar o ID SCSI variam de acordo com o dispositivo. Para as unidades internas, as configurações são feitas com blocos de jumper. Utilize a Tabela 4.20 para configurar os jumpers. Observe que a coluna à esquerda é o jumper com número de ID mais baixo, o que pode ser identificado como A0 ou SCSI ID0, dependendo do fornecedor da unidade.

Tabela 4.20	Configurações de jumper de SCSI ID				
SCSI ID #	ID A0 ID0	Jumper AI ID1	Configurações A2 ID2	A3 ID3	(Marcações WD e Quantum) (Marcações Seagate)
00	0	0	0	0	
01	1	0	0	0	
02	0	1	0	0	
03	1	1	0	0	
04	0	0	1	0	
05	1	0	1	0	
06	0	1	1	0	
07	1	1	1	0	
08	0	0	0	1	
09	1	0	0	1	
10	0	1	0	1	
11	1	1	0	1	
12	0	0	1	1	
13	1	0	1	1	
14	0	1	1	1	
15	1	1	1	1	

1 = Jumper ligado, 0 = Jumper desligado

SCAM — Configuração automática de ID

Algumas unidades de disco SCSI e controladoras suportam SCAM (SCSI Configure AutoMagically), que automaticamente atribui ao drive um número único de ID SCSI. Para utilizar SCAM, tanto a controladora como o drive devem suportar SCAM, e o SCAM deve estar ativado (normalmente por um jumper no drive).

Configuração de ID SCSI para dispositivos externos

As unidades e dispositivos SCSI podem ser utilizados tanto internamente como externamente, em geral com a mesma placa de interface. Para os dispositivos externos, um dos seguintes métodos se aplicará a cada dispositivo na cadeia SCSI. Utilize a Tabela 4.14 como referência geral. Em geral, o controle de configuração de ID está na parte de trás do dispositivo, próximo ao cabo SCSI da interface. Dependendo do dispositivo, o ID de dispositivo pode ser configurado por um botão rotatório, um interruptor de pressão ou uma chave deslizante. Nem todos os números de ID SCSI estão disponíveis com cada dispositivo; muitos dispositivos de baixo custo permitem uma escolha de apenas dois ou três números. Independentemente do método de configuração, cada dispositivo interno e externo em uma única cadeia de dispositivos SCSI deve ter um ID único. Se você utiliza placas de interface SCSI da Adaptec, use o programa SCSI Interrogator antes de adicionar um novo dispositivo SCSI para determinar quais IDs de dispositivo você tem sobrando. Se estiver adicionando um novo dispositivo SCSI com escolhas limitadas de ID (como a unidade Zip 100 da Iomega), talvez você precise mover um dispositivo existente para outro ID para dar espaço para o novo dispositivo.

Para as placas SCSI de alto desempenho que oferecem vários barramentos, você deve ser capaz de reutilizar os números de dispositivo 0–7 para cada barramento separado na placa. Se tiver problemas com os números de ID duplicados em vários barramentos, os drivers de dispositivo para o dispositivo ou para a placa de interface talvez não estejam atualizados. Entre em contato com o fabricante do dispositivo e da placa para obter assistência.

Terminação SCSI

A terminação SCSI é simples. É necessária em ambas as extremidades do barramento; não há exceções. Se a controladora estiver em uma extremidade do barramento, ela deve ter terminação ativada. Por outro lado, se a controladora estiver no meio do barramento — e se ambos os links de barramento, interno e externo, estiverem presentes — a controladora deve ter sua terminação desativada, e os dispositivos em cada extremidade do barramento devem ter terminações instaladas. Infelizmente, a maioria dos problemas que vemos com as instalações SCSI são resultado de terminação imprópria.

As terminações podem ser externas ou internas (configuradas com um bloco de jumper ou com chaves ou controles deslizantes). Alguns dispositivos também acertam as terminações automaticamente.

Os modelos *pass-through* (passa através) são necessários quando um dispositivo está na extremidade do barramento e há somente um conector SCSI disponível.

Solucionando problemas de configuração SCSI

Quando estiver instalando uma cadeia de dispositivos em um único barramento SCSI, a instalação pode se complicar rapidamente. Eis algumas dicas para fazer sua configuração funcionar rápida e eficientemente:

Capítulo 4 – Unidades de disco SCSI e ATA e unidades óticas **145**

- **Comece adicionando um dispositivo por vez** — Em vez de conectar inúmeros periféricos em uma única placa SCSI e depois tentar configurá-los ao mesmo tempo, comece instalando a controladora e um único disco rígido. Depois você pode continuar instalando dispositivos um por vez, certificando-se de que tudo funciona antes de prosseguir.

- **Mantenha uma boa documentação** — Ao adicionar um periférico SCSI, anote o endereço de ID SCSI e quaisquer outras configurações de chaves e jumper, como paridade de SCSI, potência da terminação e inicialização retardada ou remota. Para a controladora, registre os endereços de BIOS, IRQ, canal de DMA e endereços de porta de E/S utilizados pelo adaptador e quaisquer outros ajustes de configurações ou de jumper (como terminação) que talvez sejam importantes saber mais tarde.

- **Utilize a terminação adequada** — Cada extremidade do barramento deve ser terminada, preferivelmente com terminações ativas ou Forced Perfect (FPT). Se estiver utilizando qualquer dispositivo Fast SCSI-2, você deve utilizar terminações ativas em vez dos tipos passivos mais baratos. Mesmo com dispositivos-padrão SCSI (lentos), a terminação ativa é altamente recomendada. Se você tiver somente dispositivos internos ou externos no barramento, a controladora e o último dispositivo na cadeia devem ser terminados. Se tiver dispositivos externos ou internos na cadeia, você geralmente terminará o primeiro e o último desses dispositivos, mas não a controladora SCSI (que está no meio do barramento).

- **Utilize cabos SCSI blindados de alta qualidade** — Certifique-se de que seus conectores de cabo são compatíveis com seus dispositivos. Utilize cabos blindados de alta qualidade e observe as limitações de comprimento de barramento SCSI. Utilize cabos projetados para a utilização SCSI, e, se possível, atenha-se à mesma marca de cabos em um barramento SCSI individual. Várias marcas de cabos têm valores diferentes de impedância, que às vezes causam problemas, especialmente em implementações SCSI longas ou de alta velocidade.

- **Use o driver correto para sua controladora SCSI e para cada dispositivo** — O padrão SCSI, diferentemente do ATA, não é controlado pelo BIOS da placa-mãe do computador, mas por drivers de software. Não é possível utilizar o dispositivo SCSI a menos que os drivers apropriados de software sejam instalados nele. Como ocorre com qualquer outro periférico baseado em software, esses drivers freqüentemente são atualizados periodicamente. Procure os drivers mais atualizados e os instale conforme necessário.

Seguir essas dicas ajudará a minimizar os possíveis problemas e farão com que sua instalação SCSI não tenha maiores problemas.

146 PCs, Atualização e Manutenção

Utilize a Tabela 4.21 para ajudá-lo a registrar as informações SCSI. A Tabela 4.22 mostra uma maneira que utilizamos para registrar os dados sobre nossos sistemas. Você pode anexar essas informações ao modelo de planilha de sistema apresentado no Capítulo 2.

Tabela 4.21 Planilha de dados do dispositivo SCSI

Placa de interface	IRQ	DMA	Endereço de porta de E/S	Tipo de slot
Notas e detalhes				
Informações de dispositivo				
Inclui placas de interface SCSI e todos os dispositivos abaixo				

ID de dispositivo S/N	Nome do dispositivo	Interno ou externo	Tipo de cabo/ conector	Com terminação?
0				
1				
2				
3				
4				
5				
6				
7				
8				
9				
10				
11				
12				
13				
14				
15				

Tabela 4.22 Planilha preenchida de dados do dispositivo SCSI

Placa de interface	IRQ	DMA	Endereço de porta de E/S	Tipo de slot
Adaptec AHA-1535	10	5	0130h–0133h	ISA
Notas e detalhes	Placa de bus mastering com conectores de cabo externos e internos;			

Capítulo 4 – Unidades de disco SCSI e ATA e unidades óticas   **147**

Tabela 4.22 Planilha preenchida de dados do dispositivo SCSI (continuação)

Placa de interface	IRQ	DMA	Endereço de porta de E/S	Tipo de slot
	Permite pass-through de modo que ambos os conectores possam ser utilizados de vez			

Informações de dispositivo

Inclui placas de interface SCSI e todos os dispositivos

ID de dispositivo S/N	Nome do dispositivo	Interno ou externo	Tipo de cabo/ conector	Com terminação?
0				
1	(Nenhum dispositivo)			
2	Scanner de mesa Epson Expression 636 com adaptador de transparência	Externo	Centronics de 50 pinos	Não
3	Scanner SprintScan35PI de eslaides e filmes em tira	Externo	Centronics de 50 pinos e de DB-25 de 25 pinos	Sim
4	Gravador de CD (CD-R) Philips CDD2600	Interno	Cabo de fita de 50 pinos	Sim
5	(Nenhum dispositivo)			
6	Unidade zip Iomega Zip 100	Externo	DB-25 de 25 pinos	Não
7	Placa controladora SCSI Adaptec AHA-1535	Interno	Fita de 50 pinos (interna) 50 pinos de alta densidade (externos)	Não
8–15	(Nenhum dispositivo)			

Observe que ambas as extremidades da cadeia têm terminações e que a extremidade real da cadeia interna *não* é a controladora SCSI AHA-1535, mas a unidade Philips CDD2600. Também observe que alguns dispositivos SCSI suportam tipos diferentes de cabos.

Utilize a planilha mostrada na Figura 4.6 para ajudá-lo planejar o cabeamento e o leiaute físico de seu SCSI. Inicie com a placa controladora. A Figura 4.7 mostra uma planilha preenchida.

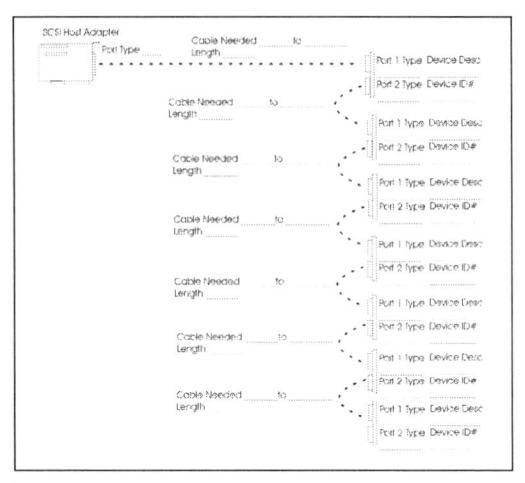

Figura 4.6 Planilha de cabeamento SCSI (em branco). Veja a Figura 4.7 para um exemplo preenchido. Utilize os dados registrados na planilha de dados de dispositivo SCSI mostrado na Tabela 4.22.

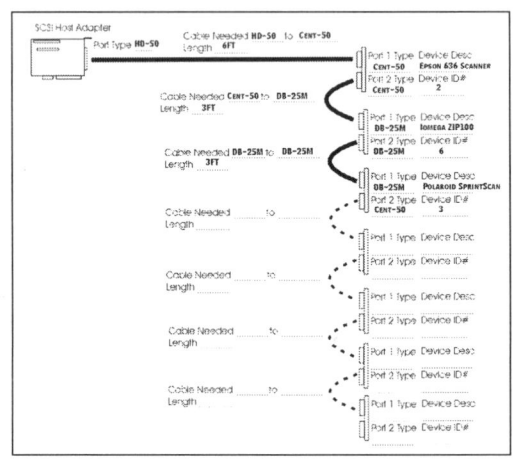

Figura 4.7 Planilha de cabeamento SCSI (preenchida). Utiliza os dados da planilha preenchida de dados de dispositivo SCSI da Tabela 4.22.

Capítulo 4 – Unidades de disco SCSI e ATA e unidades óticas

Preparação do disco rígido

O processo de formatação de um subsistema de drive de disco rígido possui três passos importantes:

1. Formatação de baixo nível
2. Particionamento
3. Formatação de alto nível

A Tabela 4.23 destaca as etapas de preparação de um drive para ser usado depois de instalado.

Tabela 4.23   Comparando as etapas no processo de formatação

Etapa do processo	Quando é necessário	Como realizar
Formatação de baixo nível (*low level formatting* – LLF)	As unidades de disco ATA e SCSI são formatadas em baixo nível na fábrica; reformate somente para corrigir erros.	
	Com SCSI apenas, para configurar a unidade para utilização com uma controladora especificada e seu software de driver. Isso é necessário em sistemas Windows 3.x/MS-DOS, mas não para sistemas Windows de 32 bits.	Utilize formatação de baixo nível fornecida pela fábrica ou utilitários de diagnósticos; utilize OnTrack Disk Manager ou MicroScope v.9 or MicroScope v.9 para unidades IDE/EIDE/ATA. Para SCSI, utilize o BIOS da controladora ou rotinas de software (como Adaptec EZ-SCSI), se necessário.
Particionamento	Sempre necessário para unidades de disco tanto SCSI como ATA. Indica qual parte da unidade será utilizada para cada sistema operacional e como as letras da unidade serão definidas.	Utilize o utilitário do sistema operacional (FDISK ou equivalente) se o BIOS fornecer suporte completo para a capacidade da unidade. EZ-Drive, Disk Manager e produtos semelhantes podem ser utilizados para ambas as opções, FDISK e FORMAT, em sistemas Windows 9x/Me. Utilize o Gerenciamento de disco para o Windows 2000/XP. Com as unidades SCSI no Windows 3.x/MS-DOS, rotinas de particionamento e formatação específicas da controladora são normalmente utilizadas.

Tabela 4.23	Comparando as etapas no processo de formatação (continuação)	
Etapa do processo	**Quando é necessário**	**Como realizar**
Formatação de alto nível	Sempre necessário para todas as letras de drive definidas pelo utilitário FDISK ou de particionamento.	Utilize o utilitário do sistema operacional (FORMAT ou equivalente). EZ-Drive, Disk Manager e produtos semelhantes podem ser utilizados para ambas as opções, FDISK e FORMAT, no Windows 9x/Me. O Gerenciamento de disco para o Windows 2000/XP também formata o drive. Com as unidades SCSI no Windows 3.x/MS-DOS, rotinas de particionamento e formatação específicas da controladora são normalmente utilizadas.

Utilizando o FDISK

O FDISK é o utilitário de particionamento utilizado com o MS-DOS, Windows 9x e Windows Me e tem equivalentes em todos os outros sistemas operacionais. O Gerenciamento de disco realiza a mesma tarefa (mais formatação de alto nível) para o Windows 2000 e o XP. Na maioria dos casos com SCSI e todos os casos com unidades ATA, ele é o primeiro programa de software que você executa depois que instala fisicamente um disco rígido e adequadamente detecta ou o configura no BIOS.

Utiliza-se o FDISK para separar espaço em disco (ou uma unidade física inteira) para utilização por um sistema operacional, bem como especificar quantos e qual será o tamanho das unidades lógicas dentro daquele espaço. Em princípio, as versões de FDISK do MS-DOS e do Windows 9x/Me preparam uma única unidade física com uma única letra de unidade (até os limites listados), mas o FDISK também pode ser utilizado para criar várias unidades. Não preparando toda a capacidade de um disco rígido com o FDISK, você pode utilizar o espaço restante no disco rígido para outro sistema operacional.

Limites de tamanho de letra da unidade

Nós já consideramos os limites físicos de tamanho de um drive causados por limitações do BIOS e como sobrepujá-los. Esses limites definem o tamanho máximo que uma unidade de disco *física* pode ter. Entretanto, dependendo da versão do Windows em utilização (e com qualquer versão do MS-DOS), talvez seja necessário subdividir uma unidade de disco usando o FDISK para permitir que sua capacidade completa seja utilizada pela criação de várias letras de unidade lógica.

A versão original do Windows 95 e todas as versões do MS-DOS, do DOS 3.3*x* para cima, suportam o FAT16, que permite não mais de 65.536 arquivos por drive e uma única letra de drive com não mais que 2,1 GB em tamanho. Portanto, um disco rígido de 6 GB preparado com o MS-DOS ou o Windows 95 original deve ter um mínimo de três letras de unidade e pode ter mais (veja a Figura 4.8). A partição de disco primária (C: em um sistema único de drive) pode ser de inicialização e contém somente uma única letra de unidade. Uma partição estendida, que não pode ser de inicialização, contém o restante das letras de unidade (denominadas *unidades lógicas de DOS* na maioria das versões de FDISK).

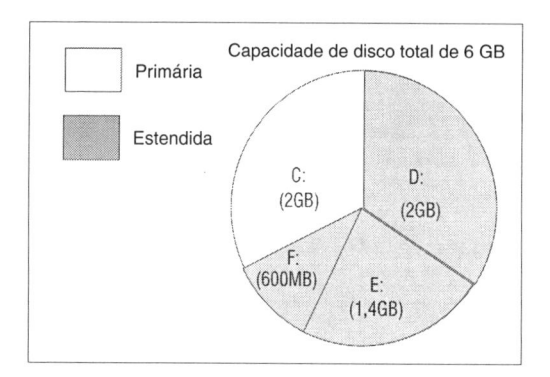

Figura 4.8 Acrescentar uma unidade de disco com mais de 2,1 GB em tamanho em um computador que trabalha com o MS-DOS ou o Windows 95 original força o usuário a criar várias letras de unidade em uma partição de disco estendida para utilizar a capacidade inteira da unidade.

Suporte a discos rígidos grandes

Se você utiliza as versões de FDISK do Windows 95B ou superior (Win95 OSR 2.x), Windows 98 ou Windows Me com uma unidade de disco maior que 512 MB, o FDISK se oferece para ativar o suporte de disco rígido grande.

Optar por ativar o suporte a disco rígido grande fornece vários benefícios:

- Você pode utilizar um disco rígido grande (maior que 2,1 GB) com uma única letra de unidade; de fato, sua unidade pode ser tão grande quanto 2 TB e ainda ser identificada por uma única letra. Isso é por causa do sistema de arquivos FAT32, que permite muitos mais arquivos por unidade que o FAT16.

- Devido aos métodos de armazenamento de FAT32 mais eficientes, seus arquivos utilizarão menos espaço de disco rígido. O FAT32 não é suportado pelo Windows NT 4.0 ou anteriores, mas é suportado pelo Windows 2000 e pelo XP.

- Observe que uma unidade FAT32 não pode ser acessada diretamente por versões mais antigas (pré-OSR 2.x) do Windows 95, Windows 3.1x/MS-DOS ou qualquer outro sistema operacional. Se você precisar executar aplicativos mais antigos que não podem trabalhar com o Windows 95B ou o 98 e quer armazenar esses aplicativos em uma unidade de disco, certifique-se de criar uma letra de unidade de disco que utiliza o FAT16. Dessa maneira, você pode inicializar seu sistema operacional mais antigo e ainda acessar seus arquivos de programa. Você pode, naturalmente, acessar dados em uma unidade FAT32 em uma rede com qualquer computador que usa um protocolo de rede compatível. Além disso, as sessões em janelas do MS-DOS que você pode executar com programas Windows de 32 bits permitirão que os programas de MS-DOS sejam executados e acessem uma unidade FAT32.

Benefícios do particionamento do disco rígido

Mesmo que possa parecer um trabalho grande particionar um único disco rígido físico em várias letras de unidade, especialmente com o FAT32, existem boas razões para usuários tanto do FAT16 como do FAT32 particionar seus discos rígidos:

- **Várias partições podem ser utilizadas para separar o sistema operacional, os programas aplicativos e os dados para um backup mais fácil e segurança maior** — Esse método para dividir um disco rígido em C: (Windows e drivers), D: (aplicativos) e E: (dados) é recomendado pela PowerQuest (fabricante do popular utilitário de disco PartitionMagic) e seguimos seu conselho há algum tempo. Certa vez, perdemos de uma só vez as unidades C: e D: por causa de uma pane de disco completamente inesperada, mas nossos dados na E: permaneceram seguros.

- **Para os sistemas operacionais FAT16 em particular (MS-DOS, 95/95a do Windows e outros que usam o FAT16), o particionamento da unidade resulta em um espaço de disco significativamente menos desperdiçado** — Como os arquivos na realidade são armazenados em clusters (ou unidades de alocação) que são múltiplas do setor de disco de 512 bytes, um arquivo pequeno deve ocupar um cluster inteiro. Como indica a Tabela 4.24, quanto maior for a unidade, mais espaço será desperdiçado.

Tabela 4.24 Tamanhos de cluster de FAT16			
Tamanho do drive (definido pelo FDISK) MB/GB binário	Tamanho do drive (definido pelo fabricante da unidade) MB/GB decimal	Tamanho de cluster em KB binário	Tamanho de cluster em bytes
0–127MB[1]	0–133MB[1]	2KB	2.048
128–255MB	134–267MB	4KB	4.096

Capítulo 4 – Unidades de disco SCSI e ATA e unidades óticas   **153**

Tabela 4.24 Tamanhos de cluster de FAT16 (continuação)

Tamanho do drive (definido pelo FDISK) MB/GB binário	Tamanho do drive (definido pelo fabricante da unidade) MB/GB decimal	Tamanho de cluster em KB binário	Tamanho de cluster em bytes
256–511MB	268–537MB	8KB	8.192
512MB–1.023MB	538MB–1.073MB	16KB	16.384
1.024MB (1GB)– 2.048MB (2GB)	1.074MB–2.113MB	32KB	32.768

1. Se você cria uma partição menor que 15 MB (binário) em tamanho, o sistema operacional na realidade utiliza o sistema antigo de arquivos FAT12, que resulta em um tamanho de cluster de 8 KB.

Tamanhos de cluster FAT32 versus FAT16

O FAT32 é muito mais eficiente que o FAT16 e é utilizado por praticamente todo sistema recente com uma cópia pré-instalada do Windows 95 OSR 2.*x* (95B/95C), Windows 98 ou Windows Me. Se você estiver instalando um disco rígido adicional em um sistema que utiliza esses sistemas operacionais, use a Tabela 4.25 para determinar as eficiências relativas do FAT16 versus FAT32 porque você pode escolher qualquer tipo de FAT para a nova unidade inteira ou quaisquer partições sobre ele. Essa tabela utiliza somente tamanhos em MiB/GiB (utilizados pelo FDISK e pela maioria dos BIOSes de sistema).

Tabela 4.25 FAT16 versus FAT32

Tamanho de cluster	Tamanho de partição FAT16	Tamanho de partição FAT32
4KB	128MiB—255MiB	260MiB—8GiB
8KB	256MiB—511MiB	8GiB—16GiB
16KB	512MiB—1.024MiB	16GiB—32GiB
32KB	1.025MiB—2.048MiB	32GiB—2TiB

Convertendo FAT16 em FAT32

Se seu disco rígido existente utiliza o FAT16, você pode converter qualquer partição sua para FAT32 *se* um dos seguintes itens for verdadeiro:

- Você tem o Windows 95B ou superior (OSR 2.*x*) e o PartitionMagic v3.*x* da PowerQuest ou a versão mais nova. O PartitionMagic tem um conversor de FAT16 para FAT32, que também pode inverter o processo (FAT32 para FAT16).

- Você tem o Windows 98 ou o Me. O Windows 98 vem com seu próprio conversor de FAT16 para FAT32 e também pode utilizar as versões de PartitionMagic 4.*x* ou versões mais novas.

Considerações de NTFS e tamanhos-padrão de cluster

O sistema de arquivos de nova tecnologia (*new technology file system* – NTFS) é o sistema de arquivos de alto desempenho que pode ser utilizado nos sistemas Windows NT, Windows 2000 e Windows XP. Ele tem armazenamento muito mais eficiente em princípio que o FAT16, mas ele não pode ser acessado diretamente por outras versões do Windows ou MS-DOS. A versão do NTFS no Windows 2000 e Windows XP (NTFS 5) também suporta criptografia e mesclagem de várias unidades físicas em uma única pasta lógica.

Utilize as seguintes diretrizes ao pensar no uso de NTFS:

- O Windows 2000 e o XP podem instalar uma unidade de qualquer tamanho reconhecido pelo BIOS como um volume de NTFS único até os limites do BIOS.

- O Windows NT 4.0 deve particionar uma unidade de mais de 4 GB em pelo menos duas letras de drive porque o seu drive de inicialização não pode exceder 4 GB.

- O Windows 2000 e o XP podem ser utilizados em um ambiente de inicialização dual com o Windows 98 ou o Me, mas, se o NTFS for instalado na mesma partição de unidade de disco que o Windows 98 ou Windows Me, ele não pode ser utilizado.

- As unidades de NTFS exigem programas de utilitário de disco especiais para desfragmentação e manutenção de disco porque sua estrutura interna é diferente das unidades FAT16 e FAT32.

Os tamanhos-padrão de cluster para NTFS no Windows 3.51 e superior (incluindo o Windows NT 4.0, o 2000 e o XP) são listados na Tabela 4.26.

Tabela 4.26 Tamanhos-padrão de cluster de NTFS	
Tamanho de drive	**Tamanho de cluster de NTFS**
512MiB ou menos	512 bytes
513MiB–1.024MiB(1GiB)	1.024 bytes (1KiB)
1.025MiB–2.048MiB(2GiB)	2.048 bytes (2KiB)
2.049MiB e maior	4.096 bytes (4KiB)

Observe que as unidades NTFS podem ser maiores que as unidades FAT16 e são ainda mais eficientes que as unidades FAT32.

Os tamanhos-padrão de cluster para as unidades FAT16 no Windows NT 4.0, no 2000 e no XP são os mesmos que no Windows 9*x* e no MS-DOS. Além disso, mais três tamanhos maiores de unidade são suportados somente pelo Windows NT 4.0 (veja a Tabela 4.27).

Tabela 4.27 Tamanhos de cluster FAT16 adicionais suportados pelo Windows NT 4.0

Capacidade do drive	Tamanho do FAT (utilizando o FAT16)
2.048–4.096MiB (2–4GiB)	64KiB
4.096–8.192MiB (4–8GiB)	128KiB
8.192–16.384MiB (8–16GiB)	256KiB

Como o particionamento de disco e o sistema operacional criam e alocam letras de unidade

Dois tipos de partições podem ser criados com os programas de particionamento de disco (FDISK ou o Gerenciamento de Disco – Disk Management) no Windows de 32 bits e MS-DOS: *primária* e *estendida*. A partição primária pode ser de inicialização e pode ocupar toda a capacidade de um disco rígido, parte dela ou nenhuma capacidade. Se você tiver somente um disco rígido em um sistema e ele for de inicialização, pelo menos uma parte da partição dessa unidade é primária.

A partição estendida é semelhante a um "bolso" que armazena uma ou mais unidades lógicas dentro dele. A Tabela 4.28 mostra como o FDISK identifica essas várias estruturas de disco como podem ser encontrados em um disco rígido típico de 13 GB dividido em três unidades — C:, D: e E:.

Tabela 4.28 Comparação das unidades de FDISK primária, estendidas e lógicas (exemplo de disco rígido de 13 GB)

Tipo de partição	Tamanho	Contido dentro da	Inicializável?	% do total de espaço em disco	% de partição
Primária	4GB	—	Sim	32,5%	—
Drive C:	4GB	Primária	Sim	32,5%	100% da primária
Estendida	9GB	—	Não	67,5%	—
Drive D: lógica	4GB	Estendida	Não	32,5%	44,4% da estendida
Drive E: lógica	5GB	Estendida	Não	35,0%	55,6% da estendida

Com o FDISK, as partições mostradas anteriormente devem ser criadas na seguinte ordem:

1. Crie a partição primária para ocupar menos que 100% de espaço de disco no tamanho que você escolher, até os limites impostos por seu sistema operacional.
2. Crie uma partição estendida para utilizar o *restante* do espaço de disco não utilizado pela partição primária.
3. Crie uma ou mais unidades lógicas para ocupar a partição estendida.
4. Antes de deixar o FDISK, habilite a partição primária (C:) a fim de ativá-la para inicialização.

Atribuindo letras de drive com o FDISK

Você pode utilizar o FDISK de várias maneiras, dependendo do número de unidades de disco que você tem em seu sistema e o número de letras de drive que você quer criar.

Com uma única unidade, criar uma partição primária (C:) e uma partição estendida com duas unidades lógicas de DOS dentro dela resultarão nas seguintes unidades, como você viu anteriormente:

Tipo de partição	*Contém letra(s) de drive*
Primária	C:
Estendida	D: e E:

A segunda unidade adicionada a esse sistema deve ter letras de drive que seguem a unidade E:, para preservar os caminhos para os arquivos de dados e de programa.

Entretanto, você deve entender como as letras da unidade são alocadas pelo sistema para saber como utilizar o FDISK corretamente nessa situação. A Tabela 4.29 mostra como o FDISK atribui letras de unidade por drive e por tipo de partição.

Tabela 4.29	Alocações de letra por unidade e por tipo de partição		
Drive	**Partição**	**Ordem**	**Primeira letra de drive**
1ª	Primária	1ª	C
2ª	Primária	2ª	D
1ª	Estendida	3ª	E
2ª	Estendida	4ª	F ou mais alta

Capítulo 4 – Unidades de disco SCSI e ATA e unidades óticas

Como isso pode afetá-lo quando você adiciona outra unidade de disco? Se preparar a segunda unidade de disco com uma partição primária e sua primeira unidade de disco tem uma partição estendida, a segunda unidade de disco assumirá a letra da unidade D de partição primária. Isso move para cima todas as letras de unidade na partição estendida da primeira unidade de disco até pelo menos uma letra da unidade.

Esse exemplo apresenta uma unidade com C:, D: e E: como as letras (D: e E:) estavam na partição estendida. A Tabela 4.30 indica o que acontece se uma segunda unidade é adicionada com uma partição primária nela.

Tabela 4.30	Alterações da letra de unidade causadas pela adição da segunda unidade com partição primária			
Unidade	Tipo de partição	Ordem	Letra(s) da unidade original (apenas primeira unidade)	Nova(s) letra(s) de unidade depois de adicionar a segunda unidade
1ª	Primária	1ª	C	C
2ª	Primária	2ª	—	D
1ª	Estendida	3ª	D, E	E, F

Esse princípio estende-se também à terceira e à quarta unidades físicas: as partições primárias em cada unidade obtêm primeiro suas letras de drive, seguida pelas unidades lógicas de DOS nas partições estendidas.

Como você pode evitar o problema de alterar as letras da unidade? Se você estiver instalando uma unidade de disco adicional (não uma substituição), lembre-se de que ela não pode ser uma unidade de inicialização. Se ela não puder ser de inicialização, não há nenhuma razão para torná-la uma partição primária. O FDISK permitirá criar uma partição estendida utilizando 100% do espaço em qualquer unidade.

A Tabela 4.31 mostra o mesmo exemplo utilizado na Tabela 4.29, com a segunda unidade instalada como uma partição estendida.

Tabela 4.31	Alocações de letra de unidade depois da adição de uma segunda unidade com apenas uma partição estendida			
Unidade	Tipo de partição	Ordem	Letra(s) da unidade original (apenas primeira unidade)	Nova(s) letra(s) de unidade depois de adicionar a segunda unidade
1ª	Primária	1ª	C	C
1ª	Estendida	2ª	D, E	D, E
2ª	Estendida	3ª	—	F

Esse comportamento do sistema operacional também explica por que alguns dos primeiros computadores com unidades Iomega Zip baseadas em ATA (ATAPI) identificavam a unidade Zip como D:, com um único disco rígido de 2,5 GB ou maior identificado como C: e E: — a unidade Zip era tratada como segunda unidade de disco com uma partição primária por causa dos drivers utilizados. Mais tarde, os drivers de software da unidade Zip passaram a tratar a unidade como uma unidade de mídia removível e, assim, a evitar conflitos com as letras de unidade na partição estendida.

Diferenças entre FDISK e o Gerenciamento de disco

O Windows 2000 e o XP utilizam um programa gráfico de Gerenciamento de disco no lugar do programa FDISK de linha de comando utilizado por versões anteriores do Windows. As principais diferenças entre o Gerenciamento de disco e FDISK incluem as seguintes:

- O Gerenciamento de disco é chamado a partir do programa Computer Management; o FDISK é chamado com a linha de comando.

- O Gerenciamento de disco fornece uma interface orientada por assistente; o FDISK utiliza uma interface baseada em menus não facilmente compreensíveis.

- O Gerenciamento de disco permite que novas letras de unidade nas partições primária ou estendida sejam mapeadas para letras de unidade existentes em disco rígido, mídia removível e unidades óticas; as letras de unidade criadas com FDISK podem substituir as letras existentes da unidade.

- O Gerenciamento de disco também formata drives; o FDISK exige que o usuário execute um programa FORMAT separado.

Formatação de alto nível (DOS)

O passo final na instalação de uma unidade de disco rígido é a formatação de alto nível. Semelhante ao processo de particionamento, a formatação de alto nível é específica para o sistema de arquivos escolhido por você para utilizar na unidade. Nos sistemas Windows e MS-DOS de 32 bits, a função primária da formatação de alto nível é criar um FAT e um sistema de diretório no disco, de modo que o sistema operacional possa gerenciar os arquivos. Com o Windows 9x/Me, você deve executar o FDISK antes de formatar uma unidade. Cada letra de unidade criada pelo FDISK deve ser formatada antes que possa ser utilizada para o armazenamento de dados. Esse processo talvez seja automatizado com programas de configuração para alguns sistemas operacionais, como as versões de varejo do Windows 9x. Nas notas a seguir, fornecemos os passos para uma preparação manual

Capítulo 4 – Unidades de disco SCSI e ATA e unidades óticas

de drive em que você instalará uma cópia completa de sistema operacional mais tarde.

Normalmente, você realiza a formatação de alto nível com o programa FORMAT.COM ou com o utilitário de formatação no Explorer do Windows 9x/Me. O FORMAT.COM utiliza a seguinte sintaxe:

```
FORMAT C: /S /V
```

Esse comando de alto nível formata a unidade C, grava os arquivos ocultos do sistema operacional na primeira parte da partição (/S) e sugere que um rótulo de volume (/V) seja armazenado no disco na conclusão do processo.

O programa de formatação de alto nível de FAT realiza as seguintes funções e procedimentos:

1. Varre o disco (somente leitura) procurando trilhas e setores marcados como defeituosos durante a formatação de baixo nível (LLF) e anota essas trilhas como ilegíveis.

2. Retorna os cabeçotes de unidade para o primeiro cilindro da partição; nesse cilindro (Cabeçote 1, Setor 1), grava um setor de inicialização do volume de DOS.

3. Grava um FAT no Cabeçote 1, Setor 2. Imediatamente depois dessa FAT, ele grava uma segunda cópia da FAT. Essas FATs essencialmente estão em branco, exceto por marcas de clusters defeituosos anotando as áreas do disco que foram consideradas ilegíveis durante a varredura de marcação de defeitos.

4. Grava um diretório raiz em branco.

5. Se o parâmetro /S for especificado, copia os arquivos de sistema, IO.SYS e MSDOS.SYS (ou IBMBIO.COM e IBMDOS.COM, dependendo de que DOS você usa) e COMMAND.COM para o disco (nessa ordem).

6. Se o parâmetro /V for especificado, solicita ao usuário um rótulo do volume, que é gravado como a quarta entrada no diretório raiz.

Agora o sistema operacional pode utilizar o disco para armazenar e recuperar os arquivos, e o disco é um disco de inicialização.

> **Nota**
>
> Como a formatação de alto nível não sobrescreve as áreas de dados além do diretório raiz do disco rígido, é possível utilizar programas como o Norton Utilities para desformatar o disco rígido que contém dados de operações anteriores — desde que nenhum programa ou dados foi copiado para o drive depois da formatação de alto nível. A desformatação pode ser realizada porque os dados da utilização prévia da unidade ainda estão presentes.

Se você criar uma partição estendida, as letras de unidade lógica do DOS localizadas na partição estendida precisam de um comando FORMAT mais simples pois os arquivos de sistema não são necessários — por exemplo, FORMAT D:/V para a unidade D, FORMAT E:/V para a unidade E e assim por diante. O Gerenciamento de disco do Windows 2000/XP particiona e formata as unidades em uma única operação.

Programas de terceiros para instalação de disco rígido

Os usuários do Windows, DOS e OS/2 podem desfrutar de uma instalação de disco mais fácil utilizando os programas de instalação automática de discos fornecidos pelos fornecedores de disco rígido ou disponíveis para compra no varejo. A Tabela 4.32 apresenta uma visão geral desses produtos.

Tabela 4.32 Visão geral dos programas de instalação automática de disco

Site do fornecedor	Software	Versão atual	OEM	Varejo	OS suportado
Ontrack http://www.ontrack.com (inclui Disk Manager 9.5x)	Disk Manager 2000	4.x	Sim	Sim	9x, Me
Ontrack	Disk Manager	9,5x	Sim	Não	Win 3.x, DOS, OS/2
StorageSoft http://www.storagesoft.com	EZ-Drive	9,1x	Sim	Sim	9x, Me, NT (FAT)
Seagate[1] www.seagate.com	DiscWizard 2000	2,4x	Sim	Não	9x, Me NT4, 2000
Maxtor[2] www.maxtor.com	MaxBlast Plus MaxBlast	1,2x 9x	Sim Sim	Não Não	9x, Me, DOS
Western Digital[3] http://www.wdc.com	Data Lifeguard Tools	2,6x	Sim	Não	DOS, 9x, Me NT4, OS/2

1. O DiscWizard 2000 da Seagate foi co-desenvolvido com a OnTrack e contém uma versão OEM do Disk Manager v9.x. A Seagate também oferece uma versão disponível na Web do DiscWizard denominada DiscWizard On-line, uma versão de 16 bits do DiscWizard para Windows 3.x e uma versão OEM do Disk Manager.

2. O software MaxBlast Plus da Maxtor é uma versão personalizada do programa de instalação de disco DriveGuide da StorageSoft. O MaxBlast 9.x é uma versão personalizada do EZ-Drive. A Maxtor também fornece versões OEM do DiskManager 2000 e do Disk Manager 9.5x para as unidades Quantum (a divisão de disco rígido da Quantum agora é de propriedade da Maxtor).

3. O Data Lifeguard Tools da Western Digital inclui uma versão OEM do EZ-Drive.

Métodos de transferência de dados para migração de drive

Depois de instalar, particionar e formatar seu drive, você pode utilizar um destes métodos para colocar as informações de sua unidade antiga em sua nova unidade, se desejado:

- XCOPY
- Utilitários de cópia de drive

XCOPY

A principal vantagem de se utilizar o utilitário XCOPY é seu baixo custo; ele é gratuito porque está incluído nos sistemas operacionais atuais do Windows, bem como nas últimas versões do MS-DOS.

Como o Windows de 32 bits utiliza muitos arquivos e pastas ocultos, você não pode executar o XCOPY inicializando o computador de um disco e executando-o diretamente da linha de comando porque a versão DOS do XCOPY não pode copiar arquivos e pastas ocultos e não pode preservar os atributos de arquivo e de pasta. Em vez disso, você precisa utilizar o XCOPY dentro de uma janela de prompt de comando depois de carregar o Windows. Quando o XCOPY é executado a partir de uma janela de prompt de comando, é utilizada uma versão aprimorada (XCOPY32) que suporta opções para copiar arquivos e pastas ocultos e trata os erros que podem acontecer quando são copiados arquivos abertos como o arquivo de permuta (swapfile). O seguinte comando executa o Xcopy32 para copiar o conteúdo inteiro da unidade C: para uma unidade D: recém-instalada com Windows 9*x*/Me. A unidade D: deve ser configurada como uma partição primária se você planeja utilizá-la para substituir a unidade C: depois de copiar os arquivos.

```
xcopy32 c:\. d:\/s/c/h/e/r/k
```

As opções de comando são explicadas aqui:

- **/S** — Copia as pastas abaixo da pasta inicial.
- **/C** — Continua a copiar depois dos erros. (O arquivo de permuta do Windows não pode ser copiado porque está em utilização.)
- **/H** — Copia os arquivos ocultos e de sistema.
- **/E** — Copia as pastas, mesmo se estiverem vazias.
- **/R** — Sobrescreve os arquivos de leitura.
- **/K** — Preserva os atributos de arquivo.

Repita o comando com as alterações apropriadas da letra de unidade para quaisquer letras adicionais de unidade em sua unidade antiga.

Capítulo 4 – Unidades de disco SCSI e ATA e unidades óticas

Depois que a unidade original é removida do sistema, a nova unidade precisa ser configurada com os jumpers como mestre (ou única); o sistema operacional atribuirá C:. Você também deve executar o FDISK de um disquete e configurar a partição primária na nova unidade C: como ativa. Em seguida, saia do FDISK e a unidade inicializará.

Esse processo pode levar um tempo longo por causa dos custos de se executar uma sessão do MS-DOS no Windows.

Atenção

Cuidado! Essa técnica pode resultar em problemas com nomes curtos de arquivo quando os arquivos são copiados. Os nomes curtos não serão preservados e, se quaisquer entradas de registro referirem-se a esses nomes curtos (freqüentemente alguns se referem), esses arquivos não serão mais localizados. Embora o XCOPY possa funcionar com um estalar de dedos, recomenda-se utilizar um programa profissional de migração de disco em vez do XCOPY.

Utilitários de cópia de unidade

Por causa do longo tempo que a transferência de dados do XCOPY32 pode levar e os problemas em potencial que podem acontecer durante a transferência de dados, recomendamos utilizar um programa especializado de cópia de drive. A maioria dos produtos de instalação de drive listados na Tabela 4.32 inclui utilitários de cópia de drive. A Tabela 4.33 lista as opções adicionais de cópia de drive.

Tabela 4.33 Utilitários de cópia de drive

Programa	Site do fornecedor	Varejo ou OEM	Sistemas operacionais suportados
DriveCopy 4.x	PowerQuest http://www.powerquest.com	Varejo	9x, Me, 2000, NT, DOS, OS/2
EZ-Copy	StorageSoft http://www.storagesoft.com	Varejo e OEM	9x, Me, 2000, NT (somente FAT) com unidades ATA apenas

Os usuários do Windows XP podem utilizar o Assistente para transferência de arquivos e configurações para copiar arquivos de dados e informações de configuração entre sistemas. Entretanto, você precisará instalar o Windows XP e seus aplicativos manualmente antes de utilizar o assistente para personalizar o novo sistema.

Solução de problemas e manutenção de unidades de disco rígido

Os problemas de disco rígido enquadram-se em duas categorias: hard e soft. Os problemas hard são desencadeados por problemas mecânicos que fazem com que a unidade emita ruídos estranhos de rangidos ou estalos (ou simplesmente nenhum ruído), ao passo que os problemas soft são erros de leitura e de gravação que ocorrem em uma unidade que parece normal. Antes de decidir que um disco rígido está defeituoso, teste-o em outro sistema que você sabe que está funcionando. Se o problema desaparecer em outro sistema, o problema não está na unidade (veja a Tabela 4.34).

> **Nota**
>
> Antes de utilizar essa tabela, verifique se a configuração de BIOS da sua unidade está correta. Se a LBA ou outras configurações de tradução de unidade do seu sistema estiverem desativadas e sua unidade precisar delas, ela aparecerá pendurada.

Tabela 4.34 Problemas e soluções hard e soft

Sintoma	Causa	Solução
A unidade faz um ruído forte ao se ligar o computador; não é possível inicializar sem reiniciar o computador algumas vezes. Normalmente encontrados somente em discos rígidos RLL ou MFM (abaixo de 100 MB) muito antigos. Essas unidades utilizam dois cabos (20 pinos e 34 pinos) de dados e de sinais.	*Stiction* (fricção estática) está fazendo com que os cabeçotes comprimam a mídia por causa de um mecanismo velho e com problemas internos de lubrificação.	Se a unidade pára, tente bater suavemente em um canto para liberar os cabeçotes ou monte a unidade de cabeça para baixo. Faça backup dos dados e substitua a unidade logo que possível.
A unidade faz ruído de arranhão ou "boing" internamente; não inicia.	Dano grave no cabeçote, provavelmente causado por impacto (queda ou tombo).	Substitua o drive.
A unidade gira normalmente mas não é reconhecida.	Se o cabo e os jumpers estão corretos, provavelmente a placa está com falhas lógicas.	Substitua a placa lógica ou substitua o drive.

Capítulo 4 – Unidades de disco SCSI e ATA e unidades óticas   **165**

Tabela 4.34   Problemas e soluções hard e soft (continuação)

Sintoma	Causa	Solução
A unidade tem erros repetitivos detectados pelo SCANDISK ou outro utilitário de teste de disco.	Se o sistema reinicializou ou foi desligado de forma inadequada, trata-se de arquivos temporários que não foram fechados. Isso não indica um problema de hardware.	Lembre o usuário de desligar o computador normalmente.
	Se o procedimento normal de desligamento foi seguido, talvez indique superfície de disco defeituosa.	Se o procedimento normal de desligamento foi seguido, obtenha um utilitário do fabricante para detectar e remapear setores e teste novamente a unidade freqüentemente. Se a unidade não melhorar, substitua-a logo que possível.

Se a substituição da parte eletrônica não resolver o problema, entre em contato com o fabricante ou com uma empresa especializada em conserto que tenha instalações nas quais se faz reparo de disco rígido.

Erros de configuração de sistema e de drive

A Tabela 4.35 apresenta os problemas comuns de configuração que podem acontecer com as unidades que eletrônica e mecanicamente estão em boas condições, mas que exigem ajustes na configuração da unidade ou de sistema para funcionar corretamente.

Tabela 4.35   Erros e soluções de configuração de sistema e de drive

Sintoma	Problema	Solução
A unidade não inicializa ao se inicializar o computador mas inicializa quando o sistema é reiniciado com "reset". O erro "Drive not ready" (a unidade não está pronta) é exibido.	A unidade não está girando suficientemente rápido para ser reconhecida pelo BIOS.	Ative ou aumente o fator de tempo de pré-retardo (predelay) de disco rígido na configuração do BIOS.
A unidade UDMA/66 ou ATA mais rápida é reconhecida apenas como UDMA/33.	Um cabo errado pode estar sendo utilizado.	Utilize o cabo UDMA de 80 fios e reconfigure os jumpers da unidade como Cable Select.
	O firmware de drive talvez não tenha modos UDMA mais rápidos ativados.	Execute o utilitário do fabricante do drive para ativar o modo UDMA mais rápido disponível na unidade; faça download do software do site do fornecedor da unidade.

Sintoma	Problema	Solução
Tabela 4.35 Erros e soluções de configuração de sistema e de drive (continuação)		
Erro "Immediately back up your data and replace your hard disk drive. A failure may be imminent" (Faça backup imediatamente de seus dados e substitua sua unidade de disco rígido. Uma falha pode ser iminente)	A unidade utiliza S.M.A.R.T. para evitar falhas e o sistema S.M.A.R.T. detectou um problema sério com a unidade.	Siga as instruções na tela para fazer backup de sua unidade. Substitua-a imediatamente.
Erro "Invalid Drive Specification" (Especificação de unidade inválida)	A unidade não foi particionada ou formatada em alto nível, ou o sistema operacional errado está sendo utilizado para visualizar a unidade.	Verifique e assegure-se de que a unidade está vazia com versões recentes do Windows antes de executar FDISK e FORMAT.
Erro "Invalid Media Type" (Tipo de mídia inválido)	A unidade não foi configurada com FDISK ou o formato da unidade está corrompido.	Visualize a unidade com a opção Nº4 do FDISK e crie novas partições quando necessário.

Tipos de interface de unidade ótica

A maioria das unidades internas de CD-ROM, CD-R e CD-RW baseiam-se no ATAPI (que utiliza a interface-padrão ATA). Algumas unidades de alto desempenho com formatos (form factors) internos ou externos baseiam-se em SCSI. A instalação física e o cabeamento são os mesmos que para qualquer outro dispositivo ATA (ATAPI) ou SCSI, como visto anteriormente nesse capítulo.

Algumas unidades externas utilizam porta paralela, conectores de porta USBm ou IEEE-1394. Consulte o Capítulo 6 e o Capítulo 7 para obter dicas de solução de problemas e configuração de drives que utilizam esses tipos de interface.

Acesso por linha de comando no MS-DOS aos drives de CD-ROM para recarregar o Windows

As unidades de CD-ROM normalmente são controladas no Windows 9*x* e no Me por drivers de 32 bits, mas esses drivers *não funcionarão* se o sistema operacional ficar corrompido ou se o Windows funcionar somente no modo de segurança. Nesses casos, ter acesso à unidade de CD-ROM torna-se crucial para permitir que você recarregue o sistema operacional.

No Windows 98 e no Me, o disco de emergência que você pode criar durante a instalação inicial ou mais tarde contém drivers que funcionam

Capítulo 4 – Unidades de disco SCSI e ATA e unidades óticas

com a maioria das unidades de CD-ROM baseadas em ATA/ATAPI e SCSI. Além disso, o disco testará cada driver até localizar um que funciona.

No Windows 95, o disco de emergência *não* contém drivers para o CD-ROM. Siga essas diretrizes gerais para criar um disco de inicialização que trabalhe com suporte de CD-ROM. Esse mesmo processo irá funcionar para os usuários do MS-DOS/Windows 3.1.

As instruções seguintes são para unidades CD-ROM ATA (ATAPI). As unidades de CD-ROM baseadas em SCSI também exigirão drivers de dispositivo SCSI para a controladora e para os dispositivos anexados.

1. Crie o disquete de emergência (ele permite inicialização) do Windows 95 a partir do Painel de controle na opção Adicionar ou remover programas nas Configurações do Windows. Esse processo destrói todo o conteúdo anterior no disquete.

2. Copie os seguintes arquivos para seu disco de inicialização na unidade A::

    - **MYCDROM.SYS** — Utilize o nome real do driver para sua unidade de CD-ROM e o copie do local real do arquivo. Se não tiver um driver de MS-DOS, você pode fazer download de um do fabricante da unidade, ou pode fazer download de um driver ATAPI denominado AOATAPI.SYS disponível em vários sites da Web.

    - **MSCDEX.EXE** — Copie de C:\WINDOWS\COMMAND ou da pasta da sua unidade de CD-ROM; é o mesmo arquivo para qualquer unidade de CD-ROM.

Em seguida, você precisará criar um arquivo CONFIG.SYS que carregará o driver de dispositivo de CD-ROM e um AUTOEXEC.BAT que carregará as extensões de CD-ROM MSCDEX.EXE para o programa MS-DOS. Utilize um editor de texto, como o Bloco de Notas do Windows.

O conteúdo de CONFIG.SYS inclui o seguinte:

- DEVICE=*MYCDROM.SYS* /D:mscd001
- Lastdrive=M

O conteúdo de AUTOEXEC.BAT inclui o seguinte:
- MSCDEX.EXE /d:mscd001 /m:10 /L:M

Nota

Observe que a opção /d: refere-se ao mesmo nome do dispositivo, que podia ser Charlie ou Kumquat ou qualquer coisa que se adequar! A não-adequação fará com que o processo de carregamento não seja bem-sucedido.

Verifique a configuração de BIOS do seu computador e verifique se a unidade de disquete é o primeiro dispositivo a ser chamado na inicialização. Depois, reinicie o computador com esse disquete na unidade A, e você deve ver o driver de CD-ROM inicializar. Em seguida, o MSCDEX deve atribuir ao CD-ROM a letra da unidade listada depois da opção /L: (M:).

Se você não tem um disco adequado do Windows 95 com suporte de CD-ROM, uma maneira comum de contornar o problema é utilizar um disco de inicialização do Windows 98 ou do Windows Me porque eles contêm os drivers de CD-ROM que você precisa para acessar seu CD para reinstalar os arquivos ou o sistema operacional inteiro.

Solucionando problemas das unidades óticas

Falha ao ler um CD

Se sua unidade de CD-ROM não consegue ler um CD, tente as seguintes soluções:

- Verifique se há arranhões na superfície de dados do CD.
- Verifique se há pó ou sujeira na unidade; utilize um CD de limpeza.
- Certifique-se de que a unidade aparece como dispositivo que esteja funcionando na opção Sistema.
- Tente um CD que você sabe que funciona.
- Reinicie o computador (a mágica que cura tudo).
- Remova a unidade do Gerenciador de dispositivos no Windows 9*x*, permita ao sistema redetectar a unidade e reinstalar os drivers (se for um sistema baseado em PnP).

Falha ao ler discos CD-R e CD-RW em uma unidade de CD-ROM ou DVD-ROM

Se sua unidade de CD-ROM ou de DVD não conseguir ler os discos de CD-R e de CD-RW, tente as seguintes soluções:

- Verifique a compatibilidade; algumas unidades muito antigas de CD-ROM 1x não podem ler mídia CD-R. Substitua a unidade por um modelo mais novo, mais barato e mais rápido.
- Muitas unidades antigas de DVD não conseguem ler mídia de CD-R e de CD-RW; verifique a compatibilidade.
- A unidade de CD-ROM deve ser de multileitura — compatível para ler CD-RW por causa da refletividade mais baixa da mídia; substitua o drive.

- Se apenas alguns CD-Rs podem ser lidos, verifique a combinação de cor da mídia para ver se algumas combinações de cor funcionam melhor que outras. Troque de marca de mídia.

- Os CD-Rs gravados em pacote (da Adaptec DirectCD e programas de backup) não podem ser lidos na unidade de CD-ROM do MS-DOS/Windows 3.1 por causa das limitações do sistema operacional.

A unidade de CD-ROM ATA/ATAPI está lenta

Se sua unidade de CD-ROM ATA/ATAPI funciona de forma não-satisfatória, verifique os seguintes itens:

- Verifique o tamanho de cache na guia Desempenho da opção Sistema do Painel de controle. Selecione a configuração "velocidade quádrupla ou superior" (maior tamanho de cache).

- Verifique se a unidade de CD-ROM está configurada como escrava do disco rígido; mova o CD-ROM para a controladora secundária, se possível.

- O modo PIO ou UDMA talvez não esteja configurado corretamente para o seu drive no BIOS; verifique as especificações de drive e utilize a autodetecção no BIOS para obter resultados melhores.

- Verifique se você está utilizando drivers de bus mastering em sistemas compatíveis; instale os drivers apropriados para o chipset da placa-mãe e o sistema operacional em uso.

- Verifique se você está utilizando a interface de CD-ROM em sua placa de som em vez de uma conexão ATA na placa-mãe. Mova a conexão do drive para a interface ATA na placa-mãe e desative a placa de som ATA, se possível, para liberar IRQs e intervalos de endereços de porta de E/S.

- Abra o item Sistema do Painel de controle e selecione a guia Desempenho para ver se o sistema está utilizando o modo de compatibilidade com MS-DOS para a unidade de CD-ROM. Se todas as unidades ATA estiverem trabalhando nesse modo, veja o endereço http://www.microsoft.com e consulte "MS-DOS Compatibility Mode" para resolver os problemas. Se apenas a unidade de CD-ROM estiver nesse modo, veja se você está utilizando drivers de CD-ROM nos arquivos CONFIG.SYS e AUTOEXEC.BAT. Remova as linhas que contêm referências aos drivers de CD-ROM (não exclua as linhas — coloque REM na frente das linhas para transformá-las em comentários), reinicialize o sistema e verifique se sua unidade de CD-ROM ainda funciona e se está trabalhando no modo de 32 bits. Algumas unidades mais antigas exigem no mínimo o driver CONFIG.SYS para operar.

Problema ao se utilizar CDs de inicialização

Os CDs de inicialização são excelentes para instalar uma imagem de um software-padrão em uma série de computadores ou como método "à prova de falha" para rodar softwares antivírus, mas podem ser difíceis de utilizar.

Se você estiver tendo problemas ao utilizar um CD de inicialização, tente as soluções possíveis:

- Verifique o conteúdo do disquete de inicialização do qual você copiou a imagem de inicialização durante a criação do CD. Para acessar todo o conteúdo de um CD-R, o disco de inicialização deve conter drivers de CD-ROM, AUTOEXEC.BAT e CONFIG.SYS. Teste o disco de inicialização iniciando o sistema com ele e vendo se consegue acessar a unidade de CD-ROM depois.

- Utilize o formato ISO 9660. Não utilize o formato Joliet porque ele é para CDs de nome longo de arquivo e não pode ser utilizado para os CDs de inicialização.

- Verifique se o BIOS do sistema suporta a inicialização, e a ordem de inicialização; o CD-ROM deve ser listado primeiro.

- Verifique se o drive comporta a inicialização.

- Os CD-ROMs SCSI precisam de uma placa SCSI com BIOS e de capacidade de inicialização, além de configurações especiais de BIOS para a placa-mãe.

- Você deve utilizar a opção CD de inicialização (Bootable) do seu software para criar o CD-ROM de inicialização a partir dos arquivos no disquete de inicialização. Os arquivos AUTOEXEC.BAT, CONFIG.SYS e de inicialização básicos do disco de inicialização são armazenados em um CD de inicialização como arquivos denominados BOOTIMG.BIN e BOOTCAT.BIN pela opção Bootable CD mastering do software de mastering.

- Se você não conseguir inicializar a partir do CD-ROM do Windows 2000 para instalação, crie os discos de inicialização e os utilize para iniciar o sistema e ativar o suporte de CD-ROM.

Capítulo 5

Armazenamento em disquete, fita removível e memória flash

Unidades de disquete

A troca de uma unidade de disquete de 1,44 MB e $3^1/_2$ polegadas, o tipo de drive de disquete mais comum em utilização hoje, não é muito cara. Entretanto, quando uma unidade de disquete pára de funcionar, talvez *não* seja necessário substituí-la imediatamente, se você conhecer a "história por dentro". A Figura 5.1 mostra uma unidade de disquete típica de 1,44 MB e $3^1/_2$ polegadas aberta depois que a blindagem contra pó foi removida.

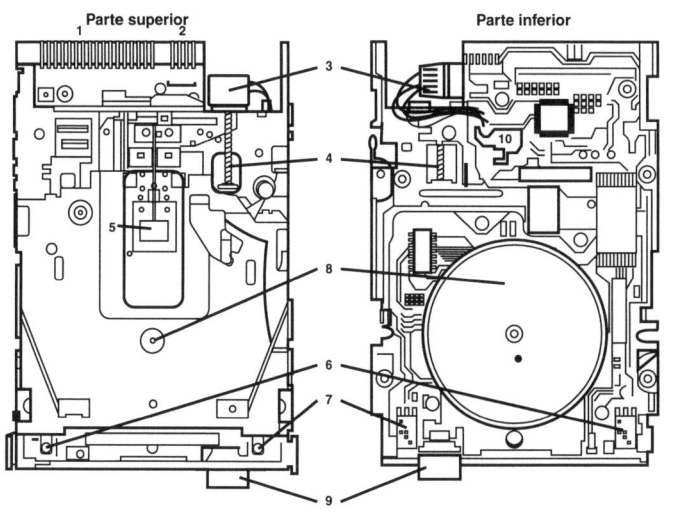

Figura 5.1 Uma unidade típica de disquete de $3^1/_2$ polegadas.

1. Conector de cabo de dados de 34 pinos

2. Conector de energia de 4 pinos

3. Motor acionador de cabeçote

4. Engrenagem de rosca sem fim para conduzir o motor acionador

5. Cabeçote de leitura e gravação (um de dois)

6. Sensor de proteção contra gravação

7. Sensor de mídia (720 KB ou 1,44 MB)

8. Eixo (esquerda) e motor de acionamento (direita)

9. Botão ejetor de disco

10. Placa lógica

Onde falham as unidades de disquete — e correções simples

Existem cinco pontos comuns de falha nas unidades de disquete:

- Blindagem contra pó
- Motor de passo
- Placa de circuito
- Cabeçotes de leitura/gravação
- Cabeamento

Se sua unidade falhar por uma dessas razões, talvez você seja capaz de colocá-la de volta em operação sem substituí-la, o que é útil de saber se uma unidade sobressalente não estiver prontamente disponível.

Blindagem contra pó

A placa de metal na parte superior da unidade é chamada de blindagem contra pó. Ela protege a mídia magnética flexível do disquete e os cabeçotes de leitura e gravação contra contaminação e dano. Entretanto, uma cobertura danificada ou encurvada de unidade pode comprometer o ejetor de disco, impedindo-o de se mover. A capa da unidade pode ser facilmente removida e dobrada de volta à sua forma.

O motor de passo

O motor de passo move o acionador do cabeçote através da superfície da mídia de disquete, lendo ou gravando os dados (veja a Figura 5.2).

Em uma unidade de $3^1/_2$ polegadas, o motor de passo é freqüentemente um tipo de engrenagem de rosca sem fim. A engrenagem de rosca sem fim é muito compacta, mas pode travar por choque. Para liberá-la, desparafuse cuidadosamente o motor de passo da parte traseira da caixa da unidade e mova o acionador de cabeçote de um lado a outro suavemente até que a engrenagem de rosca sem fim mova-se livremente de novo. Monte a unidade e a teste sem a tampa, passando o cabo de dados e de energia para ela antes de segurá-la em sua posição normal.

Placas de circuito de interface

A *placa de circuito de interface* de um drive (também denominada *placa lógica*) pode ser danificada por choque, eletricidade estática ou por um surto na voltagem. Normalmente, ela pode ser facilmente removida da parte inferior da unidade e substituída por uma placa de circuito sobressalente de uma unidade idêntica com um cabeçote de leitura/gravação ou um motor de passo defeituosos. Mantenha essas partes sobressalentes à mão para resolver esse tipo de problema.

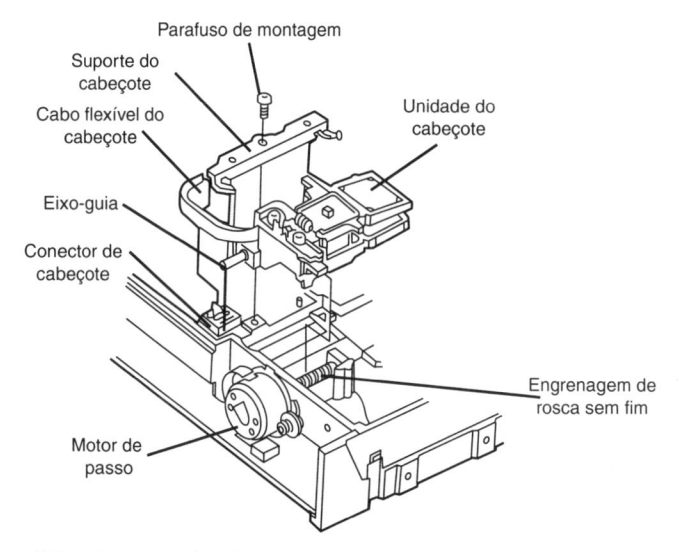

Capítulo 5 – Armazenamento em disquete, fita removível ... **173**

Figura 5.2 Vista expandida do motor de passo e do acionador de cabeçote.

Cabeçotes de leitura/gravação

Devido ao contato entre os cabeçotes e o disco, um acúmulo de material magnético do disco acaba se formando sobre o cabeçote. O acúmulo deve ser periodicamente retirado dos cabeçotes como parte de um programa de manutenção preventiva ou do serviço normal.

O melhor método para se fazer a limpeza dos cabeçotes envolve o uso de um limpador úmido comercial de cabeçote de disco e um programa que gira o disco de limpeza e move os cabeçotes pela mídia de limpeza. A MicroSystems Development (http://www.msd.com) oferece o programa de teste de unidade de disquete TestDrive, que contém esse utilitário de limpeza. Dependendo da utilização da unidade e da quantidade de contaminantes (fumaça, pó, fuligem) no ar, você deve limpar os cabeçotes de leitura/gravação em uma unidade de disquete apenas cerca de uma vez a cada seis meses a um ano.

Não utilize limpadores-padrão de cabeçote de disquete de 3½ polegadas com unidades de disquete SuperDisk LS-120 ou LS-240; ainda que essas unidades possam ler e gravar tanto em discos-padrão como em mídia SuperDisk, um limpador convencional danificará os cabeçotes especiais de leitura/gravação. O kit para a limpeza do cabeçote da SuperDisk tem o número de código Imation 0-51122-41066-6. Se não for possível encomendá-lo de seu fornecedor favorito, entre em contato com o serviço de atendimento ao cliente da Imation (http://www.imation.com) pelo número 800-854-0033, nos EUA.

Recursos de hardware de unidade de disquete e conflitos em potencial

Todos os principais controladores de disquete utilizam um conjunto-padrão de recursos do sistema:

- IRQ 6 (Interrupt Request – Solicitação de Interrupção)
- DMA 2 (Direct Memory Access – Acesso Direto de Memória)
- Portas de E/S 3F0-3F5, 3F7 (Entrada/Saída)

Esses recursos do sistema são padronizados e geralmente não podem ser alterados. Isso normalmente não apresenta um problema porque nenhum outro dispositivo tentará utilizar esses recursos (o que resultaria em conflito).

O único dispositivo importante que poderia causar um conflito com uma unidade de disquete é um backup de fita com interface de disquete, como aqueles que utilizam os cartuchos de fita QIC-80, Travan-1 e Travan-3. Embora essas unidades estejam obsoletas, elas ainda são utilizadas por alguns computadores. Como as unidades de fita com interface de disquete conectam-se ao mesmo cabo que a unidade de disquete, tentar utilizar a unidade de disquete enquanto a unidade de fita está operando resultará em um conflito de IRQ e de DMA, com possível perda de dados em qualquer uma ou ambas as unidades. As unidades de fita mais novas que interfaceiam através de outros tipos de porta não entrarão em conflito com as unidades de disquete.

Conectores de dados e alimentação de unidades de disco

Utilizam-se dois tamanhos para os conectores de alimentação da unidade de disco. A Figura 5.3 mostra o conector de energia original da Molex utilizado nas unidades de disquete de $5^1/_4$ polegadas. A maioria das unidades de disquete de $3^1/_2$ polegadas e de backups de fita utilizam um conector menor, mas qualquer tamanho normalmente tem a mesma pinagem de quatro fios mostrada na figura.

Algumas unidades de fita de $3^1/_2$ polegadas vêm com um cabo de extensão com apenas dois fios — um fio-terra (preto) e um fio de +5v (vermelho) — pois seus motores utilizam a mesma alimentação de +5v que a placa lógica utiliza.

A Figura 5.4 mostra um cabo típico de dados de disquete com cinco conectores. Em geral, os conectores de $5^1/_4$ polegadas são raramente utilizados hoje, a menos que uma unidade de disquete de $3^1/_2$ polegadas tenha um adaptador de conector de pino para lâmina anexado.

A Tabela 5.1 compara os cabos de disquete e de fita de disco rígido.

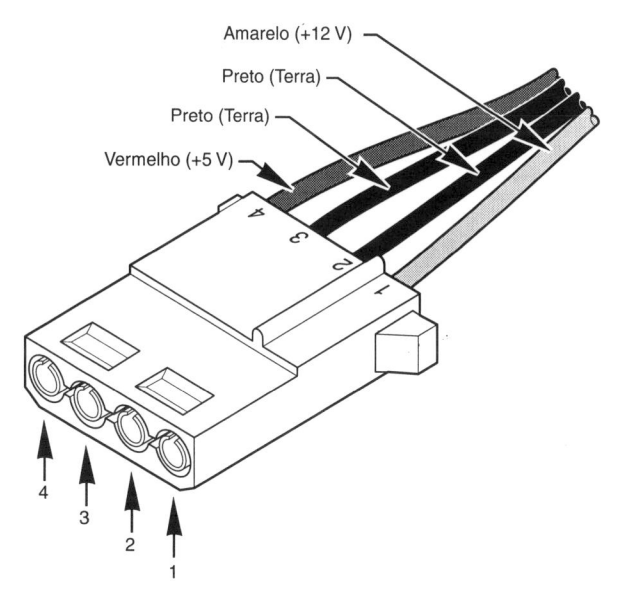

Capítulo 5 – Armazenamento em disquete, fita removível ...

Figura 5.3 Um conector fêmea para o cabo de fonte de alimentação em uma unidade de disco.

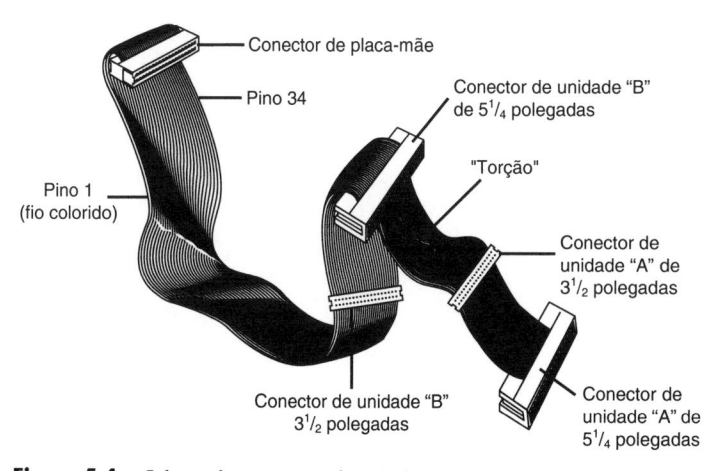

Figura 5.4 Cabo-padrão para interface de disquete com cinco conectores.

Tabela 5.1 Comparando os cabos flat — disquete versus disco rígido

Tipo de interface	Disquete	ESDI ST-506	IDE	SCSI
Largura do cabo	34 pinos	34 pinos	40 pinos ou 80 fios	50 pinos ou 68 pinos
Notas	Quase todos têm uma torção entre os conectores da unidade A e os conectores da unidade B; invertido na direção do pino 1 (borda colorida do cabo)	Pode ser reto ou torcido; torcido a partir do pino 1. Isso é obsoleto e raramente visto hoje; é utilizado com cabo de fita de 20 pinos	O cabo de 80 fios tem 40 pinos; projetado para a utilização com placas-mãe e unidades UDMA/66 e mais rápidas	

A Tabela 5.2 apresenta os parâmetros para as unidades de disco obsoletas e atuais usadas em PCs. Se estiver preparando uma unidade com FORMAT que é menor que a capacidade da unidade, você precisará configurar os parâmetros de FORMAT manualmente.

Um byte descritor de mídia danificado impedirá que os programas acessem adequadamente o disco; entretanto, esse problema pode ser corrigido com o Norton Utilities.

Tabela 5.2 Parâmetros de disquete logicamente formatado

	Formatos atuais					Formatos obsoletos		
Tamanho do disco (polegadas)	$3\,^1/_2$	$3\,^1/_2$	$3\,^1/_2$	$5\,^1/_4$	$5\,^1/_4$	$5\,^1/_4$	$5\,^1/_4$	$5\,^1/_4$
Capacidade do disco (KB)	2.880	1.440	720	1.200	360	320	180	160
Byte descritor de mídia	F0h	F0h	F9h	F9h	FDh	FFh	FCh	Feh
Lados (cabeçotes)	2	2	2	2	2	2	1	1
Trilhas por lado	80	80	80	80	40	40	40	40
Setores por trilha	36	18	9	15	9	8	9	8
Bytes por setor	512	512	512	512	512	512	512	512
Setores por cluster	2	1	2	1	2	2	1	1
Comprimento da FAT (setores)	9	9	3	7	2	1	2	1
Número de FATs	2	2	2	2	2	2	2	2

Capítulo 5 – Armazenamento em disquete, fita removível ...

Tabela 5.2 Parâmetros de disquete logicamente formatado (continuação)								
	Formatos atuais				Formatos obsoletos			
Tamanho do diretório raiz (setores)	15	14	7	14	7	7	4	4
Entradas máximas de raiz	240	224	112	224	112	112	64	64
Setores totais por disco	5.760	2.880	1.440	2.400	720	640	360	320
Total de setores disponíveis	5.726	2.847	1.426	2.371	708	630	351	313
Total de clusters disponíveis	2.863	2.847	713	2.371	354	315	351	313

Solucionando problemas da unidade de disquete

Tabela 5.3 Dicas de solução de problemas da unidade de disquete		
Problema	Causa	Solução
Unidade morta — a unidade não gira e o LED nunca acende.	Fonte de alimentação ou cabo de alimentação inadequados	Meça a voltagem no cabo com um voltímetro; certifique-se de que 12 V e 5 V estão disponíveis para a unidade.
	Unidade ou controlador não configurados adequadamente na configuração de BIOS.	Verifique a configuração de BIOS para o tipo adequado de drive e certifique-se de que o controlador esteja habilitado se embutido na placa-mãe; se uma placa suplementar contiver uma controladora de disquete e a placa-mãe também tiver uma, desative uma delas.
	Cabo de dados defeituoso.	Substitua o cabo e teste novamente.
	Unidade defeituosa.	Substitua a unidade e teste novamente.
	Controladora defeituosa.	Substitua a controladora e teste novamente. Se a controladora estiver embutida na placa-mãe, desabilite-a através da configuração de BIOS, instale um controlador baseado em placa e teste novamente, ou substitua a placa-mãe inteira e teste novamente.
O LED da unidade permanece aceso continuamente.	Cabo de dados ao contrário na unidade ou na conexão da controladora.	Reinstale o cabo adequadamente e teste novamente.

Tabela 5.3 Dicas de solução de problemas da unidade de disquete (continuação)

Problema	Causa	Solução
	O cabo de dados pode estar deslocado no conector por um ou mais pinos.	Reinstale o cabo adequadamente e teste novamente; substitua o cabo se ele não funcionar.
Diretórios fantasmas — você trocou os discos na unidade, mas o sistema ainda acredita que o disco anterior está inserido e até mostra os diretórios do disco anterior.	Cabo defeituoso.	Substitua o cabo e teste novamente.
	Configuração de unidade imprópria.	Unidades mais antigas devem ter seu jumper de DC (para suporte Drive Changeline) habilitado.
	Unidade ou interface defeituosa.	Substitua a unidade e teste novamente.

> **Nota**
>
> *Usuários do Windows:* em princípio, o Windows *não* atualiza automaticamente a tela de vídeo com o Gerenciador de arquivos, o Explorer, etc. Utilize a tecla F5 ou clique em Atualizar para reler o disco.

Mensagens de erro comuns da unidade de disquete — causas e soluções

Tabela 5.4 Tratando mensagens de erro da unidade de disquete

Mensagem de erro	Causa	Solução
Mídia inválida ou trilha zero defeituosa, disco não utilizável	Você está formatando o disco e o tipo de mídia de disco não corresponde aos parâmetros de formato.	Certifique-se de que você está utilizando o tipo de disco certo para sua unidade e está formatando o disco na sua capacidade correta.
	O disco está defeituoso ou danificado.	Substitua o disco e teste novamente.
	Os cabeçotes de leitura/gravação estão sujos.	Limpe a unidade, deixe os cabeçotes secar e teste novamente.

Capítulo 5 – Armazenamento em disquete, fita removível ...

Tabela 5.4 Tratando mensagens de erro da unidade de disquete (continuação)

Mensagem de erro	Causa	Solução
Erro CRC ou erro de disco 23	Os dados lidos do disco não correspondem aos dados que originalmente foram gravados. (CRC significa *cyclic redundancy check* – verificação de redundância cíclica.)	Substitua o disco e teste novamente. Limpe os cabeçotes da unidade, deixe-os secar e teste novamente. Utilize o Norton Utilities ou o SpinRite para recuperar os dados do disco.
Falha geral ao ler a unidade A, Abortar, Repetir, Falhar ou Erro de Disco 31	O disco não está formatado ou está formatado para um sistema operacional diferente (Macintosh, por exemplo).	Reformate o disco e teste novamente.
	Há áreas danificadas na mídia de disco.	Substitua o disco e teste novamente. Utilize o Norton Utilities ou o SpinRite para recuperar os dados do disco.
	O disco não foi colocado adequadamente na unidade.	Remova e reinsira o disco na unidade. Tente segurar o disco no lugar com a mão. Se você puder ler os dados, copie-os para um disco confiável.
Acesso negado	Você está tentando gravar em um disco ou arquivo protegido contra gravação.	Mova a chave de proteção contra gravação para permitir gravar no disco ou remova o atributo de arquivo de leitura apenas do(s) arquivo(s). Os atributos de arquivo podem ser alterados pelo comando ATTRIB ou pelas propriedades de arquivo no Windows.
Espaço em disco insuficiente ou disco cheio	O disco está cheio ou o diretório raiz está cheio.	Verifique se há espaço livre suficiente disponível no disco para a operação desejada. Utilize as pastas no disco para armazenar os arquivos ou troque por um novo disco.
Bytes em setores defeituosos (maior que 0)	Isso é exibido depois de FORMAT, CHKDSK ou ScanDisk se as unidades de alocação (clusters) foram marcadas como defeituosas.	O sistema operacional não utilizará setores defeituosos, mas isso é um sinal de disco de qualidade marginal; reformate ou descarte e utilize um novo disco sem setores defeituosos.
Tipo de disco ou tipo de drive incompatível ou defeituoso	Você está tentando usar DISKCOPY entre dois tipos de drives incompatíveis ou de disco.	Os discos podem ser copiados apenas entre unidades que utilizam a mesma densidade de disco e tamanho. Utilize COPY ou XCOPY de preferência, a menos que você esteja tentando criar uma cópia exata.

Unidades de armazenamento removíveis

Para realizar backup ou armazenamento principal alternativo, muitos usuários hoje estão abandonando os disquetes em favor de mídias alternativas de armazenamento. A Tabela 5.5 descreve os vários tipos de mídia de armazenamento, e a Tabela 5.6 fornece uma visão geral dos tipos de armazenamento. Das unidades listadas, somente as unidades LS120/SuperDisk, Sony HiFD e Caleb também são compatíveis com leitura/gravação com a mídia-padrão dos disquetes de 3 $\frac{1}{2}$ polegadas.

As unidades que utilizam interfaces SCSI ou IDE (ATAPI) são instaladas da mesma maneira que outros dispositivos SCSI ou IDE. Consulte o Capítulo 4 para obter detalhes.

Tabela 5.5 Referência rápida para dispositivos removíveis de armazenamento magnético e flash (em ordem de capacidade)

Tipo de mídia	Marcas de mídia	Fabricantes	Capacidade	Tipo de interface	Melhor utilização
Memória flash	SmartMedia, ATA Data Flash, Compact Flash, Memory Stick, MultiMedia Card	Vários	2MB–512MB, dependendo da marca e do modelo	Proprietária, cartão PC ou disquete flexível através de adaptadores, cartão para PC do tipo II	"Filme" de câmera digital, armazenamento para PDAs, dispositivos portáveis
Disco magnético flexível	Zip, LS-120 LS-120 SuperDisk, LS-240, SuperDisk PocketZip (antes ClikI), PhotoShow	Vários	40MB–250MB, dependendo da marca e do modelo	Paralela, IDE, SCSI, USB, cartão para PC (PCMCIA)	Backups de dados e de programa e armazenamento para acesso direto
Disco rígido	MicroDrive	IBM	340MB, 1GB	CF + tipo II cartão PC com adaptador	"Filme" de câmera digital, armazenamento de programas e dados para computadores notebook
Disco magnético flexível de alto desempenho	Jaz	Iomega	1GB e 2GB	SCSI	Armazenamento de programas, backups de dados e programas

Tabela 5.5 Referência rápida para dispositivos removíveis de armazenamento magnético e flash (em ordem de capacidade) (continuação)

Tipo de mídia	Marcas de mídia	Fabricantes	Capacidade	Tipo de interface	Melhor utilização
Cartucho de disco rígido de alto desempenho	Orb	Castlewood	2,2GB, 5,7GB (IDE)	IDE, SCSI, USB, Paralela	Armazenamento de programas, backups de dados e programas
Cartucho de disco rígido de alto desempenho	Peerless	Iomega	10GB, 20GB	IEEE-1394, USB	Armazenamento de programas, backups completos de drive
Cartucho de fita magnética de 0,315 polegada	Travan e Travan NS	Vários	Até 10 GB[1], dependendo da marca e do modelo	IDE, SCSI, paralela, USB	Backups de dados e programas, backup completo de drive
Cartucho de fita magnética ADR	ADR 30GB e 50GB	OnStream	15GB[1] e 25GB[1]	IDE, SCSI, paralela, USB, IEEE-1394	Backups de dados e programas, backup completo de drive; armazenamento e leitura de trabalhos em andamento
Exabyte 8MM, AIT, DAT, fita magnética	Vários	Vários	Até 50GB1	SCSI	Backups de dados e de programa, backup completo de drive

1. Capacidade descompactada: as unidades de fita normalmente são especificadas na compactação 2:1; multiplique a capacidade descompactada pela relação real de compactação obtida para determinar sua capacidade de trabalho nominal.

Capítulo 5 – Armazenamento em disquete, fita removível ...

Tabela 5.6 Especificações de unidade removível (em ordem de capacidade)

Fabricante do tipo de unidade	Tipo/capacidade do disco/cartucho	Tempo médio de busca	Taxa de transferência de dados (contínua)
Iomega PocketZip (antes Clik!)	PocketZip de 40 MB	Não listado	320KBps
Paralelo			
Iomega Zip Paralel[1]	Zip de 100 MB	29ms	1,4MBps
Iomega Zip IDE/ATAPI	Zip de 100 MB	29ms	1,4Mbps
Iomega Zip SCSI[1]	Zip de 100 MB	29ms	1,4MBps
Iomega Zip USB	Zip de 100 MB	29ms	1,2MBps
Imation LS-120 IDE Internal[2]	SuperDisk de 120 MB	60ms	1,1MBps
Imation LS-120 Parallel[2]	SuperDisk de 120 MB	60ms	750KBps
Imation LS-120 USB[2]	SuperDisk de 120 MB	60ms	700KBps
Imation LS-120 PCMCIA[2]	SuperDisk de 120 MB	70ms	440KBps
Que! SuperDisk 240MB FD32 USB[3]	SuperDisk de 240 MB	65ms	600KBps
Iomega Zip 250 SCSI[4]	Zip de 250 MB	29ms	2,4Mbps
Iomega Zip 250 Parallel[4]	Zip de 250 MB	29ms	800KBps
Iomega Zip 250 ATAPI/IDE[4]	Zip de 250 MB	29ms	2,4Mbps
Iomega Zip 250 USB[4]	Zip de 250 MB	<50ms	900KBps
Iomega Zip 250 USB com adaptador Fire Wire	Zip de 250 MB	29ms	>2,0MBps
Iomega Jaz (SCSI)[4]	Jaz de 2 GB	12ms	7,35MBps
Castlewood ORB IDE	ORB de 2,2 GB	12ms	12,2MBps
Castlewood ORB SCSI	ORB de 2,2 GB	12ms	12,2MBps
Castlewood ORB Parallel	ORB de 2,2 GB	12ms	2MBps
Castlewood ORB IDE	ORB de 5,7 GB		

Tabela 5.6	Especificações de unidade removível (em ordem de capacidade) (continuação)		
Fabricante do tipo de unidade	Tipo/capacidade do disco/cartucho	Tempo médio de busca	Taxa de transferência de dados (contínua)
Iomega Peerless USB	10GB/20GB Peerless	12ms	1MBps
Iomega Peerless IEEE-1394/FireWire Peerless	10GB/20GB	12ms	15MBps

1. Embora a Iomega especifique as versões ZIP 100 paralelo e SCSI como se tivessem a mesma taxa de transferência, as versões SCSI são até oito vezes mais rápidas em utilização real.

2. A Imation parou de produzir esse produto, mas ele ainda pode estar disponível junto a alguns fornecedores. O desempenho das versões OEM pode variar. Todos os modelos de LS-120 SuperDisk podem ler/gravar mídia padrão de disquete de 3 $1/_2$ polegadas de 1,44 MB / 720 KB.

3. As unidades LS-240 também podem ler/gravar LS-120 SuperDisk e disquetes-padrão de 3 $1/_2$ polegadas de 720 KB e 1,44 MB. As unidades LS-240 também podem formatar disquetes-padrão de 3 $1/_2$ polegadas de 1,44 MB em 32 MB. O desempenho de outras versões da unidade LS-240 pode variar.

4. As unidades zip 250 também podem ler/gravar mídia de Zip 100, embora o desempenho seja mais lento com mídia de Zip 250.

5. A unidade Jaz de 2 GB também pode ler/gravar cartuchos Jaz de 1 GB.

Fontes para mídia de unidade "órfã", manutenção, drivers e suporte

Várias unidades de mídia removível tornaram-se "órfãs" nos últimos anos. Embora a melhor recomendação a longo prazo que você possa fazer é copiar todos os dados legíveis de uma unidade órfã e transferi-los para os dispositivos de armazenamento padrão da indústria, talvez você precise comprar drives para substituição, mídia, manutenção ou peças para permitir aos seus clientes completar a transferência para novos dispositivos de armazenamento. Utilize a Tabela 5.7 para ajudá-lo a localizar essas fontes.

Tabela 5.7	Fontes para partes de unidades "órfãs", serviço e mídia		
Unidade	Status	Partes ou manutenção	Drivers de mídia
Avatar Shark 250	O fabricante saiu do negócio.	Weymouth Technologies (508)735-3513 www.weymouthtech.com	www.windrivers.com/ company.htm (seção "Dead Boards")
Iomega Alpha 8 polegadas, Beta 5,25 polegadas, disco ótico de 21 MB, LaserSafe	Produtos obsoletos não suportados pela Iomega.	Comet Enterprises, Inc. (801) 444-3600 www.gocomet.com	Siga os links de www.gocomet.com (alguns estão no site da Iomega, outros no site da Coment Enterprises)

Capítulo 5 – Armazenamento em disquete, fita removível ...

Tabela 5.7 Fontes para partes de unidades "órfãs", serviço e mídia (continuação)

Unidade	Status	Partes ou manutenção	Drivers de mídia
Todos os produtos da SyQuest (SparQ, EZ-Flyer, outros)	SYQT, Inc. comprou o almoxarifado de produtos e peças da Iomega depois que a Iomega comprou a propriedade intelectual da Syquest em 1999.	Peças, manutenção, drives e mídia estão disponíveis no site da SYQT, Inc.: www.syqt.com.	

Solucionando problemas de unidades de mídia removível

Tabela 5.8 Solucionando problemas de unidades de mídia removível

Unidade/Interface	Problema	Solução
Qualquer modelo de porta paralela	Não é possível detectar a unidade com o programa de instalação	Verifique conflitos de IRQ; a IRQ para a porta paralela não deve ser utilizada por placas de som ou por outros dispositivos. Verifique se o disco de instalação tem os drivers corretos. Configure o modo de porta paralela para atender aos requisitos de unidade.
Qualquer modelo de interface SCSI	Unidade não disponível	Verifique os IDs de SCSI; cada dispositivo SCSI deve ter um número único de ID. Verifique a terminação. Verifique se os drivers corretos estão instalados. Os drivers ASPI devem ser instalados na interface SCSI e em cada dispositivo na interface.
Iomega Zip — qualquer interface	A unidade faz som de "clique"; não é possível acessar os arquivos	A unidade talvez tenha o problema do "clique da morte". Examine se há danos físicos na mídia. Utilize o Iomega Diagnostics para verificar a mídia. Faça download de Trouble in Paradise (TIP) de Gibson Research (http://www.grc.com) para fazer um teste mais completo.
Qualquer modelo de interface USB	Não é possível detectar a unidade	Verifique se as portas USB estão habilitadas e se o sistema operacional tem suporte de USB (Windows 98/Me/2000/XP são recomendados). Se a unidade for alimentada com energia elétrica através do barramento, anexe a unidade diretamente ao hub raiz USB no sistema ou a um hub externo com alimentação própria de energia elétrica. Instale os drivers do hub externo e da unidade se utilizado.
Qualquer modelo de interface IEEE-1394	Não é possível detectar a unidade	Verifique se a porta IEEE-1394 está funcionando corretamente. Verifique se a unidade funciona com seu sistema operacional. Desconecte e reconecte o cabo para detectar novamente a unidade.

Tabela 5.8 Solucionando problemas de unidades de mídia removível (continuação)			
Unidade/Interface	**Problema**	**Solução**
Qualquer unidade, qualquer interface	A letra da unidade interfere na rede, no CD-ROM e assim por diante	No Windows 9x/Me, verifique as propriedades da unidade e selecione uma letra de unidade disponível não utilizada pelo CD-ROM nem pela rede.
		Utilize o Gerenciamento de disco no Windows 2000/XP ou o Administrador de disco (NT 4.0) para remapear as novas unidades para evitar conflitos com as unidades existentes.

Tipos de dispositivos de memória flash

Vários tipos diferentes de dispositivos de memória flash estão em ampla utilização hoje e saber quais sua câmera digital pode utilizar é importante. Os principais tipos incluem o seguinte:

- CompactFlash
- SmartMedia (SSFDC)
- Cartões PC ATA (PCMCIA)
- MultiMedia Card (MMC)
- Memory Stick

Os cartões PC ATA podem utilizar memória flash ou um disco rígido real. Elas podem ser lidas diretamente pelos slots de Cartão PC Tipo II ou Tipo III (PCMCIA) encontrados na maioria dos computadores notebook. O CompactFlash é, na realidade, uma versão compacta de um cartão PC ATA e requer somente um adaptador de conector barato para conectar em um slot de cartão PC padrão.

Os dispositivos de memória flash SmartMedia, MultiMedia Card e Memory Stick exigem o uso de leitora de cartões para interfacear com computadores notebook ou desktop; algumas impressoras com qualidade de fotografia incluem uma leitora de cartão embutida para impressões instantâneas. As leitoras de cartões podem ser anexadas a qualquer um dos seguintes itens:

- Porta paralela
- Porta USB
- Slot de Cartão PC Tipo II

A maioria dos dispositivos que utilizam armazenamento de memória flash pode ser conectada através de portas seriais para download direto de imagens ou outros dados, mas isso é muito mais lento e não é recomen-

Capítulo 5 – Armazenamento em disquete, fita removível ... **187**

dado para utilização intensa. A maioria dos dispositivos mais novos também suporta conexões USB, que são muito mais rápidas que as seriais, mas não são tão rápidas quanto a leitora de cartão.

Solucionando problemas de dispositivos de memória flash

Normalmente, os dispositivos de memória flash são detectados automaticamente e são tratados por seu sistema como uma unidade de mídia removível. O conteúdo de um dispositivo de memória flash pode ser visualizado no Windows Explorer e pode ser copiado, movido ou apagado, assim como ocorre com qualquer outro tipo de mídia de leitura/gravação. A Tabela 5.9 apresenta os problemas e as soluções mais comuns da memória flash.

Tabela 5.9 Solucionando problemas de dispositivos de memória flash		
Sintomas	**Problema**	**Solução**
Cartão Compact Flash não detectado quando conectado no cabo USB JumpShot da Lexar	Somente os cartões Lexar CF habilitados por USB funcionam com o cabo USB JumpShot.	Utilize uma leitora de cartão CF comum para cartões CF comuns; utilize um cabo JumpShot somente com cartões habilitados para USB (procure o logotipo USB na placa).
Cartão de memória flash não detectado quando conectado na leitora de cartão	A leitora de cartão talvez não seja detectada pelo sistema.	Desconecte e reconecte a leitora de cartão se estiver utilizando USB ou IEEE-1394. Para outros tipos de interface, desligue o sistema, reconecte a leitora de cartão e reinicie o sistema; verifique se a porta USB está habilitada e se o sistema tem os drivers USB.
Cartão de memória flash não detectado quando conectado no adaptador de Cartão PC Tipo II	A placa ou o adaptador talvez não estejam anexados com firmeza.	Remova o cartão PC do sistema. Remova o cartão de memória flash e reconecte-o ao adaptador de cartão PC. Então reconecte o cartão PC. Verifique se o slot do Cartão PC funciona com outros dispositivos.
Cartão de memória flash funciona com alguns dispositivos, mas não outros	O cartão pode não ser compatível com todos os dispositivos.	Verifique a lista de compatibilidade do fornecedor do cartão e do dispositivo.

Como os cartões de memória flash são tratados como unidades de disco de mídia removível, você pode utilizar programas de recuperação de dados como o Norton Unerase e ScanDisk na mídia, se necessário. Uma placa de memória flash também pode ser formatada para restaurá-la para operação adequada (embora todos os dados serão perdidos).

Unidades e mídia de backup de fita

Padrões comuns de backup de fita

Há vários padrões de backup de fita para drives de backup de fita individuais de PCs clientes e de pequenos servidores:

- **QIC, QIC-Wide e Travan** – Três ramos de uma grande e diversificada família de unidades de backup de fita de "nível de entrada" e baixo custo, que podem tratar dados até a compactação de 20GB@2:1

- **DAT (Digital Audio Tape)** – Uma tecnologia mais nova que QIC e seus descendentes, utilizando tecnologia Digital Data Storage para armazenar dados até a compactação de 40GB@2:1

- **ADR (Advanced Digital Recording) da OnStream** – Uma tecnologia recente dirigida às necessidades de backup de desktop e de redes pequenas, apresentando capacidade até a compactação de 50GB@2:1

- **VXA da Ecrix** – Uma tecnologia recente que foi aprovada pelo comitê de padrões de armazenamento de dados internacionais ECMA e que fornece armazenamento até a compactação de 66GB@2:1

Outros padrões de backup de fita, como DLT (Digital Linear Tape) e 8mm, são utilizados principalmente com servidores maiores de arquivos de rede e estão além do escopo deste livro.

Unidades e mídia de fita Travan

A Imation criou a família de unidades de fita Travan para permitir um desenvolvimento padronizado da "colcha de retalhos" das unidades de fita QIC e QIC-Wide MC (minicartucho) que se originaram das unidades QIC-40 e QIC-80 e seus cartuchos DC-2120. Observe que o Travan-1 ao Travan-4 NS-8 mantém a compatibilidade de leitura com o cartucho QIC-80.

Tabela 5.10 Cartuchos da família Travan e suas capacidades

Cartucho Travan (nome anterior)	Capacidade/ compressão 2:1	Leitura/gravação compatível com	Leitura compatível com
Travan-1 (TR-1)	400MB/800MB	QIC-80, QW5122	QIC-40
Travan-3 (TR-3)	1,6GB/3,2GB	TR-2, QIC-3020, QIC-3010, QW-3020XLW, QW-3010XLW	QIC-80, QW-5122, TR-1
Travan 8GB (Travan 4/ TR-4)	4GB/8GB	QIC-3095	QIC-3020, QIC-3010, QIC-80, QW-5122, TR-3, TR-1
Travan NS-8[1]	4GB/8GB		QIC-3020, QIC-3010, QIC-80
Travan NS-20	10GB/20GB		Travan 8GB, QIC-3095

1. Esse cartucho pode ser utilizado no lugar do Travan 8 GB (TR-4); o mesmo cartucho pode ser utilizado em unidades NS8 ou TR-4.

> **Nota**
>
> A compatibilidade com drives mais antigos pode variar com cada unidade; consulte o fabricante antes de comprar qualquer unidade para verificar questões de retrocompatibilidade.

Travan e Travan NS

As unidades Travan e Travan NS utilizam os mesmos cartuchos de fita Travan de 8 GB ou 20 GB (compactação de 2:1), mas seus mecanismos, interfaces e utilizações sugeridas variam significativamente.

A Tabela 5.11 compara essas tecnologias; as unidades Travan NS fornecem backup mais rápido com verificação porque os dados são verificados durante o backup em vez de retroceder a fita, mas as unidades Travan NS exigem uma interface SCSI e são mais caras que as unidades Travan.

Tabela 5.11 Comparação de Travan e Travan NS

	Travan	Travan NS
Verificação de fita em passagem única	Não	Sim
Tipos de interface	USB, IDE/ATAPI, SCSI	SCSI
Backup de estação de trabalho	Sim	Sim
Backup de rede	Não	Sim

Além da Travan — dispositivos maiores de backup de fita

Com unidades de disco de 30 GB e maiores muito comuns nos sistemas atuais, o limite de 20 GB (@2:1) das unidades Travan NS20 não é suficiente para fornecer backup de fita única. Várias tecnologias diferentes de drives oferecem um preço razoável, desempenho alto e alta capacidade de utilização com as unidades de disco maiores de hoje.

A Tabela 5.12 fornece uma visão geral das principais opções adequadas para uso em estações de trabalho e em redes pequenas (preço de unidade inferior a US$ 1.200).

Tabela 5.12 Unidades de backup de fita com capacidades acima de 20 GB (@2:1) — no varejo a menos de US$ 1.200

Site do fornecedor do tipo de backup de fita	Tecnologia	Capacidades de fita @2:1	Interfaces
OnStream ADR http://www.onstream.com	ADR	30GB	IDE/ATAPI, Paralela, SCSI, USB
Tandberg SLR7 http://www.tandberg.com	SLR	40GB	SCSI
OnStream ADR http://www.onstream.com	ADR	50GB	SCSI
Ecrix VXA-1 http://www.ecrix.com	VXA	66GB	SCSI, IEEE-1394, IDE/ATAPI

Convertendo backups de fita mais antigos para funcionar com uma nova unidade

A NovaStor (http://www.novastor.com) vende seu programa TapeCopy 2.0 para realizar conversão de mídia. O TapeCopy 2.0 converte dados entre diferentes formatos de backup de fita para drives com interfaces do tipo IDE e SCSI, permitindo-lhe utilizar os dados de backup mais antigos com sua nova unidade.

Procedimentos bem-sucedidos de backup e restauração em fita

Uma fita de backup talvez seja a única coisa que o separa de uma perda completa de dados. Para assegurar que cada backup possa ser restaurado, siga as orientações mostradas nas Tabelas 5.13 e 5.14 ao criar um backup ou restaurar um.

Tabela 5.13 Dicas de backup de fita

Dica	Benefício	Notas
Realize o teste de confiabilidade durante a instalação do software de backup de fita.	Testa os canais de DMA no computador para transferência segura de dados; configura a taxa de transferência padrão para o backup.	Mantenha uma fita sobressalente vazia sempre para permitir realizar esse teste sempre que um novo hardware é instalado ou antes de executar um novo backup de segurança.
Selecione o tipo correto de backup.	Um backup "completo" faz backup do conteúdo do sistema, mas o sistema operacional deve ser restaurado primeiro antes de se restaurar o backup. O backup de "recuperação após desastre" cria discos especiais de inicialização e permite recuperação do sistema inteiro direto da fita para uma unidade de disco vazia. Outros tipos de backup são projetados principalmente para backup de dados.	Faça um backup de recuperação após um desastre e teste sua capacidade de restaurar seu backup em uma unidade de disco vazia. Utilize outros tipos de backup para backups periódicos.
Escolha velocidade e segurança.	A compactação máxima de dados utiliza a menor quantidade de fita e freqüentemente é tão rápida quanto outros tipos de backup. Utilize Compare depois para assegurar a leitura.	
Não utilize várias fitas para um único backup.	Os backups de fita em geral são especificados com base na suposição de uma compactação de 2:1; essa relação raramente é alcançada. Utilizar várias fitas para um único backup pode causar uma perda de dados se a primeira fita for perdida	Utilize a taxa real de compactação informada durante seu backup completo inicial para determinar seu tamanho nominal de fita. Se sua unidade de fita for um Travan 3 ou menor, consiga capacidade extra por fita utilizando fitas da série Verbatim QIC-EX (veja a Tabela 5.15).

Capítulo 5 – Armazenamento em disquete, fita removível ... **191**

Tabela 5.13	Dicas de backup de fita (continuação)	
Dica	**Benefício**	**Notas**
	porque ela contém o catálogo da fita. Faça backup de uma unidade grande com uma unidade de fita pequena fazendo backup de seções.	
Evite multitarefas durante o backup de fita.	Deixe o backup de fita ser executado sem interrupções devido às transferências de DMA. Desligue o protetor de tela e o gerenciamento de energia. Desligue o monitor.	Não utilize unidades de disquete porque o DMA 2 de disquete é freqüentemente utilizado durante os backups.

Tabela 5.14	Dicas de restauração de fita
Dica	**Benefício**
Restaure os backups completos para uma unidade vazia, se possível.	Evite sobrescrever a unidade com dados desnecessários se o backup falhou.
Se seu backup completo não for um tipo de recuperação após desastre, primeiro instale a menor imagem possível do sistema operacional.	Você esperará menos antes de conseguir instalar seu software de backup e conseguir restaurá-lo.
Execute o teste de confiança novamente antes de iniciar o processo de restauração.	Isso verifica se as transferências de DMA serão bem-sucedidas; exige uma fita vazia ou uma que pode ser sobrescrita, portanto, mantenha uma à mão.

Solucionando problemas da unidade de fita

Pode ser bastante trabalhoso instalar e operar as unidades de fita. Qualquer tipo de mídia removível é mais suscetível a problemas ou danos, e a fita não é nenhuma exceção. Esta seção lista alguns problemas e soluções comuns. Depois de cada problema ou sintoma, vem uma lista de passos de solução de problemas.

Não é possível detectar a unidade

Para drives de porta paralela, utilize o backup de fita como o único dispositivo na unidade e verifique o modo IEEE-1284 (EPP ou ECP) exigido pela unidade em relação à configuração de porta paralela.

Para as unidades USB, certifique-se de que está utilizando o Windows 98 ou uma versão superior *e* que a porta USB está habilitada no BIOS; muitos sistemas originalmente distribuídos com o Windows 95 desabilitam essa porta.

Para as unidades IDE, assegure que os jumpers mestre/escravo em ambas as unidades estão adequadamente configurados.

Para as unidades SCSI, verifique a terminação e os números de ID de dispositivo.

Para as unidades externas de qualquer tipo, certifique-se de que a unidade esteja ligada alguns segundos antes de iniciar o sistema. Se não, você pode utilizar o Gerenciador de dispositivos, do Windows 9x/2000/Me/XP para "atualizar" a lista de dispositivos, mas, se isso não funcionar, você precisará reiniciar o computador.

Falha de operação de backup ou de restauração

Se sua unidade de fita sofrer uma falha de operação de backup ou de restauração, siga estes passos:

1. Certifique-se de que está utilizando o tipo de cartucho de fita correto.
2. Remova e substitua o cartucho.
3. Reinicie o sistema.
4. Reajuste a tensão da fita.
5. Experimente uma nova fita.
6. Limpe os cabeçotes da fita.
7. Certifique-se de que todos os cabos estão seguramente conectados.
8. Execute novamente o teste de confiabilidade que verifica a velocidade de transferência de dados com uma fita em branco (esse teste sobrescreve quaisquer dados já presentes na fita).

Bloco defeituoso ou outros erros de mídia de fita

Para solucionar os problemas de bloco defeituoso ou outros tipos de erros de mídia, siga estes passos:

1. Reajuste a tensão da fita.
2. Limpe os cabeçotes.
3. Experimente uma nova fita.
4. Reinicie o sistema.
5. Tente inicializar a fita.
6. Realize um apagamento seguro na fita (os dados anteriores não são mais recuperáveis).

Observe que a maioria das fitas de minicartucho são pré-formatadas e não podem ser reformatadas por sua unidade. Não tente apagamento em massa das fitas pré-formatadas porque isso inutilizará as fitas.

Travamento do sistema ou congelamento do sistema ao executar um backup de fita

Se seu sistema travar ou congelar enquanto executa um backup de fita, siga estes passos:

1. Assegure-se de que seu sistema atende pelo menos aos requisitos mínimos para a unidade de fita e o software de backup.

2. Verifique conflitos de driver ou de recursos (IRQ, DMA ou endereço de porta de E/S) que entram em conflito com a placa controladora ou a interface da unidade de fita; utilizar a unidade de disquete enquanto faz um backup de fita em disquete ou através da porta paralela é uma causa importante de conflitos de DMA.

3. Configure o CD-ROM como mestre e a unidade de fita como escrava se ambos estiverem utilizando a mesma porta IDE.

4. Verifique a seqüência de inicialização do BIOS; certifique-se de que ele não esteja configurado como dispositivos ATAPI (fita/CD-ROM) se a unidade de fita for configurada como dispositivo mestre ou como escravo sem mestre.

5. Certifique-se de que a unidade de disco tem espaço livre suficiente; a maioria dos programas de backup utiliza temporariamente espaço de unidade de disco como buffer para a transferência de dados.

6. Os problemas de unidade de disco podem fazer com que o software de backup trave. Verifique se há erros no disco rígido com o ScanDisk ou um utilitário comparável.

7. Verifique se não há vírus.

8. Verifique instalações anteriores de unidade de fita; certifique-se de que quaisquer drivers de instalações anteriores sejam removidos.

9. Temporariamente desative o driver VGA atual e teste com o driver-padrão VGA 640 × 480 × 16 fornecido pela Microsoft. Se o problema não voltar a ocorrer, entre em contato com o fabricante da placa gráfica para obter um driver de vídeo atualizado.

10. Alguns arquivos em algumas Lixeiras de terceiros podem fazer com que o software de backup trave. Esvazie a lixeira antes de tentar um backup.

11. Desative os programas antivírus e o Gerenciamento de energia avançado.

12. Experimente a unidade de fita em outro sistema de computador e

um sistema operacional diferente ou tente trocar a unidade, a placa e o cabo por um equipamento bom, que você sabe que está funcionando.

Outros problemas de unidade de fita

Outras questões que em geral causam problemas com backups de fita incluem o seguinte:

- Corrupção de dados ou de informações de ID na fita.
- Configurações incorretas de BIOS (CMOS).
- Problemas de rede (drivers de rede desatualizados e assim por diante).
- A fita foi gravada por outra unidade de fita. Se a outra unidade ainda pode ler a fita, isso talvez indique um problema de alinhamento de cabeçote ou um ambiente incompatível.

Retensionamento de fita

Retensionar uma fita é o processo de adiantamento rápido e depois retrocesso da fita para assegurar que existe tensão uniforme na fita e nos rolamentos ao longo de todo o percurso da fita. A retensão é recomendada como operação de manutenção preventiva ao se utilizar uma nova fita ou depois que uma fita existente foi exposta a alterações de temperatura ou choque (por exemplo, derrubar a fita). A retensão também restaura a tensão adequada à mídia e remove pontos indesejáveis de compressão que podem se desenvolver.

Entre as regras gerais para retensão pode-se incluir o seguinte:

- Retensione quaisquer fitas que não foram utilizadas por mais de um ou dois meses.
- Retensione as fitas se houver erros que as lêem.
- Retensione quaisquer fitas que foram derrubadas.
- Em alguns casos, talvez seja necessário realizar a operação de retensão várias vezes para alcançar o efeito adequado. A maioria das unidades de fita ou dos softwares de backup inclui um recurso de retensão, como uma seleção de menu.

Capítulo 6

Dispositivos e portas seriais e paralelas

Entendendo as portas seriais

A interface serial assíncrona foi projetada como uma porta de comunicação de sistema para sistema. *Assíncrono* significa que nenhuma sincronização ou sinal de sincronização está presente, assim os caracteres podem ser enviados com qualquer intervalo arbitrário de tempo.

Cada caractere que é enviado em uma conexão serial é enquadrado por um sinal padrão de início e parada (*start-and-stop*). Um único bit 0, denominado bit *inicial* (start), precede cada caractere para dizer ao sistema receptor que os próximos oito bits constituem um byte de dados. Assim, um ou dois bits seguem o caractere para sinalizar que o caractere foi enviado. Na extremidade receptora da comunicação, os caracteres são reconhecidos pelos sinais de *start-stop* em vez de uma contagem de tempo de sua chegada.

Serial refere-se aos dados que são enviados sobre um único fio, com cada bit alinhando-se em uma série enquanto os bits são enviados. Utiliza-se esse tipo de comunicação no sistema de telefonia porque esse sistema fornece um fio para os dados em cada direção. Comparadas às portas paralelas, as portas seriais são muito lentas, mas seus sinais podem ser transmitidos por uma distância maior. Os outros fios na porta serial são utilizados para controlar o fluxo de dados que saem ou entram pela porta.

As portas seriais também são conhecidas como portas *COM* porque são utilizadas para a comunicação entre dispositivos.

As portas seriais utilizam conectores D machos de 9 ou 25 pinos, embora a maioria dos dispositivos hoje utilize somente o tipo de 9 pinos. Os adaptadores podem converter um tipo no outro. Consulte o Capítulo 12 para ver ilustrações da porta serial de 9 pinos (estilo AT), que é o padrão em sistemas mais recentes e a porta serial de 25 pinos mais antiga, o tipo original utilizado no PC original da IBM e alguns de seus sucessores. As portas embutidas normalmente são controladas (ativadas ou desativadas) na configuração de BIOS.

Pinagens para portas seriais

As Tabelas 6.1, 6.2 e 6.3 mostram as pinagens dos conectores seriais de 9 pinos (estilo AT), de 25 pinos e de 9 pinos para 25 pinos.

Tabela 6.1 Conector de porta serial de 9 pinos (AT)

Pino	Sinal	Descrição	E/S
1	CD	Carrier Detect (detecção de portadora)	E
2	RD	Receive Data (recebe os dados)	E
3	TD	Transmit Data (transmite os dados)	S
4	DTR	Data Terminal Ready (terminal de dados pronto)	S
5	SG	Signal Ground (terra de sinal)	—
6	DSR	Data Set Ready (conjunto de dados pronto)	E
7	RTS	Request To Send (pedido para enviar)	S
8	CTS	Clear To Send (pronto para enviar)	E
9	RI	Ring Indicator (indicador de campainha)	E

Tabela 6.2 Conector de porta serial de 25 pinos (PC, XT e PS/2)

Pino	Sinal	Descrição	E/S
1	—	Terra do chassi	—
2	TD	Transmit Data (transmite os dados)	S
3	RD	Receive Data (recebe os dados)	E
4	RTS	Request To Send (pedido para enviar)	S
5	CTS	Clear To Send (pronto para enviar)	E
6	DSR	Data Set Ready (conjunto de dados pronto)	E
7	SG	Signal Ground (terra de sinal)	—
8	CD	Carrier Detect (detecção de portadora)	E
9	—	+Retorno do laço de corrente-transmissão	S
11	—	–Dados do laço de corrente-transmissão	S
18	—	+Dados do laço de corrente-recepção	E
20	DTR	Data Terminal Ready (terminal de dados pronto)	S
22	RI	Ring Indicator (indicador de campainha)	E
25	—	–Retorno do laço de corrente-recepção	E

Tabela 6.3 Conexões de adaptador de cabo serial de 9 pinos para 25 pinos

9 pinos	25 pinos	Sinal	Descrição
1	8	CD	Carrier detect (detecção de portadora)
2	3	RD	Receive data (recebe os dados)
3	2	TD	Transmit data (transmite os dados)
4	20	DTR	Data terminal ready (terminal de dados pronto)
5	7	SG	Signal ground (terra de sinal)
6	6	DSR	Data set ready (conjunto de dados pronto)
7	4	RTS	Request to send (pedido para enviar)

Tabela 6.3 Conexões de adaptador de cabo serial de 9 pinos para 25 pinos (continuação)

9 pinos	25 pinos	Sinal	Descrição
8	5	CTS	Clear to send (pronto para enviar)
9	22	RI	Ring indicator (indicador de campainha)

> **Nota**
>
> Os sistemas Macintosh utilizam uma interface serial semelhante, definida como RS-422. Muitos modems externos em utilização hoje podem interfacear com o RS-232 ou RS-422, mas é mais seguro certificar-se de que o modem externo que você obtém para o seu PC seja projetado para um PC, não um Macintosh.

UARTs

O coração de qualquer porta serial é o chip Universal Asynchronous Receiver/Transmitter (UART) (ou função UART em um chip Super I/O). O UART controla completamente o processo de transformar os dados paralelos de dentro do PC no formato serial e, mais tarde, converter os dados seriais de volta ao formato paralelo.

Muitos modelos de modem interno de baixo custo não têm um UART verdadeiro e utilizam os recursos do computador e do sistema operacional para fazer comunicações no lugar de um UART. Os chamados *Winmodems* (ou *soft modems* ou *modems sem controladoras*) são mais baratos que os modems comuns, mas são mais lentos e, por causa da falta de suporte de driver, freqüentemente não são utilizáveis em sistemas operacionais não-Windows, como o Linux.

Tipos de UART

Os sistemas mais recentes não utilizam mais um chip UART separado, mas misturam a função do UART no chip Super I/O ou chip South Bridge (Ponte Sul)(que fazem parte do chipset da placa-mãe). Entretanto, é importante saber qual chip UART (ou equivalente) sua(s) porta(s) serial(is) utiliza(m), especialmente sob as seguintes circunstâncias:

- Você quer anexar um modem à porta serial.
- Você planeja transferir os dados entre as máquinas através da porta serial.
- Você quer garantir a realização de multitarefas confiáveis enquanto utiliza o Windows com o modem.

A Tabela 6.4 resume as principais características dos chips UART (e equivalentes) encontrados nos PCs. Para obter informações adicionais sobre os UARTs, consulte o Capítulo 17 do livro *Upgrading and Repairing PCs, 13th. Edition*, da Que.

Tabela 6.4 Visão geral de tipos de chip UART

Tipo de UART	Velocidade máxima	Buffer	Sistema típico	Notas
8250	Até 9,6 Kbps	Não	8088	UART original; substituído por 8250B
8250A	Até 9,6 Kbps	Não	8088	Não recomendado porque é incompatível com 8250
8250B	Até 9,6 Kbps	Não	8088/286	Versão depurada do 8250
16450	Até 19.2Kbps	1 byte	386/486 (19,2Kbps)	UART mínimo para OS/2
16550	Até 115Kbps	16 bytes FIFO	Pentium 386/486	Primeiro chip adequado para multitarefas; pode ser utilizado como substituto de pinagem compatível com o 16450 fixado em soquete.
				Os chips Super I/O e South Bridge, que contêm funções Super I/O que emulam os 16550
16650	Até 230Kbps	32 bytes	Placas de E/S especializadas, adaptadores ISDN internos	Throughput mais rápido que o a série 16650
16750	Até 460Kbps	64 bytes	Placas de E/S especializadas, placas de terminal ISDN	Throughput mais rápido que as séries 16650
16950	Até 921.6Kbps	128 bytes	Placas de E/S especializadas, placas de terminal ISDN	Throughput mais rápido que o 16550, 16650 e 16750

> **Nota**
>
> As especificações anteriores refletem as velocidades máximas disponíveis com os projetos-padrão de placa de E/S; alguns fornecedores utilizam um recurso de multiplicação de clock que pode dobrar a velocidade efetiva de alguns UARTs em algumas aplicações de placa de E/S.

Identificando o UART do seu sistema

O chip UART mínimo desejável é da série 16550 ou superior, mas os sistemas mais antigos e algumas placas de baixo custo de E/S múltipla podem usar a série sem buffer de UART 8250 ou 16450 no lugar disso. Três métodos podem ser utilizados para determinar qual UART você tem em um sistema.

Método de MS-DOS (também para Windows NT)

Utilize um programa diagnóstico como o Microsoft MSD, CheckIt, AMIDiag ou outros para examinar as portas seriais. Eles também listam a IRQ e os endereços de porta de E/S em utilização para cada porta serial. Como as portas são virtualizadas com o Windows, os relatórios de um utilitário baseado em DOS não serão exatos, a menos que você faça boot diretamente a partir de um prompt do DOS e execute o diagnóstico a partir daí.

Método de OS/2

Utilize o comando MODE COMx do prompt de OS/2 para visualizar as informações de porta serial. Procure uma entrada denominada Buffer na lista de características da porta serial. Se Buffer estiver configurado como Auto, o chip é um 16650A verdadeiro ou superior. Entretanto, se Buffer estiver configurado como N/A (N/D), trata-se de um chip 16450 mais antigo.

Método Windows 9x/2000/Me/XP

Abra o menu Iniciar e escolha Configurações, Painel de Controle. Localize o ícone Modems, dê um clique duplo nele e depois clique na guia Diagnóstico. Ela apresenta uma lista de todas as portas COM no sistema, mesmo se não tiverem um modem anexado a elas. Selecione a porta que você quer verificar na lista e clique em Mais informações. O Windows comunica-se com a porta para determinar o tipo de UART e essa informação é listada na parte Informações sobre portas da caixa Mais informações. Se houver um modem instalado, são exibidas informações adicionais sobre o modem.

O Windows 2000 e o XP não têm uma guia Diagnóstico e o miniaplicativo para o controle do modem chama-se Opções de telefone e modem.

Portas seriais de alta velocidade (ESP e Super ESP)

Alguns fabricantes lançaram as Enhanced Serial Ports (ESP), ou super portas seriais de alta velocidade. Elas permitem que um modem de 28,8 Kbps ou mais rápido comunique-se com o computador a taxas de dados de até 921,6 Kbps. A velocidade extra nessas portas é gerada aumentando-se o tamanho do buffer. Essas portas normalmente baseiam-se em um UART 16650, 16750 ou 16950 (veja a Tabela 6.4), e algumas incluem mesmo mais memória de buffer na placa.

A Lava Computer Mfg. e a Byte Runner Technologies são dois fornecedores que oferecem uma linha completa de placas de alta velocidade de portas seriais; alguns modelos também incluem portas paralelas.

Se você utiliza uma placa de E/S múltipla baseada em PCI com versões Windows 95B ou superiores do Windows, o direcionamento de IRQ permitirá que você utilize a placa junto com outras placas em seu sistema; você ainda será capaz de utilizar suas portas seriais existentes para os dispositivos de baixa velocidade, se preferir. Entretanto, se você utiliza uma placa de E/S múltipla baseada em ISA, você deve desativar as portas seriais on-board do seu sistema para evitar conflitos e ajustar a placa com as mesmas configurações de IRQ e de endereço de porta de E/S que as portas seriais on-board do seu sistema.

Configuração de porta serial

Toda vez que um caractere é recebido por uma porta serial, ele deve obter a atenção do computador levantando uma *linha de requisição de interrupção (interrupt request line* – IRQ). Os sistemas com barramento ISA de oito bits têm oito linhas como essas e os sistemas com um barramento ISA de 16 bits têm 16 linhas. O chip controlador de interrupção 8259 normalmente trata dessas solicitações, isto é, providencia que recebam atenção. Em uma configuração-padrão, a COM 1 utiliza IRQ 4 e a COM 2 utiliza IRQ 3.

Quando uma porta serial é instalada no sistema, ela deve ser configurada para utilizar endereços específicos de E/S (chamado *portas*) e *interrupções*. O melhor plano é seguir os padrões já existentes sobre como esses dispositivos devem ser configurados. Para configurar as portas seriais no Windows ou no Linux, utilize os endereços e as interrupções indicadas na Tabela 6.5.

Capítulo 6 – Dispositivos e portas seriais paralelas

Tabela 6.5	Endereços de portas de E/S serial e interrupções-padrão		
COM x	Portas de E/S	IRQ	Equivalente no Linux[2]
COM 1	3F8–3FFh	IRQ 4	ttys0
COM 2	2F8–2FFh	IRQ 3	ttys1
COM 3	3E8–3EFh	IRQ 4[1]	ttys2
COM 4	2E8–2EFh	IRQ 3[1]	ttys3

1. Embora muitas portas seriais possam ser configuradas para compartilhar as IRQ 3 e 4 com COM 1 e COM 2, isto não é recomendado. A melhor recomendação é configurar COM 3 com IRQ 10 e COM 4 com IRQ 11 (se disponível). Se as portas acima de COM 3 se fizerem necessárias, é recomendável comprar uma placa serial especial de várias portas.

2. Os usuários do Linux devem utilizar distribuições baseadas no kernel 2.2 ou melhor para ativar o compartilhamento de IRQ. Com versões mais antigas, utilize o comando setserial (encontrado na inicialização do Linux) para atribuir IRQs diferentes aos dispositivos que utilizam ttys2 (COM3) e ttys3 (COM4); isso também exige que se configure as placas para utilizar essas IRQs. Para obter informações adicionais sobre setserial e portas seriais no Linux, veja o Linux Serial How-To no endereço http://www.linuxdoc.org/HOWTO/SerialHOWTO.html.

Evitando conflitos com portas seriais

Utilize a Tabela 6.6 para entender e evitar possíveis conflitos com as portas seriais.

Tabela 6.6	Solucionando problemas de conflitos de porta serial	
Problema	Razão	Solução
Programa baseado em DOS não pode localizar COM 3 ou 4 no modem ou em outro dispositivo	DOS e PC BIOS suporta somente COM 1 e 2	Desative a COM 2 e habilite o novo dispositivo para utilizar COM 2; utilize um programa Windows no lugar disso.
Dispositivo que usa COM 3 ou 4 entra em conflito com COM 1 e 2	IRQs compartilhadas não funcionam para os dispositivos ISA	Realoque IRQ do dispositivo em uma porta diferente. Se o dispositivo for externo, conecte-o a uma placa de várias portas (Windows 95/98/NT/2000/XP pode tratar 128 portas seriais). Utilize porta serial baseada em PCI para COM 3 e acima; isso permite compartilhamento de IRQ com outros dispositivos PCI no Windows 95B e versões superiores.

Nota

Para obter as soluções para os problemas de modem, veja a seção "Modems", mais adiante nesse capítulo.

Solucionando problemas de portas de E/S no Windows 9x/Me/2000/XP

Siga estes passos para solucionar os problemas de portas seriais nessas versões do Windows:

1. Abra a página Sistema, selecione a guia Perfis de hardware (se houver) e clique em Gerenciador de Dispositivos.
2. Clique na categoria Portas e selecione a porta específica (como COM 1).
3. Clique no botão Propriedades e depois clique na guia Recursos para exibir as configurações de recurso atuais (IRQ, E/S) para essa porta.
4. Verifique a lista de Lista de dispositivos em conflito, para ver se a porta está utilizando recursos que entram em conflito com outros dispositivos. Se a porta estiver em conflito com outros dispositivos, clique no botão Alterar configurações e selecione uma configuração que não causa conflitos de recursos. Você talvez precise testar essas configurações até encontrar a certa.
5. Se as configurações de recurso não puderem ser alteradas, é provável que elas devam ser alteradas através da BIOS Setup. Desligue e reinicie o sistema, entre na configuração de BIOS e altere as configurações de porta.

Além dos conflitos de IRQ de COM 1/COM 3 e COM 2/COM 4 observados anteriormente, alguns adaptadores de vídeo têm um conflito automático de endereço com o endereço de porta de E/S da COM 4.

Você também pode utilizar a guia Diagnóstico de modem (discutida anteriormente nesse capítulo) para testar uma porta serial, havendo um modem ou não no sistema.

Diagnósticos avançados que utilizam o teste de loopback

Um dos tipos de testes de diagnósticos mais úteis é o *teste de loopback*, que pode ser utilizado para garantir o correto funcionamento da porta serial e quaisquer cabos anexados. Os testes de loopback são basicamente internos (digitais) ou externos (analógicos). Você pode executar testes internos desconectando todos os cabos da porta e executando o teste através de um programa de diagnósticos.

O teste externo de loopback é mais eficaz. Exige que um conector especial de loopback ou um *wrap plug* seja anexado à porta em questão. Quando o teste é executado, utiliza-se a porta para enviar dados para o conector de loopback, que roteia os dados de volta aos pinos receptores da porta, de modo que a porta passe a transmitir e receber ao mesmo tempo. O *conec-*

tor de loopback ou *wrap plug* não é nada mais que um cabo dobrado sobre si próprio.

A AMI inclui conectores seriais e paralelos de loopback com o AMIDiag Suite (http://www.ami.com), e a SmithMicro oferece conectores de loopback como parte de seu programa de diagnóstico CheckIt Suite (http://www.smithmicro.com). Observe que há várias maneiras de construir um conector de loopback e a forma correta difere de um programa para outro. Entre em contato com o fornecedor de software de diagnóstico para conhecer as pinagens se quiser fazer seu próprio conector ou se quiser adquirir conectores de loopback pré-fabricados.

Modems

Os modems fornecem um link de comunicação vital entre milhões de firmas de pequeno e médio porte, residências e Internet, operações bancárias on-line e outros serviços. As seguintes informações o ajudarão a obter mais de seu modem.

Modems e portas seriais

Os modems externos conectam-se às portas seriais existentes e não contêm um chip UART. A maioria dos modems internos contém sua própria porta serial e um chip UART.

Qualquer modem externo que é utilizado em velocidades de 28 Kbps ou superiores deve ser conectado a um UART do tipo 16550A ou melhor para trabalhar em velocidades máximas. Para obter melhores resultados com placas de terminal ISDN externo, utilize portas seriais equipadas com UART 16750 ou 16950 porque elas suportam velocidades máximas superiores a 460 Kbps.

56 Kbps e padrões mais antigos de modulação de modem

Os modems assíncronos (também chamados de modems *analógicos* ou modems *dial-up*) freqüentemente são identificados por seus protocolos. Utilize a Tabela 6.7 para determinar a velocidade e outras características de um protocolo particular. A maioria dos modems suporta vários protocolos.

Tabela 6.7 Padrões de modulação de modem e taxas de transmissão

Protocolo	Taxa máxima de transmissão (bps)	Modo duplex
Bell 103	300bps	Full
CCITT V.21	300bps	Full
Bell 212A	1200bps	Full
ITU V.22	1200bps	Half
ITU V.22bis	2400bps	Full
ITU V.23	1.200/75bps	Pseudo-Full

Tabela 6.7 Padrões de modulação de modem e taxas de transmissão (continuação)

Protocolo	Taxa máxima de transmissão (bps)	Modo duplex
ITU V.29	9.600bps	Half
ITU V.32	9.600bps	Full
ITU V.32bis	14.400bps (14.4Kbps)	Full
ITU V.32fast	28.800bps (28.8Kbps)	Full
ITU V.34	28.800bps (28.8Kbps)	Full
ITU V.34bis	33.600bps (33.6Kbps)	Full
ITU V.90[1]	56.000bps (56Kbps)[2]	Full
ITU V.92[3]	56.000bps (56Kbps)[2]	Full

1. A velocidade de upload máxima para um modem V.90 (bem como para os protocolos X2 e K56flex que substituiu) é 33,6 Kbps.

2. Embora ITU V.90 e V.92 (sucessores dos padrões proprietários 56Kflex e X2) permitam essa velocidade de transmissão, a U.S. Federal Communications Commission (FCC) permite apenas 53.000 bps (53 Kbps) nesse momento.

3. V.92 é uma extensão de V.90 e, dependendo do suporte do ISP a esses recursos, ele pode oferecer os seguintes aprimoramentos: QuickConnect (reduz tempo de conexão aprendendo as características da linha), Modem-on-Hold (permite receber uma chamada de voz sem perder sua conexão) e PCM Upstream, que permite upload de 48 Kbps.

Para obter informações adicionais sobre os padrões V.90 e V.92 56 Kbps, consulte o livro *Upgrading and Repairing PCs, 13th. Edition*, Capítulo 20.

Atualizando de X2 ou K56flex para V.90 com atualização de flash

Os padrões originais patenteados de 56 Kbps (X2 e K56flex) foram substituídos pelo V.90. Embora o V.90 seja semelhante ao K56flex e embora alguns ISPs suportem os dois tipos de modems com o mesmo número de discagem, o X2 é bem diferente e pouquíssimos ISPs ainda suportam conexões de 56 Kbps com modems X2. Se possível, você deve atualizar seu modem não-V.90/92 para um desses padrões atuais. Muitos mas nem todos os modems X2 e K56flex têm firmware de flash atualizável.

A atualização de flash para V.90 funciona como a atualização de BIOS para um PC: você faz download do software apropriado do fornecedor de modem, executa o software de flash e espera alguns minutos; então, seu modem fica pronto para discar para ISPs baseados no V.90 a velocidades máximas. Um problema importante é o que acontece *dentro* do modem com o firmware existente:

- **Modems X2 para V.90** — firmware X2 e V.90 podem coexistir em um modem.

- **K56flex para V.90** — A maioria dos modems K56flex não tem espaço para ambos os conjuntos de firmware, assim o firmware V.90 *substitui* o K56flex. A falta de um padrão de fallback causou problemas para alguns usuários de modems V.90 que atualizaram seus modelos K56flex. A Tabela 6.8 o ajudará a encontrar uma solução se suas conexões V.90 não são confiáveis.

Tabela 6.8 Solucionando problemas de modems V.90 (ex-K56flex)

Problema	Solução	Método
Você não consegue obter uma conexão confiável com V.90.	Faça download e instale as últimas revisões de firmware do site do fornecedor, mesmo se tiver um modem novo em folha.	Se você estiver tendo problemas fazendo a conexão, faça a discagem de seu modem em uma linha de 33,6 Kbps ou faça seu modem passar por um modelo mais antigo instalando-o como um modelo de 33,6 Kbps do mesmo fornecedor.
Seu ISP suporta o V.90 e o K56flex e você gostaria de fazer uma escolha.	Se seu modem for um modem conhecido como "Dualmode", instale o firmware tanto do K56flex como do V.90. Se seu modem não permitir ambos os tipos de firmware, faça download do firmware V.90 e do K56flex, experimente ambos e veja qual funciona melhor.	O modem deve ter um chip de 2 MB de ROM para ter espaço suficiente para ambos os tipos de firmware.
Você não está seguro de que a última atualização de firmware foi realmente uma melhoria.	Se seu fornecedor tiver várias versões de firmware disponíveis para download, experimente a última versão e as versões anteriores. Uma versão anterior pode realmente funcionar melhor.	
Seu modem não é um modelo Canadá/EUA	Faça download da atualização específica de país para seu modem.	Verifique o site da Web para seu país; entre em contato com o suporte técnico se seu país não estiver na lista.
A atualização de firmware foi instalada e o modem funciona apenas em 33,6 Kbps ou menos.	Certifique-se de que você está utilizando um número de dial-up V.90. Certifique-se de que fez download dos arquivos INF atualizados ou de outros drivers para seu sistema operacional.	

> **Nota**
>
> Os problemas com a mudança do K56flex para o V.90 não se aplicam aos usuários que atualizaram seus modems V.34/V.34bis diretamente para o padrão V.90, seja por uma atualização feita com dowload de firmware ou por um modem físico ou troca de chip. Mesmo se seu modem V.34/V.34bis foi fabricado por uma empresa que mais tarde fez os modems K56flex, você não precisa preocupar-se com isso a menos que tenha atualizado para o K56flex antes de ir para o V.90. Assim, o conselho para a solução de problemas dado anteriormente aplica-se a você também.

Modems externos versus internos

Tanto os modems externos como os internos estão disponíveis para os sistemas desktop. A Tabela 6.9 ajuda-o a determinar qual tipo é mais bem adequado às suas necessidades.

Tabela 6.9 Modems externos versus internos

Recursos	Externo	Interno
UART 16550 ou superior embutido	Não (utiliza porta serial UART ou porta USB do computador).	Sim, a menos que seja um Winmodem.
Comparação de preço	Mais alto.	Mais baixo.
Extras a comprar	Pode exigir cabo de interface de modem RS-232 ou cabo USB.	Nenhum.
Facilidade de mover para outro computador	Fácil — desconecte os cabos e vá em frente! (os modems USB exigem uma porta USB que funciona no outro computador e no Windows 98, 2000, Me ou XP.[1]) Você deve desligar o sistema antes de remover ou conectar o modem serial RS-232; os modems USB podem ser trocados automaticamente.	Difícil—você deve abrir o gabinete, remover a placa, abrir o gabinete do outro PC e inserir a placa.
Fonte de alimentação	Conecte na tomada da parede ou pode ser energizado pelo computador hospedeiro (USB).	Nenhum — energizado pelo PC hospedeiro.
Reinicializa se o modem pára	Desligue o modem e depois ligue novamente.	Reinicie o computador.
Operação de monitoramento	Fácil — indicadores luminosos externos.	Difícil — a menos que seu software de comunicação simule as luzes de sinalização.

Capítulo 6 – Dispositivos e portas seriais paralelas

Tabela 6.9	Modems externos versus internos	
Recursos	**Externo**	**Interno**
Tipo de interface	Porta serial RS-232 ou USB; alguns modelos suportam os dois tipos de conexões (os modems de porta paralela foram feitos há poucos anos mas nunca foram populares e acabaram se tornando obsoletos).	ISA ou PCI; prefere-se o PCI por sua velocidade extra, pela capacidade de permitir mapeamento de COM 3 e COM 4 com IRQs únicas e suporte para IRQs compartilhadas sem conflitos e pela capacidade de funcionar nos chamados sistemas "livres de legado", que não incluem mais nenhum slot ISA.

1. Embora versões posteriores do Windows 95 OSR 2.x tenham suporte de USB, muitos dispositivos USB realmente exigem o Windows 98 ou superior. Utilize o Windows 98, 2000 ou Me para conseguir suporte mais confiável para os dispositivos USB.

Solucionando problemas de modem

A Tabela 6.10 o ajudará a solucionar os problemas com o modem e a colocá-lo de volta on-line.

Tabela 6.10	Solucionando problemas de modem (todos os tipos)	
Tipo de modem	**Problema**	**Solução**
Qualquer um	O modem não consegue discar.	Verifique as tomadas de linha e telefone no modem. A tomada de linha do modem para a empresa de telecomunicações.
		Tomada de telefone do modem para o receptor de telefone.
		Se você inverteu os cabos, não haverá tom de discagem.
		Verifique se há cortes ou quebras no cabo de telefone. Se o cabo parecer inadequado, substitua-o.
		Certifique-se de que seu modem foi adequadamente configurado pelo sistema operacional (SO). Veja "Identificando o UART do seu sistema" neste capítulo para aprender como utilizar o Diagnóstico de Modem.
Externo	O modem não consegue discar.	Certifique-se de que o cabo de modem RS-232 esteja conectando o modem a uma porta serial ativada em seu computador e de que o modem esteja ligado. Os indicadores luminosos na frente do modem podem ser utilizadas para determinar se o modem está ligado e se está respondendo aos comandos de discagem. Certifique-se de que o modem USB esteja conectado firmemente a uma porta USB ativa. Se estiver conectado a um hub externo, verifique se o hub está conectado ao sistema. Se o hub tiver alimentação própria, certifique-se de que o cabo da fonte de alimentação está conectado ao hub.
Cartão PC (PCMCIA)	O modem não consegue discar.	Certifique-se de que esteja completamente conectado ao slot de Cartão PC. Com o Windows 9x/Me/20 00/XP, você deve ver um ícone pequeno de cartão PCMCIA/PC na barra de ferramentas. Dê um clique duplo nele para visualizar as placas que estão atualmente conectadas. Se seu modem estiver adequadamente conectado, ele deve estar visível. Caso contrário, remova-o, reinsira-o no slot do Cartão PC e veja se o computador o detecta.

Tabela 6.10 Solucionando problemas de modem (todos os tipos) (continuação)

Tipo de modem	Problema	Solução
		Verifique o cabo utilizado para ligar os modems de Cartão PC ao conector; carregue um sobressalente. Se seu cabo não tiver um conector para uma linha telefônica padrão, utilize um acoplador de linha para ligar o cabo curto do modem a um cabo RJ-11 padrão mais longo para facilitar o uso. Carregue pelo menos um cabo de telefone RJ-11 de 3 metros com você para utilização mais fácil em quartos de hotel.
Qualquer um	Mensagem de erro "Não foi possível abrir a porta".	O modem pode estar em uso ou pode haver um conflito de endereço de porta de E/S de IRQ. Utilize o Gerenciador de dispositivos para verificar as configurações e reinstalar os drivers.
	O sistema não consegue discar a partir da tomada da parede.	Nunca utilize uma tomada da parede a menos que ela esteja claramente marcada como "tomada de dados" ou verifique com o pessoal do hotel. A tomada de um sistema de telefonia digital parece idêntica à tomada analógica correta para a qual seu modem é feito, mas a voltagem mais alta fritará o modem. Você pode obter testadores de voltagem de linha telefônica de vários lugares. Se o telefone do hotel tiver uma tomada de dados embutida, utilize-a. Alguns hotéis agora oferecem Ethernet embutida em algumas salas, então carregue sua placa de rede com você também para acesso mais rápido à Web.
Interno	O sistema trava ao tentar inicializar ou discar com o modem.	O modem está tentando compartilhar uma IRQ não compartilhável com outra porta, provavelmente um mouse. Mova o mouse serial que utiliza a mesma IRQ que o modem para uma porta COM diferente com uma IRQ diferente (de COM 1/IRQ 4 para COM 2/IRQ 3) ou utilize um mouse PS/2 (IRQ 12). Se seu sistema de classe Pentium não tiver uma porta PS/2 visível, verifique se seu fornecedor de sistema fornece o cabo (*header cable*, opcional) de que você precisa.
		Desative a COM 2 do seu sistema; configure o modem como COM 2 utilizando IRQ 3.
Externo	O computador não consegue detectar o modem.	Verifique o tipo de cabo. Ele deve ser um cabo de modem RS-232 (não um cabo de modem nulo ou *straight-through*) (veja as pinagens a seguir).
		Verifique a chave de LIGA-DESLIGA e o fornecimento de energia.
		A porta COM pode não estar funcionando.
		Verifique o BIOS e ative a porta COM; teste a porta com CheckIt, o Diagnóstico de Modem, do Windows ou outros; utilize um conector de loopback com CheckIt ou AMIDiag para fazer uma verificação mais completa.
		Verifique os conflitos de IRQ nas telas do Gerenciador de dispositivos ou das Informações do sistema.
USB	O computador não consegue detectar o modem.	Verifique as portas USB; ative-as, se necessário. Verifique os cabos USB e os hubs.

Suporte para modems da "marca X"

Muitos usuários de computador hoje não instalaram seus modems ou nem mesmo os compraram como uma unidade separada. Seus modems vieram como "parte do pacote" dentro do computador e, freqüentemente, tem um manual básico que não faz menção da origem do modem nem onde obter ajuda. Obter firmware V.90, drivers ou mesmo as configurações de jumper para os modems OEM como esse pode ser difícil.

Um dos melhores sites da Web para obter ajuda quando você não sabe por onde iniciar é http://www.windrivers.com, que apresenta uma página de identificação de modem com os seguintes recursos:

- FCC ID. Insira o número de FCC ID anexado ao modem para determinar quem o fabricou.
- Pesquisa do fabricante do chipset.
- Testes de throughput de modem.
- Links para os principais fabricantes de modem.

Pinagens para cabo de modem externo (9 pinos no PC)

Para a maioria dos modems externos RS-232 (serial), você precisa de um cabo de modem RS-232, que terá um conector fêmea de 9 pinos em uma extremidade e um conector macho de 25 pinos na outra extremidade. Como o RS-232 é um padrão flexível que inclui muitas pinagens diferentes para dispositivos diferentes, certifique-se de que o cabo foi construído de acordo com a Tabela 6.11, ou compre um cabo marcado para utilizar com modem serial.

Tabela 6.11 Pinagem de cabo de modem serial

Conector DB9F (para a porta PC serial de 9 pinos). Pino número	Sinal	Conector DB25M (para modem serial). Pino número
3	Dados TX	2
2	Dados RX	3
7	RTS	4
8	CTS	5
6	DSR	6
5	SIG GND	7
1	CXR	8
4	DTR	20
9	RI	22

Conectores de porta paralela

Três tipos diferentes de conectores de porta paralela são definidos pelo padrão de porta paralela IEEE-1284, tipo A (DB25F), tipo B (Centronics 36) e tipo C (36 pinos de alta densidade). Os conectores do tipo A são utilizados nos PCs e a maioria das impressoras paralelas utiliza o tipo B. Algumas HP LaserJets possuem conectores do tipo B e tipo C. Consulte o Capítulo 12 para obter um exemplo desses conectores.

Desempenho da porta paralela

Utilize as tabelas a seguir para ajudar a determinar se suas portas paralelas estão configuradas com o padrão mais rápido suportado por suas impressoras ou por outros dispositivos de porta paralela. Na maioria dos computadores, você ajusta essas configurações de porta paralela pelas telas de configuração do CMOS/BIOS. Se a porta estiver em uma placa de expansão, você pode usar blocos de jumper ou um programa de instalação para alterar as configurações.

A Tabela 6.12 resume os vários tipos de portas paralelas, seus modos de entrada e de saída, a velocidade e as configurações de hardware.

Tabela 6.12   Tipos de porta paralela como definido pela IEEE-1284

Tipo de porta paralela	Modo de entrada	Modo de saída	Velocidade de entrada/saída	Comentários
SPP Standard Parallel Port	Nibble (4 bits)	Compatível	Entrada: 50KBps Saída: 150KBps	Entrada de 4 bits, saída de 8 bits
	Compatível (8 bits)	Bidirecional	Entrada/saída: 150KBps	E/S de 8 bits
EPP (Enhanced Parallel Port)	EPP	EPP	Entrada/saída: 500KBps– 2MBps	E/S de 8 bits; utiliza IRQ
ECP (Enhanced Capabilities Port)	ECP	ECP	Entrada/saída: 500KB– 2MB/sec	E/S de 8 bits; utiliza IRQ e DMA

Modos EPP versus ECP

As portas EPP e ECP fazem parte do padrão de porta paralela bidirecional IEEE-1284, mas não são idênticas. Utilize a Tabela 6.13 para entender como elas se diferenciam e consulte seus manuais de dispositivos de porta paralela para ver qual modo é melhor para seu sistema.

Tabela 6.13   Comparando os modos de porta paralela EPP e ECP

Tipo de porta	Uso de IRQ	Uso de DMA	Projetado para	Notas
EPP	Sim	Não	Unidades de fita, CD-ROM, adaptadores de rede local	A versão 1.7 é anterior à IEEE-1284 padrão; a versão IEEE-1284 é freqüentemente chamada de EPP 1.9

Capítulo 6 – Dispositivos e portas seriais paralelas

Tabela 6.13	Comparando os modos de porta paralela EPP e ECP (continuação)			
Tipo de porta	Uso de IRQ	Uso de DMA	Projetado para	Notas
ECP	Sim	DMA 3 (padrão) DMA 1 (opcional; padrão em alguns modelos Packard-Bell)	Impressoras de alta velocidade, scanners	Muitos sistemas oferecem uma configuração de porta EPP/ECP para obter melhores resultados com todos os tipos de dispositivos de porta paralela

Algumas impressoras paralelas mais antigas não recomendam nenhum dos modos e podem imprimir irregularmente se os modos EPP ou ECP são ativados.

Pré-requisitos para os modos EPP e ECP

Para utilizar esses modos avançados, é necessário fazer duas coisas:

- Ative o modo apropriado na porta paralela (veja a seção anterior)
- Use um cabo paralelo especificado para utilizações IEEE-1284

O cabo de impressora compatível com o IEEE-1284 transporta todas as linhas de sinal à impressora, é fortemente blindado e produz igualmente impressões muito confiáveis com impressoras antigas e novas, em qualquer modo de porta paralela. Os cabos IEEE-1284 também podem ser comprados em uma versão *straight-through* para ser utilizada com dispositivos de compartilhamento de impressora.

Configurações de porta paralela

A Tabela 6.14 apresenta as configurações-padrão de porta paralela. Embora as placas suplementares de E/S múltipla ou de porta paralela possam oferecer configurações adicionais, outras configurações funcionarão somente se o software puder ser configurado para utilizá-las. Lembre-se de que as portas paralelas configuradas como modo ECP também utilizarão o DMA 3 (padrão) ou o DMA 1.

Tabela 6.14	Endereços e interrupções de interfaces de portas paralelas de E/S		
Padrão LPTx	LPTx alternativa	Portas de E/S	IRQ
LPT1	—	3BC-3BFh	IRQ 7
LPT1	LPT2	378-37Ah	IRQ 7 (LPT1) IRQ 5 (LPT2)
LPT2	LPT3	278h-27Ah	IRQ 5

Testando portas paralelas

A maneira mais confiável de se testar as portas de impressora é utilizar um programa de teste de porta paralela junto com o plugue apropriado de loopback. Esse método isola a porta e permite ao sistema capturar de volta a saída como entrada. Os programas de teste de porta paralela estão incluídos em programas de diagnósticos importantes como o Norton Utilities/System Works, o CheckIt, o AMIDiag, a família QA+, o MicroScope 2000 e muitos outros.

Utilizando um conector paralelo de loopback

Os conectores de loopback de diferentes tipos são utilizados por programas de diagnósticos que testam portas paralelas devido aos diferentes procedimentos de teste que realizam. Alguns programas de teste, como o AMIDiag da AMI ou o CheckIt Suite da SmithMicro, fornecem conectores de loopback tanto para as portas seriais como para as paralelas. Caso contrário, você deve comprá-las do fornecedor ou entrar em contato com o fornecedor para obter a pinagem correta se quiser fazer seu próprio conector de loopaback.

Solucionando problemas de dispositivos e portas paralelas

Tabela 6.15 Resolvendo problemas de porta paralela

Sintomas	Causa(s)	Solução
Dispositivo na porta não reconhecido; não é possível configurar a impressora; a impressora não imprime	Configuração de porta paralela errada	Verifique o manual do dispositivo; você provavelmente precisa alterar a porta para o modo EPP, ECP ou EPP/ECP.
	Cabo errado	Se estiver utilizando EPP ou ECP, você deve utilizar um cabo IEEE-1284.
	Switchbox entre dispositivo e computador	Todos os cabos e a switchbox devem ser compatíveis com IEEE-1284; remova a switchbox e conecte-a diretamente ao dispositivo. Se funcionar, substitua a switchbox ou os cabos não-compatíveis.
		A switchbox pode precisar ser chaveada para a porta correta.
	Conflito de IRQ ou de endereço de porta de E/S	EPP e ECP exigem uma IRQ não-compartilhada; utilize o Gerenciador de dispositivos do Windows para ver se a IRQ da porta LPT (paralela) está em conflito com outro dispositivo; também verifique o endereço de porta de E/S e DMA.
		Ajuste as configurações da porta paralela ou outro dispositivo até que o conflito seja resolvido.
	Dispositivo não ligado	Ligue o dispositivo antes de iniciar o computador.
	Porta defeituosa	Utilize loopback e um software de teste para verificar se os dados que saem da porta podem ser lidos.

Impressoras

As impressoras podem ser acopladas a seu computador de diversas maneiras. As principais interfaces utilizadas para as impressoras incluem aquelas listadas na Tabela 6.16.

Tabela 6.16 Padrões de interface de impressora e utilizações recomendadas

Tipo de interface	Benefícios	Desvantagens	Sistema operacional necessário
Paralela (LPT)	Relativamente rápida, especialmente se os modos EPP ou ECP são utilizados. Suportada por praticamente qualquer aplicativo que pode imprimir. Nenhuma opção de velocidade de porta ou de configuração necessária na maioria dos casos. O cabo-padrão funciona com praticamente qualquer combinação de PC e impressora.	Comprimento regular de cabo de impressora restrito a 3 metros devido a perdas de sinal. O encadeamento com outros periféricos nem sempre funciona. A impressora deve ser o último dispositivo na cadeia.	Funciona com qualquer sistema operacional.
Serial (RS-232/COM)	O cabo-padrão pode alcançar até 4,5 metros; utilize os drivers de linha e o cabo de telefone para trabalhar com distâncias maiores. A impressora pode funcionar com terminais, PCs ou Macintoshes com cabo apropriado.	A velocidade da porta serial, o comprimento da palavra e os bits *stop* devem ser configurados tanto para a impressora como para o aplicativo, a fim de que a impressão funcione. Impressão de imagens gráficas muito lenta. Impressoras diferentes exigem cabeamento personalizado.	Funciona com qualquer sistema operacional, mas é obsoleta para a utilização em PC.

Tabela 6.16 Padrões de interface de impressora e utilizações recomendadas (continuação)

Tipo de interface	Benefícios	Desvantagens	Sistema operacional necessário
USB	Mais rápida que a maioria dos modos de porta paralela. Os dispositivos podem ser encadeados (*daisy-chained*) por hubs em qualquer ordem. Conexão pode ser feita com o equipamento ligado; a impressora pode ser movida para qualquer sistema. Muitos dispositivos são compatíveis com diversas plataformas com PCs e Macs.	Os problemas de driver podem causar dificuldade a algumas impressoras antigas baseadas em USB.	Exige Windows 98, Windows 2000, Windows Me[1] ou Windows XP.
Cartão PC	Fornece energia para impressora; nenhum cabo elétrico necessário. Permite impressoras muito compactas para utilização com computadores notebook.	Cartão PC frágil pode ser quebrado ou danificado. As impressoras com essa interface não podem funcionar com computadores desktop; pode ser necessário remover outros cartões PC do computador notebook para permitir impressão.	Varia com a impressora.
Rede	Permite compartilhamento de uma única impressora de alto desempenho entre muitos clientes. Redes rápidas permitem impressão tão rápida quanto impressão local. Pode "imprimir" off-line deixando numa fila e imprimindo de fato logo que a impressora ficar disponível.	Exige placas de rede e configuração. Impressoras baseadas em host de baixo custo não podem estar em rede.	Funciona com qualquer sistema operacional de rede. Verifique as limitações da impressora.

1. O Windows 95 OSR2.1 também inclui suporte USB, mas muitos dispositivos USB não funcionarão com essa versão. O Windows Me pode utilizar drivers do Windows 98, mas é necessário um driver diferente para o Windows 2000 ou o XP.

As impressoras também podem ser interfaceadas por portas IEEE-1394 e SCSI, mas essas implementações são utilizadas principalmente por sistemas Macintosh com impressoras jato de tinta high-end ou a laser em ambientes de artes gráficas.

Comparando impressoras baseadas em computador hospedeiro com as baseadas em PDL

A maioria das impressoras utiliza uma linguagem de descrição de página (*page description language* – PDL). As impressoras baseadas em PDL recebem comandos de aplicativos ou do sistema operacional descrevendo a página para a impressora, que então gera a página antes de imprimir. Cada vez mais impressoras de baixo custo estão utilizando um sistema de impressão baseado em hospedeiro, no qual o computador é que gera a página, em vez da impressora.

Utilize a Tabela 6.17 para determinar qual tipo de impressora é adequada para os seus usuários.

Tabela 6.17 Impressoras baseadas em PDL versus baseadas em hospedeiro			
Tipo de impressora	**Recurso**	**Benefício**	**Desvantagem**
PDL (inclui HPPCL e compatíveis, PostScript)	Página exibida na impressora	A impressora pode ser utilizada independente de um PC ou de um sistema operacional em particular; suporte para MS-DOS	Custo mais alto porque os cérebros estão dentro da impressora
Baseadas em hospedeiro	Página exibida no computador	Custo mais baixo porque os cérebros estão dentro do PC, não na impressora	A impressora deve ser combinada com um computador que tem um sistema operacional compatível e requisitos mínimos de desempenho; o suporte não-Windows é um risco; freqüentemente não pode estar em rede

Utilize a Tabela 6.18 para determinar a maneira mais simples de se testar uma impressora. Observe que as impressoras baseadas em hospedeiro *devem* ter seus drivers instalados antes de começarem a imprimir.

Tabela 6.18 Testando as impressoras	
Tipo de impressora	**Método de teste**
Impressora não PostScript que usa seqüências PDL ou de escape (HPPCL, compatíveis, matriz de pontos, jato de tinta)	Digite DIR>LPT1 a partir de um prompt de comando; a impressora imprime a listagem do diretório.
Impressora PostScript	É necessário enviar comandos PostScript diretamente para a impressora para testá-la sem os drivers. Pode-se utilizar o teste de impressora PostScript no Microsoft MSD ou instalar os drivers corretos e utilizar impressão de teste (o Windows 9x/NT/2000/Me/XP oferece um teste de impressora no fim do processo de instalação do driver ou da guia Geral da página de propriedades da impressora).

Tabela 6.18 Testando impressoras (continuação)	
Tipo de impressora	**Método de teste**
Impressora baseada em hospedeiro	Instale os drivers corretos e utilize a impressão de teste, como descrito anteriormente.

Problemas de hardware da impressora

Utilize a Tabela 6.19 para monitorar os problemas e aplicar as soluções para as impressoras (qualquer tipo de interface).

Tabela 6.19 Solucionando problemas de impressora			
Sintoma	**Tipo de impressora**	**Causa(s)**	**Soluções**
Impressão confusa	Laser	Papel úmido	Utilize papel armazenado em temperatura e umidade adequadas.
	Jato de tinta	Tipo de papel ou configurações erradas da impressora	Utilize papel indicado para jato de tinta; verifique a configuração da impressão e ajuste as configurações e a resolução ao tipo de papel; certifique-se de que esteja utilizando o lado correto do papel (procure uma marcação "imprima deste lado" no pacote).
	Jato de tinta	O cartucho está entupido ou não foi colocado corretamente	Recoloque o cartucho; execute um utilitário de limpeza; remova o cartucho da Canon da unidade e limpe o cabeçote de impressão.
Linhas brancas no texto impresso ou imagens gráficas	Jato de tinta	Alguns bocais entupiram	Utilize a rotina de limpeza do bocal da impressora ou o programa utilitário no driver da impressora a ser limpa; teste novamente.
			Na Canon, HP e outras impressoras com cabeçotes removíveis de impressão, limpe o cabeçote de impressão com álcool e cotonete.
			Na Epson e em outros modelos com cabeçote de impressão fixo, utilize papel-toalha para limpar o cabeçote de impressão.
			Em qualquer modelo, substitua o cartucho de impressora se três ciclos de limpeza e de testes não removerem o entupimento.
	Matricial de impacto	Pinos no cabeçote de impressão presos ou quebrados	Remova o cabeçote de impressão e limpe com álcool e cotonetes; teste novamente.
			Se os pinos estão tortos ou quebrados, conserte ou substitua o cabeçote de impressão.
			Verifique o afastamento do cabeçote e ajuste para evitar dano no cabeçote de impressão; aumente o afastamento do cabeçote para envelopes, rótulos e formulários com diversas vias; ajuste de volta à posição comum para papel normal.
			Troque a fita; descarte as fitas com irregularidades ou aquelas que estiverem rasgadas.

Tabela 6.19 Solucionando problemas de impressora (continuação)

Sintoma	Tipo de impressora	Causa(s)	Soluções
Densidade de impressão variável	Laser	Toner desigualmente distribuído no tambor ou cartucho do toner	Remova o cartucho do toner e sacuda de um lado a outro; verifique a posição da impressora e certifique-se de que esteja nivelada; verifique vazamentos leves; substitua o cartucho ou o refil do toner.
Linhas brancas imprecisas nas páginas	Laser	Corotrons (fios de corona) sujos	Limpe os corotrons de acordo com a recomendação do fabricante.
As páginas imprimem preto chapado	Laser	Corotron carregador quebrado	Substitua o cartucho do toner se ele contiver corotron ou conserte a impressora.
As páginas imprimem branco chapado	Laser	Corotron de transferência quebrado	Repare o corotron de transferência.
Linhas brancas verticais nítidas	Laser	Unidade do revelador suja	Limpe o revelador, se separado; substitua o cartucho do tôner se contiver uma unidade de revelador.
Manchas regularmente espaçadas	Laser	Pontos separados a menos de 3 polegadas indicam rolamento do fusor sujo.	Limpe o rolamento de fusão.
		Pontos amplamente espaçados ou um por página, indicam tambor arranhado ou defeituoso	Substitua o tambor e o pad de limpeza do fusor.
Impressão cinza	Laser	Tambor velho	Substitua o tambor (mais comum com tambor e suprimento de toner separados).
Toner frouxo	Laser	Rolamento do fusor não suficientemente quente	Conserte o rolamento do fusor.
Linha preta, vertical chapada	Laser	Cartucho do toner quase vazio	Sacuda o cartucho do toner para redistribuir o toner.
		Tambor arranhado	Substitua o tambor e o cartucho de toner.
Papel preso e mal colocado	Laser e jato de tinta	Carregamento incorreto de papel; papel muito úmido; papel dobrado; papel muito pesado/espesso para impressora	Utilize papel que está em condição adequada para imprimir; não coloque muito papel na bandeja; não faça "orelhas" no papel ao carregá-lo.

Tabela 6.19 Solucionando problemas de impressora (continuação)			
Sintoma	Tipo de impressora	Causa(s)	Soluções
Envelope preso	Laser e jato de tinta	Carregamento incorreto de papel; falha ao configurar impressora a laser para utilizar bandeja de saída de papel; a impressora não pode manipular envelopes	Verifique os procedimentos corretos de manipulação do envelope; pense em utilizar etiquetas para evitar envelopes.
Páginas em branco entre as páginas impressas	Laser e jato de tinta	Folhas coladas umas às outras; o papel está úmido ou dobrado	Assopre as bordas das folhas para separá-las antes de carregar a bandeja de papel; certifique-se de que todo o papel seja do mesmo tamanho.
Página em branco entre trabalhos de impressão	Laser e jato de tinta	Spooler de impressora configurado para produzir uma página de separação em branco	Altere a configuração do spooler de impressão.
A luz de erro na impressora pisca; a impressora ejeta a página parcialmente (exige pressionamento do botão Ejetar página)	Laser	Estouro de memória ou erro de overrun da impressora	Reduza a resolução das imagens gráficas; simplifique uma página PostScript; reduza o número de fontes; verifique se o tamanho de memória de impressão está configurado exatamente; execute o autoteste da impressora para determinar a quantidade de RAM on-board; adicione RAM à impressora.
O indicador luminoso de erro pisca; nenhuma página ejetada ou impressa	Laser	Várias causas	Pesquise o código de pisca-pisca dos indicadores luminosos na documentação da impressora e faça a ação apropriada. Os códigos de erro variam com o modelo da impressora; verifique o site do fabricante para obter uma lista de códigos se o manual do usuário não estiver disponível.
O monitor LCD na impressora exibe o código de erro ou mensagem	Laser	Várias causas	Pesquise o código de erro ou mensagem no manual da impressora e tome a ação apropriada. Os códigos de erro variam com o modelo da impressora; verifique o site do fabricante para obter uma lista de códigos se o manual de usuário não estiver disponível. Muitos modelos menos caros utilizam indicadores luminosos (veja o anterior).

Problemas de conexão da impressora

Utilize a Tabela 6.20 para determinar a causa e a solução para alguns problemas com a conexão de sua impressora.

Tabela 6.20 Solucionando problemas de conexão da impressora

Sintoma	Tipo de impressora ou porta	Causa(s)	Soluções
Impressão com ruídos irregulares	Qualquer um	O PDL utilizado para trabalho de impressão não é compatível com a impressora	Certifique-se de que o trabalho de impressão seja enviado à impressora correta; verifique o valor da impressora-padrão; verifique a porta utilizada para a impressora; verifique a switchbox para se fazer seleção adequada de impressora; substitua a switchbox por uma placa LPT2 ou por um cabo USB paralelo.
	Porta serial	Configuração incorreta de velocidade, comprimento de palavra, paridade ou bits de *stop*	Tanto as portas seriais no computador como a impressora devem ser configuradas de maneira a serem compatíveis.
			Utilize o MODO DOS ou a janela de propriedades da porta COM do Windows para configurar a porta serial no computador.
			A configuração de impressora varia — pode envolver a utilização de DIP switches, blocos de jumper, painel de configuração de impressora ou programa de configuração de software; veja o manual da impressora.
	Porta serial	Pinagem incorreta do cabo	Não existe um cabo de impressora RS-232 "universal"; verifique as pinagens nas extremidades da impressora e do computador; refaça a fiação do cabo ou adquira outro conforme necessário.
	Qualquer	Cabo danificado	Procure pinos ou isolamento danificados; utilize pinagens adequadas para cada tipo de porta para testar o cabo com um conector de loopback ou com um multímetro com uma função CONT (continuidade); teste novamente com um cabo que você sabe que funciona.
	Laser PostScript	Preâmbulo de PostScript não recebido adequadamente	Verifique o cabo; verifique a configuração de porta serial; recarregue os drivers.
Impressora não disponível	Qualquer	O prazo de tempo para imprimir terminou; o computador está utilizando o modo off-line para trabalhos de spool	Verifique o papel; recarregue. Verifique o cabo de impressora ou as configurações de porta serial. Procure conflitos de IRQ e os corrija. Configure a switchbox para o modo automático ou a ajuste para o computador do qual você quer imprimir.
Impressora	Porta USB	A impressora pode não estar sendo detectada pelo Gerenciador de dispositivos	Verifique o Gerenciador de dispositivos; remova e reinstale a impressora, e verifique novamente.
			Consulte o Capítulo 8 para obter outras dicas de solução de problemas de USB.

Tabela 6.20 Solucionando problemas de conexão da impressora (continuação)

Sintoma	Tipo de impressora ou porta	Causa(s)	Soluções
A impressora não notifica o Windows sobre falta de papel, papel preso, falta de tôner ou tinta e condições semelhantes	Laser e jato de tinta	A conexão IEEE-1284 não funciona	Certifique-se de que a porta e o(s) cabo(s) e a switchbox sejam todos IEEE-1284 (EPP, ECP ou EPP/ECP). Verifique a conexão através do cabo e a configuração de CMOS/BIOS. Instale um driver de porta ECP LPT no Windows.
Comunicações intermitentes ou falhas com a impressora	Qualquer um	Switchbox ou cabos inadequados	Utilize uma conexão direta com a impressora; verifique os cabos; substitua uma switchbox com chave manual rotatória de seleção por uma switchbox automática.
	Porta paralela	Dispositivo em cadeia com a impressora	Utilize somente a impressora. Altere a ordem da cadeia. Evite utilizar Zip, scanner e impressora em uma única porta LPT.
	Porta USB	Problemas de hub ou driver	Consulte o Capítulo 8 para obter dicas de solução de problemas de USB.
Porta ocupada; impressora fica off-line	Laser e jato de tinta	A porta ECP imprime muito rápido para a impressora	Utilize o Painel de controle do Windows 9x/Me para carregar um driver LPT padrão no lugar de um driver ECP; altere a configuração no BIOS para EPP ou bidirecional.

Se sua impressora USB também pode ser utilizada como impressora paralela, utilize a porta paralela (LPT) se não conseguir resolver os problemas de qualidade de impressão ou de confiabilidade ao utilizá-la no modo USB.

Problemas de aplicativo e driver de impressora

As impressoras utilizam software de driver para se comunicar com os sistemas operacionais e os aplicativos. Utilize a Tabela 6.21 para resolver os problemas com drivers e aplicativos.

Tabela 6.21 Solucionando problemas de drivers de impressora e aplicativos

Sintoma	Tipo de impressora	Causa(s)	Soluções
Imprime "OK" a partir do prompt de comando (DIR>LPT1), mas não dos aplicativos	Qualquer um	Driver de impressora danificado ou com falhas	Recarregue o driver da impressora e teste. Reinstale o driver de impressora. Use uma nova versão compatível que pode ser baixada da rede.

Tabela 6.21 Solucionando problemas de drivers de impressora e aplicativos (continuação)

Sintoma	Tipo de impressora	Causa(s)	Soluções
A lâmpada indicadora do avanço de formulário (form-feed) acende, mas não imprime nada	Laser	Página incompleta enviada à	Comportamento normal para Print-Screen ou impressão de envelope. Ejete o papel manualmente; caso contrário, reinstale impressora o driver.
Impressão de fontes incorreta	Laser ou jato de tinta	Impressora usando fontes internas em vez de TrueType	Verifique a configuração do driver para determinar quais fontes serão utilizadas.
Quebra de página incorreta	Qualquer um	A impressora se alterou entre a composição do documento e a impressão	Se você muda as impressoras ou planeja utilizar um fax modem para imprimir seu documento, selecione a impressora e role seu documento primeiro para verificar as quebras de página devido a diferenças na apresentação das fontes e assim por diante; corrija quando necessário.
Página cortada à esquerda, à direita e em cima	Laser ou jato de tinta	Margens configuradas além da área imprimível da impressora	Redefina as margens do documento; utilize a opção Ajustar a página para redimensionar as margens e ajustar o documento; verifique as margens em relação ao tamanho adequado da página conforme configurado nas propriedades da impressora.

Capítulo 7

Portas e dispositivos USB e IEEE-1394

Universal Serial Bus

A porta de barramento serial universal (*Universal Serial Bus – USB*) é uma conexão serial de alta velocidade que permite que até 127 dispositivos de muitos tipos diferentes sejam conectados com os equipamentos energizados (*hot-swappable*) a uma única porta, utilizando uma única IRQ. Em um número crescente de sistemas, a porta USB substitui as tradicionais portas seriais, paralelas e PS/2 (*portas de legado*) e está se tornando a porta de E/S mais popular em sistemas que ainda têm portas de legado. Utilize esta seção para ajudá-lo a detectar e configurar as portas USB eficientemente.

Identificação da porta USB

A Figura 7.1 ajuda-o a identificar os dispositivos e as portas USB. As portas e cabos USB são ilustrados no Capítulo 12.

Figura 7.1 Esse ícone é utilizado para identificar cabos, conectores e periféricos USB.

Pinagem para o conector USB

A Tabela 7.1 mostra a pinagem para o conector USB.

Tabela 7.1	Pinagem para o conector USB		
Pino	**Nome do sinal**	**Cor**	**Comentário**
1	VCC	Vermelho	Energia do cabo
2	– Dados	Branco	
3	+ Dados	Verde	
4	Terra	Preto	Cabo-terra

Localizações típicas da porta USB

A localização das portas USB varia com o sistema. Nos modelos mais recentes de computadores desktop e de torre que usam placa-mãe Baby-AT, você talvez encontre uma ou duas portas USB em um suporte na traseira do computador. As portas podem ser montadas em uma placa suplementar ou cabeada a partir de portas embutidas na placa-mãe.

A maioria dos sistemas que usam placas-mãe ATX, NLX ou semelhantes — bem como modelos mais novos de sistemas baseados em LPX — terá uma ou duas portas USB na traseira do gabinete ao lado de outras portas.

Alguns modelos de sistemas mais novos voltados para o consumidor têm uma ou mais portas USB na frente. Essas portas estão localizadas na frente do computador para conexão mais fácil de câmera digital e leitora de cartão para download de imagem digital. Também são úteis para conectar os teclados baseados em USB e dispositivos apontadores.

Adicionando portas USB a seu computador

Se seu computador não possui portas USB on-board, utilize uma das seguintes opções para adicioná-las:

- Compre cabos USB para estender os conectores de cabo USB da placa-mãe para fora do gabinete.
- Compre e instale uma placa controladora de USB.

Mesmo se seu sistema Baby-AT tiver conectores para cabos USB, como na Figura 7.2, algumas alterações na especificação do USB (veja a próxima seção) tornam a instalação de uma placa controladora compatível com USB 2.0 uma melhor opção para muitos usuários.

USB 1.x versus USB Hi-Speed (USB 2.0)

A versão original de USB, USB 1.0, foi lançada em janeiro de 1996. Foi substituída por USB 1.1, que tornou mais claros alguns problemas com a especificação 1.0, em setembro de 1998. O USB 1.1 foi a versão de USB suportada em todos os sistemas com portas USB embutidas durante a maior parte do ano de 2001.

O USB 1.1 trabalha com duas velocidades, 1,5 Mbps e 12 Mbps (1,5 MBps). Os dispositivos USB de largura grande de banda (unidades, scanners, adaptadores de rede e impressoras) normalmente trabalham na velocidade mais alta, enquanto os dispositivos apontadores e teclados trabalham na velocidade mais baixa.

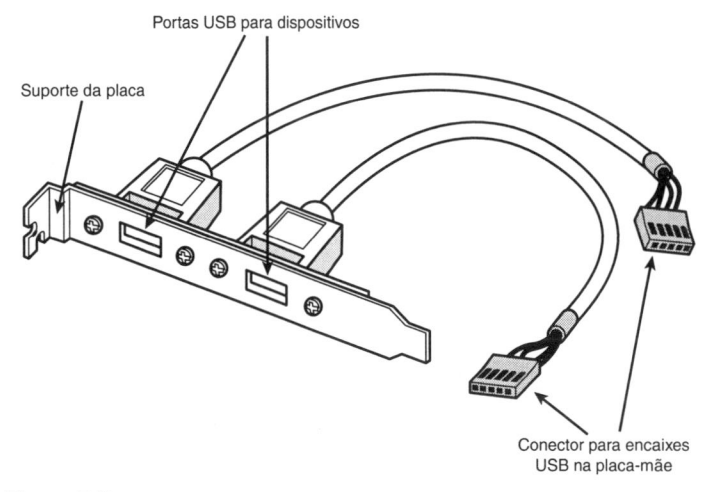

Figura 7.2 Um conjunto típico de cabo USB; conecte-o na sua placa-mãe Baby-AT ou em modelos antigos de placa-mãe ATX para conectar os dispositivos às portas USB on-board (se presentes).

Como mostra a Tabela 7.2, o USB 1.1, que foi incluído em praticamente todos os sistemas desde o final de 1998, é semelhante em velocidade às portas paralelas de alta velocidade e Ethernet 10BASE-T, mas é muito mais lento que o SCSI (consulte o Capítulo 4) e o IEEE-1394/FireWire (mencionado mais adiante neste capítulo). Portanto, embora os dispositivos USB sejam mais fáceis de mover de um sistema para outro do que os dispositivos SCSI, as unidades de mídia removível e de fita de alta capacidade são muito mais lentas quando conectadas a uma porta compatível com USB 1.1 do que seriam se fossem conectadas a portas SCSI ou IEEE-1394 (FireWire).

Tabela 7.2 Taxas de dados USB comparadas com outros tipos de porta de E/S

Tipo de barramento	Largura de barramento (bits)	Velocidade de barramento (MHz)	Ciclos de dados por clock	Largura de banda (MBps)
RS-232 Serial	1	0,1152	1/10	0,01152
RS-232 Serial High Speed	1	0,2304	1/10	0,02304
IEEE-1284 Parallel	8	8,33	1/6	1,38
IEEE-1284 EPP/ECP	8	8,33	1/3	2,77
USB 1.1	1	12	1	1,5
USB 2.0	1	480	1	60
IEEE-1394a S100	1	100	1	12,5

Tabela 7.2 Taxas de dados USB comparadas com outros tipos de porta de E/S (continuação)

Tipo de barramento	Largura de barramento (bits)	Velocidade de barramento (MHz)	Ciclos de dados por clock	Largura de banda (MBps)
IEEE-1394a S200	1	200	1	25
IEEE-1394a S400	1	400	1	50
IEEE-1394b S800	1	800	1	100
IEEE-1394b S1600	1	1600	1	200
SCSI	8	5	1	5
SCSI Wide (Largo)	16	5	1	10
SCSI Fast (Rápido)	8	10	1	10
SCSI Fast (Rápido)/ Wide (Largo)	16	10	1	20
SCSI Ultra	8	20	1	20
SCSI Ultra/Wide (Largo)	16	20	1	40
SCSI Ultra2	8	40	1	40
SCSI Ultra2/Wide (Largo)	16	40	1	80
SCSI Ultra3 (Ultra160)	16	40	2	160
SCSI Ultra4 (Ultra320)	16	80	2	320

A Tabela 7.2 também apresenta uma nova versão da especificação USB, a USB 2.0. As portas USB embutidas nas placas-mãe no final de 2001 eram principalmente do tipo USB 1.1. Começando no final de 2001 e início de 2002, a maioria das placas-mãe mudou para poder incorporar as portas USB 2.0 (Hi-Speed ou Alta Velocidade). Se suas portas USB embutidas são do tipo 1.1 mais lento, você pode comprar uma placa PCI com portas USB 2.0, adicionando, assim, essa capacidade a qualquer sistema.

Melhoramentos do USB 2.0 em relação ao USB 1.1

Embora tanto o USB 1.1 como o USB 2.0 possam tratar até 127 dispositivos por hub raiz, a largura de banda limitada (12 Mbps) do USB 1.1 significa que colocar vários dispositivos em um único hub deixa lento todos os dispositivos, especialmente dispositivos de alta velocidade.

Em contraste, o USB 2.0 funciona muito melhor com vários dispositivos, quer sejam compatíveis com USB 1.1 ou com USB 2.0. Ao comunicar-se com um periférico USB 2.0 acrescentado, o hub USB 2.0 simplesmente repete os sinais de alta velocidade; entretanto, ao se comunicar com periféricos USB 1.1, um hub USB 2.0 armazena em buffer e gerencia a transição da velocidade alta do controlador de hospedeiro USB 2.0 (no PC) para a velocidade mais baixa de um dispositivo USB 1.1. Esse recurso dos hubs USB 2.0 significa que os dispositivos USB 1.1 podem operar junto com

Capítulo 7 – Portas e dispositivos USB e IEEE-1394   **227**

dispositivos USB 2.0 e não consomem nenhuma largura de banda adicional.

De fato, os hubs USB 2.0 fazem os dispositivos USB 1.1 funcionarem melhor que os hubs USB 1.1.

Ícones de USB padrão Hi-Speed

Como os produtos USB 2.0 estão agora entrando no mercado, é importante que você saiba quais produtos suportam as diferentes versões do padrão USB. A Figura 7.3 compara os logotipos-padrão (USB 1.1) e Hi-Speed (USB 2.0) desenvolvidos pelo Fórum de Implementadores (FI) USB (http://www.usb.org) para indicar os dispositivos que passaram em seus testes de certificação.

Figura 7.3   O novo logotipo de certificação USB-IF USB 1.1 (esquerda), comparado com o novo logotipo de certificação USB-IF USB 2.0 (direita).

Como você pode ver da Figura 7.3, o USB 1.1 é conhecido simplesmente como "USB", e o USB 2.0, como "USB Hi-Speed (Alta Velocidade)".

Pré-requisitos para se utilizar portas e periféricos USB

Antes de você comprar ou tentar instalar um periférico USB, certifique-se de que seu sistema atende aos requisitos mostrados na Tabela 7.3. Alguns ajustes ou atualizações à configuração de sistema talvez sejam necessários

Tabela 7.3 Pré-requisitos para utilização de portas/periféricos USB		
Requisito	**Razão**	**Notas**
Windows 98 Windows 2000 Windows Me Windows XP	Tem suporte embutido para periféricos USB	O Windows 95B OSR 2.1 e versões superiores têm suporte a USB, mas muitos periféricos exigem o Win98 ou superior.
Portas USB operacionais	Muitos sistemas são distribuídos com portas USB desabilitadas.	Verifique o BIOS e habilite aí, se necessário; alguns sistemas talvez requeiram cabos (*header cables*) para levar o conector USB para a parte traseira do sistema.

Tabela 7.3	Pré-requisitos para utilização de portas/periféricos USB (continuação)	
Requisito	Razão	Notas
Suporte de driver	Muitos dispositivos podem não funcionar com o Windows 2000 e alguns podem não funcionar com o XP.	Verifique a conformidade do sistema operacional com dispositivos USB. Se um driver de dispositivo compatível não estiver disponível, o dispositivo não irá funcionar com essa versão do Windows.

Você pode fazer download do programa utilitário USB Ready do endereço http://www.usb.org/data/usbready.exe para verificar se o seu sistema está preparado para operar com USB tanto no nível de hardware como no nível de software.

Verifique se o periférico que você está instalando foi projetado para seu sistema operacional. Embora as portas USB em si sejam encontradas tanto em sistemas PC como Macintosh, alguns dispositivos USB são para utilização somente em PCs ou Macintoshes, não nos dois tipos de sistemas. A compatibilidade com a versão do Windows é freqüentemente uma questão, especialmente para os usuários do Windows 2000 ou do XP.

Utilizando hubs de USB com portas de legado (seriais, paralelas e PS/2)

Um grande número de produtos no mercado permite que você conecte vários produtos de legado às portas USB. A maneira mais econômica de conectar produtos com portas PS/2, seriais ou paralelas é através do uso de um hub de uso múltiplo que também permite múltiplas portas USB.

Você também pode comprar cabos conversores de serial para USB ou de paralelo para USB, mas são menos flexíveis e mais caros se você precisar conectar vários dispositivos de legado a um sistema.

Verifique a lista de dispositivos de legado suportados antes de comprar um cabo conversor ou uma porta de múltiplo uso. Os hubs USB com portas PS/2 e seriais normalmente suportam os dispositivos de legado como modems, teclados e mouses; os hubs USB com portas paralelas normalmente suportam as impressoras. Se você utiliza outros tipos de dispositivos paralelos, como drives ou scanners, você precisará de uma porta paralela de fato para conectá-los. Entretanto, como colocar em cadeia (*daisy-chaining*) vários dispositivos paralelos pode ser difícil, mudar a impressora para um hub USB de uso múltiplo pode liberar a porta LPT para utilização por esses outros dispositivos.

Fontes de referência on-line para suporte adicional a USB

- Suporte e status de dispositivos USB no Linux:

  http://www.qbik.ch/usb/devices

- Sites com informações e relatos de soluções de problemas de USB:

  http://www.usbman.com

  http://www.usbworkshop.com

  http://www.usb.org

Solucionando problemas de portas USB

As portas USB embutidas no computador (também chamadas de *hubs raiz*) estão se tornando a principal conexão dos dispositivos externos para um número crescente de PCs. Embora os dispositivos USB sejam plug-and-play, não exigindo (e permitindo) nenhuma configuração, problemas recorrentes com dispositivos USB são comuns para muitos usuários. Utilize as seguintes dicas para ajudá-lo a alcançar a operação confiável de USB:

- Verifique os pré-requisitos da Tabela 7.3.

- Se os dispositivos não funcionarem quando estiverem conectados a um hub externo, conecte-os no hub raiz (conector USB no sistema). Se funcionarem quando estiverem conectados ao hub raiz, atualize o firmware do hub externo, anexe uma fonte de alimentação a ele ou substitua-o. Observe que alguns dispositivos são projetados para ser conectados somente ao hub raiz.

- Se não for detectado um novo dispositivo, remova os outros dispositivos USB, conecte o novo dispositivo primeiro e depois conecte novamente os outros dispositivos USB.

- Verifique o uso de energia para o barramento USB na janela Opções de energia do sistema operacional.

- Verifique se o dispositivo USB está puxando não menos que 50mA e não mais que 500mA. Se o dispositivo estiver consumindo uma quantidade elevada de energia de um hub energizado pelo barramento, talvez ele apresente falhas, especialmente quando outros dispositivos USB estão conectados ao mesmo hub. Utilize um hub com fonte de alimentação própria, quando possível, para obter maior confiabilidade.

- Utilize o Gerenciador de dispotivos do Windows para verificar a operação adequada da porta USB. Ajuste as configurações de IRQ, se necessário, para evitar conflitos com outros dispositivos. A Figura 7.4 mostra como um hub raiz USB e um hub USB externo típicos aparecerão no Gerenciador de dispositivos Windows 98.

- Instale os últimos drivers do dispositivo USB para o dispositivo e o sistema operacional. Os dispositivos USB que funcionam no Windows 98 podem não ser suportados por outras versões do Windows.

- Se uma impressora não funcionar adequadamente com o driver USB "correto", tente utilizar um driver compatível de um modelo mais antigo como uma maneira de contornar o problema.

- Instale o último firmware para o dispositivo USB. O firmware inadequado cria versões "fantasma" dos dispositivos no Gerenciador de dispositivos quando o dispositivo é desconectado e reconectado.

- Verifique se uma IRQ está atribuída ao hub raiz USB (porta). Normalmente, é utilizada a IRQ 9, se estiver disponível. Certifique-se de que o controle por IRQ está funcionando quando todas as IRQs disponíveis já estão atribuídas a outras portas.

- Utilize cabeamento de alta velocidade (fortemente blindado) com dispositivos de alta velocidade, como impressoras, scanners e conexões de rede.

- Separe os dispositivos de baixa velocidade dos dispositivos de alta velocidade conectando-os a portas USB separadas.

- Atribua os controladores USB ao ID 1 do controlador se não for detectado em um jogo.

- Utilize o menor número de hubs possível; algumas versões do Windows não podem utilizar mais que cinco hubs USB (alguns dispositivos funcionam também como hubs).

- Antes de comprar um dispositivo USB, verifique o suporte de driver de dispositivo para seu sistema operacional. O Windows 2000 suporta os dispositivos USB, mas muitos fornecedores não são eficientes em fornecer drivers USB para o Windows 2000.

- Quando possível, compre dispositivos que podem ser conectados por uma porta USB ou por uma porta chamada de "legado" (porta PS/2, porta do teclado/mouse, porta serial, porta paralela ou porta SCSI) para permitir o uso do dispositivo mesmo se você tiver problemas com suas portas ou periféricos USB.

Capítulo 7 – Portas e dispositivos USB e IEEE-1394   **231**

Hub USB externo (conecta ao hub raiz)

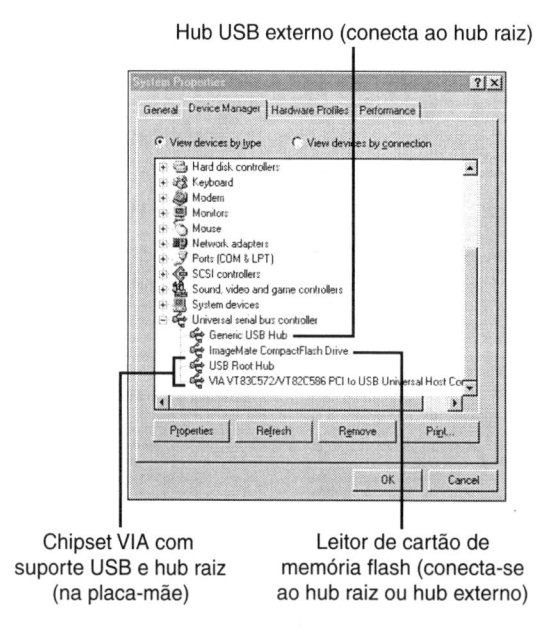

Chipset VIA com suporte USB e hub raiz (na placa-mãe)

Leitor de cartão de memória flash (conecta-se ao hub raiz ou hub externo)

Figura 7.4 Os dispositivos USB em um sistema típico, como mostrado no Gerenciador de dispositivos do Windows. O chipset na placa-mãe fornece suporte para o hub raiz USB (1). O hub USB externo (2) conecta-se ao hub raiz e permite que vários dispositivos, como uma leitora de cartão CompactFlash (3), sejam conectados a uma única porta USB.

IEEE-1394

A chamada interface *FireWire* ou *iLINK* em que a Apple foi pioneira também está disponível para PCs, nos quais é normalmente conhecida como *IEEE-1394*. Apesar do fato de que as portas IEEE-1394 raramente são equipamentos-padrão atualmente, os recursos de desempenho que elas oferecem e o suporte crescente aos dispositivos sugere que cada vez mais usuários estarão instalando portas e dispositivos IEEE-1394 à medida que o tempo passar. Como o USB, o IEEE-1394 suporta conexão com os equipamentos energizados (*hot-swapping*), tornando mais fácil mover os dispositivos de um sistema para outro.

O IEEE-1394 é mais limitado que o USB nas aplicações em PC, sendo utilizado principalmente para conectar câmeras de filmagem de vídeo digital para edição de vídeo. Há outros periféricos IEEE-1394 disponíveis, como unidades de disco externas, mas, exceto para se fazer vídeo digital, a maioria dos outros periféricos externos utiliza o USB em vez do IEEE-1394.

Consulte o Capítulo 12 para ver figuras do conector, do cabo e do soquete IEEE-1394.

Adicionando portas IEEE -1394 ao seu computador

Embora os sistemas mais recentes tenham portas USB on-board, as portas IEEE-1394 são raras entre os PCs, mas são mais comuns nos sistemas Macintosh.

Uma ampla variedade de controladoras IEEE-1394 está disponível para compra. A maioria das controladoras fornece duas ou mais portas IEEE-1394 de seis pinos, oferece um cabo adaptador para dispositivos IEEE-1394 de quatro pinos e utiliza um único slot PCI de 32 bits. Alguns fornecedores oferecem produtos que combinam IEEE-1394 e outros tipos de portas, como USB 2.0. Algumas placas IEEE-1394 exigem que se use um conector de energia de unidade Molex de cinco pinos, mas a maioria é ligada a voltagens-padrão incluídas no slot PCI. Alguns adaptadores também apresentam uma porta única para os dispositivos IEEE-1394 internos, embora praticamente todos os dispositivos atualmente no mercado sejam externos.

O IEEE-1394, como o USB, também suporta hubs para compartilhar uma porta única entre vários dispositivos; são suportados até 63 nós, com até 16 dispositivos por nó. Cada porta em uma placa IEEE-1394 constitui um nó.

Recursos necessários para as controladoras IEEE-1394

Independentemente do número de portas ou dispositivos IEEE-1394 conectado a essas portas, uma placa controladora IEEE-1394 utiliza somente uma IRQ e um endereço de porta de E/S. A IRQ utilizada pela controladora não deve ser compartilhada com outros dispositivos. Se necessário, tire proveito do controle de IRQ para as placas PCI do Windows 98, 2000, Me e XP para ter outras placas PCI compartilhando uma IRQ, e assim liberar uma IRQ para a controladora IEEE-1394. Se sua controladora também tem outro tipo de porta na placa, a outra porta também exigirá uma IRQ e um endereço de porta de E/S.

O slot PCI que você escolhe para a controladora IEEE-1394 deve suportar o bus mastering se a controladora utilizar esse recurso. Para ver se isto será necessário, consulte a documentação de seu sistema ou da placa-mãe e a documentação de sua controladora. Você talvez precise trocar de lugar as placas PCI existentes para satisfazer esse requisito.

Versões atuais e futuras de IEEE-1394

A versão atual do IEEE-1394 é tecnicamente conhecida como IEEE-1394a ou às vezes como 1394a-2000 porque foi adotada no ano 2000. A versão 1394a corrigiu as questões de compatibilidade e de interoperabilidade no padrão IEEE-1394 original, mas manteve os mesmos conectores e as mesmas velocidades.

O padrão 1394b proposto planeja suportar velocidades de 1,6 Gbps até 3,2 Gbps utilizando fibra óptica e cabeamento UTP Categoria 5 e, ao mesmo tempo, manter a compatibilidade com os atuais dispositivos 1394a.

Comparando IEEE-1394a e USB 1.1/2.0

Devido à semelhança tanto na forma como na função entre o USB e o 1394a, há certa confusão quanto aos recursos desses tipos de interface. A Tabela 7.4 resume as diferenças.

Tabela 7.4 Comparação de IEEE-1394a e USB

	IEEE-1394a (também conhecido como iLink, FireWire)	USB 1.1	USB 2.0
Hospedeiro PC requerido	Não	Sim	Sim
Número máximo de dispositivos	63	127	127
Conexão com os dispositivos energizados (*hot-swappable*)	Sim	Sim	Sim
Comprimento máximo de cabo entre dispositivos	4,5 m	5 m	5 m
Taxa de transferência	200Mbps (25MBps)/ 400MBps (50MBps)	12Mbps (1,5MBps)	480Mbps (60MBps)
Taxas propostas de transferência futuras	800Mbps (100MBps) 1,6Gbps (200MBps) 3,2Gbps (400MBps)	Nenhuma	Nenhuma
Dispositivos típicos	Camcorders de vídeo digital, câmaras digitais de alta resolução, HDTV, conversor *set-top box*, drives de alta velocidade, scanners de alta resolução, instrumentos musicais eletrônicos	Teclados, mouses, joysticks, câmeras digitais de baixa resolução, drives de baixa velocidade, modems, impressoras, scanners de baixa resolução	Todos os dispositivos USB 1.1 mais: camcorders de vídeo digital, câmeras digitais de alta resolução, HDTV, conversor *set-top box*, drives de alta velocidade, scanners de alta resolução

Como revela a Tabela 7.4, as principais diferenças são popularidade, o fato de ser ou não centrado no PC e velocidade. O USB é de longe a interface externa mais popular, eclipsando todos os outros por comparação.

Embora praticamente todos os PCs vendidos hoje incluam USB 1.1 ou 2.0 como padrão, o 1394 é ainda principalmente uma atualização de mercado pós-venda; apenas um número pequeno de sistemas e placas-mãe atuais apresentam portas 1394 integradas.

O USB 1.1 foi claramente projetado para periféricos de baixa velocidade, como teclados, mouses, modems e impressoras, ao passo que o USB 2.0 pode ser utilizado para conectar a maioria dos dispositivos externos de alta velocidade. O 1394 é utilizado para conectar principalmente produtos eletrônicos de vídeo digital de alto desempenho.

Outro benefício importante do 1394 é que não é necessária uma conexão com hospedeiro PC. Portanto, o 1394 pode ser utilizado diretamente para conectar uma camcorder de vídeo digital (DV) com um DV-VCR para cópia ou edição de fitas.

Solucionando problemas de controladoras e dispositivos IEEE-1394

- **A controladora é instalada mas não funciona** — Certifique-se de que seu sistema carregou o driver IEEE-1394 correto para a controladora. Algumas controladoras não utilizam o driver de chipset TI fornecido pelo Windows.

- **Um driver errado está instalado para a controladora** — Se você instalou o driver errado, remova a controladora IEEE-1394 da listagem do Gerenciador de dispositivos do Windows, obtenha o driver em CD ou em disquete fornecido com a controladora, reinicie o sistema e faça o computador procurar o melhor driver. Ele localizará o driver no disquete ou no CD-ROM e o instalará.

- **Vídeo instável durante edição digital** — Utilize os drivers UDMA de bus mastering com discos rígidos ATA/IDE para fornecer um fluxo contínuo de vídeo digital; instale e ative conforme necessário (consulte o Capítulo 4).

- **Os dispositivos de quatro fios não são reconhecidos** — Ao passo que os dispositivos de seis fios obtêm energia do barramento IEEE-1394, os dispositivos de quatro fios exigem sua própria fonte de alimentação; certifique-se de que o dispositivo esteja conectado e ligado.

- **O dispositivo "desaparece" do Gerenciador de dispositivos do Windows depois de conectado** — O dispositivo conectado provavelmente está utilizando o gerenciamento de energia; depois que o gerenciamento de energia do dispositivo é ativado, isso é normal. Utilize os controles de gerenciamento de energia do dispositivo para desativar o gerenciamento de energia enquanto o dispositivo estiver conectado ao computador.

- **O dispositivo exibe um ! amarelo no Gerenciador de dispositivos ou não é exibido** — O Windows 2000 fornece suporte somente para as controladoras que suportam o OpenHCI (OHCI). Os adaptadores que utilizam drivers não-OHCI devem instalar seus próprios drivers para funcionar. Atualize os drivers ou remova o dispositivo e reinstale-o, fornecendo os drivers corretos para corrigir o problema.

IEEE-1394 e Linux

O Linux possui kernels versões 2.2 e superiores do IEEE-1394. Para fazer download dos arquivos de suporte ou para obter informações adicionais sobre como suportar dispositivos IEEE-1394 com o Linux, visite o endereço

linux1394.sourceforge.net/index.html.

Fontes on-line para se obter suporte adicional ao IEEE-1394

- Produtos IEEE-1394:

    http://www.firewire-1394.com

    http://www.askfor1394.com

- Associação de empresas para o IEEE-1394:

    http://www.1394ta.org

Capítulo 8

Teclados, mouses e dispositivos de entrada

Designs de teclado

Os principais tipos de teclado são os seguintes:

- Teclado Enhanced de 101 teclas
- Teclado Enhanced de 102 teclas
- Teclado Windows de 104 teclas
- Teclado XT PC de 83 teclas (obsoleto)
- Teclado AT de 84 teclas (obsoleto)

> **Nota**
>
> Se você precisa de informações sobre os teclados PC e XT de 83 teclas ou do teclado AT de 84 teclas, consulte o Capítulo 7 de *Upgrading and Repairing PCs, 10th Anniversary Edition* — incluído no formato PDF no CD-ROM da 13ª edição.

O leiaute básico dos teclados de 101, 102 e 104 teclas é praticamente idêntico, com as seguintes diferenças:

- O teclado de 102 teclas foi projetado para utilização com idiomas europeus. Possui uma tecla Shift menor à esquerda e uma tecla Enter vertical para permitir espaço para uma tecla adicional. Algumas teclas de símbolo também são encontradas em locais diferentes.

- O teclado de 104 teclas do Windows adiciona três teclas ao leiaute de teclado Enhanced de 101 teclas: as teclas esquerda e direita do Windows e a tecla Application. Essas três teclas adicionais permitem se criar atalhos adicionais no teclado do Windows comparadas com aqueles possíveis com o teclado Enhanced de 101 teclas.

Utilizando as teclas do Windows

A Tabela 8.1 mostra uma lista de todas as combinações de teclas do Windows (disponível com Windows NT 4.0, 9*x* e todas as versões posteriores) que podem ser obtidas com os teclados de 104 teclas do Windows. Esses atalhos com o teclado podem ser úteis, especialmente se seu mouse parar de funcionar ou você quiser trabalhar mais rapidamente com a área de trabalho do Windows.

Tabela 8.1 Combinações de teclas do Windows

Combinação de teclas	Ação resultante
WIN+R	Executa a caixa de diálogo
WIN+M	Minimiza tudo
Shift+WIN+M	Desfaz minimizar tudo
WIN+F1	Abre a Ajuda
WIN+E	Abre o Windows Explorer
WIN+F	Localiza arquivos ou pastas
Ctrl+WIN+F	Localiza computador
WIN+Tab	Passa um a um pelos botões da barra de tarefas
WIN+Break	Exibe a caixa de diálogo Sistema
Tecla Aplicação	Exibe um menu de contexto para o item selecionado

Quando um teclado de 104 teclas do Windows da Microsoft é utilizado com o Microsoft IntelliType Pro Software instalado (http://www.microsoft.com/hardware/keyboard/download.asp), podem-se utilizar as combinações de teclas adicionais mostradas na Tabela 8.2.

Tabela 8.2 Combinações de tecla do IntelliType Pro

Combinação de teclas	Ação resultante
WIN+L	Efetuar o logoff do Windows
WIN+P	Abre o Gerenciador de impressão
WIN+C	Abre o Painel de controle
WIN+V	Abre a área de transferência
WIN+K	Abre a caixa de diálogo das propriedades do teclado
WIN+I	Abre a caixa de diálogo das propriedades do mouse
WIN+A	Abre as opções de acessibilidade (se instalado)
WIN+barra de espaço	Exibe a lista de teclas de atalho do IntelliType
WIN+S	Alterna a tecla Caps Lock entre ativada e desativada

Comandos somente de teclado para o Windows 9x/NT4/2000/Me com qualquer teclado

Se seu mouse parar de funcionar ou se você quiser trabalhar mais rapidamente, utilize as teclas mostradas na Tabela 8.3 para realizar ações comuns do Windows.

Capítulo 8 – Teclados, mouses e dispositivos de entrada

Tabela 8.3 Comandos de teclado para o Windows 9x/NT4/2000/Me	
Combinação de teclas	**Ação resultante**
F1	Inicia a Ajuda do Windows.
F10	Ativa as opções de barra do menu.
Shift+F10	Abre um menu de contexto (menu de atalho) para o item selecionado.
Ctrl+Esc	Abre o menu Iniciar. Utilize as teclas de seta para selecionar um item.
Ctrl+Esc, Esc	Seleciona o botão Iniciar. Pressione Tab para selecionar a barra de tarefas ou pressione Shift+F10 para um menu de contexto.
Alt+Tab	Alterna para outro aplicativo em execução. Mantenha pressionada a tecla Alt e depois pressione a tecla Tab para visualizar a janela de alternância de tarefas.
Shift	Pressione e segure a tecla Shift enquanto insere um CD-ROM para evitar o recurso AutoPlay (Auto-reprodução).
Alt+barra de espaço	Exibe o menu Sistema da janela principal. A partir do menu Sistema, você pode restaurar, mover, redimensionar, minimizar, maximizar ou fechar a janela.
Alt+- (Alt+hífen)	Exibe o menu Sistema da janela filha da interface de múltiplos documentos (multiple document interface – MDI). A partir do menu Sistema da janela filha MDI, você pode restaurar, mover, redimensionar, minimizar, maximizar ou fechar a janela filha.
Ctrl+Tab	Alterna para a próxima janela filha de um aplicativo MDI.
Alt+<letra sublinhada no menu>	Abre o menu correspondente.
Alt+F4	Fecha a janela atual.
Ctrl+F4	Fecha a janela MDI atual.
Alt+F6	Alterna entre várias janelas no mesmo programa. Por exemplo, quando a caixa de diálogo Localizar do Bloco de Notas é exibida, Alt+F6 alterna entre a caixa de diálogo Localizar e a janela principal do Bloco de Notas.

Eis os comandos de teclado da caixa de diálogo do Windows:

Combinação de teclas	**Ação resultante**
Tab	Move para o próximo controle na caixa de diálogo.
Shift+Tab	Move para o controle anterior na caixa de diálogo.
Barra de espaço	Se o controle corrente é um botão, esse comando de teclado clica no botão. Se o controle corrente é uma caixa de seleção, ele alterna a caixa de seleção entre os estados selecionado e não-selecionado. Se o controle atual é um botão de opção, ele seleciona o botão de opção.
Enter	Equivalente a clicar no botão selecionado (o botão ressaltado).
Esc	Equivalente a clicar no botão Cancelar.

Combinação de teclas	Ação resultante
Alt+ <letra sublinhada no item da caixa de diálogo>	Move-se para o item correspondente.
Ctrl+Tab/Ctrl+Shift+Tab	Move-se pelas tabulações de propriedade.

Essas são as combinações de teclado para controles da árvore do Windows Explorer:

Combinação de teclas	Ação resultante
*Teclado numérico	Expande tudo sob a seleção atual.
+Teclado numérico	Expande a seleção atual.
-Teclado numérico	Recolhe a seleção atual.
Seta direita	Expande a seleção atual se não estiver expandida; caso contrário, vai à primeira filha.
Seta esquerda	Recolhe a seleção atual se estiver expandida; caso contrário, vai para o pai.

Aqui estão os controles gerais de pasta/atalho do Windows:

Combinação de teclas	Ação resultante
F4	Seleciona a caixa Ir para Pasta Diferente e move para baixo as entradas na caixa (se a barra de ferramentas estiver ativa no Windows Explorer).
F5	Atualiza a janela atual.
F6	Move-se entre os painéis no Windows Explorer.
Ctrl+G	Abre a ferramenta Ir Para Pasta (no Windows Explorer do Windows 95 somente).
Ctrl+Z	Desfaz o último comando.
Ctrl+A	Seleciona todos os itens na janela atual.
Backspace	Alterna para a pasta pai.
Shift+clique	Seleciona o botão Fechar. (Para as pastas, fecha a pasta corrente mais todas as pastas pai.)

Esses são os atalhos gerais de pasta e do Windows Explorer para um objeto selecionado:

Combinação de teclas	Ação resultante
F2	Renomeia o objeto.
F3	Localiza todos os arquivos.
Ctrl+X	Recorta.
Ctrl+C	Copia.

Combinação de teclas	Ação resultante
Ctrl+V	Cola.
Shift+Del	Exclui a seleção imediatamente, sem mover o item para a lixeira.
Alt+Enter	Abre a folha de propriedades para o objeto selecionado.
Para copiar um arquivo	Pressione e segure a tecla Ctrl enquanto arrasta o arquivo para outra pasta.
Para criar um atalho	Pressione e segure Ctrl+Shift enquanto arrasta um arquivo para a área de trabalho ou para uma pasta.

Tipos de teclado

O tipo mais comum de teclado é o tipo mecânico, disponível nas seguintes variações:

- Mecânico puro
- Elemento de espuma
- Calota de borracha
- Membrana

A Tabela 8.4 compara as questões relativas ao usuário, questões de conserto, manutenção e serviço para esses tipos de teclado.

Tabela 8.4 Tipos de teclados mecânicos comparados

Tipo de teclado

Recurso	Mecânico puro	Espuma	Calota de borracha	Membrana
Feedback tátil	Normalmente um clique	Feedback mínimo	Clique suave	Nenhum clique
Durabilidade e manutenção	Alta: estimada em 20 milhões de toques	Variável: os contatos podem corroer; fácil de limpar	Alta: a calota de borracha protege os contatos contra corrosão	Extrema: sem mover as partes, unidade selada para ambientes industriais agressivos

O tipo de teclado mecânico puro, que em geral utiliza teclas Alps, só perde para os teclados que usam teclas capacitivas em termos de feedback tátil e durabilidade. As teclas capacitivas são especificadas para permitir até 25 milhões de toques. Tradicionalmente, os únicos fornecedores de teclados de teclas capacitivas têm sido a IBM e os herdeiros de suas tecnologias de teclados, a Lexmark e a Unicomp (http://www.pckeyboard.com).

Limpando um teclado

Você pode utilizar os seguintes métodos para manter um teclado limpo:

- **Aspirador de pó** — Limpe o teclado pelo menos mensalmente e certifique-se de utilizar uma ponteira com pincel para varrer a sujeira dos espaços entre as teclas.

- **Ar comprimido** — Vire o teclado de ponta-cabeça antes de aplicar o jato de ar, para ajudar a remover o pó e a sujeira.

Os dois tipos de limpeza funcionam melhor se você remover primeiro a cobertura plástica de cada tecla. O extrator de chip na forma de U incluído na maioria dos kits de ferramentas para computadores funciona bem para esse propósito. Para corrigir uma tecla presa, pulverize algum ar comprimido no espaço sob a terminação para expulsar a sujeira. Depois substitua a terminação e verifique a ação da tecla.

Ao remover a cobertura da tecla em alguns teclados, você na realidade está desprendendo a tecla inteira do teclado; tenha cuidado durante a remoção ou a montagem do teclado ou você quebrará a chave. Os teclados clássicos do tipo IBM/Lexmark (agora fabricados pela Unicomp) utilizam uma cobertura de tecla removível que deixa a tecla de fato no lugar, permitindo que você limpe sob a cobertura da tecla sem o risco de quebrar as chaves.

Se derramar uma bebida no teclado, é recomendável desconectar o teclado do sistema, desmontar o teclado e limpar com água destilada.

Se o líquido derramado secou, encharque o teclado com água temporariamente. Ao se certificar de que o teclado está limpo, despeje um pouco de água *destilada* (que não contém minerais) sobre ele e entre as teclas para lavar qualquer sujeira residual. Depois que a unidade secar *completamente*, ele deve estar perfeitamente funcional.

> **Dica**
>
> Caso haja líquidos, pó excessivo ou sujeira no ambiente de trabalho ou nas condições em que o PC é utilizado, várias empresas fazem finas películas de membrana que se moldam sobre o teclado, protegendo-o contra líquidos, pó e outros contaminantes. Essas películas geralmente são suficientemente finas para que não interfiram demais com a digitação ou ação das teclas.
>
> Um exemplo é o CompuCover Inc. (http://www.compucover.com), que fornece capas para os teclados multimídia mais recentes de fornecedores populares, bem como para teclados de computadores desktop tradicionais, terminais e notebook.

Ajustando os parâmetros de teclado no Windows

Para modificar os valores-padrão da taxa de repetição automática e os parâmetros de retardo em qualquer versão do Windows, abra o ícone Teclado no Painel de Controle. No Windows 9x/Me/NT/2000/XP, os controles estão localizados na guia Velocidade. O controle deslizante Intervalo de repetição controla o tempo que deve decorrer mantendo uma tecla pressionada antes de o caractere começar a se repetir, e o controle deslizante Taxa de repetição controla com qual velocidade o caractere é repetido depois que o retardo decorreu. Utilize a caixa de teste para ver o efeito das alterações que você fez antes de aplicá-las.

> **Nota**
>
> Os incrementos nos controles deslizantes Intervalo de repetição e Taxa de repetição na opção Teclado do Painel de Controle correspondem aos tempos dados para os valores RATE e DELAY do comando MODE. Cada marca no controle deslizante Intervalo de repetição adiciona aproximadamente 0,25 segundo ao retardo e as marcas no controle deslizante Taxa de repetição valem aproximadamente um caractere por segundo cada.

Leiautes do teclado e códigos de varredura

A Tabela 8.5 mostra cada um dos três conjuntos de código de varredura para cada tecla nos teclados Enhanced de 101 teclas e 102 teclas, em relação ao número de tecla e de caractere. A Tabela 8.6 lista os códigos de varredura para as teclas adicionais nos teclados de 104 teclas do Windows. O conjunto de código de varredura 1 é o padrão; os outros dois são raramente utilizados. Conhecer esses códigos de varredura é útil quando estiver solucionando problemas de teclas presas ou falhas em um teclado. Os diagnósticos podem informar a tecla defeituosa pelo código de varredura, que varia de teclado a teclado no caractere que o representa e sua localização.

Tabela 8.5 Códigos de varredura e números de teclas do teclado de 101/102 teclas (Enhanced)

Número de tecla	Tecla/Caractere	Códigos de varredura 1	Códigos de varredura 2	Códigos de varredura 3
1	`	29	0E	0E
2	1	2	16	16
3	2	3	1E	1E
4	3	4	26	26
5	4	5	25	25
6	5	6	2E	2E

Tabela 8.5 Códigos de varredura e números de teclas do teclado de 101/102 teclas (Enhanced) (continuação)

Número de tecla	Tecla/Caractere	Códigos de varredura 1	Códigos de varredura 2	Códigos de varredura 3
7	6	7	36	36
8	7	8	3D	3D
9	8	9	3E	3E
10	9	0A	46	46
11	0	0B	45	45
12	-	0C	4E	4E
13	=	0D	55	55
15	Backspace	0E	66	66
16	Tab	0F	0D	0D
17	Q	10	15	15
18	W	11	1D	1D
19	E	12	24	24
20	R	13	2D	2D
21	T	14	2C	2C
22	Y	15	35	35
23	U	16	3C	3C
24	I	17	43	43
25	O	18	44	44
26	P	19	4D	4D
27	[	1A	54	54
28	]	1B	5B	5B
29	\ (somente no de 101 teclas)	2B	5D	5C
30	Caps Lock	3A	58	14
31	A	1E	1C	1C
32	S	1F	1B	1B
33	D	20	23	23
34	F	21	2B	2B
35	G	22	34	34
36	H	23	33	33
37	J	24	3B	3B
38	K	25	42	42
39	L	26	4B	4B
40	;	27	4C	4C
41	`	28	52	52
42	# (somente no de 102 teclas)	2B	5D	53

Tabela 8.5 Códigos de varredura e números de teclas do teclado de 101/102 teclas (Enhanced) (continuação)

Número de tecla	Tecla/Caractere	Códigos de varredura 1	Códigos de varredura 2	Códigos de varredura 3
43	Enter	1C	5A	5A
44	Shift à esquerda	2A	12	12
45	somente no de \102 teclas	56	61	13
46	Z	2C	1A	1A
47	X	2D	22	22
48	C	2E	21	21
49	V	2F	2A	2A
50	B	30	32	32
51	N	31	31	31
52	M	32	3A	3A
53	,	33	41	41
54	.	34	49	49
55	/	35	4A	4A
57	Shift direito	36	59	59
58	Ctrl esquerdo	1D	14	11
60	Alt esquerdo	38	11	19
61	Barra de espaço	39	29	29
62	Alt direito	E0, 38	E0, 11	39
64	Ctrl direito	E0, 1D	E0, 14	58
75	Insert	E0, 52	E0, 70	67
76	Delete	E0, 53	E0, 71	64
79	Seta esquerda	E0, 4B	E0, 6B	61
80	Home	E0, 47	E0, 6C	6E
81	End	E0, 4F	E0, 69	65
83	Seta para cima	E0, 48	E0, 75	63
84	Seta para baixo	E0, 50	E0, 72	60
85	Page Up	E0, 49	E0, 7D	6F
86	Page Down	E0, 51	E0, 7A	6D
89	Seta à direita	E0, 4D	E0, 74	6A
90	Num Lock	45	77	76
91	7 Teclado numérico (Home)	47	6C	6C
92	4 Teclado numérico (seta à esquerda)	4B	6B	6B
93	1 Teclado numérico (End)	4F	69	69
95	/ Teclado numérico	E0, 35	E0, 4A	77
96	8 Teclado numérico (Seta para cima)	48	75	75

Tabela 8.5 Códigos de varredura e números de teclas do teclado de 101/102 teclas (Enhanced) (continuação)

Número de tecla	Tecla/Caractere	Códigos de varredura 1	Códigos de varredura 2	Códigos de varredura 3
97	5 Teclado numérico	4C	73	73
98	2 Teclado numérico (Seta para baixo)	50	72	72
99	0 Teclado numérico (INS)	52	70	70
100	*Teclado numérico	37	7C	7E
101	9 Teclado numérico (PgUp)	49	7D	7D
102	6 Teclado numérico (seta à esquerda)	4D	74	74
103	3 Teclado numérico (PgDn)	51	7A	7A
104	(Del) Teclado numérico.	53	71	71
105	- Teclado numérico	4A	7B	84
106	+ Teclado numérico	4E	E0, 5A	7C
108	Enter Teclado numérico	E0, 1C	E0, 5A	79
110	Escape	1	76	8
112	F1	3B	5	7
113	F2	3C	6	0F
114	F3	3D	4	17
115	F4	3E	0C	1F
116	F5	3F	3	27
117	F6	40	0B	2F
118	F7	41	83	37
119	F8	42	0A	3F
120	F9	43	1	47
121	F10	44	9	4F
122	F11	57	78	56
123	F12	58	7	5E
124	Print Screen	E0, 2A, E0, 37	E0, 12, E0, 7C	57
125	Scroll Lock	46	7E	5F
126	Pause	E1, 1D, 45, E1, 9D, C5	E1, 14, 77, E1, F0, 14, F0, 77	62

As teclas adicionais em um teclado Windows de 104 teclas têm seus próprios códigos de varredura. A Tabela 8.6 mostra os códigos de varredura para as novas teclas.

Capítulo 8 – Teclados, mouses e dispositivos de entrada **247**

Tabela 8.6 Códigos novos de varredura de tecla no teclado de 104 teclas do Windows

Nova tecla	Códigos de varredura 1	Códigos de varredura 2	Códigos de varredura 3
Windows esquerdo	E0, 5B	E0, 1F	8B
Windows direito	E0, 5C	E0, 27	8C
Aplicativo	E0, 5D	E0, 2F	8D

Muitos dos novos teclados apresentam teclas adicionais para navegação na Web, multimídia ou gerenciamento de energia. Essas teclas também possuem códigos de varredura que podem ser utilizados para detectar erros de teclado. Para obter uma lista dos códigos de varredura PS/2 relacionados com multimídia e navegação na Web suportados pelo Windows 2000 e pelo Me, visite o site da Web
http://www.microsoft.com/hwdev/input/w2kbd.htm.

Para obter uma lista dos códigos de varredura relacionados com as teclas de gerenciamento de energia, consulte o endereço http://www.microsoft.com/hwdev/desinit/ScanCode.htm.

Conectores de teclado

Embora alguns sistemas novos ofereçam conectores e cabos de teclado codificados por cor, a melhor maneira de reconhecer o conector de teclado é ainda conhecer a sua aparência. Há dois padrões comuns, e vários adaptadores de baixo custo estão disponíveis para passar um dispositivo que usa um padrão para um conector que usa outro padrão. Os padrões de conector de teclado são os seguintes:

- **Conector DIN de cinco pinos** — Utilizado na maioria dos sistemas de PC com placas-mãe de formato-padrão Baby-AT
- **Conector mini-DIN de seis pinos** — Utilizado em sistemas PS/2 e na maioria dos PCs com placas-mãe LPX, ATX e NLX
- **Connector USB** — Utilizado em sistemas "livre de legado" que não têm portas PS/2, seriais ou paralelas

Consulte o Capítulo 12, "Referências rápidas de conectores", para obter exemplos desses tipos de porta.

A Tabela 8.7 mostra o leiaute físico e as pinagens das respectivas tomadas de conector de teclado e soquetes para o conector DIN e mini-DIN.

Sinais de conectores de teclado

A Tabela 8.7 apresenta os sinais de conector de teclado para três conectores comuns.

Tabela 8.7 Sinais de conector de teclado			
Nome do sinal	**DIN de 5 pinos**	**Mini-DIN de 6 pinos**	**SDL de 6 pinos**
Dados de teclado	2	1	B
Terra	4	3	C
+5v	5	4	E
Clock de teclado	1	5	D
Não conectado	—	2	A
Não conectado	—	6	F
Não conectado	3	—	—

DIN = Deutsche Industrie Norm (Norma industrial alemã), um comitê que define os padrões na Alemanha.

SDL = Shielded Data Link (canal de dados blindado), um tipo de conector blindado criado pela AMP e utilizado pela IBM e outros para cabos de teclado. É utilizado dentro da caixa de teclado para conectar o cabo à eletrônica do teclado; e a outra extremidade do cabo terá o conector DIN ou mini-DIN para ligá-lo ao computador. Embora o projeto de SDL nunca tenha sido padronizado, você pode utilizar essa pinagem para verificar a continuidade com um multímetro se suspeitar que o cabo do teclado está danificado.

Requisitos de teclado USB

Os dispositivos com Universal Serial Bus (USB) tornaram-se muito populares e estão em vias de substituir os conectores de portas seriais, paralelas, de teclado e de mouse por essa porta única, versátil e compartilhável (consulte o Capítulo 7 para obter informações adicionais sobre USB).

Para utilizar um teclado conectado através de uma porta USB, você deve atender a três requisitos:

- Deve ter uma porta USB no sistema.
- Deve executar o Microsoft Windows 98, o Windows Me, o 2000 ou o XP (todos eles incluem drivers de teclado USB).
- Deve ter suporte USB de legado presente e habilitado em seu BIOS de sistema.

O suporte USB de legado significa que o BIOS em ROM de sua placa-mãe inclui drivers para reconhecer um teclado USB. Sem suporte USB de legado no BIOS, você não pode utilizar um teclado USB quando estiver no MS-DOS nem quando instalar o Windows no sistema pela primeira vez. Além disso, se a instalação do Windows falhar e exigir manipulação fora do Windows, o teclado USB não funcionará a menos que seja suportado no BIOS. Praticamente todos os sistemas com portas USB a partir de 1998 incluem um BIOS com suporte de legado a USB (incluindo o próprio teclado USB).

Solução de problemas e manutenção de teclado

Os erros de teclado normalmente são causados por dois problemas simples. Podem surgir outros problemas mais difíceis intermitentes, mas são muito menos comuns. Os problemas mais freqüentes são os seguintes:

- Cabos defeituosos
- Teclas presas

Utilize a Tabela 8.8 para ajudá-lo a solucionar problemas em um teclado defeituoso.

Tabela 8.8   Solução de problemas de teclado

Problema	Sintomas	Solução
Cabo defeituoso	Nenhuma operação de teclado; todas as teclas produzem erros ou caracteres errados.	Troque o teclado por um que você sabe que funciona. Se o problema não se repetir, o teclado original era o problema.
		Substitua o cabo por um sobressalente (se disponível — verifique "teclados de sucata" ou listas de peças sobressalentes dos fornecedores) ou substitua o teclado.
		Teste o cabo com um multímetro digital (DMM) com um testador de continuidade; cada fio (veja as pinagens previamente) deve fazer conexão, mesmo quando você enrola o cabo. Substitua o cabo ou o teclado falho.
Tecla presa	"Erro de tecla presa" ou erro 3xx na tela durante POST.	Pesquise o código de varredura da tabela nesse capítulo para determinar qual tecla está presa. Limpe a chave da tecla.
Conector de teclado na placa-mãe danificado	Teclados que você sabe que estão funcionando não funcionam quando conectados.	Para fazer um teste simples do conector de teclado na placa-mãe, você pode verificar as voltagens em alguns pinos. Meça as voltagens em vários pinos do conector de teclado. Para evitar possível dano ao sistema ou ao teclado, desligue a energia antes de desconectar o teclado. Desconecte o teclado e ligue a energia de volta. Faça medições entre o pino-terra e os outros pinos, de acordo com a Tabela 8.9.
		Conserte ou substitua a placa-mãe se as voltagens não estiverem de acordo com as especificações.

Tabela 8.8 Solução de problemas de teclado (continuação)		
Problema	Sintomas	Solução
O teclado USB funciona na configuração do Windows, mas não no MS-DOS nem na inicialização	O modo de legado de USB não está habilitado na configuração de BIOS/CMOS.	Conecte o teclado-padrão, ligue o computador, inicie a configuração de BIOS CMOS, ative o modo de legado de USB, salve as alterações e desligue o computador.
		Reconecte o teclado USB e tente novamente; o teclado agora deve funcionar todas as vezes.

Especificações de voltagem e sinais do conector de teclado

Utilize a Tabela 8.9 junto com um multímetro digital (DMM) para determinar se seu conector de teclado está funcionando corretamente. Consulte o Capítulo 7 para obter os valores de voltagem para os conectores USB.

Tabela 8.9 Especificações de conectores de teclado			
Pino de conector DIN	Pino de conector mini-DIN	Sinal	Voltagem
1	5	Clock de teclado	+2,0V to +5,5V
2	1	Dados de teclado	+4,8V to +5,5V
3	—	Reservado	—
4	3	Terra	—
5	4	Energia de +5V	+2,0V to +5,5V

Se suas medidas não corresponderem a essas voltagens, a placa-mãe pode estar defeituosa. Caso contrário, o cabo do teclado ou o teclado talvez estejam defeituosos. Se você suspeita que o cabo é o problema, a coisa mais fácil de fazer é substituir o teclado por um bom. Se o sistema ainda não funcionar normalmente, talvez você tenha que substituir a placa-mãe.

Códigos de erro de teclado

Alguns BIOSes utilizam os seguintes números da série 3xx para informar os erros de teclado. Esses códigos de erro serão exibidos na tela durante o processo de inicialização. Pesquise o código de erro e corrija o problema.

A Tabela 8.10 lista alguns códigos-padrão de erro POST e de diagnóstico de teclado.

Tabela 8.10 Códigos POST de teclado	
Código do erro	descrição
3xx	Erros de teclado
301	Falha de reinicialização do teclado ou tecla presa (XX 301; XX = código de varredura em hexadecimal)
302	Tecla de Keylock de sistema presa
302	Erro de teste de teclado indicado pelo usuário
303	Erro de teclado ou de placa de sistema; falha da controladora do teclado
304	Erro de teclado ou de placa de sistema; clock de teclado alto
305	Erro no +5v do teclado; fusível do teclado PS/2 (na placa-mãe) queimado
341	Erro de teclado
342	Erro de cabo de teclado
343	Falha de placa de LED de teclado ou de cabo
365	Falha de placa de LED de teclado ou de cabo
366	Falha de cabo de interface de teclado
367	Falha de placa de LED de teclado ou de cabo

Mouses e dispositivos apontadores

Dispositivos apontadores que funcionem são cruciais para a operação do computador. Utilize essa seção para manter seu mouse funcionando adequadamente.

Métodos de detecção do movimento do mouse

O tipo de mecanismo de mouse mais comum é o optomecânico, utilizado pela Logitech e muitos outros fornecedores. Sujeira sobre a bola ou sobre os rolamentos do mouse, ou nos caminhos de luz causarão saltos e operação errática do cursor do mouse. A Microsoft e alguns outros fornecedores utilizam um mecanismo puramente mecânico (tipo rolamento) para seus mouses de baixo custo, que, como no caso de design optomecânico, também pode ser afetado por sujeira e pó.

Os mouses óticos, lançados primeiro pela Microsoft e depois pela Logitech e agora oferecidos por muitos outros fornecedores, utilizam um sensor óptico de alta velocidade, baseado em CMOS que é mais fácil de manter limpo que o mecanismo de bola de rolamento.

Tipos de interface do dispositivo apontador

O conector utilizado para ligar seu mouse ao sistema depende do tipo de interface que você está utilizando. Os mouses são mais comumente conectados ao seu computador pelas três interfaces seguintes:

- Porta serial
- Porta de mouse de placa-mãe dedicada (porta PS/2)
- Porta USB

A maioria dos mouses que se conectam à porta USB também podem ser adaptados à porta PS/2 de mouse. Muitos mouses seriais também são distribuídos com um adaptador PS/2. Todas essas portas são ilustradas no Capítulo 12.

A porta PS/2 do mouse é o mesmo conector mecânico que o mini-DIN de teclado de seis pinos discutido anteriormente neste capítulo, mas você não pode trocar a entrada do mouse pela do teclado.

Um quarto tipo de conector, o conector de mouse de barramento mini-DIN de nove pinos, está localizado atrás de uma placa de interface dedicada de mouse de barramento ou em algumas placas ATI antigas de vídeo. Os mouses de barramento são agora considerados obsoletos, e a maioria não pode ser adaptado a outros tipos de portas.

> **Nota**
>
> A Microsoft às vezes chama o mouse de barramento de *Inport mouse*, que é seu nome proprietário para uma conexão de mouse de barramento.

Mouses híbridos

Os mouses que são projetados para funcionar em mais de um tipo de porta às vezes são conhecidos como *mouses híbridos*. Se você tiver um mouse que tem o tipo de porta errada para seu sistema, como você pode dizer se o mouse é um mouse híbrido que pode ser adaptado, ou se é um mouse de uso único que não pode ser adaptado?

- Os mouses híbridos são vendidos em pacotes no varejo que incluem um adaptador feito especialmente para o mouse.
- Os mouses de uso único em geral vêm junto com um sistema e são projetados para utilizar somente a porta PS/2 de mouse ou a porta USB do sistema, não um adaptador.

Os adaptadores vendidos em lojas de varejo funcionam apenas com mouses híbridos, que têm os circuitos necessários on-board para funcionar com sinais de diferentes tipos de porta; eles não funcionarão com mouses de uso único.

Tipos de mouse sem-fio

Eis dois métodos para conectar os mouses sem-fio por interface:

- Rádio-controle
- Infravermelho (IR)

Os mouses de rádio-controle são vendidos pela Logitech, Microsoft, Intel e outras empresas. O receptor de rádio conecta-se à(s) interface(s)-padrão de mouse listada(s) anteriormente; e o mouse é sem-fio, utilizando uma pequena bateria para ligar seu transmissor de rádio. Versões mais antigas desses mouses eram muito volumosas quando comparadas com mouses com fio, mas os novos mouses sem-fio são do mesmo tamanho que seus primos com fios.

Os mouses de infravermelho são raros e às vezes são combinados com teclados de infravermelho. O receptor de infravermelho conecta-se ao conector de mouse (e de teclado) padrão e exige uma linha direta de visão entre o mouse e o receptor.

Drivers de software para o mouse

Dependendo de seu sistema operacional ou seu modo de operação, você pode precisar carregar manualmente um driver ou ele pode ser carregado automaticamente para você. Utilize a Tabela 8.11 para determinar o que é necessário para seu mouse.

Tabela 8.11 Tipo de drive de mouse e localização por sistema operacional

Sistema operacional	Tipo de driver	Método de carregamento	Notas
Windows 9x, NT, 2000, Me, XP	.DRV e .VXD de 32 bits	Automaticamente detectado e instalado	A maioria dos mouses com portas PS/2 podem utilizar um driver-padrão da Microsoft, embora os drivers de terceiros forneçam suporte para botão de rolagem, terceiro botão, etc.
Modo MS-DOS no Windows 9x/Me	Driver de 32 bits do Windows	Automaticamente suportado nos modos de janelas de tela e de tela inteira	No Windows, é possível utilizar o mouse para marcar texto para a área de transferência do Windows.
MS-DOS, incluindo o prompt de comando do Windows 9x (não o modo MS-DOS)	Mouse.com ou Device= mouse.sys	Execute MOUSE a partir da linha de comando ou Autoexec.bat ou adicione device= mouse.sys ao Config.sys	As versões atuais do driver da Microsoft e da Logitech podem carregar na RAM de UMB acima de 640 KB com uso de pouca memória convencional.

Os mouses do Linux são configurados pelo kernel (para utilização com monitores padrão baseados em texto). As interfaces gráficas do usuário baseadas em Xfree86 (*gerenciadores de janela*) exigem que você especifique o nome do dispositivo e o protocolo do mouse utilizado por seu mouse ou outro dispositivo apontador. Veja o manual do Linux e do gerenciador de janela para obter detalhes.

Dispositivos apontadores alternativos

A Tabela 8.12 fornece uma visão geral dos dispositivos apontadores alternativos utilizados para mouses normais, incluindo aqueles utilizados com computadores notebook.

Tabela 8.12 Dispositivos apontadores alternativos

Dispositivo	Onde se localiza	Como é operado	Dicas e notas
Glidepoint desenvolvido pela Cirque (também chamado de touchpad)	Superfície plana embaixo da barra de espaço em PCs notebook; pode ser um dispositivo separado ou no lado direito do teclado em PCs desktop; pode ser adicionado através de uma porta externa.	Mova seu dedo pela superfície; utilize os botões esquerdo e direito embaixo da Barra de espaço ou bata de leve uma ou duas vezes com seu dedo ao invés de clicar ou dar um clique duplo.	Alternativa para mouse embutido mais utilizado; também disponível para desktop PCs. Exige que você tire a mão do teclado; depende da umidade e da resistência da pele. A precisão pode ser um problema. Se você prefere utilizar um mouse "real", desative o touchpad no BIOS porque ele ainda pode estar ativo em algumas máquinas, mesmo quando houver mouse instalado.
Trackpoint desenvolvido pela IBM	Pequeno bastão de borracha localizado no meio do teclado.	Suavemente pressione a superfície da "borracha" na direção desejada.	Operação muito rápida porque está no teclado. Licenciado pela Toshiba como "Accupoint" e também encontrado em alguns teclados IBM/Lexmark/Unicomp e em algumas outras marcas de computador notebook.
Trackball	Bola colocada embaixo da barra de espaço em um computador notebook; também disponível em teclados desktop ou como dispositivos separados.	Role a bola com os dedos ou o polegar para mover o ponteiro do mouse na direção desejada.	Popular para alguns usuários que não se sentem confortáveis com mouses; estão disponíveis em formas ergonômicas como dispositivos separados.

Lembre-se que muitos usuários de computador notebook utilizam mouses "reais" ou trackballs quando eles têm espaço.

Solucionando problemas de mouse

Se estiver tendo problemas com o mouse, você precisa olhar somente em dois lugares — no hardware ou no software. Como os mouses são dispositivos basicamente simples, ver o hardware leva muito pouco tempo. Entretanto, detectar e corrigir problemas de software pode levar mais tempo.

Utilize a Tabela 8.13 para manter o mouse ou o dispositivo apontador em ótima condição.

Tabela 8.13	Solucionando problemas de mouse e de dispositivo apontador	
Sintoma	Problema	Solução
O ponteiro do mouse move-se em saltos abruptos	Sujeira e pó nos rolamentos e na bola ou no sensor	Remova a placa fixadora na parte inferior do mouse, remova a bola e limpe a bola. e os rolamentos com solvente não-abrasivo como limpador de lente de contato.
		Sopre a poeira das rodas e do sensor. Monte novamente e teste.
		Remova do sensor a bola do trackball e limpe como anteriormente indicado.
		Substitua o bastão de borracha.
		Limpe a poeira da parte inferior do mouse ótico.
	Má escolha de superfície para o mouse	Para mouses do tipo bola, utilize uma superfície levemente texturizada como mouse pad ou a Precision Mousing Surface da 3M. Para mouses óticos, utilize qualquer superfície não-espelhada (até a gravata ou a calça), mas evite superfícies com um padrão repetido (que pode confundir o sensor de movimento do CMOS).
O ponteiro do mouse trava quando outro dispositivo é utilizado.	Conflito de IRQ	Se o mouse for PS/2, certifique-se de que nenhum outro dispositivo esteja utilizando a IRQ 12 (modem, etc.). Se o mouse for serial, verifique se há um modem na mesma IRQ que o mouse. COM 1/3 compartilha IRQ 4; COM 2/4 compartilha IRQ 3 em princípio. Consulte o Capítulo 6 para obter informações sobre como evitar conflitos de mouse/modem.
		Se o mouse for de barramento, verifique seu uso de IRQ e tente encontrar uma IRQ não utilizada para a placa de barramento.
		Utilize o Gerenciador de dispositivos do Windows, se disponível, para localizar as informações de IRQ.

Tabela 8.13 Solucionando problemas de mouse e de dispositivo apontador (continuação)

Sintoma	Problema	Solução
O mouse simplesmente não funciona.	Mouse defeituoso	Substitua o mouse original por um sobressalente semelhante que você sabe que está funcionando. Se funcionar, substitua o mouse original pelo bom.
	Porta defeituosa	Qualquer mouse conectado na porta não funciona. Primeiro, verifique se a porta está desabilitada. Se a porta não estiver desabilitada, utilize uma placa suplementar de porta ou substitua a placa-mãe.
	COM, USB ou porta PS/2 desabilitados	Verifique o BIOS ou os jumpers de placa-mãe e habilite se a IRQ utilizada pela porta não estiver já em utilização.
	Mouse sem fio tem uma bateria morta	Verifique a bateria no mouse; substitua-a se estiver descarregada ou fraca.
	Canal configurado errado no mouse ou no transceptor sem-fio	O mouse e o transceptor devem ser configurados para o mesmo canal.
	O mouse infravermelho não pode "ver" o transceptor IV	Verifique questões de linha de visão direita para mouse e o transceptor de infravermelho.
	O mouse USB está consumindo energia demais para um hub energizado por barramento (como aqueles incluídos em algum teclado USB)	Ligue o mouse diretamente ao hub raiz USB (porta USB embutida no sistema ou placa suplementar USB) ou ligue o mouse a um hub com fonte de alimentação própria. É provável que o problema ocorra com mouses óticos de USB, que exigem mais energia que os mouses de rolamento ou optomecânicos.
	Programa de instalação do mouse configurado para o mouse errado	Execute novamente o programa de instalação (freqüentemente disponível como uma unidade no ícone Mouse no Painel de controle) e selecione novamente o mouse correto. Remova os mouses que você não utiliza mais com o sistema a partir do Gerenciador de dispositivos.
	Interferência entre vários dispositivos de entrada com rádio	Configure cada dispositivo de entrada para uma freqüência diferente. Evite exceder os requisitos mínimos de distância para minimizar a interferência.
O mouse funciona como PS/2, mas não como serial.	Mouse projetado somente para porta PS/2	Muitos mouses são projetados somente para a porta PS/2. Os mouses de varejo são projetados para uso com adaptadores. Compre um mouse projetado para a porta serial.
O mouse trava quando acessado pelo Microsoft MSD ou outro programa de diagnóstico.	Mouse inadequado	Para verificar se o mouse é o problema, execute MSD/I para pular a detecção inicial. Detecte o computador e outras informações; depois detecte o mouse. Se o mouse estiver falhando, você vai travar o sistema. Desligue o sistema, substitua o mouse por um que você sabe que funciona e repita a operação. Se o mouse substituto funcionar bem, você resolveu o problema.

Capítulo 8 – Teclados, mouses e dispositivos de entrada

Tabela 8.13 Solucionando problemas de mouse e de dispositivo apontador (continuação)

Sintoma	Problema	Solução
Os botões esquerdo e direito do mouse funcionam, mas os botões do meio ou de rolagem não.	Configuração incorreta do mouse	Um mouse de emulação dual com uma chave PC/MS na parte inferior deve ser configurado para o modo PC (Mouse Systems) para ativar o botão do meio. A maioria dos mouses Logitech pode utilizar o driver da Microsoft, mas os mouses da Microsoft não suportam três botões. Utilize o driver correto para o mouse.
	Botão não-programado	Utilize o programa de instalação do mouse para verificar se o botão do meio está configurado e verifique sua função.
	Drivers do mouse obsoletos	Os drivers originais do mouse de rolamento funcionam somente nos navegadores da Web e em outros aplicativos. Faça download e instale novos drivers do site do fornecedor.

Capítulo 9
Vídeo e áudio

Resolução do monitor

Resolução é a quantidade de detalhes que um monitor pode exibir. Essa quantidade é expressa no número de elementos de imagem (*picture elements*) horizontais e verticais, ou *píxeis*, contidos na tela. Quanto maior for o número de píxeis, mais detalhadas serão as imagens. Os píxeis também são conhecidos como *pel*, que é a abreviação de *"picture element"*. A resolução requerida depende do aplicativo. Os aplicativos baseados em caractere (como programas de linha de comando DOS) requerem pouca resolução, funcionando muito bem na resolução-padrão VGA de 640 × 480 (imagens gráficas) ou 720 × 400 (texto), ao passo que os aplicativos de uso intenso de imagem (como softwares de editoração eletrônica e o Windows) funcionam melhor com uma resolução de pelo menos 1.024 × 768.

CRTs versus LCDs

Os painéis LCD, especialmente as unidades totalmente digitais, fornecem imagens de alta qualidade que são sempre nítidas e perfeitamente em foco. Além disso, suas dimensões são completamente utilizáveis e podem confortavelmente exibir resoluções mais altas do que CRTs de tamanho equivalente. A Tabela 9.1 fornece tamanhos comuns de tela CRT e dimensões comparáveis de monitor LCD.

Tabela 9.1 Comparação das áreas úteis de telas CRT versus LCD

Tamanho do monitor CRT (também polegadas de tela)	Área de visualização de CRT (em polegadas)	Área de visualização de LCD comparável (em polegadas)
14	12,5	12,1
15	13,5	13,3; 13,7
16	14,5	14,1, 14,5
17	15,5	15; 15,1
19	17,5	17; 17,1
20	18,5	18,1

Como você pode ver, um LCD de 15 polegadas na realidade fornece uma área de visualização utilizável semelhante a um CRT de 17 polegadas.

Entretanto, os painéis LCD de exibição não dão um desempenho tão bom quanto os monitores CRT quando resoluções diferentes devem ser exibidas no mesmo monitor. O monitor de tubo de raios catódicos tradicional (CRT – *cathode ray tube*, que é o tubo de imagem) foi projetado para trabalhar com um amplo espectro de resoluções, mas os painéis LCD de qualquer tipo forem projetados para exibir uma única resolução original (1.024 × 768 com o vídeo LCD típico de 15 polegadas). Para alterar as resoluções de sua configuração original, os painéis LCD devem redimensionar a imagem. Embora os painéis LCD mais novos forneçam alguns resultados em resoluções diferentes que são mais aceitáveis, os painéis mais antigos freqüentemente produzem resultados inferiores. Se precisar alterar as resoluções de vídeo com freqüência (para jogar ou pré-visualizar designs de páginas da Web), você talvez prefira utilizar um monitor CRT.

Resoluções comuns do monitor

A Tabela 9.2 mostra as resoluções-padrão utilizadas em adaptadores de vídeo de PC, os termos comumente utilizados para descrevê-los e o tamanho recomendado de monitor para cada resolução.

Tabela 9.2	Resoluções de monitor e tamanhos recomendados de monitor		
Resolução	Acrônimo	Designação-padrão	Tamanho de CRT recomendado
640 × 480	VGA	Video graphics array	13 pol. ou maior
800 × 600	SVGA	Super VGA	15 pol. ou maior
1.024 × 768	XGA	Extended graphics array	17 pol. ou maior
1.280 × 1.024	SXGA	VESA 1280	19 pol. ou maior
1.600 × 1.280	UXGA	VESA 1600	21 pol. ou maior

Embora a Tabela 9.2 liste os acrônimos para essas resoluções, todos, exceto o VGA básico, são raramente utilizados hoje. A indústria hoje descreve resoluções de tela citando o número de píxeis. Quase todos os adaptadores de vídeo vendidos hoje suportam as resoluções de píxel de 640 × 480, 800 × 600, 1.024 × 768 e 1.280 × 1.024 em várias profundidades de cor e a maioria hoje suporta 1.600 × 1.280 e mesmo resoluções mais altas.

> **Nota**
>
> Para entender essa questão, você talvez queira experimentar resoluções diferentes em seu sistema. Ao alterar de 640 × 480 para 800 × 600 e 1.024 × 768, você perceberá várias alterações na aparência de sua tela.

Em 640 × 480, o texto e os ícones na tela ficam muito grandes. Como os elementos de tela utilizados para a área de trabalho do Windows e os menus de softwares estão em uma largura e altura fixas de píxel, você notará que eles encolhem de tamanho quando você muda para resoluções mais altas. Algumas versões recentes do Windows, iniciando com o Windows 98, permitem que você selecione uma opção de ícones grandes na opção Vídeo. Isso lhe permite utilizar seleções de alta resolução (que o ajuda a ver mais de seu documento) e ainda ter ícones grandes e legíveis.

Modos de gerenciamento de energia do monitor

Um dos primeiros padrões de economia de energia para os monitores era a especificação Sinalização para Gerenciamento de Energia do Monitor de Vídeo (DPMS – Display Power Management Signaling) da VESA, que define os sinais que um computador envia para um monitor para indicar inatividade. O computador ou a placa de vídeo decide quando enviar esses sinais.

No Windows 9x, você precisa ativar esse recurso se quiser utilizá-lo porque ele está desligado por pré-configuração. Para ativá-lo, abra a opção Vídeo no Painel de Controle, mude para Proteção de tela e certifique-se de que as opções de Espera com baixa energia e Desligar o monitor (Energy Star) estejam marcadas. Você pode ajustar quanto tempo o sistema deve permanecer ocioso em espera antes que a imagem do monitor seja apagada ou que o monitor desligue completamente. Por padrão, o Windows 2000/XP/Me espera 10 minutos, mas esse tempo pode ser ajustado com qualquer dessas versões do Windows.

A Tabela 9.3 resume os modos de DPMS.

Tabela 9.3	Sinalização para gerenciamento de energia do monitor de vídeo				
Estado	**Horizontal**	**Vertical**	**Vídeo**	**Economia de energia**	**Tempo de recuperação**
Ativado	Pulsos	Pulsos	Ativado	Nenhuma	Não aplicável
Espera	Sem pulso	Pulsos	Apagado	Mínima	Curto
Suspenso	Pulsos	Sem pulsos	Apagado	Substancial	Mais longo
Desativado	Sem pulsos	Sem pulsos	Apagado	Máxima	Dependente de sistema

A Microsoft e a Intel desenvolveram uma especificação mais ampla de gerenciamento de energia denominada APM (Advanced Power Management – Gerenciamento de Energia Avançado) e a Microsoft desenvolveu uma especificação de gerenciamento de energia ainda mais avançada denominada ACPI (Advanced Configuration and Power Interface – Interface de Energia e Configuração Avançada) para utilização com o Windows 98 e versões superiores. A Tabela 9.4 apresenta as diferenças entre DPMS, APM e ACPI.

Tabela 9.4 Comparação dos padrões de gerenciamento de energia

Padrão	Dispositivos controlados	Como é implementado	Notas
DPMS	Monitor e placa de vídeo	Drivers para exibição e placas de vídeo; devem ser habilitados pelo sistema Windows 9x/2000/Me através do Painel de controle	A DPMS funcionará ao lado do APM ou ACPI; o usuário define intervalos de tempo para vários modos listados.
APM	Monitor, discos rígidos, outros periféricos	Implementado no BIOS; habilitado no BIOS e no sistema operacional (Windows 9x/2000/Me/XP através do Painel de controle)	O usuário define intervalos de timer para vários dispositivos no BIOS ou no sistema operacional.
ACPI	Todos os periféricos APM, e outros dispositivos de PC e consumidores de energia	Implementado no BIOS; suporte deve estar presente no BIOS e dispositivos; suporta ligação ou desligamento automático para PC e dispositivos consumidores de energia incluindo impressoras, CDs, caixas de som estéreo e outros	Se suporte ACPI estiver presente no BIOS quando o Windows 98/Me/2000/XP for instalado pela primeira vez, os drivers de ACPI do Windows são instalados; atualize o BIOS antes de instalar o Windows se o suporte de ACPI não estiver presente no BIOS.

Pinagens do conector de vídeo VGA

As ilustrações de todos os conectores seguintes podem ser vistas no Capítulo 12 "Referências Rápidas de Conectores".

Pinagem do conector analógico DB-15 VGA

Praticamente todos os vídeos em utilização hoje são descendentes do monitor VGA da IBM de 1987 lançado com o IBM PS/2. A pinagem do conector é mostrada na Tabela 9. 5.

Tabela 9.5 Pinagem do conector-padrão VGA de 15 pinos

Pino	Função	Direção
1	Vídeo vermelho	Saída
2	Vídeo verde	Saída
3	Vídeo azul	Saída
4	Monitor ID 2	Entrada
5	Terra TTL	— _ (autoteste de monitor)
6	Terra analógico vermelho	-_
7	Terra analógico verde	-_
8	Terra analógico azul	-_
9	Guia	-_
10	Terra de sincronização	-_

Tabela 9.5 Pinagem do conector-padrão VGA de 15 pinos (continuação)

Pino	Função	Direção
11	Monitor ID 0	Entrada
12	Monitor ID 1	Entrada
13	Sincronismo horizontal	Saída
14	Sincronismo vertical	Saída
15	Monitor ID 3	Entrada

No conector de cabo VGA que se conecta ao seu adaptador de vídeo, o pino 9 é freqüentemente do tipo "sem pino". O pino 5 é utilizado somente para propósitos de teste, e o pino 15 é raramente utilizado (em geral não têm pino). Para identificar o tipo de monitor conectado ao sistema, alguns fabricantes utilizam a presença ou a ausência dos pinos de ID do monitor em várias combinações.

Pinagens da Interface Visual Digital (DVI)

O conector Interface Visual Digital (DVI – *Digital Visual Interface*) é utilizado em um número crescente de monitores LCD e em alguns monitores CRT. Muitas das novas placas de vídeo de alto desempenho apresentam a versão DVI-I (digital e analógico) desse conector. O DVI pode suportar vídeos de alta resolução (link dual, que está acima da resolução 1.280 × 1.024) ou de baixa resolução (link único, que tem uma resolução máxima de 1.280 × 1.024). Os conectores DVI utilizam três linhas de pinos quadrados, com o pino 14 (energia) em recesso.

Os vídeos de link dual utilizam todos os conectores mostrados na Tabela 9. 6, ao passo que os vídeos de link único omitem alguns conectores.

As placas de vídeo que têm apenas um conector DVI-I normalmente vêm com um adaptador especial que pode se conectar aos tipos de vídeo VGA analógico ou DVI digital.

A Tabela 9.6 apresenta os pinos utilizados pelos conectores DVI-I e DVI-D.

Tabela 9.6 Pinagens para DVI-I e DVI-D

Linha nº	Pino nº	Como é utilizado
1	1	Dados TMDS 2-
	2	Dados TMDS 2+
	3	Blindagem de dados TMDS 2/4
	4	Dados TMDS 4-
	5	Dados TMDS 4+
	6	Clock de DDC
	7	Dados DDC
	8	Sincronismo analógico vertical

Tabela 9.6 Pinagens para DVI-I e DVI-D (continuação)		
Linha nº	Pino nº	Como é utilizado
2	9	Dados TMDS 1–
	10	Dados TMDS 1+
	11	Blindagem de dados TMDS 1/3
	12	Dados TMDS 3–
	13	Dados TMDS 3+
	14	Energia +5V
	15	Terra (+5, sincronismo analógico H/V)
	16	Detecção hot plug
	17	Dados TMDS 0–
	18	Dados TMDS 0+
3	19	Blindagem de dados TMDS 0/5
	20	Dados TMDS 5–
	21	Dados TMDS 5+
	22	Blindagem de clock TMDS
	23	Clock TMDS +
	24	Clock TMDS –

Na Tabela 9. 7, há os pinos MicroCross/alta velocidade para o DVI-I.

Tabela 9.7 Conectores DVI-I adicionais	
C1	Saída de vídeo analógica vermelho
C2	Saída de vídeo analógica verde
C3	Saída de vídeo analógica azul
C4	Sincronismo horizontal analógico
C5	Retorno de terra comum analógico (saída de vídeo vermelho, verde e azul)

RAM de vídeo

Os adaptadores de vídeo contam com sua própria memória on-board para armazenar as imagens de vídeo enquanto as processam. A quantidade de memória no adaptador determina a resolução máxima da tela e a profundidade de cor que o dispositivo pode suportar nos modos 2D e 3D.

A maioria das placas hoje vem com pelo menos 8 MB de RAM e a maioria tem 16 MB ou mais. Embora adicionar mais memória não garanta que você vai acelerar seu adaptador de vídeo, você pode aumentar a velocidade se habilitar um barramento mais largo (de 64 bits de largura para 128 bits de largura) ou instalar memória não de vídeo como cache para objetos comumente exibidos. Isso também permite à placa suportar mais cores e resoluções mais altas.

Memória, resolução e profundidade da cor

Para obter realismo máximo em aplicações 2D como reprodução de vídeo com animação total (full-motion), videoconferência e edição de foto, é desejável uma profundidade de cor de 24 bits (mais de 16 milhões de cores) usada na resolução de vídeo confortável mais alta possível com seu monitor. Utilize a Tabela 9.8 para determinar se sua placa de vídeo tem a memória necessária para a combinação de profundidade de cor e resolução que você quer utilizar.

Tabela 9.8 Requisitos mínimos de memória de vídeo do adaptador de vídeo

Resolução	Profundidade de cor	Número de cores	RAM em placa de vídeo	Memória necessária
640 × 480	8 bits	256	512KB	307.200 bytes
640 × 480	16 bits	65.536	1MB	614.400 bytes
640 × 480	24 bits	16.777.216	1MB	921.600 bytes
800 × 600	8 bits	256	512KB	480.000 bytes
800 × 600	16 bits	65.536	1MB	960.000 bytes
800 × 600	24 bits	16.777.216	2MB	1.440.000 bytes
1.024 × 768	8 bits	256	1MB	786.432 bytes
1.024 × 768	16 bits	65.536	2MB	1.572.864 bytes
1.024 × 768	24 bits	16.777.216	4MB	2.359.296 bytes
1.280 × 1.024	8 bits	256	2MB	1.310.720 bytes
1.280 × 1.024	16 bits	65.536	4MB	2.621.440 bytes
1.280 × 1.024	24 bits	16.777.216	4MB	3.932.160 bytes
1.600 × 1.280	8 bits	256	2MB	2.048.000 bytes
1.600 × 1.280	16 bits	65.536	4MB	4.096.000 bytes
1.600 × 1.280	24 bits	16.777.216	8MB	6.144.000 bytes

A partir dessa tabela, você pode ver que um adaptador de vídeo com 4 MB pode exibir 65.536 cores no modo de resolução 1.600 × 1.280, mas para um vídeo True Color (16,8 M cores) você precisaria atualizar o adaptador de vídeo com 8 MB de RAM on-board ou reduzir a resolução para 1.280 × 1.024.

As placas de vídeo 3D exigem mais memória para que se obtenha uma resolução dada e profundidade de cor porque a memória de vídeo deve ser utilizada com três buffers diferentes: o buffer anterior, o buffer posterior e o z-buffer. A quantidade de memória de vídeo necessária para uma operação particular varia de acordo com as configurações utilizadas para a profundidade de cor e o z-buffer. O buffer triplo aloca mais memória para texturas 3D que o buffer duplo, mas pode deixar lento o desempenho de alguns jogos. O modo de buffer utilizado por uma placa de vídeo 3D dada normalmente pode ser ajustado através de sua folha de propriedades. Utilize a Tabela 9.9 para determinar a quantidade de RAM de vídeo necessária para fazer combinações diferentes de modos 3D, resoluções e profundidades de cor.

Tabela 9.9 Requisitos de memória do adaptador de vídeo — operação de 3D

Resolução	Profundidade de cor	Profundidade do z-buffer	Modo de buffer
640 × 480	16 bits	16 bits	Duplo
			Triplo
	24 bits	24 bits	Duplo
			Triplo
	32 bits[1]	32 bits	Duplo
			Triplo
800 × 600	16 bits	16 bits	Duplo
			Triplo
	24 bits	24 bits	Duplo
			Triplo
	32 bits[1]	32 bits	Duplo
			Triplo
1.024 × 768	16 bits	16 bits	Duplo
			Triplo
	24 bits	24 bits	Duplo
			Triplo
	32 bits[1]	32 bits	Duplo
			Triplo
1.280 × 1.024	16 bits	16 bits	Duplo
			Triplo
	24 bits	24 bits	Duplo
			Triplo
	32 bits[1]	32 bits	Duplo
			Triplo
1.600 × 1.280	16 bits	16 bits	Duplo
			Triplo
	24 bits	24 bits	Duplo
			Triplo
	32 bits[1]	32 bits	Duplo
			Triplo

1. *Embora os adaptadores 3D em geral operem em um modo de 32 bits, isso não significa que eles podem produzir mais que as 16.277.216 cores de um vídeo True Color de 24 bits. Muitos processadores de vídeo e barramentos de memória de vídeo são otimizados para mover os dados em palavras de 32 bits, e eles na realidade exibem cor de 24 bits enquanto operam em um modo de 32 bits, em vez das 4.294.967.296 cores que você esperaria de uma profundidade de cor de 32 bits verdadeira.*

Memória real utilizada	Tamanho da memória de vídeo on-board necessária
1,76MB	2MB
2,34MB	4MB
2,64MB	4MB
3,52MB	4MB
3,52MB	4MB
4,69MB	8MB
2,75MB	4MB
3,66MB	4MB
4,12MB	8MB
5,49MB	8MB
5,49MB	8MB
7,32MB	8MB
4,12MB	8MB
5,49MB	8MB
6,75MB	8MB
9,00MB	16MB
9,00MB	16MB
12,00MB	16MB
7,50MB	8MB
10,00MB	16MB
11,25MB	16MB
15,00MB	16MB
15,00MB	16MB
20,00MB	32MB
10,99MB	16MB
14,65MB	16MB
16,48MB	32MB
21,97MB	32MB
21,97MB	32MB
29,30MB	32MB

Determinando a quantidade de RAM em sua placa de vídeo

Como o tamanho da memória de vídeo é cada vez mais importante para a maioria dos usuários de computador, é útil saber quanta memória sua placa de vídeo tem on-board.

A Tabela 9.10 resume alguns métodos que você pode utilizar.

Tabela 9.10   Métodos para determinar a quantidade de RAM em uma placa de vídeo

Método	Benefícios	Cautelas
Utilize a tabela de memória/resolução primeiro e ajuste as configurações de vídeo entre as opções de 1 MB, 2 MB, 4 MB e 8 MB	Se as configurações funcionarem (uma reinicialização é freqüentemente necessária), você tem pelo menos essa quantidade de RAM em sua placa de vídeo.	Esse método assume que a placa de vídeo é configurada corretamente pelo sistema; em geral não pode ser utilizada para detectar memória acima de 4 MB por causa de limitações de driver.
Utilize programas de diagnósticos de sistema de terceiros como SiSoft Sandra (http://www.sisoftware.co.uk) para examinar a placa de vídeo	Essa é uma solução universal para as organizações com padrões mistos de placas de vídeo.	Você deve utilizar programas de diagnóstico atualizados; tecnologias de memória compartilhadas localizadas em sistemas de baixo custo podem ser confusas.
Utilize os programas de diagnóstico fornecidos pelos fabricantes de placas de vídeo ou de chipset de vídeo para examinar a placa de vídeo.	Essa é a melhor fonte para informações técnicas.	Você deve utilizar programas diferentes para chipsets diferentes.

Dado o baixo custo e o alto desempenho das placas de vídeo atuais, você deve pensar seriamente em substituir quaisquer placas de vídeo com menos de 8 MB de memória de vídeo on-board pois até as placas menos poderosas em utilização hoje de longe superam os modelos top-end de dois anos atrás.

Padrões de vídeo de barramento local

Se estiver comprando uma nova placa de vídeo, você precisa pensar nas suas opções de atualização. Todas as placas de vídeo, merecedoras de consideração, usam uma tecnologia chamada de barramento local, que utiliza uma conexão de alta velocidade com a CPU que supera o padrão ISA lento em utilização há muitos anos. Os principais padrões atuais são o Peripheral Component Interconnect (PCI) e o Advanced Graphics Port (AGP). O padrão original de barramento local, o barramento VL (o barramento local VESA), ficou ultrapassado quando a CPU do 486 foi substituída pelas CPUs da classe Pentium.

O AGP e o PCI têm algumas diferenças importantes, como mostra a Tabela 9.11.

Tabela 9.11	Especificações de barramento local	
Recurso	**PCI**	**AGP**
Máximo teórico	132MBps[1]	Throughput de 533 MBps (2X) Throughput de 1,06 GBps (4X) Throughput de 2,12 GBps (8X)[2]
Slots	4/5 (típico)	1
Suporte Plug and play	Sim	Sim
Custo	Ligeiramente mais alto que o PCI	
Utilização ideal	486 high-end (topo de linha), Pentium	Pentium II, III, 4, Celeron, AMD K6, Athlon, Duron

1. *Na velocidade de barramento de 66 MHz e 32 bits, o throughput será mais alto no barramento de sistema de 100 MHz.*

2. *Velocidade projetada por padrão; os produtos AGP 8X não são esperados até o final de 2001 ou além disso. Obviamente, o AGP é o padrão de placas de vídeo mais desejável. Entretanto, muitos sistemas de baixo custo apresentam vídeo 3D integrado e não têm um slot AGP separado para atualizações de vídeo. Nesses sistemas, você deve utilizar o slot PCI mais lento se precisar melhorar seu vídeo.*

Taxas de reatualização (refresh)

A taxa de reatualização (também chamada de *freqüência de varredura vertical*) é a taxa em que a aparência da tela é refeita. Isso é medido em hertz (Hz). Uma taxa de reatualização de 72 Hz significa que a tela é reatualizada 72 vezes por segundo. Uma taxa de atualização muito baixa faz com que a tela cintile, contribuindo para a tensão ocular. A *taxa de reatualização sem cintilação* é uma taxa de atualização suficientemente alta que não o deixa ver qualquer cintilação; eliminar a cintilação reduz a tensão ocular. A taxa de atualização sem cintilação varia com a resolução de sua configuração de monitor (resoluções mais altas exigem uma taxa de atualização mais alta) e deve ser compatível com seu monitor e sua placa de vídeo. A velocidade do RAMDAC da placa de vídeo afeta as opções de taxa de atualização vertical disponíveis na placa de vídeo, enquanto o design do monitor afeta as taxas disponíveis de reatualização.

Os monitores de baixo custo em geral têm taxas de reatualização que são baixas demais para alcançar desempenho sem cintilação com a maioria dos usuários em sua resolução mais alta e, assim, pode causar a tensão ocular. Além disso, muitos monitores de baixo custo não conseguem deixar a imagem bem no foco em sua resolução mais alta, o que gera imagens nebulosas e mais tensão ocular.

RAMDAC

A velocidade do RAMDAC (o conversor digital/analógico) é medida em megahertz (MHz); quanto mais rápido for o processo de conversão, mais alta será a taxa de reatualização vertical do adaptador de vídeo. Em geral, as placas com velocidades de RAMDAC de 300 MHz ou superior não apresentam cintilação (75 Hz ou superior) em todas as resoluções até 1.920 × 1.200. Naturalmente, você deve se certificar de que qualquer resolução que você queira utilizar é suportada pelo seu monitor e sua placa de vídeo.

Ajustando a taxa de reatualização do vídeo

A taxa de reatualização da placa de vídeo pode ser ajustada de algumas maneiras:

- Com placas mais antigas, um programa de linha de comando ou um programa do Windows separado é em geral fornecido.
- Com placas recentes e novas, a folha-padrão de propriedades de vídeo oferece uma seleção de taxas de atualização.

Em qualquer caso, você precisa conhecer as taxas de atualização admissíveis para o monitor antes de poder fazer uma seleção apropriada. Se sua instalação do Windows utiliza um Monitor Padrão desconhecido ou um tipo de vídeo Super VGA, em vez de uma marca ou modelo em particular de monitor, você não pode selecionar as taxas de reatualização mais altas, sem cintilação. Instale o driver correto para seu modelo de monitor para obter as taxas de reatualização mais altas. Observe que os monitores mais recentes são configurados como monitores Plug-and-Play pelo Window, pois informam suas taxas de reatualização e resoluções suportadas diretamente para o sistema operacional.

Comparando placas de vídeo que têm o mesmo chipset

Muitos fabricantes criam uma linha de placas de vídeo para vender em diferentes faixas de preços. Por que não economizar alguns dólares e obter o modelo mais barato? Por que não dizer "o preço não é a questão" e comprar o mais caro? Para encontrar a placa certa para você, procure as diferenças na Tabela 9.12.

Tabela 9.12 Comparando placas de vídeo com os recursos de que você precisa	
Recurso	**Efeito para você**
Velocidade de RAMDAC	Placas menos caras em geral utilizam um RAMDAC mais lento. Compre a placa com o RAMDAC mais rápido, especialmente para utilização com monitores de 17 polegadas ou maiores. RAMDACs mais rápidos em geral operam com SGRAM ou SRAM DDR, que são os tipos de RAM mais rápidos atualmente encontrados em placas de vídeo.
Quantidade de RAM	Embora as placas de vídeo AGP possam utilizar *memória AGP* (uma seção de memória principal emprestada para texturização), realizar o máximo possível de trabalho na própria memória da placa é ainda mais rápido. As placas PCI devem realizar todas as funções dentro da própria memória. As placas menos caras de uma família de chipset em geral têm quantidades mais baixas de memória on-board, e a maioria das placas de modelo corrente não é expansível. Compre uma placa com memória suficiente (16 MB ou mais) para seus jogos ou aplicativos — hoje e amanhã.

Tabela 9.12	Comparando placas de vídeo com os recursos de que você precisa (continuação)
Recurso	**Efeito para você**
Tipo de memória	As placas de vídeo topo de linha em geral utilizam a nova Synchronous Graphics RAM (SGRAM) ou Double-Data-Rate Synchronous DRAM (DDR SRAM), com a SDRAM convencional como escolha popular para placas de vídeo de médio porte. Escolha DDR SRAM, SGRAM e depois SDRAM, em ordem de preferência, quando possível.
Memória e velocidade do núcleo	Muitos fornecedores ajustam a velocidade recomendada das controladoras gráficas em um esforço para fornecer aos usuários o máximo desempenho. Se você tiver perguntas sobre a velocidade especificada de uma controladora, verifique o site do fornecedor do chip. Muitas empresas respeitáveis utilizam partes *overclocked*, mas os melhores fornecedores fornecem dissipadores de calor grandes ou mesmo ventiladores com alimentação própria para evitar o superaquecimento. A velocidade de memória também varia, com muitos fornecedores utilizando memória de velocidade mais baixa em suas placas de custo mais baixo.
Portas de E/S	O conector DVI-I com adaptador VGA permite que sua placa de vídeo trabalhe com vídeos CRT e LCD, seja analógico ou vídeo. A saída de TV permite enviar apresentações para videoteipe ou assistir filmes de DVD na TV. Um sintonizador de TV permite realizar captura de imagem ou gravar apresentações de TV em seu sistema.

Configurando suporte a múltiplos monitores nos Windows 98/Me/2000/XP

O Windows 98 foi a primeira versão do Windows a incluir um recurso de vídeo que os sistemas Macintosh dispunham havia anos: a capacidade de utilizar múltiplos monitores em um sistema. O Windows 98 e o Windows Me suportam até nove monitores (e adaptadores de vídeo), cada um deles podendo fornecer uma visualização diferente da área de trabalho. Você pode exibir um programa separado em cada monitor, utilizar diferentes resoluções e profundidades de cor e desfrutar de outros recursos. O Windows 2000 e o XP suportam até 10 monitores.

Em um sistema de múltiplos monitores, há um vídeo considerado *primário*. O DirectX é suportado somente no monitor primário. Os monitores adicionais chamam-se *secundários* e são muito mais limitados em seu suporte de hardware.

Embora o site da Microsoft forneça uma lista de placas de vídeo e chipsets compatíveis com o Windows 98 (utilize o endereço http://search.Microsoft.com para localizar o artigo Q182708 da Knowledge Base – Base de Conhecimentos), é mais difícil encontrar informações de compatibilidade de múltiplos monitores especificamente fornecidas pela Microsoft para o Windows Me, o 2000 e o XP.

Por essa razão, recomendo esses sites da Web de terceiros para obter suporte a múltiplos monitores:

http://www.realtimesoft.com/multimon/

http://www.digitalroom.net/techpub/multimon.html

O site da RealTimeSoft oferece um banco de dados de mais de 2.000 configurações bem-sucedidas de múltiplos monitores, listando chipset de placas de vídeo e informações de placa-mãe. Você pode adicionar sua própria configuração bem-sucedida no banco de dados ou pode estudá-lo para obter dicas se estiver planejamento comprar uma placa de vídeo adicional ou se estiver tendo dificuldades com sua instalação.

Questões de configuração de sistema para suporte a múltiplos monitores

Se o BIOS em seu computador não permite que você selecione qual dispositivo deve ser o monitor VGA primário, ele decide com base na ordem dos slots PCI na máquina; os slots AGP em alguns sistemas têm uma prioridade mais baixa que os slots PCI. Portanto, você deve instalar o adaptador primário no slot PCI de prioridade mais alta. Como muitos sistemas não listam a prioridade de slot em sua documentação, você pode precisar experimentar trocando as placas entre os slots PCI de expansão diferentes.

Depois que o hardware estiver devidamente instalado, você pode configurar o vídeo para cada monitor a partir da página Vídeo do Painel de Controle. O vídeo primário está sempre fixo no canto superior esquerdo da área de trabalho virtual, mas você pode mover os vídeos secundários para

Tabela 9.13 Principais placas de vídeo para vários monitores

Marca	Modelo	Tipo(s) de barramento	Número de monitores suportados
Appian Graphics	Jeronimo Pro	PCI	2 ou 4
Appian Graphics	Jeronimo 2000	AGP, PCI	2
ATI	Radeon VE	AGP	2
Gainward	CARDEXpert GeForce2 MX Twin View	AGP	2
LeadTek	WinFast GeForce2 MX DH Pro	AGP	2
Matrox	Millennium G450	AGP, PCI	2
Matrox	Millennium G200 MMS	PCI	2 ou 4

1. Adaptador opcional necessário.

visualizar qualquer área da área de trabalho que quiser. Você também pode configurar a resolução de tela e a profundidade de cor para cada monitor individualmente.

Em alguns casos, você pode precisar desativar o adaptador secundário antes de executar certos programas.

Placas de vídeo para múltiplos monitores

Uma placa que suporta vários monitores (também chamada de placa multiple-head ou de dual-head) economizará os slots dentro de seu sistema, em comparação com a instalação de duas ou mais placas de vídeo. Além disso, instalar uma única placa de vídeo elimina os problemas de configuração inerentes com o ato de experimentar diferentes placas de vídeo e diferentes combinações de placa-mãe/BIOS para trabalhar corretamente juntos.

Dependendo da placa em questão, você pode utilizar o recurso de vários monitores de inúmeras maneiras. Por exemplo, a ATI Radeon VE oferece um conector VGA analógico de 15 pinos (para CRT) e um conector DVI-I digital/analógico para monitores LCD digitais. Portanto, você pode conectar qualquer um dos seguintes itens à placa:

- Um vídeo analógico LCD ou CRT e um vídeo LCD digital

- Dois vídeos analógicos LCD ou CRT (quando se utiliza o adaptador de DVI-I a VGA)

Algumas das principais placas para vários monitores no mercado são listadas na Tabela 9. 13.

Chip(s) acelerador(es)	Notas
3D Labs Permedia 2 3D (2 ou 4)	Suporta monitores analógicos CRT e LCD.
3D Labs Permedia 3 (2)	Suporta monitores analógicos CRT e LCD.
ATI Radeon 3D (1)	Suporta monitores analógicos CRT e LCD. Suporta monitor plano digital (DVI).
NVidia GeForce2 (1)	Suporta monitores analógicos CRT e LCD. Suporta a opção de saída para TV.
NVidia GeForce2 (1)	Suporta monitores analógicos CRT e LCD. Suporta a opção de saída para TV.
Matrox G450 3D (1)	Suporta monitores analógicos CRT e LCD. Suporta saída para TV. Suporta monitor plano digital (DVI).[1]
MGA-G200 3D (2 ou 4)	Suporta CRT analógico e monitor plano digital (DVI PanelLink). Suporta saída para TV.

Dispositivos multimídia

Ao escolher opções de TV, saída para vídeo ou captura de vídeo para seu PC, utilize a Tabela 9.14 para ajudá-lo a decidir qual resolução é a melhor para você.

Tabela 9.14 Comparação de dispositivos multimídia

Tipo de dispositivo	Prós
Placas gráficas com sintonizador de TV embutido	Conveniência, solução com um único slot.
Acessório sintonizador de TV	Permite atualização para placas gráficas existentes; talvez possa ser usado em modelos mais novos.
Acessório de porta paralela	Utilização universal em computador da área de trabalho ou notebook; barato.
Acessório de porta USB	Instalação fácil em modelos recentes, computadores equipados com USB com o Windows 98/Me/2000/XP.
Placa de interface PCI dedicada	Taxa de quadros elevada para vídeo realista; funciona com qualquer placa gráfica.
Conexão IEEE-1394 (FireWire, iLINK) para vídeo digital	Nenhuma conversão necessária de analógico para digital; throughput rápido.

Solucionando problemas de dispositivos de captura de vídeo

A Tabela 9.15 fornece alguns conselhos para solucionar problemas com dispositivos de captura de vídeo.

Tabela 9.15 Solucionando problemas de dispositivos de captura de vídeo

Tipo de dispositivo	Problema
Acessório de porta paralela	Não pode detectar dispositivo, mas as impressoras funcionam corretamente.
Sintonizadores de TV (placas gráficas embutidas ou acessórias)	Nenhuma imagem.
Todos os dispositivos	A captura de vídeo é tremida.
Todos os dispositivos	A reprodução de vídeo tem pausas e quadros perdidos.
Dispositivos USB	O dispositivo não pode ser detectado ou não funciona adequadamente.
Placas de interface (todos os tipos)	A placa não pode ser detectada ou não funciona.
Placas IEEE-1394	A placa não pode ser detectada ou não funciona.
Todos os dispositivos	Problemas com captura ou instalação.

Contras
A atualização exige substituição de placa.
Não pode ser utilizado com todas as placas gráficas.
Taxa de quadros limitada pela velocidade de porta.
Talvez não funcione no Windows 95B OSR 2.x com USB; exige porta USB ativa. Nem todos os dispositivos são compatíveis com o Windows 2000/XP. Largura de banda baixa, por isso não adequado para aplicativos de alta resolução ou animação total.
Requisitos altos de recursos (IRQ e assim por diante) em alguns modelos; exige instalação interna.
Exige placa de interface IEEE-1394 e fonte de vídeo digital IEEE-1394; a placa exige instalação interna. Algumas placas não incluem software de captura/edição de vídeo; verifique se o software de edição comprado separadamente funciona com a placa.

Solução
Verifique as configurações de porta; o dispositivo pode exigir configurações IEEE-1284 (EPP e ECP) ou alteração no BIOS. Certifique-se de que o dispositivo esteja conectado diretamente à porta; evite dispositivos *daisy-chaining* a menos que o dispositivo especificamente permita; verifique conflitos de IRQ no Gerenciador de dispositivos do Windows.
Verifique o cabeamento; configure a fonte do sinal corretamente no software.
A taxa de quadros é muito baixa; aumentar pode exigir que a captura de vídeo seja feita em uma janela menor. Utilize a configuração de porta paralela mais rápida que puder; utilize uma CPU mais rápida e aumente a RAM para melhorar os resultados.
O disco rígido pode estar fazendo pausa para recalibração térmica. Utilize as unidades de disco SCSI especificadas para AV ou unidades UDMA EIDE. Instale drivers EIDE bus mastering corretos para o chipset da placa-mãe melhorar a velocidade.
Utilize o Windows 98/Me/2000/XP; últimas versões do Windows 95 têm drivers USB, mas em geral não funcionam. Se você utiliza um hub USB, certifique-se de que ele seja autoligável.
Verifique conflitos de IRQ no Gerenciador de Dispositivos do Windows; pense em configurar a placa manualmente, se possível.
Certifique-se de que o conector de alimentação elétrica esteja encaixado na placa se a placa tiver uma tomada Molex de quatro pinos; assegure-se de que o driver correto seja utilizado para a placa.
Utilize os drivers mais novos disponíveis; consulte o site do fabricante para obter atualizações, FAQs e assim por diante.

Testando um monitor com aplicativos comuns

Mesmo sem softwares dedicados de teste e diagnóstico, você pode utilizar os acessórios de software (WordPad, Paint e assim por diante) que vêm com o Windows para testar a qualidade de exibição de um monitor.

Uma boa série de tarefas é a seguinte:

- Desenhe um círculo perfeito com um programa de imagens gráficas. Se o resultado exibido for uma oval, não um círculo, o monitor não lhe servirá com software gráfico ou de projeto.

- Utilizando um processador de texto, digite algumas palavras em 8 ou 10 pontos (1 ponto é igual a 1/72 polegadas). Se as palavras estão indistintas ou os caracteres pretos parecerem turvados pela cor, selecione outro monitor.

- Aumente e diminua o brilho enquanto examina o canto de uma imagem da tela. Se a imagem incha ou cresce, provavelmente o monitor perderá o foco em níveis altos de brilho.

- Exiba uma tela com o máximo possível de espaço em branco e procure áreas com variações de cor. Isso talvez indique apenas um problema com uma unidade individual ou sua localização, mas, se constatar isso em mais de um monitor da mesma marca, pode ser um sinal de um problema de fabricação ou indicar problemas com o sinal que vem da placa gráfica. Ponha o monitor em outro sistema equipado com um modelo diferente da placa gráfica e tente novamente esse teste para ver se é o monitor ou a placa de vídeo.

- Carregue o Windows para verificar a uniformidade do foco. Os ícones de canto estão tão nítidos quanto o restante da tela? As linhas na barra de título estão curvas ou onduladas? Os monitores normalmente estão em foco no centro, mas os cantos seriamente borrados indicam um design pobre. As linhas curvas podem ser resultado de um adaptador de vídeo ruim, assim não dispense um monitor que mostra essas linhas sem utilizar outro adaptador para confirmar o efeito.

- O bom monitor é calibrado de modo que os raios de luz vermelha, verde e azul atinjam seus alvos (pontos individuais de fósforo) com precisão. Se eles não fizerem isso, você tem convergência inadequada. Isso é visível quando as bordas de linhas parecem se iluminar com uma cor específica. Se você tiver boa convergência, as cores serão vivas, limpas e verdadeiras, desde que não haja uma cor predominante no fósforo.

- Se o monitor tiver diagnósticos incorporados (um recurso recomendado), teste-os também para verificar o vídeo independentemente da placa gráfica e do sistema com o qual está conectado.

Capítulo 9 – Vídeo e áudio **277**

Utilize a Tabela 9.16 para solucionar os problemas especificados.

Tabela 9.16 Solucionando problemas de vídeo

Sintoma	Causa	Solução
Não há imagem	O LED indica modo de economia de energia (pisca nas cores verde ou amarelo ao lado da chave de liga/desliga).	Mova o mouse ou pressione Alt+Tab no teclado e espere até 1 minuto para despertar o sistema se estiver ligado.
	O LED indica modo normal.	Verifique os cabos do monitor e dos dados de vídeo; substitua por um sobressalente que você sabe que está funcionando. Desligue o monitor; ajuste a chave de modo para a configuração correta (analógica para VGA). Verifique o controle de brilho e contraste; ajuste conforme necessário.
Não há imagem; nenhuma indicação luminosa de energia no monitor	Não há energia indo para o monitor.	Ligue e desligue o monitor no caso do gerenciamento de energia ter entrado em ação. Verifique o cabo de força e o substitua. Verifique o protetor contra surtos de voltagem e o substitua. Substitua o monitor e teste novamente.
Qualidade da imagem tremida	A tela dos monitores LCD não está ajustada.	Utilize o software de ajuste de vídeo para reduzir ou eliminar o *pixel jitter* e o *pixel swim*.
	Cabos frouxos.	Verifique os cabos para verificar se estão bem fixados na placa de vídeo e no monitor (se removível).
	Cabo de força ou extensor defeituosos.	Remova o cabo extensor e teste novamente com o monitor conectado diretamente na placa de vídeo. Se o cabo extensor estiver ruim, substitua-o. Se o cabo de força estiver com defeito, substitua-o.
	O tremido é intermitente.	Verifique a interferência; fornos de microonda próximos dos monitores podem causar grave distorção de imagem quando ligados.
	Taxa de reatualização errada do monitor CRT.	Verifique as configurações; reduza a taxa de atualização até que uma qualidade aceitável da imagem seja alcançada.
		Faça ajustes na tela de imagem até que se alcance uma qualidade aceitável de imagem.
	Intermitente — não devido à interferência externa.	Se o problema puder ser corrigido esperando ou dando uma batida suave no lado do monitor, a fonte de alimentação do monitor provavelmente é inadequada ou tem conexões frouxas internamente; faça manutenção ou substitua o monitor.
Imagem em DOS ou na inicialização, mas não na GUI do Windows	Driver de vídeo do Windows incorreto ou corrompido.	Inicialize o Windows 9x/Me em Modo de Segurança; inicialize o Windows 2000/XP em Modo de Habilite VGA. Se esses modos de exibição funcionarem, exclua a placa de vídeo atual do Gerenciador de dispositivos e reinicie o sistema para redetectar a placa e reinstalar os drivers. Se os drivers incorretos forem selecionados pelo Windows, escolha manualmente os drivers corretos no Gerenciador de dispositivos.

Conectores de E/S de áudio

As placas de som ou os chips embutidos de áudio fornecem outra parte significativa das capacidades multimídia dos PCs modernos. Aprender as utilizações corretas para os conectores básicos de entrada/saída o ajudará a configurar os computadores típicos equipados com som. Consulte o Capítulo 12 para obter exemplo desses conectores.

- **Conector de saída de linha estéreo ou de saída de áudio** — O conector de saída de linha é utilizado para enviar sinais de som do adaptador de áudio para um dispositivo fora do computador, como alto-falantes estéreos, um fone de ouvido ou um sistema estéreo. Alguns adaptadores fornecem duas tomadas para saída de linha: uma para o canal esquerdo e a outra para o canal direito.

- **Conector de entrada de linha ou de entrada de áudio** — Com o conector de entrada de linha, você pode gravar ou mixar sinais de som de uma fonte externa, como um sistema estéreo ou VCR, para o disco rígido do computador.

- **Conector de alto-falante/fone de ouvido** — O conector de alto-falante/fone de ouvido é fornecido com a maioria dos adaptadores de áudio, mas não necessariamente todos eles. Alguns sistemas utilizam a saída de linha em vez disso. Quando o adaptador fornece tanto um conector de alto-falante/fone de ouvido como um conector de saída de linha, o conector de alto-falante/fone de ouvido fornece um sinal amplificado que pode dar energia aos seus fones de ouvido pequenos ou alto-falantes de prateleira. A maioria dos adaptadores pode fornecer até 4W de energia para acionar seus alto-falantes. Os sinais que o adaptador envia pelo conector de saída de linha não são amplificados. O conector de saída de linha geralmente fornece uma melhor reprodução de som porque conta com o amplificador externo do seu sistema estéreo ou dos alto-falantes, que são em geral mais poderosos que o pequeno amplificador no adaptador de áudio.

- **Microfone ou conector de entrada mono** — Utiliza-se o conector de entrada mono para conectar um microfone para gravação de voz ou outros sons em disco. Essa tomada de microfone grava em mono, não em estéreo, e, portanto, não é adequada para gravações de música de alta qualidade. Muitas placas adaptadoras de áudio utilizam o Controle Automático de Ganho (AGC) para melhorar as gravações. Esse recurso ajusta os níveis de gravação automaticamente durante a gravação. Um microfone dinâmico ou capacitivo de 600 ohms a 10K ohms funciona melhor com essa tomada. Alguns adaptadores de áudio baratos utilizam o conector de entrada de linha, em vez de uma tomada de microfone separada.

- **Conector de joystick** — O conector de joystick é um conector de 15 pinos em forma de D que se conecta a qualquer joystick-padrão ou controlador de jogos. Às vezes, a porta de joystick pode acomodar dois joysticks se você comprar um adaptador opcional em forma de Y.

- **Conector MIDI** — Os adaptadores de áudio normalmente utilizam a mesma porta de joystick que seu conector MIDI. Dois dos pinos no conector foram projetados para transportar sinais para e de um dispositivo MIDI, como um teclado musical eletrônico. Na maioria dos casos, você deve comprar um conector MIDI separado do fabricante de áudio que é conectado na porta de joystick e contém os dois conectores DIN redondos de cinco pinos utilizados pelos dispositivos MIDI, mais um conector para um joystick. Como seus sinais utilizam pinos separados, você pode conectar o joystick e um dispositivo MIDI ao mesmo tempo. Você precisa desse conector somente se planeja conectar seu PC a dispositivos MIDI externos. Você ainda pode reproduzir os arquivos MIDI encontrados em muitos sites que usam o sintetizador interno do adaptador de áudio.

- **Conector interno do tipo pino** — A maioria dos adaptadores de áudio tem um conector interno do tipo pino que você pode utilizar para conectar uma unidade de CD-ROM interna diretamente no adaptador, utilizando um cabo pequeno. Essa conexão permite canalizar os sinais de áudio do CD-ROM diretamente para o adaptador de áudio, de modo que você pode reproduzir o som pelos alto-falantes do computador. Esse conector não transporta os dados do CD-ROM para o barramento de sistema; somente dá à unidade de CD-ROM acesso direto de áudio para os alto-falantes. Se seu adaptador não tiver esse conector, você ainda pode reproduzir o áudio de CD pelos alto-falantes de computador conectando a tomada de fone de ouvido da unidade de CD-ROM à entrada de linha do adaptador de áudio com um cabo externo.

> **Dica**
>
> Os conectores em um adaptador de áudio de entrada de linha, saída de linha e alto-falante, utilizam o mesmo soquete de minitomada de 1/8 polegadas. As três tomadas normalmente estão rotuladas, mas, ao configurar um computador em cima ou embaixo de uma escrivaninha, essas etiquetas na parte de trás do PC podem ser difíceis de ler. Uma das razões mais comuns pelas quais um PC não consegue produzir qualquer som é que os alto-falantes estão conectados no soquete errado.

Se a placa de som, o microfone e os alto-falantes não são codificados por cor, faça isso você mesmo. Consulte o Capítulo 2 para examinar os padrões PC99 de códigos de cor para áudio e outras portas.

Conectores para recursos avançados

Muitas das placas de som mais novas foram projetadas para jogos avançados, reprodução de áudio DVD e utilizações de produção de som, e possuem conectores adicionais:

- **MIDI IN/MIDI OUT** — Algumas placas de som avançadas não exigem que se converta a porta de jogos (porta de joystick) em interface MIDI, oferecendo essas portas em um conector externo separado. Isso permite utilizar um joystick e ter um dispositivo MIDI externo conectado ao mesmo tempo. Sua localização típica é em um dispositivo externo.

- **SPDIF (também chamado de SP/DIF) IN e SPDIF OUT** — O conector Sony/Philips Digital Interface Format (Formato de Interface Digital Sony/Philips) recebe sinais digitais de áudio diretamente dos dispositivos compatíveis sem convertê-los para o formato analógico primeiro. Sua localização típica é em um dispositivo externo. As interfaces SPDIF também são conhecidas por alguns fornecedores como interfaces Dolby Digital.

- **CD SPDIF** — Conecta as unidades de CD-ROM compatíveis com a interface SPDIF à entrada digital da placa de som. Sua localização típica é no lado da placa de áudio.

- **TAD IN** — Conecta os modems com suporte de Secretária Eletrônica às placas de som para processamento de som de mensagens de voz. Sua localização típica é no lado da placa de áudio.

- **Digital DIN OUT** — Suporta sistemas de alto-falantes digitais de múltiplos alto-falantes. Sua localização típica é em um dispositivo externo.

- **Aux IN** — Fornece entrada para outras fontes de som, como uma placa de sintonizador de TV. Sua localização típica é no lado da placa de áudio.

- **I2S IN** — Permite às placas de som aceitar entrada digital de áudio de uma fonte externa, como AC-3 de dois canais decodificados a partir de decodificadores DVD e MPEG-2 Zoom Video. Sua localização típica é no lado da placa de áudio.

Equipamento e software adicionais

Sua placa de som pode ser a base para muitos tipos de utilizações diferentes, seja entretenimento ou uso profissional, incluindo jogos, gravação de música e conversão digital. Utilize a Tabela 9.17 para determinar de quais recursos sua placa de som precisa e de quais produtos adicionais você precisa para a utilização pretendida.

Tabela 9.17 Utilizações pretendidas de placas de som e comparação de recurso

Utilização pretendida	Recursos de que você precisa	Hardware adicional	Software adicional
Jogos	Porta de jogos Som 3D Aceleração de áudio	Controlador de jogos Alto-falantes posteriores	Jogos
Reproduzir filmes de DVD	Decodificação Dolby 5.1	Alto-falantes Dolby 5.1 compatíveis com adaptador de áudio	Programa de decodificação MPEG
Realizar ditado de voz e comando de voz	Adaptador de áudio na lista de compatibilidade do programa, ou igual a SB16 em qualidade	Microfone de reconhecimento de voz	Software de ditado de voz
Criar arquivos MIDI	Adaptador MIDI IN	Teclado musical compatível com MIDI	Programa de composição MIDI
Criar arquivos MP3	Extração de áudio digital	Drives CD-ROM/ DVD ou CD-RW	MP3 Ripper
Criar arquivos WAV	Microfone	Drives de CD-ROM/ DVD ou CD-RW	Programa de gravação de som
Criar arquivos de áudio CD	Fonte externa de som	Drives de CD-ROM/ DVD ou CD-RW	Programa de conversão de áudio de WAV ou MP3 para CD

Padrões de qualidade de áudio

Muitos usuários de placa de som nunca gravam nada, mas, se você gosta da idéia de adicionar som a um site da Web ou a uma apresentação, você deve conhecer o impacto sobre a qualidade e o tamanho do arquivo que as configurações típicas de som terão. As configurações-padrão de qualidade de som do Windows 9x/2000/Me são mostradas na Tabela 9.18.

Tabela 9.18 Resoluções de arquivo de som do Windows 9x/2000/Me

Resolução	Freqüência	Largura de banda	Tamanho do arquivo
Qualidade de telefone	11.025Hz	Mono de 8 bits	11KBps
Qualidade de rádio	22.050Hz	Mono de 8 bits	22KBps
Qualidade de CD	44.100Hz	Estéreo de 16 bits	172KBps

Observe que, quanto mais alta for a qualidade de som, maior será o tamanho do arquivo. Os tamanhos do arquivo referem-se a arquivos tipo WAV salvos com as configurações-padrão do Gravador de Som do Windows. Se desejar adicionar efeitos de som ou falar com um site da Web, você deve obter um programa como o RealProducer da Real Networks ou o Windows Producer, ambos capazes de compactar som em até 100:1 e ainda manter uma qualidade razoável.

Muitas placas de som novas também suportam um padrão de 48 kHz projetado para atender aos requisitos das tecnologias de reprodução de áudio DVD e de compactação de áudio Dolby AC-3. Essa freqüência deve ser configurada manualmente no Gravador de Som se você precisar gravar com esse nível de alta freqüência. Ele cria um arquivo de 188 Kbps de tamanho.

Configurando as placas de som

Tradicionalmente, as placas de som representam uma das tarefas mais árduas de instalação porque utilizam três das quatro configurações possíveis para uma placa acessória: IRQ, DMA e endereçamento de porta de E/S. Independentemente do que você precisa instalar, a regra geral é: "As placas de som primeiro!"

Placas de som PCI versus ISA

As placas PCI tornaram-se a melhor escolha recentemente para todos os tipos de atualizações, incluindo placas de som. Comparadas com as placas ISA, as placas PCI são mais rápidas, têm uma taxa mais baixa de utilização de CPU e utilizam menos recursos de hardware (veja a Tabela 9.19). Compare a configuração da placa Sound Blaster 16 com a configuração original com uma placa de som PCI com chipset Ensoniq.

Tabela 9.19 Atribuições-padrão de recurso para placas de som ISA e PCI nos modos nativos e de emulação				
Dispositivo com placa on-board	IRQ	E/S	DMA (16 bits)	DMA (8 bits)
Sound Blaster 16—Barramento ISA				
Áudio	5	220h–233h	5	1
Porta MIDI	—	330h–331h	—	—
Sintetizador de FM	—	388h–38Bh	—	—
Porta de jogos	—	200h–207h	—	—
Ensoniq Audio PCI — Modo original de barramento PCI				
Áudio	11	DC80–DCBFh	—	—
Porta de jogos	—	200h–207h	—	—
Ensoniq Audio PCI — Modo de legado de barramento PCI (SB Pro)				
Áudio	7*	DC80–DCBFh	—	—
Porta MIDI	—	330h–331h	—	—
Sintetizador de FM	—	388h–38Bh	—	—
(Ensoniq SoundScape)	—	0530–0537h	—	—
Porta de jogos	—	200h–207h	—	—

* *IRQ compartilhada com porta de impressora; permitida pelo driver Ensoniq.*

Embora a placa PCI da Ensoniq Audio utilize somente uma IRQ e um endereço de porta de E/S em seu modo original, se você tiver software (principalmente títulos mais antigos de jogos/educacionais no Windows e no DOS) que exige compatibilidade com o Sound Blaster Pro, as configurações de legado também devem ser utilizadas. Entretanto, se você *não* estiver executando softwares específicos da Sound Blaster (todos seus softwares são do Windows de 32 bits originais, por exemplo), você poderia desativar o modo de legado em uma placa de som baseada em PCI.

Placas multifunção (modem e som)

As placas de múltiplas funções que utilizam a tecnologia de processador de sinais digitais (DSP – *Digital Signal Processor*), como as placas baseadas em IBM Mwave, podem ser muito difíceis de instalar nos sistemas atuais com carência de IRQ. Essas placas em geral combinam um modem e uma placa de som compatível com Sound Blaster. Também necessitam de uma IRQ e um ou mais intervalos de endereços de porta de E/S para o DSP, além das configurações normais vistas anteriormente e no Capítulo 6 para as placas de som e as funções de modem.

Essas placas também podem exigir um processo de instalação de software muito complexo para o DSP, som, modem e amostras de som *soft wavetable*. Como necessitam de muitos recursos, em geral têm velocidades de modem limitadas e normalmente são baseadas em ISA, recomendo substituir esses tipos de placas multifunção por placas separadas de som e de modem baseadas em PCI, se possível.

Solucionando problemas de hardware de áudio

Conflitos de recursos de hardware

Você pode observar que seu adaptador de áudio não funciona (sem efeitos de som ou música), repete os mesmos sons ou faz com que seu PC fique travado. Essa situação é chamada de conflito de *dispositivo* ou de *hardware*, centralizado nas configurações de IRQ, DMA e endereço de porta de E/S do seu computador (consulte o Capítulo 2). Os conflitos de recurso como esses são mais comuns com placas de som baseadas em ISA, que não podem compartilhar a IRQ com outros dispositivos e exigem canais de DMA específicos.

Detectando conflitos de recurso

Utilize a Tabela 9.20 para ajudá-lo a determinar os conflitos de recurso causados por sua placa de som.

Tabela 9.20 Resolvendo conflitos de recursos da placa de som

Problema	Sintoma
Placa de som utilizando a mesma IRQ que outro dispositivo	Som pulando, tremido ou travamentos de sistema.
A placa de som e outro dispositivo estão utilizando o mesmo canal de DMA	Nenhum som sai da placa de som.
A placa de som de slot PCI funciona corretamente com o Windows, mas não com aplicativos MS-DOS	O software do Windows funciona. O software DOS não funciona com a placa e não pode detectar a placa.
Alguns programas DOS e Windows funcionam, mas alguns não conseguem utilizar a placa	Mensagens de erro sobre configurações incorretas na placa.
Placa equipada com DSP, como IBM Mwave, não instalada adequadamente ou sem recursos	Placa multifunção de som e modem não funcionam.
A placa PnP em um sistema não-PnP estava funcionando, mas agora parou de funcionar	O programa enumerador de PnP do processo de inicialização provavelmente foi removido ou está danificado.

Como detectar	Solução
Utilize o Gerenciador de Dispositivos do Windows. Para outros sistemas, utilize a IRQ e a placa DMA, como descrito no Capítulo 2.	Para dispositivo PnP: desative a configuração automática para os dispositivos conflitantes e tente configurar a placa manualmente mediante alteração direta das configurações no BIOS Setup ou no Gerenciador de dispositivos, ou escolhendo configurações alternativas.
	Para dispositivo não-PnP: mova o dispositivo conflitante para outra configuração a fim de permitir que a placa de som utilize os padrões.
Verifique as configurações de Legado ou de SB no Gerenciador de Dispositivos do Windows.	Se nenhum suporte de legado for instalado, instale-o. Siga as instruções cuidadosamente para utilizar a placa com software mais antigo. Você talvez precise executar um programa de instalação ou TSR antes de iniciar o programa DOS. Talvez você precise de um "patch" (correção) de software do desenvolvedor do jogo. Em casos extremos, talvez seja necessário utilizar uma placa SB Pro/16 junto com sua placa de som PCI e usá-la no lugar da outra.
Verifique as configurações de software da placa ou de legado; as configurações alternativas funcionam corretamente para alguns programas, mas não para outros.	O software espera as configurações-padrão de SB; utilize as configurações da tabela precedente para Sound Blaster 16 (todas, exceto DMA 5, aplicam-se à SB Pro).
Verifique o Gerenciador de dispositivos do Windows para obter configuração do hospedeiro de DSP.	Placas Mwave e semelhantes exigem configurações básicas de SB, como na entrada prévia, e mais recursos de configuração de porta serial (COM) para o DSP. Reinstale a placa com todos os drivers.
Verifique CONFIG.SYS ou AUTOEXEC.BAT para o driver; utilize REM para criar rótulos antes e depois dos comandos de driver.	Reinstale o software e teste; atualize o BIOS para o modo PnP, se possível.

Causas mais comuns de conflitos de hardware com placas de som ISA

As causas mais comuns dos conflitos de recursos do sistema são as seguintes:

- Controladoras SCSI
- Placas de interface de rede
- Placas adaptadoras de mouse de barramento
- Placas adaptadoras de porta serial para COM 3 ou COM 4
- Placas adaptadoras de porta paralela para LPT2
- Modems internos
- Placas de interface de scanner

Todas essas placas utilizam IRQ, DMA e endereços de porta de E/S, que, em alguns casos, podem se sobrepor às configurações-padrão ou às configurações alternativas da placa de som.

Outros problemas de placas de som

Como o resfriado comum, os problemas das placas adaptadoras apresentam sintomas comuns. A Tabela 9.21 o ajudará a diagnosticar os problemas das placas de som.

Tabela 9.21 Diagnosticando problemas de placas de som		
Sintoma	**Causa**	**Solução**
Sem som	Fios do alto-falante incorretos ou ausentes.	Conecte os alto-falantes na tomada correta (saída estéreo de linha/alto-falante estéreo).
	Sem energia para os alto-falantes com amplificador.	Ligue o amplificador. Conecte ao adaptador AC ou utilize pilhas novas.
	Alto-falante mono conectado à tomada estéreo.	Utilize alto-falante estéreo ou fones de ouvido.
	Ajustes no misturador de som em nível baixo.	Ajuste o volume mestre; desligue a opção Mute (Mudo).
	A placa de som pode não estar funcionando.	Teste com o software fornecido de diagnóstico e de sons.
	O hardware da placa de som precisa ser reinicializado.	Desligue e depois ligue novamente ou utilize o botão reset (reinicializar) para reiniciar o PC.
	Alguns jogos funcionam, mas outros não.	Verifique os ajustes padronizados iniciais do hardware, como antes; verifique se a versão correta de DirectX do Windows ou outra API de jogo está instalada.
	O conector de alto-falante está danificado.	Substitua o adaptador de áudio.
Som mono	Plugue mono na tomada estéreo.	Utilize a tomada estéreo do alto-falante.

Tabela 9.21 Diagnosticando problemas de placas de som (continuação)

Sintoma	Causa	Solução
	Fiação dos alto-falantes incorreta.	Verifique os códigos de cor.
	A placa de áudio entra no modo mono canal esquerdo por causa de problema de driver.	Recarregue os drivers e teste o som estéreo.
	Alto-falantes com controles independentes de volume podem estar ajustados diferentemente.	Ajuste o volume para equipará-los.
Volume baixo	Alto-falantes conectados na tomada do fone de ouvido.	Utilize a tomada de alta potência se houver tomadas separadas.
	Ajustes no misturador baixos demais.	Eleve o volume no misturador.
	Controle de volume de hardware (botão giratório) na placa de som muito baixo.	Ajuste o volume na placa.
	Alto-falantes não ligados à energia elétrica ou exigem mais energia.	Ligue os alto-falantes, adicione um amplificador ou substitua os alto-falantes.
Som "arranhado"	Placa de áudio captando interferência de outras placas.	Mude para longe de outras placas.
	As placas de som ISA podem estar gerando sinais durante o acesso ao disco rígido.	Esse é um problema normal devido à alta utilização de CPU pela placa ISA; utilize uma placa de som PCI em vez disso.
	Interferência de monitor causando interferência.	Mude os alto-falantes para longe. Coloque os subwoofers no chão para maximizar a transmissão de baixa freqüência e manter os ímãs longe do monitor.
	Música produzida por síntese - FM de má qualidade saindo da placa de som	Mude para uma placa de som tipo wavetable; verifique as configurações de wavetable.
Computador não inicia após instalação da placa	A placa não foi colocada diretamente no slot de expansão.	Remova a placa, reinsira e reinicie o PC.
Erro de sistema de entrada/saída exibido durante a inicialização do Windows 95; sistema travado	O software de placa de som entra em conflito com o sistema de entrada/saída (IOS) do Windows.	Verifique com o fornecedor da placa de som se há um programa de correção de IOS; pode ser fornecido em um disco de instalação. Inicie o Windows 9x no modo de segurança para localizar e instalar.
O joystick não funciona.	Portas duplicadas de joystick em placa de som e outra placa causando conflito de endereço de porta de E/S.	Desabilite a porta de joystick da placa de som.

Tabela 9.21 Diagnosticando problemas de placas de som (continuação)		
Sintoma	**Causa**	**Solução**
	Computador muito rápido para porta de joystick barata.	Compre uma porta de joystick de alta velocidade. Desabilite a porta na placa de som. Instale uma placa de porta de joystick substituta.
		Baixe a velocidade do computador com o botão de turbo ou rotina de BIOS.
Não reproduz o áudio de DVD	Recurso de hardware não habilitado na placa de som.	Ative o recurso de hardware ou de arquivos MP3 ou utilize conexões SPDIF.

Capítulo 10

Redes

Redes ponto-a-ponto versus cliente – servidor

A Tabela 10.1 compara os recursos de redes cliente – servidor (como no Novell Netware, Windows NT Server e Windows 2000/XP) com redes ponto-a-ponto (*peer-to-peer*)* (como no Windows for Workgroups, Windows 9x, Windows Me e Windows NT Workstation). Essa tabela o ajudará a decidir qual tipo de rede é apropriado para sua situação.

> **Nota**
>
> O tópico redes é enorme. A tabela a seguir serve como referência para técnicos de campo e outros profissionais. Se precisar de informações mais profundas sobre redes, veja *Upgrading and Repairing PCs, 13th. Edition* ou consiga uma cópia de *Upgrading and Repairing Networks*, terceira edição.

Tabela 10.1 Comparando redes ponto-a-ponto e redes cliente-servidor

Item	Cliente-servidor	Ponto-a-ponto
Controle de acesso	Através de listas de permissões de usuários /grupo. Uma única senha fornece acesso de usuário somente para os recursos naquela lista; os usuários podem receber vários níveis diferentes de acesso.	Através de listas de senhas por recurso. Cada recurso requer uma senha separada. É usado acesso do tipo "tudo ou nada". Não existe lista centralizada de usuários.
Segurança	Alta, pois o controle de acesso é controlado por identidade de usuário ou grupo.	Baixa, porque conhecer a senha dá a qualquer pessoa acesso a um recurso compartilhado.
Desempenho	Alto, porque o servidor não desperdiça tempo nem recursos tratando tarefas de estação de trabalho.	Baixo, porque os servidores freqüentemente atuam como estações de trabalho.

---

* N. de R. T. Na literatura técnica nacional também aparece como par-a-par e rede não-hierárquica.

Tabela 10.1	Comparando redes ponto-a-ponto e redes cliente – servidor (continuação)	
Item	**Cliente-servidor**	**Ponto-a-ponto**
Custo de hardware	Alto, por causa de projeto especializado de servidor, natureza de alto desempenho do hardware, recursos de redundância.	Baixo, porque qualquer estação de trabalho pode tornar-se um servidor que compartilha recursos.
Custo de software	As taxas de licença por usuário de estação de trabalho fazem parte do custo do software do sistema operacional do servidor de rede (servidor Windows NT/2000/XP, Novell Netware).	Gratuito; todo software de cliente é incluído com qualquer versão do Windows 9x, do NT Workstation, do 2000 Professional, do Me ou do Windows XP.
Backup	Centralizado quando os dados são armazenados no servidor; permite utilização de backups de fita de alta capacidade, de alta velocidade com catalogação avançada.	Deixado para a decisão do usuário; normalmente uma combinação de dispositivos e de práticas de backup em cada estação de trabalho.
Redundância	Fontes de alimentação duplicadas, arrays de unidade *hot-swappable* e até servidores redundantes são comuns. O sistema operacional de rede normalmente é capaz de utilizar dispositivos automaticamente redundantes.	Nenhuma redundância verdadeira entre "servidores" ou clientes ponto-a-ponto. As falhas exigem intervenção manual para corrigir com possibilidade alta de perda de dados.

Se escolher qualquer forma de hardware de rede Ethernet para sua rede ponto-a-ponto, você poderá atualizar mais tarde para uma rede cliente/servidor, adicionando um servidor com o sistema operacional de rede apropriado. As placas de rede, os cabos e outros itens de hardware existentes ainda podem ser utilizados com o novo servidor.

Escolhendo hardware e software de rede

Nesta seção, você verá uma lista detalhada de verificação de itens de hardware e software de que você precisa para construir sua rede. Embora muitas opções estejam disponíveis no mercado para hardware de rede, essa discussão parte do princípio de que você esteja escolhendo o hardware

Fast Ethernet que também pode funcionar com redes-padrão Ethernet (placas e hubs de "velocidade dual" 10/100). Essa é a rede mais popular e econômica atualmente disponível.

Primeiro, inicie com o número de computadores que você planeja colocar em rede. Você precisa dos itens discutidos na seção a seguir para configurar a rede.

NIC – Placa de rede

Uma placa de interface de rede (NIC – *Network Interface Card*) ou simplesmente placa de rede é necessária para cada computador na rede. Para simplificar o suporte técnico, compre o mesmo modelo de placa de rede para cada computador em uma rede ponto-a-ponto de grupo de trabalho. Hoje, a melhor combinação de preço-desempenho são as placas de rede Fast Ethernet (100BASE-TX). Você deve escolher as versões de velocidade dual (10/100) dessas placas para permitir interconexão com rede-padrão Ethernet de 10 Mbps.

Você deve anotar o nome da marca e o número de modelo da(s) placa(s) de rede que está utilizando, bem como a versão de driver ou fonte. Utilize a Tabela 10.2 como guia.

Tabela 10.2 Planilha de localização e informações da placa de rede					
Localização da placa de rede e ID do computador	Nome da marca	Modelo nº	Tipo(s) de cabo	Velocidade	Fornecedor do driver ou versão
_____	_____	_____	_____	_____	_____
_____	_____	_____	_____	_____	_____

Conectores USB como alternativa à placa de rede

Como alternativa a NICs você pode utilizar adaptadores de rede USB. Como o USB trabalha a 12 Mbps (ligeiramente mais rápido que o 10BASE-T), esse é um substituto satisfatório para uma placa de rede 10BASE-T ou HomePNA 2.0 Entretanto, um dispositivo USB será significativamente mais lento que uma placa de rede em uma rede Fast Ethernet (100 Mbps).

Cabo UTP

Cada placa de rede deve estar conectada por um cabo longo o suficiente para estabelecer a conexão entre a placa de rede e o hub ou o switch, que conecta múltiplos computadores. Utilize a Tabela 10.3 como guia para registro de informações necessárias ao cabeamento. O cabeamento deve ser Categoria 5 ou melhor.

Tabela 10.3 Planilha de cabo UTP		
ID de computador	Comprimento de cabo	Padrão de fiação
_____	_____	_____
_____	_____	_____

Você só precisa de um hub ou switch para uma rede típica de grupo de trabalho.

Hubs* e switches

Você pode utilizar um hub ou um switch para conectar estações diferentes de sua rede. Os hubs e os switches apresentam múltiplas portas RJ-45 e indicadores luminosos que sinalizam atividade de rede. Ambos os dispositivos exigem alimentação elétrica CA. Entretanto, os switches têm características adicionais que fornecem melhor desempenho que os hubs para sua rede, como visto na Tabela 10.4.

Tabela 10.4 Comparação entre hub e switch Ethernet			
Característica	**Hub**	**Switch**	**Notas**
Largura de banda	Dividido pelo número total de portas em utilização	Dedicado a cada porta em utilização	Um hub de 100 Mbps com quatro usuários fornece largura de banda de 25 Mbps por usuário (100/4). Se você utiliza um switch, cada usuário obtém largura de banda completa de 100 Mbps.
Tipo de transmissão de dados	Transmite para todos os computadores conectados	Conexão direta entre o transmissor e o receptor de computadores	A transmissão de dados causa conflitos, o que torna a rede lenta porque os dados devem ser retransmitidos.
Suporte duplex	Somente half duplex (recebe ou transmite)	Half ou full duplex (recebe e transmite) quando utilizado com placas de rede full duplex; dobra a largura de banda efetiva da rede	Se você utiliza um switch de 100 Mbps que suporta full duplex com placas de 100 Mbps que também suportam full duplex, você tem uma rede que trabalha em 200 Mbps.

Recursos desejáveis de hub e switch

Procure esses recursos para se certificar de que o hub ou o switch tem potencial de crescimento:

- **Velocidade dual de placa de rede** — Isso permite que você combine e compatibilize redes 10BASE-T e Fast Ethernet com placas de rede 10/100 e obtenha o máximo de velocidade de todos os dispositivos.

- **Portas adicionais para expansão futura** — Como o custo por porta cai com switches e hubs maiores, é mais barato investir em capacidade extra desde o início do que substituir seu switch/hub ou adicionar um switch/hub mais tarde.

- **Uma porta de enlace ascendente (uplink), tornando o switch ou hub empilhável** — Um switch/hub empilhável permite adicionar um dispositivo extra mais tarde sem substituir a

---
* N. de R. T. Concentradores.

unidade original. O hub ou switch adicional é conectado com um cabo-padrão UTP Categoria 5 e pode estar tão longe quanto o limite para o tipo de rede envolvido. Você pode conectar outro switch/hub a um switch/hub que não tem uma porta de uplink apenas se você utilizar cabos *crossover* mais caros e difíceis de se encontrar (ou você próprio o fabricar).

- **Suporte full-duplex (somente para switches)** — Isso dobra a velocidade efetiva da rede quando se utilizam as placas de rede full-duplex.

Utilize a planilha mostrada na Tabela 10.5 como guia para anotar informações sobre o hub ou o switch. Os hubs 10/100 de velocidade dual Ethernet/Fast Ethernet lhe permitirão conectar-se com as redes-padrão Ethernet existentes.

Tabela 10.5 Planilha de hub/switch						
Hub ou Switch	Marca	Modelo	Nº de portas	Uplink?	Duplex?	Velocidades
---	---	---	---	---	---	---
---	---	---	---	---	---	---

Software

Inicie utilizando o software de rede fornecido com sua versão do Windows. Qualquer versão recente do Windows contém software cliente de rede e software servidor ponto-a-ponto simples. Sua rede de grupo de trabalho pode conter qualquer combinação dos seguintes itens:

- Windows for Workgroups 3.11
- Windows 95
- Windows 98
- Windows 2000 Professional
- Windows NT 4.0 Workstation
- Windows Me
- Windows XP

A Tabela 10.6 mostra a configuração básica que você precisará ter com qualquer cliente (acessando serviços em outro PC) e servidor (através do compartilhamento de serviços com outros PCs) utilizando essas versões do Windows.

Tabela 10.6 Software de rede mínimo para rede ponto-a-ponto

Item	Cliente	Servidor
Cliente de rede do Windows	Sim	Não
Protocolo NetBEUI[1]	Sim	Sim
Compartilhamento de arquivos e impressoras para Redes Microsoft	Não	Sim
Placa de rede instalada e vinculada a protocolos e serviços prévios	Sim	Sim
Identificação de grupo de trabalho (o mesmo para todos os PCs do grupo de trabalho)	Sim	Sim
Nome de computador (cada PC precisa de um nome único)	Sim	Sim

1. O NetBEUI não é mais suportado pela Microsoft no Windows XP, mas um cliente NetBEUI é incluído no CD-ROM do Windows XP para fins de resolução de problemas. Você pode instalá-lo manualmente para permitir que seu sistema XP comunique-se com os computadores que tenham versões mais antigas do Windows em uma rede que utiliza NetBEUI. Alternativamente, você pode utilizar o Assistente de rede doméstica para configurar sua rede Windows atual para trabalhar com TCP/IP em vez de NetBEUI.

Qualquer sistema utilizado como cliente e servidor deve ter instalados os componentes das *duas* colunas.

Dependendo de como você planeja utilizar o computador, um ou ambos dos seguintes itens também talvez precise (em) ser instalado(s):

- Se o computador acessa uma rede cliente/servidor Novell Netware, o protocolo IPX/SPX também deve ser instalado e configurado.

- Se o computador é utilizado para acessar a Internet ou qualquer outra rede baseada em TCP/IP, o protocolo TCP/IP também deve ser instalado.

Observe que o Windows 2000 e o Windows Me *não* instalam o protocolo NetBEUI por padrão e o Windows XP não suporta mais o NetBEUI (embora esteja disponível no CD-ROM). Você deve especificá-lo ao configurar os recursos de rede de qualquer versão do Windows se quiser utilizar uma conexão direta através de cabo ou criar uma rede simples de grupo de trabalho. O Windows 2000 e o Me utilizam o TCP/IP como protocolo de rede padrão.

Utilize o ícone Rede no Painel de controle do Windows para escolher suas configurações de rede. Você precisará do seguinte software para configurar a rede:

- CDs, discos ou arquivos de imagem de disco rígido do sistema operacional

- Drivers de placa de interface de rede – NIC

Protocolos de rede

A segunda escolha mais importante que você deve fazer ao criar sua rede é o protocolo de rede que será usado. O protocolo de rede afeta o tipo de computador com o qual sua rede pode se conectar.

Os três protocolos de rede mais importantes são o TCP/IP, o IPX/SPX e o NetBEUI. Ao contrário dos protocolos de link de dados, os protocolos de rede não são amarrados às escolhas de hardware em particular (placa de rede ou cabo). Os protocolos de rede são softwares e podem ser instalados em qualquer computador na rede e podem ser removidos desse computador a qualquer momento, conforme necessário.

A Tabela 10.7 resume as diferenças entre esses protocolos.

Tabela 10.7   Visão geral de protocolos e suites de rede

Protocolo	Incluído no suite de protocolos	Melhor utilizado para	Notas
IP	TCP/IP	Internet e redes grandes	Também utilizado para acesso dial-up à Internet; conjunto original de protocolos do Windows 2000/XP, Windows Me e Novell Netware 5.x.
IPX	IPX/SPX	Redes com Novell 4.x e servidores anteriores	Utilizado por NetWare 5.x somente para certos recursos especiais.
NetBEUI	—	Redes ponto-a-ponto Windows 9x, Me, 2000 ou Windows para Grupos de trabalho	Não pode ser roteado entre redes; protocolo mais simples de rede. Também utilizado com "rede" de conexão direta através de cabo sem placa.

Todos os computadores em qualquer rede dada devem utilizar o mesmo protocolo de rede ou o mesmo conjunto de protocolos para se comunicar entre si.

IP e TCP/IP

O *IP* (Internet Protocol) significa Protocolo de Internet; é a camada de rede da coleção de protocolos (ou suite de protocolos) desenvolvida para utilização na Internet e comumente conhecida como *TCP/IP* (Transmission Control Protocol/Internet Protocol).

Mais tarde, os protocolos TCP/IP foram adotados pelos sistemas operacionais UNIX e agora se tornaram a suite de protocolos mais comumente utilizada em redes locais de PC. Praticamente todo sistema operacional com capacidade de rede suporta o TCP/IP, e está a caminho de desbancar os outros protocolos concorrentes. O Novell Netware 5 e o Windows 2000/XP utilizam TCP/IP como protocolo original para a maioria dos serviços.

Selecionando um protocolo de link de dados de rede (especificação)

Independentemente do tipo de rede (cliente-servidor ou ponto-a-ponto) selecionado, você pode escolher entre uma ampla variedade de protocolos de link de dados de rede, também conhecidos como *especificações*. Os mais comuns em utilização nos PCs são listados aqui. Utilize a Tabela 10.8 para entender os requisitos, as limitações e as características de desempenho dos principais tipos de protocolos de link de dados de rede.

Tabela 10.8   Resumo de protocolos de link de dados de rede

Tipo de rede	Velocidade	Número máx. de estações	Tipos de cabo	Notas
ARCnet	2,5Mbps	255 estações	Coaxial RG-62 UTP[1]/Type 1 STP[2]	Obsoleto para novas instalações; foi utilizado para substituir terminais IBM 3270 (que utilizava o mesmo cabo coaxial).
HomePNA 1.0	1Mbps	—	Cabo de telefone RJ-11	Rede doméstica fácil de ser montada através de conexões de porta paralela ou placas de rede internas ISA, PCI, Cartões PC ou portas USB; substituído por HomePNA 2.0.
HomePNA 2.0 via	10Mbps	—	Cabo de telefone RJ-11	Rede doméstica mais rápida/fácil de ser montada placas de rede PCI, Cartões PC ou porta USB.
Ethernet	10Mbps	Por segmento: 10BASE-T-2 10BASE-2-30 10BASE-5-100 10BASE-FL-2	UTP[1] Cat 3 (10BASE-T), ThickNet (coaxial; 10BASE-5), Thinnet (RG-58 coaxial; 10BASE-2), Fibra óptica (10BASE-F)	Está sendo substituído pelo Fast Ethernet; pode ser interconectado com o Fast Ethernet pelo uso de hubs de velocidade dual e switches; utilize switches e roteadores para superar a regra "5-4-3" na construção de redes muito grandes.

Tabela 10.8	Resumo de protocolos de link de dados de rede (continuação)			
Tipo de rede	Velocidade	Número máx. de estações	Tipos de cabo	Notas
Fast Ethernet	100Mbps	Por segmento: 2	Cat 5 UTP[1]	O Fast Ethernet pode ser interconectado com Ethernet padrão pela utilização de hubs de velocidade dupla, switches e roteadores; a variedade mais comum é 100BASE-TX; 100BASE-T4 alternativo não é amplamente suportado.
Gigabit Ethernet	1000Mbps	Por segmento: 2	Cat 5 UTP	O Gigabit Ethernet pode ser interconectado com o Fast Ethernet padrão mediante a utilização de hubs de velocidade dual, switches e roteadores.
Token Ring	4Mbps ou 16Mbps	72 em UTP[1] 250-260 em tipo 1 STP[2]	UTP[1], Tipo 1 STP[2], e Fibra Óptica	Preço alto para placas de rede e MAUs[4] para interconectar clientes; utilizado principalmente com sistemas IBM de médio porte e mainframes.

1. UTP = Unshielded twisted pair (par trançado não-blindado)
2. STP = Shielded twisted pair (par trançado blindado)
3. NIC = Network interface card (placas de interface de rede)
4. MAU = Multiple access unit (unidade de múltiplo acesso)

Conectores de cabo de rede

Há vários tipos de conectores de cabo de rede disponíveis. A Tabela 10.9 resume esses conectores e indica quais estão em utilização atualmente.

Tabela 10.9 Conectores de cabo de rede

Tipo de conector	Utilizado por	Notas
DB-15	Thick Ethernet	Utilizava um cabo "vampire tap" a partir do conector para se conectar ao cabo principal; obsoleto.
DB-9	Token Ring	Obsoleto.
BNC	RG-62 ARCnet (obsoleto) RG-58 Thin Ethernet	O Thin Ethernet utiliza conector T para permitir passagem para outra estação ou um resistor de terminação para indicar fim de segmento de rede. Obsoleto.
RJ-45	Token Ring 10BASE-T Ethernet mais novos, Fast Ethernet, Gigabit Ethernet	O cabeamento com par trançado é o favorito na maioria das instalações.
RJ-11	HomePNA 1.0, 2.0	O cabeamento de par trançado do tipo de telefone.

Embora quase todas as redes recentemente instaladas com cabos convencionais utilizem cabeamento de par trançado, muitas redes são misturas de tipos de cabeamento de par trançado e outros mais antigos. As placas de interface de rede Token-Ring e as placas Ethernet com todos os três tipos populares de conector Ethernet permanecem em ampla utilização. Quando uma placa de rede tem mais de um tipo de conector, pode você utilizar o programa de instalação da placa para selecionar qual conector utilizar.

Pareamento dos fios de um cabo de par trançado

Para as grandes instalações com multiescritórios, os cabos de rede normalmente são construídos a partir de um grande estoque de cabos e conectores. Como o cabeamento de par trançado tem oito fios, muitas combinações são possíveis. Se estiver adicionando cabo a uma instalação existente, você deve compatibilizar esse cabo aos fios já em utilização. Entretanto, o padrão mais popular de cabeamento é o AT&T 258A/EIA 568B, detalhado na Tabela 10.10. Você pode comprar cabos pré-fabricados que se compatibilizem com esse padrão ou pode construir seus próprios cabos.

Tabela 10.10 Pareamento e posicionamento dos fios do conector RJ-45 segundo o padrão AT&T 258A/EIA 568B

Par de fios	Fio conectado ao pino nº	Par utilizado para
Branco/azul e azul	Branco/azul: nº 5 Azul: nº 4	Não utilizado[1]
Branco/laranja e laranja	Branco/laranja: nº 1 Laranja: nº 2	Transmissão
Branco/verde e verde	Branco/verde: nº 3 Verde: nº 6	Recepção
Branco/marrom e marrom	Branco/marrom: nº 7 Marrom: nº 8	Não utilizado[1]

1. Esse par não é utilizado com o 10BASE-T nem com o Fast Ethernet 100BASE-TX, mas todos os quatro pares são utilizados com o Fast Ethernet 100BASE-T4 e com padrões Gigabit Ethernet 1000BASE-TX.

Portanto, um cabo completo que segue o padrão AT&T 258A/EIA 568B deve ser semelhante ao seguinte quando visualizado do lado plano do conector RJ-45 (da esquerda para a direita):

laranja/branco, laranja, verde/branco, azul, azul/branco, verde, marrom/branco, marrom.

Nota

Você também pode encontrar o padrão semelhante EIA 568A. Ele inverte a posição dos pares laranja e verde listados antes.

Fazendo seus próprios cabos UTP

Você precisará das seguintes ferramentas e acessórios para construir seus próprios cabos Ethernet:

- Cabo UTP (par trançado não-blindado) (Categoria 5 ou melhor)
- Conectores RJ-45
- Descascador de fio
- Alicate de crimpar RJ-45

Você pode comprar todas essas ferramentas em um pacote de preço único de muitos fornecedores de produtos de rede. Se você estiver trabalhando com uma rede que tem um gabinete de fiação, você também vai querer adicionar um alicate perfurador ao seu kit.

Antes de fazer um cabo "real" de qualquer comprimento, siga esses procedimentos e pratique com um pedaço curto de cabo. Conectores RJ-45 e cabos em grande quantidade são baratos; falhas na rede não.

Siga estes passos para criar seus próprios cabos de par trançado:

1. Determine qual comprimento o cabo deve ter. É recomendável incluir uma folga adequada para poder mover o computador e evitar fontes de interferência intensa. Lembre-se das distâncias máximas para cabos de par trançado listados mais adiante nesse capítulo.

2. Estenda e meça o comprimento apropriado do cabo.

3. Corte com cuidado o cabo da caixa de embalagem do fio.

4. Utilize o descascador de fio para desencapar e expor os fios do cabo de par trançado; você precisará girar o cabo aproximadamente $1\frac{1}{4}$ de volta para retirar todo o invólucro. Se girá-lo demais, você danificará os fios dentro do cabo.

> **Atenção**
>
> Não corte os fios do cabo de par trançado — apenas o encapamento!

5. Verifique se apareceram entalhes no invólucro externo e nos fios internos; se houver, ajuste o descascador e repita os passos 3 e 4.

6. Organize os fios de acordo com o padrão AT&T 258B/EIA 568B listado antes.

7. Apare as bordas dos fios de modo que os oito fios fiquem parelhos e com cerca de 1 cm além do final do encapamento. Se os fios forem muito longos, pode resultar interferência fio a fio (crossover); se os fios forem muito curtos, eles podem não fornecer uma boa conexão com o conector RJ-45.

8. Com o lado da lingüeta do conector RJ-45 de costas para você, empurre o cabo no lugar. Verifique se os fios estão organizados de acordo com o padrão EIA/TIA 568B *antes* de crimpar o conector sobre os fios. Ajuste a conexão quando necessário.

9. Utilize a ferramenta de crimpar para apertar o conector RJ-45 no cabo. A extremidade do cabo deve estar firme o suficiente para resistir à remoção manual.

10. Repita os passos 4–9 na outra extremidade do cabo. Corte novamente a extremidade do cabo, se necessário, antes de descascá-lo.

11. Rotule cada cabo com as seguintes informações:
    - Padrão de fiação
    - Comprimento

- Extremidade com crossover (se houver)
- _____ (em branco) para o ID do computador

> **Nota**
>
> Os cabos devem ser rotulados nas duas extremidades para facilitar a compatibilização do cabo com o computador correto e também facilitar a solução de problemas no hub. Verifique com seu fornecedor de cabo a disponibilidade de rótulos ou etiquetas que você pode anexar a cada cabo.

Uma referência on-line excelente e rica em ilustrações para esse processo é o endereço http://www.duxcw.com/digest/Howto/network/cable/.

Limitações de distância de cabeamento de rede

As limitações de distância de rede devem ser lembradas ao se criar uma rede. Se você constatar que alguns usuários estão "fora dos limites" por causa dessas restrições, você pode utilizar repetidores, roteadores ou switches para alcançar os usuários distantes.

A Tabela 10.11 lista as limitações de distância de vários tipos de cabo de rede local.

Além das limitações mostradas na tabela, lembre-se de que você não pode conectar mais de 30 computadores em um único segmento de Thinnet Ethernet, mais de 100 em um segmento de Thicknet Ethernet, mais de 72 em um cabo de par trançado não-blindado Token Ring e mais de 260 computadores em um cabo de par trançado blindado Token Ring.

Tabela 10.11 Limitações de distância de rede		
Padrão de rede	**Tipo de cabo**	**Máximo**
Ethernet 10BASE-2	Fino[1]	180 m
Ethernet 10BASE-5	Grosso (drop cable)[1]	50 m
Ethernet 10BASE-T	Grosso (backbone)[1]	500 m
	UTP categoria 3 ou 5	100 m
Fast Ethernet 100BASE-TX/T4	UTP categoria 5	100 m
Fast Ethernet 100BASE-FX	Fibra óptica[2]	400 m

Tabela 10.11 Limitações de distância de rede (continuação)		
Padrão de rede	**Tipo de cabo**	**Máximo**
Token Ring	STP	100 m
	UTP	45 m
ARCnet[1] (hub passivo)		120 m
ARCnet[1] (hub ativo)		600 m

1. Obsoleto para novas instalações; pode ser encontrado em instalações já existentes.

2. Cabo de fibra óptica 62,5/125 (diâmetros de núcleo/casca em micrometros).

Fino — RG-58

UTP — Unshielded twisted pair (par trançado não-blindado); 10BASE-T e 100BASE-TX utilizam dois pares; 100BASE-TX e Gigabit Ethernet utilizam todos os quatro pares.

STP — Shielded twisted pair (par trançado blindado)

ARCnet — RG-62

Adequadamente construído, o cabo Fast Ethernet 100BASE-TX da Categoria 5 pode ser certificado para operação Gigabit Ethernet. O Gigabit Ethernet utiliza todos os pares.

Opções de redes especializadas

As seções a seguir tratam de redes especializadas que você pode encontrar, incluindo os padrões de rede HomePNA e padrões de rede sem-fio.

Redes de linha telefônica

Os usuários de pequenos escritórios e escritórios domésticos (small-office/home-office – SOHO) exigem redes para compartilhamento de conexão com a Internet, compartilhamento de impressoras e transferência de arquivos. Para evitar os problemas de cabeamento e as questões de instalação e configuração de protocolos das redes Ethernet tradicionais, a Home Phoneline Network Association (HomePNA) estabeleceu os padrões HomePNA 1.0 (1 Mbps) e o mais rápido 2.0 (10 Mbps) para utilizar o cabeamento de telefonia existentes para a rede.

Entre as vantagens podem-se incluir:

- Configuração fácil para técnicos com pouca experiência devido à natureza integrada do hardware e software.

- Escolha de soluções internas (baseadas em placa) ou externas (baseadas em porta paralela ou USB). O HomePNA 2.0 suporta soluções baseadas em placa e em USB.

- Nenhum recabeamento necessário; utiliza as linhas telefônicas da casa ou do escritório doméstico.

- Utilização simultânea permitida de telefone e rede (mas não Internet dial-up).

- Suporte a HomePNA, que pode ser (e é) incorporado em computadores e em placas acessórias de múltiplo uso (Ethernet ou modems V.90).
- Rede ponto-a-ponto que não exige hubs ou switches.

Entre as desvantagens podem-se incluir:

- Velocidade baixa comparada com Fast Ethernet: o HomePNA 2.0 funciona ainda a apenas 10 Mbps.
- Impossibilidade de transformar uma rede baseada em HomePNA em uma rede cliente/servidor mais tarde.
- As placas de interface e os dispositivos HomePNA são mais caros que o Fast Ethernet, especialmente para uma rede de três ou mais estações.

Padrões de rede sem-fio

A rede sem-fio, uma vez considerada uma tecnologia de "nicho" estreito prejudicada por falta de padrões, agora está se tornando um tipo importante de rede. Isso se deve em parte à adoção de padrões oficiais (IEEE 802.11b, Wi-Fi e HomeRF) que melhoram a interoperabilidade entre marcas de dispositivos e equipamentos de baixo custo.

Topologia em estrela de redes sem-fio

As seguintes redes utilizam uma topologia de estrela: as placas de rede sem-fio enviam sinais para um ponto de acesso, que repassa o sinal para o computador receptor. Utilizando múltiplos pontos de acesso em um prédio ou ambiente universitário, os usuários podem permanecer conectados enquanto se deslocam de uma sala para outra ou de um prédio para outro. As placas de rede conectam-se automaticamente com o sinal mais forte de um ponto de acesso; portanto, esse tipo de rede sem-fio é semelhante em conceito às redes de telefonia celular. As redes são as seguintes:

- **IEEE 802.11b** — O padrão líder da indústria é o IEEE 802.11b, um padrão Ethernet sem-fio projetado para se interconectar facilmente com redes-padrão Ethernet 10BASE-T. Trabalha em 11 Mbps e utiliza a mesma freqüência de 2,4 GHz utilizado por telefones celulares e outros dispositivos de comunicações. O IEEE 802.11b é suportado por um número de fornecedores importantes de hardware de rede e produtos de fornecedores diferentes podem ser associados e combinados, como podem ser os produtos Ethernet com fiação convencional. Para obter os melhores resultados ao combinar produtos de fornecedores diferentes, procure produtos certificados pela Wi-Fi (veja o próximo item). Alguns computadores notebook dos principais fornecedores agora têm integradas placas de rede IEEE 802.11b e antenas.

- **Wi-Fi** — O Wi-Fi é o termo utilizado pela Wireless Ethernet Compatibility Alliance (WECA) para hardware IEEE 802.11b que segue os padrões da WECA. Os dispositivos de hardware de marcas diferentes certificados pela Wi-Fi funcionarão juntos; outros produtos IEEE 802.11b não certificados pela WECA podem não funcionar.

- **RadioLAN Wireless MobiLINK** — O MobiLINK sem-fio proprietário da RadioLAN utiliza a freqüência de 5,8 GHz. Portanto, ele não pode conectar-se diretamente a dispositivos IEEE 802.11b, mas pode ser conectado a rede-padrão Ethernet 10BASE-T através do ponto de acesso sem-fio BackboneLINK. O MobiLINK também funciona com produtos Campus BridgeLINK da RadioLAN, que permitem rede sem-fio de prédio a prédio em distâncias de até 1,8 km. O MobiLINK trabalha em 10 Mbps, o mesmo que o 10BASE-T.

Redes sem-fio ponto-a-ponto

Os seguintes padrões utilizam uma topologia ponto-a-ponto: cada cliente sem-fio envia seu sinal diretamente para o cliente receptor. Isso é muito mais lento, mas também muito mais simples e menos caro que as redes locais sem-fio de topologia estrela:

- **HomeRF** — O HomeRF é uma rede-padrão voltada para o uso residencial que trabalha em apenas 1,6 Mbps atualmente, mas as versões futuras trabalharão em 10 Mbps. Também pode ser conectada a redes-padrão Ethernet por meio de um acesso sem-fio. Os produtos HomeRF que operam em 1,6 Mbps estão disponíveis agora a partir de diversos fornecedores. Veja o site da HomeRF para obter detalhes.

- **Bluetooth** — O Bluetooth é um padrão para distâncias curtas, velocidade lenta (400 Kbps) e projetado principalmente para troca de dados entre eletrodomésticos, como pagers, PDAs e telefones sem-fio, bem como computadores notebook. Os dispositivos Bluetooth estão lentamente surgindo no mercado.

O HomeRF e o Bluetooth utilizam a mesma freqüência de 2,4 GHz que o IEEE 802.11b, assim, é possível haver a interferência entre esses tipos de redes. Entretanto, está para surgir um método para controlar o tráfego quando os dois tipos de dispositivos sem-fio estiverem presentes.

A Tabela 10.12 fornece uma visão geral dos vários padrões de rede sem-fio atualmente em utilização.

Capítulo 10 – Redes

Tabela 10.12 Comparação de redes sem-fio atuais

Site da Web da rede	Velocidade especificada	Topologia lógica	Conecta-se com Ethernet 10BASE-T via	Número máximo de PCs por ponto de acesso
IEEE 802.11b http://www.wifi.org	11Mbps	Estrela lógica (exige ponto de acesso)	Ponto de acesso	Varia por marca e modelo; até 2048
RadioLAN http://www.radiolan.com	10Mbps[1] (requer ponto de acesso)	Estrela lógica	BackboneLINK sem-fio (ponto de acesso)	128
HomeRF http://www.homerf.org	1,6Mbps	Ponto-a-ponto	Symphony Cordless Ethernet Bridge ou equivalente	10

1. O throughput real do RadioLAN, comparado com a média de produtos IEEE 802.11b, é de aproximadamente 25% mais rápido devido à freqüência mais elevada de rádio utilizada.

Questões de configuração e seleção de rede sem-fio

As placas de rede sem-fio exigem uma IRQ e um intervalo de endereços de porta de E/S, assim como as placas de rede convencionais. Outras questões de configuração e de seleção de produto incluem o seguinte:

- **Tipo de placa de rede** — Com a maioria das redes sem-fio, você pode escolher as placas de rede baseadas em PCI para computadores desktop e placas de rede baseadas em Cartão PC para computadores notebook. Os dispositivos USB também estão disponíveis. Embora a velocidade de redes sem-fio atuais também permita o uso de placas ISA, você deve evitá-las porque essa placa de 16 bits é obsoleta.

- **Segurança de rede e criptografia** — Para obter segurança máxima, escolha produtos de rede sem-fio que suportam qualquer um desses recursos:

  - Um código de segurança de sete dígitos chamado ESSID. Dispositivos sem-fio sem esse código não podem acessar a rede.

  - Uma lista de números MAC autorizados (cada placa de rede tem um MAC único). Um dispositivo sem-fio que não consta na lista de MAC não pode acessar a rede.

Esses recursos devem ser habilitados para se tornar eficazes. Além disso, utilize a criptografia de dados mais poderosa que sua rede suporta. Muitas das versões prévias de dispositivos de rede IEEE 802.11b suportavam apenas a criptografia de 40 bits "fraca" quando introduzidas, mas atualizações instaláveis de criptografia "forte" de 128 bits devem estar disponíveis para a maioria dos produtos. Você deve passar para a criptografia forte logo que possível para instalar outra camada de segurança de rede.

Calculando o custo por usuário para sua rede sem-fio

O custo por usuário para uma rede sem-fio é afetado por vários fatores, incluindo o seguinte:

- Se sua rede exige ponto de acesso
- Quantos pontos de acesso sua rede precisa
- De que tipo(s) de placas de rede (ISA, PCI, Cartão PC ou USB) sua rede precisa e quantas você precisa
- Se sua rede precisa se interconectar com redes Ethernet "com fiação"

A Tabela 10.13 fornece uma planilha que você pode utilizar para calcular o custo total de sua rede e o custo por usuário. Utilize-a para ajudar a determinar a melhor rede sem-fio para suas necessidades e o seu orçamento.

Tabela 10.13 Calculando o custo de sua rede sem fio			
Custo por ponto de acesso	Número de pontos de acesso	Custo	Custo (somar essa coluna para determinar o custo total)
		>>	
Custo por placa PCI	Número de placas PCI necessário	Custo	
		>>	
Custo por Cartão PC	Número de Cartões PC	Custo	
		>>	
Custo por dispositivo de porta USB	Número de dispositivos de porta USB	Custo	
		>>	
Custo total do hardware de rede (CT)			
Número total de dispositivos PCI, Cartão PC e USB (NT)			
Número de computadores com hardware de rede sem-fio embutido (NC)			
Some NT + NC para determinar o número total de usuários (USUÁRIOS)			
Custo por usuário (divida CT por USUÁRIOS)			

Se precisar de uma ponte (bridge) sem-fio separada para um dispositivo conectado à rede/Internet de banda larga ou a um servidor de impressão sem-fio, certifique-se de acrescentar os custos desses dispositivos ao custo total do valor de hardware de rede (CT) antes de calcular o custo por usuário.

Em geral, você pode esperar que o custo por usuário mesmo de uma rede local Wi-Fi de mais baixo custo tenha uma média entre US$ 200 e US$ 500 (baseado em um ponto de acesso, dois adaptadores de Cartão PC, um adaptador PCI e um adaptador USB). Portanto, a capacidade de funcionar de modo itinerante com um notebook e evitar problemas de cabeamento deve ser crucial para compor o custo bem mais alto de rede Ethernet sem-fio quando comparado com redes básicas (e obsoletas) Ethernet 10BASE-T (que são comparáveis em desempenho à Wi-Fi).

O custo das redes HomeRF por usuário é basicamente a média dos custos das placas de rede sem-fio porque a HomeRF não precisa de um ponto de acesso. As únicas despesas adicionais seriam para uma ponte sem-fio (se desejada), que fosse utilizada para conectar a rede HomeRF a um dispositivo Internet de banda larga ou a outra rede Ethernet compatível com 10BASE-T.

Configurações de protocolo de rede TCP/IP

O TCP/IP está assumindo o universo dos computadores, substituindo a miscelânea de protocolos concorrentes utilizados antes em rede (NetBIOS, NetBEUI e IPX/SPX). O TCP/IP é o protocolo-padrão da World Wide Web, bem como dos sistemas operacionais mais recentes de rede Novell (NetWare 5) e Microsoft (Windows 2000/XP). Mesmo se for utilizado por usuários dial-up (modem) ou por estações de trabalho de rede local, as configurações típicas nessas situações não têm praticamente nada em comum. Utilize a Tabela 10.14 como guia para o que deve ser configurado e lembre-se de anotar as configurações que as suas conexões de TCP/IP utilizam.

Tabela 10.14	Propriedades de TCP/IP por tipo de conexão — visão geral		
TCP/IP	Configuração ("Placa Dial-Up")	Acesso de modem ("Adaptador de rede XYZ")	Acesso de rede local
Endereço IP	Endereço IP	Automaticamente atribuído por ISP	Especificado (obtém valor do administrador de rede)
Configuração de WINS[1]	Habilita/desabilita a resolução de WINS	Desabilitado	Indica o servidor ou ativa DHCP[2] para permitir NetBIOS sobre o TCP/IP
Gateway	Acrescenta gateway/ lista de gateways	Nenhum (o PPP é utilizado para conectar Internet com modem)	Endereço IP de gateway utilizado para conectar a rede local com a Internet

Tabela 10.14	Propriedades de TCP/IP por tipo de conexão — visão geral (continuação)		
TCP/IP	Configuração ("Placa Dial-Up")	Acesso de modem ("Adaptador de rede XYZ")	Acesso de rede local
Configuração de DNS[3]	Habilita/desabilita domínio de host	Normalmente desabilitado, a menos que o servidor de proxy seja utilizado por ISP	Habilitado, com host e domínio especificado (obtém valor do administrador de rede)

1. WINS = Windows Internet Name Service; utilizado em servidores NT automaticamente para gerenciar a associação de nomes e localizações de estações de trabalho com os endereços IP; utilizado com DHCP (veja a nota 2).

2. DHCP = Domain Host Configuration Protocol; configura os endereços IP para PCs conectados a uma rede NT.

3. DNS = Domain Name System; associa endereços IP com nomes de site da Web pelo uso de servidores de nomes.

Configurando uma rede doméstica

O propósito principal de uma rede doméstica é cada vez mais o compartilhamento de uma única conexão de Internet, tanto através do Internet Connection Sharing *(ICS)*, como através de um roteador conectado a um switch ou hub. O Windows 98, o Me e o XP Home Edition contêm Assistentes de rede domésticas que configuram as redes domésticas para você. Em geral, esses assistentes fazem duas coisas:

- Configuram o computador que tem uma conexão de Internet como um servidor com Protocolo de Configuração do Host Dinâmica (DHCP – Dynamic Host Configuration Protocol), que pode atribuir endereços IP a outros computadores na rede.

- Configuram computadores que compartilharão a conexão de Internet para obter seus endereços IP automaticamente.

Depois que os assistentes foram executados nos computadores de rede doméstica, você pode visualizar o TCP/IP e outras configurações de rede, como discutido anteriormente nesse capítulo. As configurações de TCP/IP utilizadas pelo computador que fornece acesso à Internet para outros computadores serão diferentes das configurações utilizadas pelos outros computadores.

Roteadores e TCP/IP

O TCP/IP é único entre os protocolos de rede porque pode ser utilizado em pequenas redes autocontidas e pode conectar computadores (ou redes inteiras) à Internet, a maior rede do mundo. O *roteador* torna possível que o tráfego de TCP/IP seja dirigido à Internet ou a outro computador em uma rede local.

Quando um computador é configurado como um gateway (como ocorre com o Internet Connection Sharing da Microsoft, discutido na seção

"Compartilhamento de Conexão com a Internet (ICS)" desse capítulo), esse computador também atua como roteador. Até recentemente, os roteadores com hardware próprio eram muito caros e muito complexos para serem utilizados na maioria das redes de pequenos escritórios e redes domésticas para compartilhamento da Internet. Agora, os fornecedores de hardware de rede de pequenas empresas/empresas domésticas, como Linksys, D-LINK, Netgear e outros, produzem roteadores TCP/IP, freqüentemente combinados com switches Fast Ethernet 10/100, que custam em torno de US$ 200 e fornecem compartilhamento de Internet de alta velocidade.

Para obter informações adicionais sobre roteadores de baixo custo, veja os seguintes sites da Web:

- Linksys: http://www.linksys.com
- D-Link: http://www.dlink.com
- Netgear: http://www.netgear.com

Planilha de protocolo TCP/IP

Utilize a planilha mostrada na Tabela 10.15 para monitorar as configurações de TCP/IP para placa de rede ou para conexão dial-up. As configurações baseiam-se no ícone Rede no Windows 9*x*. A primeira planilha está em branco; a segunda planilha lista as configurações típicas (fictícias) para uma estação de trabalho em uma rede local.

Tabela 10.15 Planilha de configurações de protocolo TCP/IP

		Endereço IP			
Endereço	Sub-rede	Atribuído automaticamente			
		Configuração WINS			
Habilita/ Desabilita	Servidor WINS primário	Servidor WINS secundário	ID de escopo	Utilize DHCP para resolução de WINS	
		Gateway (lista em ordem; topo = primeiro)			
Primeiro	Segundo	Terceiro	Quarto	Quinto	Sexto
Ligações que utilizarão esse protocolo (lista)					
Avançado (lista)					
Utiliza TCP/IP como padrão					
		Configuração DNS			
Habilita/Desabilita DNS	Host	Domínio			
Primeiro servidor DNS	Segundo servidor DNS	Terceiro servidor DNS	Quarto servidor DNS	Quinto servidor DNS	Sexto servidor DNS
Primeiro sufixo de domínio	Segundo sufixo de domínio	Terceiro sufixo de domínio	Quarto sufixo de domínio	Quinto sufixo de domínio	Sexto sufixo de domínio

A Tabela 10.16 mostra como os protocolos TCP/IP podem ser configurados para habilitar o acesso à Internet através de uma rede local em um prédio de escritórios. Se você utiliza o TCP/IP para obter acesso à Internet e à rede local como seu único protocolo, suas configurações irão variar. Além disso, as configurações para os computadores que recebem acesso à Internet através de um roteador ou alguma forma de Compartilhamento de Conexão com a Internet – ICS – variam em relação às configurações utilizadas pelo computador que fornece acesso à Internet.

Tabela 10.16 Planilha preenchida de configurações de protocolo TCP/IP — conexão de rede local

Endereço IP

Endereço	Sub-rede	Atribuído automaticamente	Notas
192.168.0.241	255.255.255.0	Não	Se automaticamente atribuído = "Sim", nenhum valor é utilizado para endereço ou sub-rede

Resolução WINS

Habilita/ Desabilita	Servidor WINS primário	Servidor WINS secundário	ID de escopo	Utilizar DHCP para resolução de WINS	Notas
Desabilita	(em branco)	(em branco)	(em branco)	(em branco)	Se "Desabilitado", nenhum valor para os outros campos

Gateway (lista na ordem; topo = primeiro)

Primeiro	Segundo	Terceiro	Quarto	Quinto	Sexto
192.168.0.1	192.168.0.2	(em branco)	(em branco)	(em branco)	(em branco)

Ligações que utilizarão esse protocolo (lista)

Cliente para Redes Microsoft Habilitado	Compartilhamento de arquivos e impressoras para Redes Microsoft* Desabilitado	Nota *Essa é uma configuração muito perigosa. Pode ser listada como opção, mas não a habilite se você utiliza outro protocolo para sua rede local. Habilitar essa configuração permitiria a qualquer pessoa na Web acessar seu sistema.

Avançado (lista)

Utilizar TCP/IP como padrão	Outro(s) valor(es)	Nota *Essa rede também utiliza NetBEUI para comunicações internas de rede local; se o TCP/IP fosse o único protocolo, ele seria habilitado como padrão.
Desabilitado*	(Nenhum)	

Configuração DNS

Desabilita/ Habilita DNS	Host (lista)	Domínio
Habilitado	smithy	Biz-tech.com

Primeiro servidor DNS	Segundo servidor DNS	Terceiro servidor DNS	Quarto servidor DNS	Quinto servidor DNS	Sexto servidor DNS
192.168.0.1	(Nenhum)	(Nenhum)	(Nenhum)	(Nenhum)	(Nenhum)

Capítulo 10 – Redes 311

Tabela 10.16   Planilha preenchida de configurações de protocolo TCP/IP —conexão de rede local (continuação)

Primeiro sufixo de domínio	Segundo sufixo de domínio	Terceiro sufixo de domínio	Quarto sufixo de domínio	Quinto sufixo de domínio	Sexto sufixo de domínio
(Nenhum)	(Nenhum)	(Nenhum)	(Nenhum)	(Nenhum)	(Nenhum)

Solucionando problemas de redes

Utilize as Tabelas 10.17 e 10.18 para ajudá-lo a encontrar soluções para problemas comuns de rede.

Solucionando problemas de configuração de software de rede

Tabela 10.17   Solucionando problemas de configuração de software de rede

Problema	Sintomas	Solução
IDs de computador duplicados	Mensagem de "nome de computador duplicado" na inicialização	Certifique-se de que cada computador na rede tem um ID único (utilize o Painel de controle, Rede, Identificação para visualizar essas informações). Configure o ID antes de se conectar à rede.
O nome de grupo de trabalho não combina	Outras estações de trabalho não-visíveis no Ambiente de rede	Certifique-se de que cada computador que deve trabalhar junto tem o mesmo nome de grupo de trabalho. Nomes diferentes de grupo de trabalho na realidade criam grupos de trabalho diferentes e você precisaria acessá-los navegando através da rede inteira.
Recursos compartilhados não-disponíveis	Não se pode acessar unidades, impressoras, nem outros itens compartilhados	Certifique-se de que os recursos compartilhados foram configurados para todos os servidores em sua rede (incluindo servidores ponto-a-ponto). Se você não conseguir compartilhar um recurso pelo Windows Explorer no servidor de um outro ponto, certifique-se de que o compartilhamento de arquivos e a impressora foram instalados.
As alterações na configuração não aparecem	A rede não funciona depois de fazer as alterações	Você reinicializou? Qualquer alteração no ícone Rede no Painel de controle do Windows exige que o sistema seja reinicializado no Windows 9x/Me. Você efetuou login? Os recursos de rede não podem ser acessados a menos que você conecte-se quando solicitado. Você pode utilizar Iniciar, Desligar, Fechar todos os programas e efetuar login como usuário novo para se recuperar rapidamente de uma falha no login.

Solucionando problemas de redes em utilização

Tabela 10.18 Solucionando problemas em uma rede em atividade

Problema	Sintomas	Solução
A conexão com a rede não funciona para um usuário	Outros usuários podem utilizar impressoras compartilhadas, unidades compartilhadas e assim por diante.	Primeiro, faça o usuário utilizar Iniciar, Fechar todos os programas e efetuar login como usuário novo. Pressionar Cancelar ou ESC em vez de efetuar login mantém o usuário fora da rede.
		Utilize Ambiente de rede ou My Network Places para navegar em outros computadores na rede. Se a navegação não funcionar, certifique-se de que o nome correto da rede está listado nas propriedades e que os protocolos e configurações de protocolo corretos estejam presentes. Todos os computadores em um grupo de trabalho devem utilizar o mesmo nome de grupo de trabalho e protocolo(s). Se o protocolo TCP/IP for o único protocolo utilizado, todos os computadores devem ter um endereço IP atribuído ou um sistema deve ser configurado para fornecer endereços IP para outros computadores. Se um roteador for utilizado, ele pode ser utilizado para fornecer endereços IP para todos os computadores.
		Em seguida, verifique as conexões dos cabos no servidor e na estação de trabalho.
		Verifique se a placa de rede está funcionando adequadamente. Utilize o software de diagnóstico fornecido com a maioria das placas para testar NVRAM, interrupção, loopback e funções de enviar/receber sinal. Utilize o diagnóstico em duas placas de rede na mesma rede para enviar e receber sinais de uma para outra.
		Utilize o Gerenciador de dispositivos do Windows e verifique as propriedades da placa de rede. Se quaisquer conflitos de recurso estiverem presentes, a placa não funcionará. Lembre-se que o controle de IRQ nas placas PCI com chipsets recentes permite que vários dispositivos compartilhem uma IRQ sem conflitos.
A conexão com a rede não funciona com múltiplos usuários	Ninguém pode acessar a rede.	Terminações ou conectores BNC em T frouxos causarão problema em todas as estações de trabalho no segmento de cabo ThinNet.
		Falha de energia ou de equipamento no hub provocará problema em todas as estações que usam pares trançados sem blindagem.

Tabela 10.18	Solucionando problemas numa rede em atividade (continuação)	
Problema	**Sintomas**	**Solução**
Você tem acesso apenas de leitura em vez de acesso completo	Os arquivos não podem ser salvos em uma unidade compartilhada.	Se você salvar suas senhas em um cache de senhas, inserir a senha de leitura em vez da senha de acesso completo limitará seu acesso em servidores ponto-a-ponto.
		Tente descompartilhar o recurso e depois recompartilhá-lo, ou faça o usuário desse servidor ponto-a-ponto configurar novas senhas de acesso completo e só de leitura. Ou não utilize cache de senha desmarcando a caixa Salvar senha quando você se conecta a um recurso compartilhado.
		Com uma rede cliente-servidor com listas e direitos de usuário, confira com seu administrador de rede porque ele precisará alterar os direitos para você.

Solucionando problemas de TCP/IP

Utilize a Tabela 10.19, em complemento às informações de TCP/IP apresentadas anteriormente, para solucionar problemas de uma conexão TCP/IP em uma rede local ou em uma conexão dial-up.

O Windows 2000 e o XP utilizam um único assistente de rede para configurar ambos os tipos de conexões de rede. Com outras versões do Windows, a configuração de TCP/IP para redes locais é feita no ícone Rede do Painel de controle, ao passo que os modems são configurados no item de propriedades Rede Dial-Up para uma determinada conexão dial-up.

Os navegadores da Web que se comunicam por servidores proxy ou gateways com a Internet talvez também necessitem de opções especiais de configuração. Utilize o ícone Internet no Painel de controle para ajustar as configurações de TCP/IP do Microsoft Internet Explorer. Com o Netscape Navigator/Communicator, utilize Editar, Preferências, Avançado, Proxies, para ajustar as configurações de servidor proxy.

Tabela 10.19 Solucionando problemas de conexões TCP/IP		
Problema	**Sintomas**	**Solução**
Configurações incorretas nas propriedades de rede	Não se conecta a quaisquer recursos de TCP/IP	Obtenha as configurações corretas de TCP/IP do administrador e as insira; reinicie o PC.
Problema com o tipo de servidor ou a versão de PPP	Não é possível manter a conexão funcionando na Rede Dial-Up	A versão errada de PPP pode estar operando (o CompuServe clássico utiliza CISPPP em vez de PPP normal); altere o tipo de servidor nas propriedades em Rede Dial-Up, não em Rede.
Endereços IP duplicados	A mensagem de erro indica "a interface (TCP/IP) foi desabilitada" durante a inicialização	Os endereços IP duplicados desabilitarão a rede TCP/IP e NetBEUI se o NetBEUI estiver sendo transportado sobre o TCP/IP.
Um usuário para um endereço IP	Não é possível compartilhar a Web	Se você estiver tentando compartilhar sua conexão de Internet, utilize softwares como o Compartilhamento de Conexão com a Internet, gateway de terceiros ou programas de servidor proxy ou um roteador. O Windows 98 Segunda Edição, o 2000 Professional, o Me e o XP podem ser configurados como um gateway para habilitar o compartilhamento de Internet a partir de um modem a cabo, modem dial-up, ISDN ou conexão de modem DSL. Para obter detalhes, veja Compartilhamento de Conexão com a Internet (ICS) mais adiante nesse capítulo.
	O navegador não consegue exibir as páginas da Web	Para verificar se a conexão de TCP/IP funciona, abra uma janela do MS-DOS e digite `PING nomedositedaweb` (substitua *nomedositedaweb* por um endereço particular IP ou um site da Web). Se PING indicar que os sinais estão retornando, verifique as configurações de proxy no navegador. Se PING não conseguir se conectar, verifique novamente suas configurações de TCP/IP da placa de rede ou modem e tente novamente depois de fazer as alterações.

Compartilhamento de Conexão com a Internet (ICS)

O Windows 98 Second Edition, o 2000 Professional, o Me e o novo XP apresentam um programa embutido de gateway denominado Compartilhamento de Conexão com a Inetrnet – *Internet Connection Sharing (ICS)*, que permite aos usuários compartilhar um único dial-up, ISDN, modem a cabo ou uma conexão DSL. Como o ICS é um gateway e os clientes utilizam a rede TCP/IP para utilizar o gateway, somente o computador de gateway precisa usar o Win98SE, o 2000, o Me ou o XP. Qualquer computador que usa o TCP/IP com a opção para configurar um gateway pode ser utilizado como cliente, incluindo computadores que utilizam versões mais antigas do Windows 9x e outros sistemas operacionais.

Requisitos para o ICS

O ICS exige uma placa de rede para ser instalado no computador host e uma conexão de rede para cada computador convidado (guest) para compartilhar a conexão de Internet do host.

Se a conexão de Internet é feita por uma placa de rede (como ocorre com conexões DSL ou conexões de modem a cabo de duas vias), duas placas de rede são necessárias: uma para a conexão de Internet e outra para compartilhar a conexão.

O ICS não funcionará com modems satélite de uma via, porque esses dispositivos utilizam conexão separada para fazer download e upload. É necessária uma configuração especial se você quiser compartilhar o DirectPC Telephone Return através do ICS.

Visão geral do processo de configuração

O processo de configuração tem duas partes:

- Instalar seu ICS no computador gateway
- Configurar os clientes para utilizar o gateway de ICS para alcançar a Internet

Configurando o ICS no computador gateway com o Windows 98 SE ou o Me

Se o ICS não foi instalado quando o Windows foi instalado, instale-o escolhendo Iniciar, Configurações, Adicionar/Remover programas, Instalação do Windows. Selecione ICS da categoria Ferramentas para a Internet (Win98 Second Edition) ou da categoria Comunicações (WinMe).

> **Nota**
>
> O Windows Me iniciará o Assistente de rede doméstica logo que você instalar o ICS. O Assistente realiza as mesmas tarefas que o ICS na mesma seqüência como será discutido logo.

Em seguida, especifique se está utilizando uma conexão dial-up (modem ou ISDN) ou uma conexão de alta velocidade (rede local, incluindo modem a cabo ou DSL).

Se você selecionar dial-up, escolha a conexão de dial-up (já configurada anteriormente) que você estará compartilhando, e depois a placa de rede que o conecta com os PCs clientes que compartilharão a conexão.

O Windows criará um disquete de configuração de cliente e pedirá para você reinicializar o computador. Ao visualizar a Configuração em Rede no Painel de controle depois de reinicializar, você deve ver o seguinte:

- Três "adaptadores" (sua placa de rede, o adaptador de dial-up e um novo denominado Compartilhamento de conexão com a Internet – Internet Connection Sharing)
- Três entradas de protocolo Compartilhamento de conexão com a Internet, listando os adaptadores anteriormente mencionados
- Três entradas de protocolo TCP/IP, listando os adaptadores anteriormente mencionados

A entrada de protocolo TCP/IP de Home deve apontar para a placa de rede que conecta os clientes ao PC host, a entrada de protocolo TCP/IP denominada Compartilhado deve apontar para Rede Dial-Up e a entrada restante, protocolo TCP/IP, deve apontar para Compartilhamento de conexão com a Internet.

Além disso, verifique a configuração de TCP/IP para Home (a placa de rede) e verifique o endereço IP; ele deve ser 192.168.0.1. Esse endereço IP deve ser fornecido para os computadores que compartilham a conexão de Internet. Se as configurações não estiverem correta, remova o ICS e inicie novamente.

Inicie uma conexão de Internet no computador gateway (host) antes de continuar.

Configurando o ICS nos computadores clientes com um host Windows 9x/Me

Embora o processo de configuração de ICS no computador gateway (host) tenha criado um disco que pode ser utilizado para configurar a conexão de ICS nos computadores clientes, a maioria das fontes não-Microsoft defende utilizar configuração manual em vez disso. São necessários os seguintes passos:

1. Instale o protocolo TCP/IP em cada cliente.

2. Configure a opção de Gateway nas propriedades de TCP/IP da placa de rede de cada cliente com o endereço IP do computador gateway (ICS): 192.168.0.1 é o valor usual (veja a seção anterior desse capítulo). Clique em Adicionar para inserir esse valor depois de entrar com ele.

3. Utilize um navegador da Web em cada convidado para verificar se a conexão está funcionando; o Internet Explorer não deve ter ne-

nhuma configuração de dial-up configuradas para ele e não deve ter nenhuma configuração de rede local habilitada. O disco cliente de ICS do Windows 98 seleciona Acessar a Internet por um Servidor Proxy aqui, o que não é correto. O Netscape Navigator/Communicator deve ser configurado como Conexão direta à Internet.

4. Algumas versões do Netscape Navigator talvez não funcionem, a menos que você crie um "adaptador" de rede dial-up no convidado e configure seu gateway, como anteriormente discutido.

Reinicialize antes de testar a conexão.

Configurando o ICS com um computador host Windows 2000 ou Windows XP

O Windows 2000 e o XP possuem recursos internos de Compartilhamento de Conexão com Internet – ICS. Conecte-se como administrador antes de iniciar o seguinte procedimento. Como ocorre com o ICS para o Windows 9x/Me, uma conexão de rede local com a Internet deve ser compartilhada por meio de uma segunda placa de rede local.

Para compartilhar uma conexão, siga estes passos:

1. Abra o ícone Conexões de rede no Painel de controle.

2. Clique com o botão direito do mouse na conexão que você quer compartilhar e selecione Propriedades.

3. Selecione a guia Compartilhamento de conexão com a Internet e ative o compartilhamento em seu computador.

4. Se essa for uma conexão de modem, você pode selecionar a caixa de seleção Habilitar discagem sob demanda na mesma guia que o Compartilhamento de conexão com a Internet. Ativar esse recurso inicia a conexão sempre que outros computadores conectados a esse computador host precisarem de acesso à Internet.

Para se conectar a uma conexão compartilhada em um host Windows 2000 ou XP, siga estes passos:

1. Certifique-se de que esteja rodando o Windows 9x, o NT, o 2000 Professional ou o XP em seu cliente.

2. Verifique se a placa de rede que conecta seu cliente ao host está configurada para fazer o seguinte:

  - Obter um endereço IP automaticamente
  - Utilizar DHCP para resolução de WINS
  - Conectar-se a um servidor DNS automaticamente

(Essas configurações exigem alterações nas configurações-padrão para as propriedades de TCP/IP da sua placa de rede.)

3. Ajuste as configurações de Internet Explorer para o seguinte:

- Nunca disque uma conexão
- Utilize uma conexão de rede local
- Automaticamente detecte as configurações
- Não utilize script de configuração automática
- Não utilize um servidor proxy

> **Nota**
>
> Entre os sites úteis que tratam desse processo para todas as versões do Windows em maiores detalhes incluem-se `http://www.practicallynetworked.com/sharing/ics/ics.htm` e `http://www.duxcw.com/digest/Howto/network/win98se/`.
>
> A página da Microsoft `http://support.microsoft.com/support/windows/faq/win98se/w98seics.asp` responde perguntas comuns sobre o Win98SE.
>
> Se quiser os benefícios adicionais de um servidor proxy, confira produtos como o WinProxy (`http://www.winproxy.com`), WinGate (`http://www.wingate.deerfield.com`) e o Sybergen SyGate (`http://www.sybergen.com`). Muitas redes e modems voltados para o uso doméstico são distribuídos com esses produtos ou semelhantes; assim, se você estiver no mercado procurando um novo modem ou estiver construindo uma rede pequena, pergunte se um programa de servidor proxy para compartilhamento de Internet está incluído no seu kit de rede doméstica ou de rede de pequeno escritório.
>
> Todo o espectro das conexões de Internet de banda larga, incluindo questões de compartilhamento e de segurança, é abordado em maiores detalhes no livro *The Complete Idiot's Guide to High-Speed Internet Connections,* de Mark Edward Soper (Alpha Books, 2001).

Conexões diretas via cabo*

Utilizando os recursos de conexão direta incorporados no Windows e um cabo apropriado, você pode criar uma "rede instantânea" em apenas alguns minutos sem instalar qualquer hardware interno de rede. Utilize essa seção para configurar e solucionar problemas de conexões diretas.

---

*N. de R. T. Direct Cable Connection (DCC)

Cabos de transferência de dados

Você pode utilizar quatro tipos de conexão para realizar conexões diretas entre computadores:

- Portas seriais
- Portas paralelas
- Portas USB
- Portas IR (infravermelho)

Com exceção do IR (que não utiliza um cabo mas emula portas seriais ou paralelas), você não pode utilizar os cabos normais que você utilizaria para modems, impressoras ou outros dispositivos.

As conexões seriais exigem um *cabo de modem nulo*. O cabo de modem nulo é um cabo especial que tem seus circuitos cruzados de modo que o pino de transmissão de dados (TD) em cada conector de porta serial leve ao pino de recepção de dados (RD) no outro. Muitos desses cabos usam conectores DB-9F ou DB-25F para utilização com portas seriais do tipo XT e do tipo AT.

As conexões paralelas exigem um *cabo paralelo de transferência de dados*, que tem as linhas de envio e recebimento cruzadas em uma extremidade do cabo e tem o conector DB-25M nas duas extremidades.

As conexões USB requerem uma *conexão direta de USB* ou cabo de transferência de arquivos, que utiliza o mesmo conector macho do Tipo A utilizado por dispositivos USB como mouses e câmeras da Web. Esse cabo difere de um cabo USB macho simples do tipo A para tipo A porque inclui buffer de dados embutido e recursos de reforço de sinal para permitir transferência de dados confiável entre sistemas.

Os cabos como esses estão normalmente disponíveis em lojas de computador que vendem cabos. Eles às vezes são chamados de cabos *LapLink*, devido ao nome de um dos primeiros produtos de software a lançar o conceito de conexão direta via cabo. Os cabos fornecidos com FastLynx e outros programas de transferência de dados para MS-DOS e Windows 3.*x*/9*x*/Me também funcionarão. Uma boa regra geral é essa: se o cabo funcionar com LapLink ou com o utilitário de transferência de arquivos MS-DOS INTERLNK, você também pode utilizá-lo para conexão direta via cabo (conhecida como conexões seriais diretas, ou paralelas diretas no Windows 2000/XP). Recomendamos cabos paralelos ou USB porque o desempenho é muito mais alto do que com cabos seriais.

Se você planeja utilizar conexão direta via cabo no modo paralelo com freqüência, pense em comprar um Direct Parallel Universal Fast da Parallel Technologies, criadores do software Conexão Direta via Cabo para a Microsoft (http://www.lpt.com). Esse cabo também funciona com programas independentes de controle remoto e de transferência de arquivos, como o LapLink 2000 e o PCAnywhere. Esse cabo eleva significativamente o desempenho, especialmente em sistemas que utilizam portas paralelas ECP ou EPP; a Parallel Technologies também vende cabos USB de transferência de arquivos de alta velocidade. Os cabos USB de transferência de arquivos são disponibilizados pela Belkin (http://www.belkin.com) e pela Cables to Go (http://www.cablestogo.com) também.

Se você precisar de recursos adicionais além desses disponíveis com conexão direta via cabo, a LapLink Gold (http://www.laplink.com) fornece recursos de transferência de arquivos e controle remoto para conexões diretas com fiação e através de redes, e inclui cabos de transferência de arquivos seriais, paralelos e USB. Os cabos LapLink também são vendidos separadamente.

Software de conexão direta

Depois que tiver o hardware no lugar, você precisa do software adequado para os dois sistemas se comunicarem. Antigamente você tinha de comprar um produto de terceiros (como o LapLink) para fazer isso, mas essa capacidade agora faz parte da maioria dos sistemas operacionais, incluindo o Windows 9x, o Me, o NT 4, o 2000 e o XP. Um computador é designado como o host (hospedeiro) e o outro é o convidado. O software permite ao usuário, que funciona na máquina do convidado, transferir arquivos para e do host. Com o Windows, você deve especificar quais pastas ou unidades irá compartilhar e tem a opção no Windows 9x, no Me e no XP Home Edition de especificar uma senha. O Windows NT, o 2000 e o XP Professional requerem que você adicione o usuário convidado à sua lista de usuários autorizados do sistema host.

Configurando a conexão direta via cabo

As seções a seguir abordam os processos básicos para instalar conexões diretas com as versões mais comuns do Windows (Windows 9x/Me e Windows 2000/XP).

Configurando e utilizando a conexão direta via cabo no Windows 9x/Me

No Windows 9x/Me, você clica no menu Iniciar e depois seleciona Programas, Acessórios, Conexão direta via cabo (em alguns sistemas talvez esteja armazenado em uma pasta Comunicações embaixo da pasta Acessórios). Escolha o botão de opção Host. O sistema pede que você selecione a porta COM ou LPT à qual você conectou o cabo.

No outro computador, você seleciona o mesmo item do menu Conexão direta via cabo no Windows e escolhe o botão de opção Convidado. Novamente, o sistema pede que você escolha a porta correta, e depois o software estabelece uma conexão entre as duas máquinas. Com a Conexão direta via cabo do Windows, você pode acessar a unidade compartilhada como pasta ou mapear uma letra de unidade para ela com o Windows Explorer depois que a conexão é estabelecida. O Windows 9x e a Conexão direta via cabo podem utilizar portas paralelas, seriais ou IR. O Windows Me também pode utilizar um utilitário IR Link separado para iniciar transferências de arquivos através da porta de infravermelho. Você deve ter o mesmo protocolo de rede (recomendamos o NetBEUI) instalado em ambos os sistemas.

Configurando e utilizando conexões seriais e paralelas diretas no Windows 2000/XP

No Windows 2000 e no XP, você utiliza o mesmo Assistente de conexão de rede utilizado por outros tipos de conexões de rede para fazer o link. A maior parte do trabalho de configuração de rede já está feita se você também utiliza modem de rede ou rede local com o computador. Antes de iniciar, certifique-se de que o protocolo de NetBEUI foi instalado. Abra o ícone Rede no Painel de controle, selecione sua conexão atual de rede e visualize as propriedades.

Para criar uma conexão, clique em Iniciar, Configurações, Rede e Acesso à rede Dial-up. Abra Fazer nova conexão para iniciar o assistente. Se o sistema lhe pedir para fornecer informações de telefone (código de área e código de discagem externa), preencha as informações antes de continuar. Se você não preencher isso, suas opções de conexão serão limitadas.

Para configurar Conexão direta via cabo, clique em Avançar na primeira tela e depois selecione Conectar-se diretamente a outro computador. Na próxima tela, selecione Host ou Convidado. Na tela seguinte, selecione a porta paralela ou serial que você quer utilizar (recomenda-se a paralela).

Em seguida, selecione o usuário a quem você está concedendo acesso na lista de usuários autorizados. Se o usuário para quem você quer conceder acesso não é listado, adicione-o com a opção Usuários no Painel de controle. Clique em Avançar e depois Concluir para completar o processo de configuração de conexão. O sistema espera que você faça a conexão.

Os sistemas Windows 9*x*, Me, NT 4 e 2000 podem utilizar suas versões de Conexão direta via cabo para conectar-se entre si como convidado ou host.

Windows NT 4 e conexão direta via cabo

O Windows NT 4.0 pode utilizar apenas conexões diretas de porta serial, e configurar o recurso de conexão direta é extremamente difícil. O processo é tratado on-line no site da The World of Windows Networking: http://www.helmig.com/j_helmig/dccnt4.htm. Você talvez prefira utilizar um produto comercial como o LapLink Gold para se conectar com um sistema baseado em Windows NT 4.

Utilizando a conexão direta via cabo

Depois que uma conexão foi estabelecida, você pode utilizar as letras da unidade ou das pastas que representam o sistema de host como se fossem recursos locais. Você pode copiar arquivos de um lado a outro utilizando qualquer ferramenta de gerenciamento de arquivos padrão, como o comando COPY do DOS ou o Windows Explorer. A única diferença é que as transferências de arquivos, naturalmente, serão mais lentas que as operações locais de unidade de disco.

A Conexão direta via cabo (DCC) é a maneira perfeita para instalar software baseado em CD-ROM em máquinas mais antigas que não têm tais unidades. Você pode instalar o software DCC Host em um computador notebook com uma unidade de CD-ROM, instalar o software de DCC Convidado em um computador desktop, conectá-los e instalar o software. A Conexão direta via cabo é também a rede mais barata por aí.

Também utilizamos a conexão DCC para executar backups de fita remotamente. Configuramos o sistema do qual queríamos fazer backup como host e efetuamos login nele como convidado com o computador que contém o programa de backup de fita. Depois de mapear a unidade remota com uma letra da unidade, fomos capazes de fazer backup dos arquivos através de um cabo paralelo no estilo Laplink.

Alguns usuários configuraram a conexão direta cabo em máquinas que usam o protocolo TCP/IP e a usaram para jogar. Para realizar outros truques avançados, você pode usar conexão direta via cabo e diagramas de cabo. Se preferir construir seu próprio cabo, veja o site da Web http://www.tecno.demon.co.uk/dcc/dcc.html.

Solucionando problemas de conexão direta via cabo

Como indicam a Tabela 10.20 e a seguinte lista de verificação, existem vários lugares nos quais uma configuração de conexão direta via cabo pode sair errada. Utilize essa lista de verificação e a Tabela 10.20 para fazer com que essa "rede", praticamente gratuita, trabalhe melhor para você:

- Certifique-se de que os mesmos protocolos de rede estejam instalados nas máquinas host e convidado com o Windows 9x, Me, NT ou 2000. O protocolo mais simples de instalar é o NetBEUI e isso é o que a Parallel Technologies (criadora da conexão direta via cabo) recomenda para uma mini-rede básica de conexão direta via cabo. Para configurar o NetBEUI, tudo que você precisa fornecer é o nome do grupo de trabalho (o mesmo para convidados e host) e um nome de computador único para convidados e host. No Windows XP, você deve instalar o NetBEUI manualmente porque esse protocolo não é mais suportado pela Microsoft (embora seja fornecido no CD-ROM do Windows XP; veja detalhes no CD-ROM).

- Utilize as portas paralelas (LPT) ou USB para conexão direta via cabo quando possível; embora transferências de porta seriais (COM) ou de IR funcionem, elas são insuportavelmente lentas. Observe que o Windows Me trata as portas IR por seu equivalente de porta COM na conexão direta via cabo, não especificamente como portas IR.

- Certifique-se de que as portas LPT do host e do convidado estejam funcionando corretamente, sem problemas de compartilhamento de IRQ. Utilize o Gerenciador de dispositivo do Windows para verificar conflitos de IRQ com a porta paralela que você está utilizando. Se você nunca utilizou as portas USB, certifique-se de que elas estejam funcionando corretamente. Consulte o Capítulo 6 e o Capítulo 7 para resolver problemas de porta LPT e USB.

- Certifique-se de que a pessoa que utiliza o computador convidado conheça o nome de rede do computador host (configurado pelo ícone Rede na guia Identificação do Painel de controle). Com um protocolo simples como o NetBEUI, pode ser necessário inserir o nome para se conectar na máquina de host.

- Se o usuário que você quer conectar a seu computador host Windows 2000, Windows XP, Windows NT não estiver na lista de usuários autorizados, você precisará incluir esse usuário antes de configurar a conexão direta.

- Instale o Cliente para Redes Microsoft no computador do convidado.

- Não imprima na(s) impressora(s) normalmente conectada(s) à porta LPT enquanto estiver utilizando conexão direta via cabo; a impressora será configurada para modo off-line e exigirá que você libere manualmente os trabalhos de impressão depois de reativar a(s) impressora(s). Além disso, permita que quaisquer trabalhos de impressão terminem (ou os armazene ou os exclua) em qualquer porta que você quer utilizar para conexão direta via cabo antes de configurar seus cabos.

- Certifique-se de que o computador host esteja compartilhando uma unidade de disco de modo que o computador convidado possa copiar arquivos dele ou mover arquivos para ele. O compartilhamento é realizado da mesma maneira que o compartilhamento de rede ponto-a-ponto é feito nos sistemas Windows 9x/Me; no Windows NT/2000/XP, você especifica permissões para usuários autorizados.

- Se não quiser desconectar sua impressora para utilizar a conexão direta via cabo, você pode incluir uma segunda porta de impressora para usar na conexão direta via cabo se planeja utilizar essa opção com freqüência ou usar as portas USB.

- Faça download do Direct Parallel Connection Monitor and Troubleshooter da página de downloads no site da Parallel Technologies: http://www.lpt.com/Downloads/downloads.htm. Essa página também apresenta muitos programas úteis e links para outros produtos de transferência de arquivos e de compartilhamento.

Utilize a Tabela 10.20 para ver se você está pronto para conectar seus computadores através da conexão direta via cabo.

Tabela 10.20	Requisitos de configuração da conexão direta via cabo por sistema operacional			
Sistema operacional	Programa do host	Programa do convidado	Componentes de rede a instalar	Tipos de porta suportados
MS-DOS 6.x	INTERSVR.EXE	INERLNK.EXE	Nenhum	Serial, paralela
Windows 9x Windows Me	Conexão Direta via Cabo (host e convidado)	NetBEUI, Cliente de Rede MS	Serial, paralelo, IR, USB	Não
Windows NT4	Dial-Up Networking (host e convidado)	Modem: conexão serial direta NT Networking RAS NetBEUI	Serial	Sim
Windows 2000 Windows XP	Conexão Paralela Direta ou Serial Direta (host e convidado)	Networking RAS NetBEUI	Serial, paralelo, IR, USB	Sim

1. *Inclui o Windows 95, 98, Me, NT 4, 2000 e XP.*

Nome de usuário necessário?	Senhas	Mapeamento e compartilhamento de unidade	Conecta-se com outro sistema operacional
Não	Não	Automaticamente mapeia todas as unidades remotas	Prompt de comando do MS-DOS ou do Windows utilizando INTERLNK/INTERSVR
Opcional		O host deve especificar todos os compartilhamentos Windows de 32 bits[1]; o mapeamento é opcional no convidado	
Sim		O host deve especificar todos os compartilhamentos Windows de 32 bits[1]; o mapeamento é opcional no convidado	
Sim		O host deve especificar todos os compartilhamentos Windows de 32 bits[1]; o mapeamento é opcional no convidado	

Capítulo 11

Ferramentas e técnicas

Informações gerais

Utilize este capítulo como uma lista de verificação para ajudá-lo a selecionar os instrumentos de que você precisa para resolver problemas de computador mais rápida e facilmente. A maioria dos itens nas listas seguintes foi mencionada em outros capítulos. Utilize essas ferramentas para ajudá-lo a se preparar para a batalha com os problemas de computador — e ganhar!

Ferramentas de hardware e suas utilizações

Compare o conteúdo da sua caixa de ferramentas com os itens listados na Tabela 11.1; se estiver faltando alguns itens, mais cedo ou mais tarde você desejará tê-los. Acrescente-os agora. A lista é dividida em seções, permitindo personalizar o conjunto de ferramentas para os tipos de tarefas de serviço que você realiza normalmente.

Tabela 11.1 Ferramentas básicas de hardware de que todo mundo precisa

Item	Finalidade	Notas
Chave Phillips e chave de fenda simples; utilize o tamanho nº 2 para a maioria dos trabalhos	Abre e remove gabinetes e parafusos	As pontas magnéticas são boas se você as mantiver longe de mídia magnética (Zip, Jaz, Orb, SuperDisk e fitas de backup). Descarte as chaves de fenda com pontas usadas. Utilize as chaves de fenda de tamanho nº 1 para fixar e desprender cabos.
Chaves sextavadas (tamanhos variados)	Abre e remove gabinetes e parafusos; aperta conectores de cabo nas placas	Utilize no lugar de chaves de fenda sempre que possível.
Alicate de bico fino	Remove e insere blocos de jumper; remove cabos; abre grampos de cabos enrolados; endireita pinos dobrados	Ferramenta mais flexível da caixa básica de ferramentas; freqüentemente omitida das caixas "básicas" de ferramentas de baixo custo. Compre um conjunto de vários tamanhos, espessuras etc. para obter flexibilidade.

PCs, Atualização e Manutenção

Tabela 11.1 Ferramentas básicas de hardware de que todo mundo precisa (continuação)

Item	Finalidade	Notas
Ferramenta de apanhar peças de três pinças	Segura pequenas partes como jumpers e parafusos da placa-mãe	É melhor que desmontar o PC para pegar um único parafuso!
Pinças	Remove e insere blocos de jumper; segura partes grandes demais para a ferramenta de apanhar peças; segura pequenas peças para usar	O conjunto típico encontrado em kits de ferramenta de baixo custo é normalmente inútil. Substitua por um ou dois destes: pinças de sobrancelha encontradas em farmácias ou grampos cirúrgicos em lojas de instrumentos médico-cirúrgicos.
Lanterna pequena	Ilumina lugares escuros no gabinete	Pode ser combinada com lente de aumento; para utilização na bancada, consiga uma lente de aumento com luz montada no braço.
Lima	Apara suavemente as bordas da caixa de uma unidade ou as bordas de um gabinete	Obtenha uma lima com um "dente" muito fino e utilize-o levemente.
Cortador ou descascador de cabo	Conserta cabos de força danificados ou corta conectores ruins	Verifique as medidas para se certificar de que seu cortador pode lidar com os pequenos fios dentro de um PC. Nunca corte um fio, a menos que a energia esteja desconectada da tomada (não apenas desligada — por causa dos recursos de gerenciamento de energia em sistemas mais novos).
Kit de proteção ESD (descarga eletrostática)	Prenda a tira no seu punho e o cabo no chão; desconecte o sistema antes de trabalhar dentro dele	É composto por uma base para as peças e a tira de punho que é presa a você; a placa de metal na tira do pulso deve estar confortavelmente presa no seu pulso para aterrá-lo adequadamente.
Ferro de soldar	Utilizado em chips soldados convencionalmente (não montados na superfície!) que têm pontos de solda fria	Pratique, pratique, pratique em placas "mortas" antes de fazer soldas numa placa aproveitável.

Capítulo 11 – Ferramentas e técnicas

Tabela 11.1	Ferramentas básicas de hardware de que todo mundo precisa (continuação)	
Item	**Finalidade**	**Notas**
Palito de dente ou fio delgado	Verifica a profundidade dos furos de parafuso	Ajuda a não danificar uma unidade de disco utilizando um parafuso comprido demais.

Ferramentas do ofício — instalação de unidades de disco

A Tabela 11.2 fornece uma lista de ferramentas e peças necessárias para a instalação de unidades de disco.

Tabela 11.2	Ferramentas e peças de instalação de unidades de disco	
Item	**Finalidade**	**Notas**
Cabo de drive de disquete	Utilizado como substituto para outros cabos suspeitos de falhas	Alguns chips mais novos de super E/S suportam apenas a unidade A.
		Utilize partes conhecidas e em bom estado, em vez de partes novas e desconhecidas.
		Utilize um cabo de cinco conectores se precisar de suporte para unidades de 5 1/4 pol.
Cabo de drive de disco IDE (40 pinos)	Utilizado como substituto para outros cabos suspeitos de falha	Não deve ter mais de 45 cm para uso com unidades UDMA.
		Verifique o espaçamento entre o primeiro e o segundo conector de drive se quiser utilizar mestre e escravo em drives colocados em baias não adjacentes.
		Utilize partes conhecidas e em bom estado em vez de partes desconhecidas e novas.
Cabo IDE de drive de disco com extremidade azul (40 pinos, 80 fios)	Utilizado como substituto para outros cabos suspeitos de falha	Necessário para os modos UDMA/ATA-66 e UDMA mais rápidos; fornece qualidade de sinal mais alta para todas as outras unidades
		Conecte a extremidade azul à placa-mãe.
Cabos de fita SCSI e cabos externos SCSI	Utilizados como substitutos para outros cabos suspeitos de falha	Utilize os de 25 pinos, 50 pinos ou 68 pinos dependendo das necessidades do dispositivo.
		Utilize peças conhecidas e funcionais em vez de peças desconhecidas e novas.

330 PCs, Atualização e Manutenção

Tabela 11.2 Ferramentas e peças de instalação de unidades de disco (continuação)

Item	Finalidade	Notas
Parafusos de montagem	Fixa o drive na baia da unidade de disco	Guarde as peças dos sistemas existentes ou desmontados. Utilize os menores parafusos que sirvam porque forçar parafusos compridos demais pode destruir uma unidade.
Cabo em Y para distribuir energia	Permite que um único conector de energia alimente duas unidades	Examine-os cuidadosamente. Compre cabos de alta qualidade e use fios da mesma espessura que os da fonte de alimentação.
Placa de montagem	Coloca unidades de $3\frac{1}{2}$ pol. em compartimentos de $5\frac{1}{4}$ pol.	Padrão com a maioria das unidades de disco de $3\frac{1}{2}$ pol. vendidas no varejo; guarde as usadas.
Multímetro digital (Digital multimeter – DMM)	Testa a energia que passa para a unidade e a continuidade do cabo	Teste cabos novos e desconhecidos antes de utilizá-los.
Bateria sobressalente para DMM	Mantém o multímetro funcionando	Mantenha na embalagem original para ela não entrar em curto.
Blocos de jumper	Ajusta a configuração IDE de unidade para mestre ou escravo	As unidades WD utilizam os mesmos jumpers que as placa-mãe e as placas de expansão; alguns modelos Maxtor e Seagate utilizam um tamanho menor.
Trilhos	Utilizados para montar unidades de $5\frac{1}{4}$ pol. em alguns gabinetes	Verifique a compatibilidade porque os tipos de trilhos variam — dois trilhos por unidade.

Ferramentas do ofício — instalação da placa-mãe e as placas de expansão

A Tabela 11.3 fornece uma lista de ferramentas úteis para a instalação de placas-mãe e das placas de expansão.

Tabela 11.3 Ferramentas e peças de instalação da placa-mãe e das placas

Item	Finalidade	Notas
Conectores afastadores	Mantém a placa-mãe afastada do fundo ou da parede lateral do gabinete	Utilize os afastadores existentes se estiverem em boa condição. Compre do mesmo tamanho se precisar substituí-los.
Cobertura dos slots	Fecha as aberturas no gabinete dos slots sem placas	O sistema de resfriamento é afetado se não houver cobertura dos slots. Guarde as peças usadas ou retiradas ao adicionar placas.

Tabela 11.3 Ferramentas e peças de instalação da placa-mãe e das placas (continuação)

Item	Finalidade	Notas
Blocos de jumper	Ajusta as configurações da placa-mãe e das placas de expansão	Compre blocos de jumpers longos para facilitar a alteração das configurações.
Multímetro digital (DMM)	Testa a energia que passa para a placa-mãe e os slots de expansão	Utilize o gabinete da fonte de alimentação como aterramento.
Testador de tomada	Testador de conexão rápida de aterramento de má qualidade e de outras falhas de fiação	Localiza a causa real de travamentos e falhas "inexplicáveis" do sistema devido a energia de má qualidade.
Placa de teste POST	Utilizada para diagnosticar problemas de inicialização	Utilize tabelas de código[1] POST de BIOS junto com a placa.
Placa de teste IRQ/DMA	Utilizada para diagnosticar o uso de IRQ e DMA e outros problemas	Pode ser combinada com recursos POST em alguns modelos.
CPUs sobressalentes Pentium, Pentium II, K6 ou outras	Utilizadas para testar a placa-mãe quando nenhum código POST aparece	Guarde as versões de baixa velocidade dos PCs aposentados. Certifique-se de que você fez o jumpeamento do sistema host corretamente e reconfigure os jumpers depois de reinserir a CPU original.
Módulos de memória sobressalentes	Utilizados para testar a placa-mãe que produz erros de memória durante o POST	Guarde os tipos de pequeno tamanho compatíveis provenientes de PCs aposentados ou sucateados. Duas SIMMs de 4 MB de 72 pinos e um SDRAM DIMM de 16 MB podem testar a maioria dos PCs comuns.

1. *Os códigos POST (também chamados de códigos hexadecimais) para versões BIOS populares são fornecidos no CD-ROM incluído no* Upgrading and Repairing PCs, *13th Edition e também estão disponíveis a partir dos sites dos fornecedores de BIOS, de sistemas e de placas-mãe.*

Ferramentas do ofício — instalação de dispositivos externos e conexões de rede

A Tabela 11.4 fornece uma lista de ferramentas e peças de que você precisará para instalar dispositivos externos e cabo de rede.

PCs, Atualização e Manutenção

Tabela 11.4 Dispositivos externos e conexões de rede

Item	Finalidade	Notas
Conector de loopback para porta serial	Utilizado para testar cabos e portas seriais (COM)	Compre ou faça um que sirva para seu software de diagnóstico favorito. Compre ou crie uma versão de 25 pinos e uma de 9 pinos se quiser testar cabos de modem ou se seus sistemas tiverem portas seriais de 25 pinos.
Conector de loopback para porta paralela	Utilizado para testar cabos e portas paralelas (LPT)	Compre ou faça um que sirva para seu software de diagnóstico favorito (ver o Capítulo 6). Pode ajudar na detecção de uso de IRQ.
Cabo IEEE-1284	Peça sobressalente que, sabidamente, funciona para todos os tipos de impressoras paralelas	Compre cabos paralelos de 3 m para ter folga em situações difíceis de cabeamento.
Cabo telefônico chato de 8 vias ("silver satin")	Peça sobressalente que, sabidamente, funciona para modems e unidades "tudo em um"	Sempre tenha um cabo de 3 a 4 m pelo menos (é pequeno).
Cabo de rede RJ-45, Categoria 5	Peça sobressalente que, sabidamente, funciona para redes Ethernet, Fast Ethernet e Token-Ring (em anel)	Utilize junto com o hub para testar placas e portas. Utilize duas peças de 4,5 m a 7,5 m para fazer uma rede improvisada instantânea.
Cabo de rede crossover RJ-45, Categoria 5	Peça sobressalente que, sabidamente, funcionam para conexões entre modems de banda larga e PCs roteadores	Pode utilizar esse cabo sem hub para conexão direta entre dois PCs.
Hub Ethernet de cinco portas (comutação 10/100)	Conector que, sabidamente, funciona para cabo RJ-45	Ligue o cabo reserva ao hub/switch; verifique a conexão com indicadores luminosos.
Cabos USB e hub	Peça sobressalente que, sabidamente, funciona para dispositivos USB	Utilize hub ativo. Tenha pelo menos um cabo de extensão de A para A e pelo menos um cabo de dispositivo de A para B.
Breakout box RS-232	Analisa sinais seriais para fabricação de cabos e solução de problemas	Permite a prototipagem de um cabo serial.
Cabos específicos de dispositivo	Modem RS-232, SCSI, switch-box paralela ou serial, IEEE-1394 ou outros	Permite isolamento de problemas específicos do dispositivo.

Capítulo 11 – Ferramentas e técnicas **333**

Ferramentas do ofício — transferência de dados

Utilize a Tabela 11.5 para se preparar para resgatar dados vitais dos sistemas.

Tabela 11.5 Ferramentas, peças e suprimentos para transferência de dados

Item	Finalidade	Notas
Cabo de dados paralelos (tipo LapLink ou Interlink)	Utilizado com Interlink, Conexão Direta via Cabo LapLink para mover arquivos sem uma rede	Prefere-se a transferência paralela à serial por causa da vantagem da velocidade.
Cabo serial de modem nulo (tipo LapLink ou Interlink)	Utilizado com Interlink, Conexão Direta via Cabo ou LapLink para mover arquivos sem uma rede	Prefere-se a versão paralela. Tenha esse como reserva ou para utilização com Windows NT.
Cabo USB de transferência de dados	Utilizado com versões do Windows que suportam o USB (Windows 98, Me, 2000, XP)	Desempenho mais rápido que de cabos seriais ou paralelos de transferência de dados; podem requerer software especial.
Unidades de disco e mídia		Selecione a partir da lista seguinte, dependendo das tecnologias de drives que você suporta: disquete de 3 1/2 pol., SuperDisk de 3 1/2 pol. Zip 100 CD-R CD-RW DVD-ROM DVD-RAM SyQuest SparQ etc.
Cartuchos de backup de fita		Você deve ter dois de cada dispositivo magnético e um de cada dispositivo óptico que você suporta para backup de dados vitais.

Ferramentas do ofício — limpeza e manutenção

A Tabela 11.6 fornece uma lista de suprimentos que você deve ter à mão para realizar limpeza e manutenção do hardware de PC.

Tabela 11.6 Suprimentos de limpeza e manutenção

Item	Finalidade	Notas
Kit de limpeza da unidade de disquete	Remove a sujeira dos cabeçotes de leitura/gravação	Utilize limpador do tipo úmido.
		Não utilize nas unidades SuperDisk!
		Funciona melhor quando controlado por software com um programa, como o TestDrive.

Tabela 11.6 Suprimentos de limpeza e manutenção (continuação)

Item	Finalidade	Notas
Kit de limpeza SuperDisk	Remove a sujeira dos cabeçotes de leitura/gravação somente das unidades de SuperDisk	Utilize a marca Imation ou kits aprovados pela Imation.
Kit de limpeza de unidade de fita	Remove sujeira dos cabeçotes de leitura/gravação	Os modelos QIC também podem ser utilizados como QIC-wide e Travan. Consulte o fabricante do drive para conhecer a periodicidade da limpeza e dos kits de limpeza recomendados.
"Endust for Electronics"*	Limpador de superfície eficiente para gabinetes de monitor, tela de monitor, teclados e outras partes do PC	Lata azul e prata. Nunca borrife diretamente no objeto que será limpo! Borrife em um pano sem fibras até umedecer e só depois limpe.
Limpador de contatos elétricos	Stabilant 22a, CAIG* ProGold, CAIG CaiLube MCL (entre em contato com os fornecedores para obter detalhes do modo de utilização do produto)	Excelente para lubrificar e proteger contatos em slots de placa, conectores de unidade de disco e assim por diante.
Miniaspirador de pó	Elimina pó e gordura em vez de espalhá-lo	Certifique-se de que o aspirador seja projetado para o uso em computador.
Ar comprimido em lata	Utilizado para tirar pó das fontes de alimentação, dos teclados e dos gabinetes	Segure a lata no ângulo recomendado; espalhe jornais embaixo e atrás do que você está limpando para apanhar a sujeira removida.
Esfregões de limpeza de espuma ou camurça	Utilizados para limpeza de cabeçote de drives e contatos elétricos	Utilize no lugar de cotonetes de algodão, que soltam fibras.
Sprays de silicone	Lubrifica peças móveis	Verifique o rótulo. Borrife no pano de limpeza e aplique levemente à peça que está sendo limpa. Não borrife diretamente na peça.

---

*N. de R.T. Marca comercial.

Capítulo 12

Referências rápidas de conectores

Portas e cabos seriais

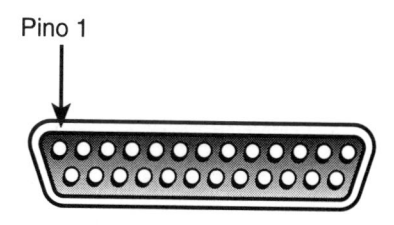

DB-25M de 25 pinos (tipo XT) de porta serial.

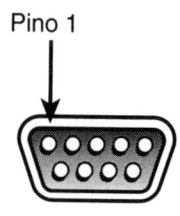

DB-9M de nove pinos (tipo AT) de porta serial. Em alguns sistemas, também é chamado de "porta de câmera digital".

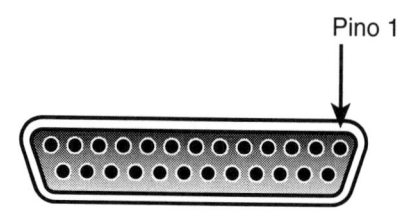

DB-25F de 25 pinos de cabo serial.

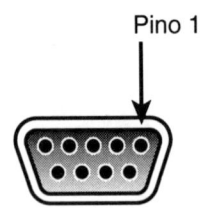

DB-9F de nove pinos de cabo serial.

Portas paralelas

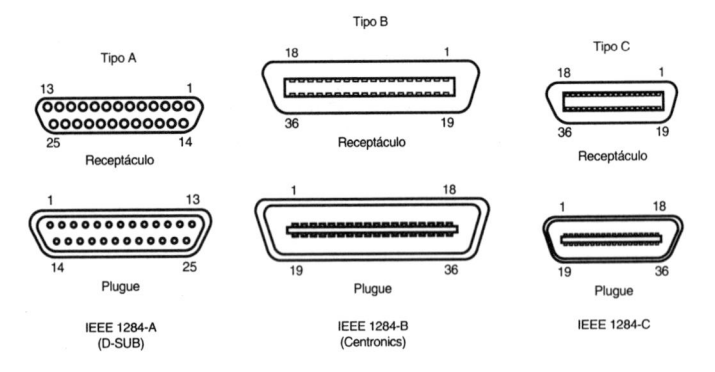

Os três tipos diferentes de conexões de porta paralela IEEE-1284. O receptáculo Tipo A (DB-25M) é utilizado em computadores; o receptáculo Tipo B é utilizado na maioria das impressoras. Algumas impressoras HP Laserjet utilizam os receptáculos do Tipo B e Tipo C.

Portas SCSI

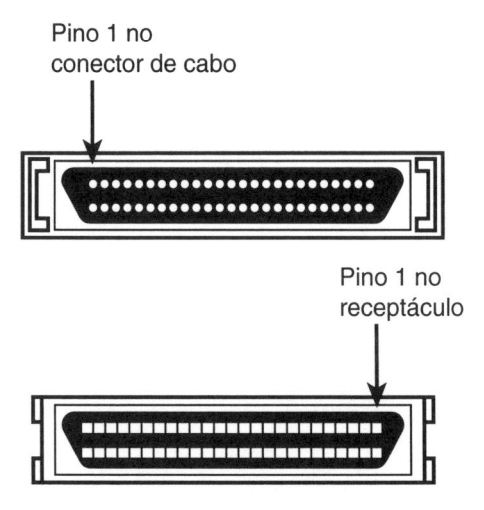

Pino 1 no conector de cabo

Pino 1 no receptáculo

O conector de cabo SCSI HD-50M (em cima) e o receptáculo HD-50F (embaixo) são os tipos de portas SCSI externas mais comuns utilizadas atualmente; são compatíveis com dispositivos SCSI externos estreitos (8 bits).

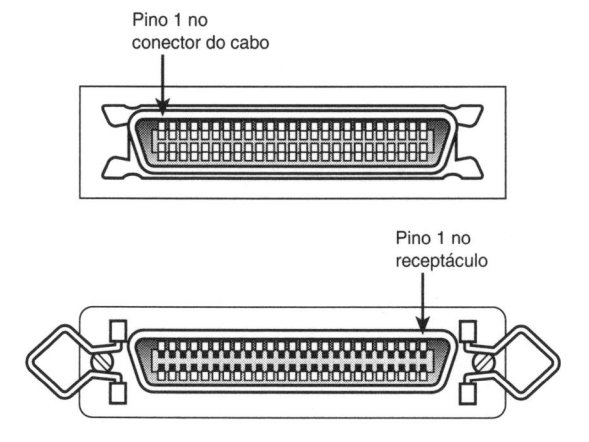

Pino 1 no conector do cabo

Pino 1 no receptáculo

O tradicional conector de cabo 50M (Amphenol/Centronics) (em cima) e o receptáculo 50F (embaixo) ainda são bastante utilizados para os dispositivos SCSI estreitos e externos.

Pino 1 no
conector de cabo

Pino 1 no
receptáculo

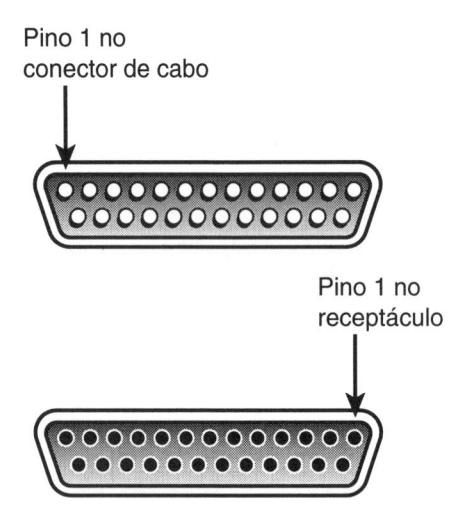

Alguns dispositivos SCSI de baixo custo, como os adaptadores SCSI de baixo custo que acompanham alguns scanners e unidades Zip SCSI da Iomega, utilizam o conector de cabo DB-25M (em cima) e o receptáculo (embaixo) que são semelhantes às portas paralelas do Tipo A. Esse cabo funciona somente com dispositivos SCSI estreito e não é recomendado a menos que o dispositivo não possa utilizar os cabos de 50 pinos normais.

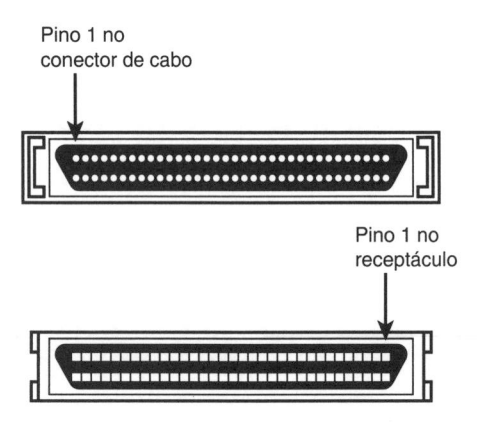

Pino 1 no
conector de cabo

Pino 1 no
receptáculo

O conector de cabo SCSI largo HD-68M (em cima) e o receptáculo HD-68F (embaixo) são utilizados para os dispositivos externos SCSI largo.

USB e IEEE-1394 (FireWire)

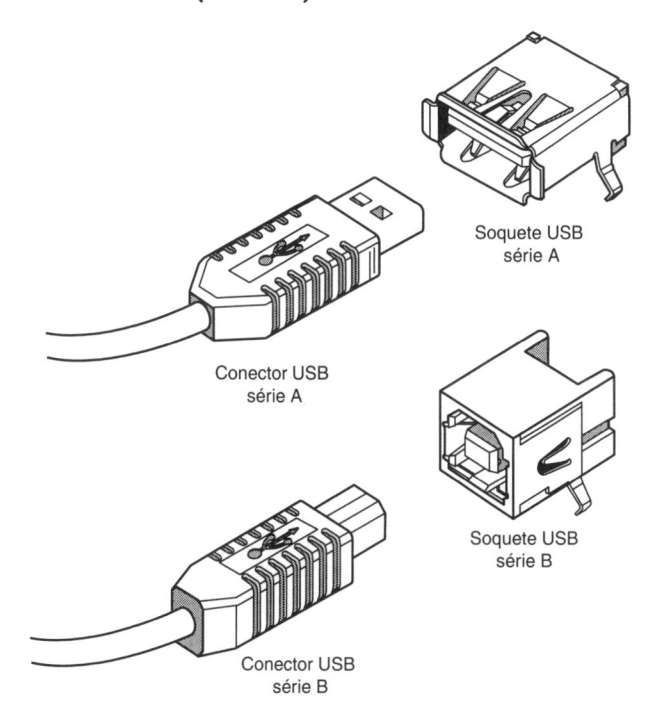

Conector USB série A

Soquete USB série A

Conector USB série B

Soquete USB série B

Cabos e portas USB do tipo A e B. Utilize um cabo Tipo A para Tipo B para conectar hubs de USB com a maioria dos dispositivos USB.

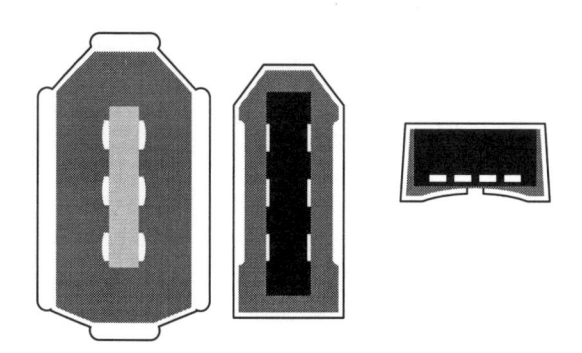

O receptáculo de seis fios IEEE-1394 (à esquerda) e o cabo IEEE-1394 (centro). O cabo de quatro fios (à direita) é utilizado por camcorders de vídeo digital e outros dispositivos que não necessitam de energia a partir do cabo.

Portas de teclado e mouse

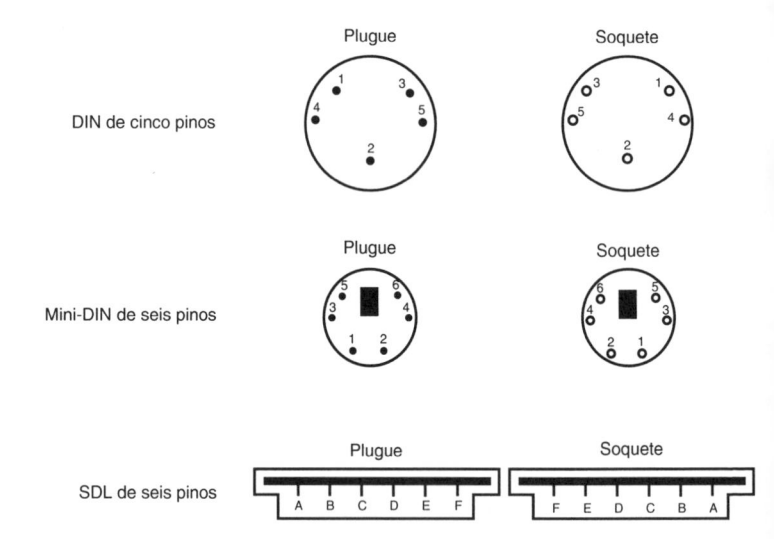

DIN de cinco pinos — Plugue / Soquete

Mini-DIN de seis pinos — Plugue / Soquete

SDL de seis pinos — Plugue (A B C D E F) / Soquete (F E D C B A)

Os conectores de teclado DIN de cinco pinos (em cima) são comuns na placa-mãe Baby-AT. Os conectores de teclado mini-DIN de seis pinos (no meio) são utilizados nos sistemas baseados em LPX e ATX e também são utilizados para um mouse PS/2. Veja as marcações no sistema para determinar qual é a porta do mouse e qual é a porta do teclado. Os conectores SDL (embaixo) são utilizados para conectar cabos de teclado ao circuito lógico dentro do gabinete do teclado.

Conectores de vídeo
Porta de vídeo

Conectores de placas de vídeo

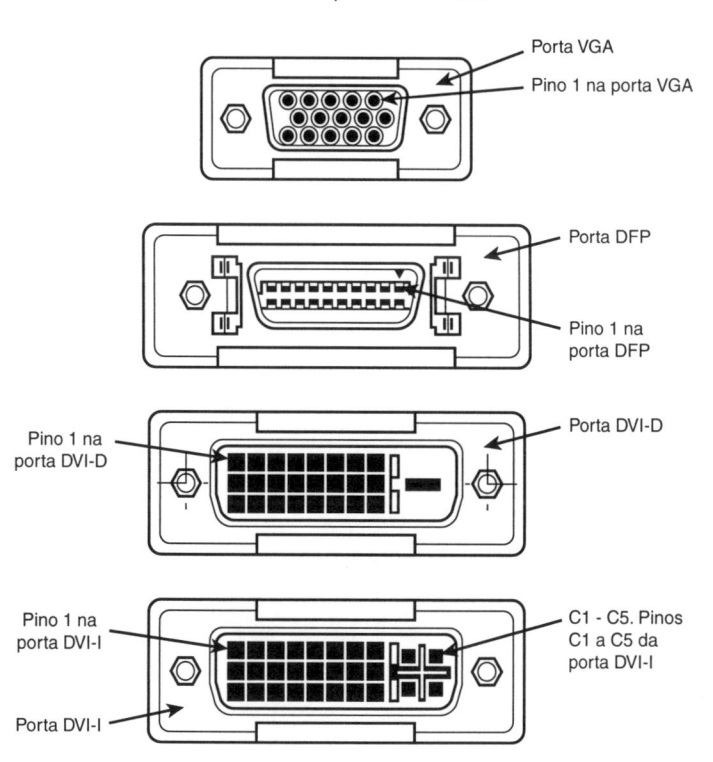

Receptáculos de vídeo VGA, DFP, DVI-D e DVI-I (de cima para baixo).

Cabos de vídeo

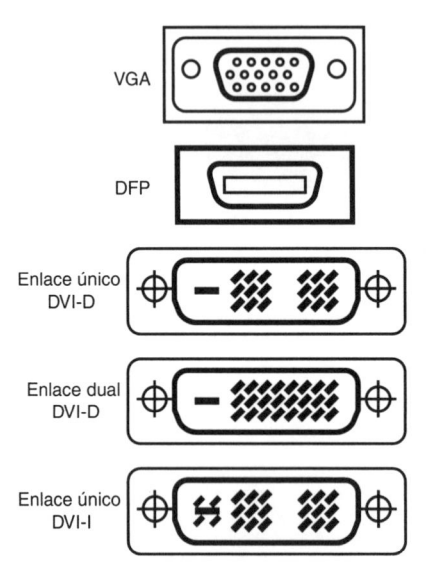

Conectores de cabo de vídeo

VGA

DFP

Enlace único DVI-D

Enlace dual DVI-D

Enlace único DVI-I

Conectores de cabo de vídeo de enlace único VGA, DFP, DVI-D, de enlace dual DVI-D e de enlace único DVI-I (de cima para baixo).

Portas de placa de som
Portas externas básicas de placas de som

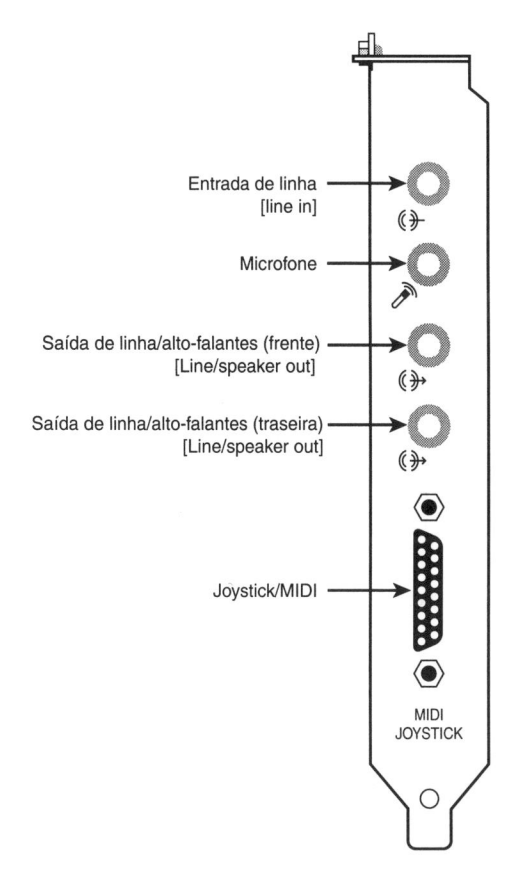

- Entrada de linha [line in]
- Microfone
- Saída de linha/alto-falantes (frente) [Line/speaker out]
- Saída de linha/alto-falantes (traseira) [Line/speaker out]
- Joystick/MIDI

MIDI
JOYSTICK

A saída de alto-falantes (speaker out), o microfone, a entrada de linha dual (dual line in) e a porta MIDI/joystick (de cima para baixo) encontram-se em todos os tipos comuns de placas de som.

DIGITAL DIN OUT
(Dolby Digital 5.1)

SPDIF IN
(áudio digital)

SPDIF OUT
(áudio digital)

MIDI IN

MIDI OUT

Algumas ou todas essas portas —DIN digital, SPDIF in, SPDIF out, MIDI in, e MIDI out (de cima para baixo) — podem ser encontradas em várias combinações nas placas de som avançadas. Podem ser montadas em um suporte de placa-filha (mostrado aqui), fixadas na parte traseira da própria placa de som ou montadas em uma caixa conectada na parte externa do computador.

Conectores internos de placas de som

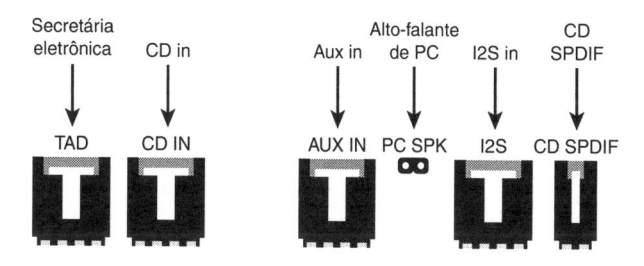

As portas típicas de placas de som internas incluem, da esquerda para a direita, secretária eletrônica para modems; CD in, para tocar CDs de música através dos alto-falantes de placas de som; Aux in, para conectar outros dispositivos; PC SPK, para reproduzir os bipes de alto-falante do PC pelos alto-falantes das placas de som; I2S in, para reproduzir áudio de DVD; e CD SPDIF, para reproduzir áudio digital a partir das unidades de CD-ROM com saída SPDIF.

Portas e cabos de rede e de modem
Porta e cabo RJ-45

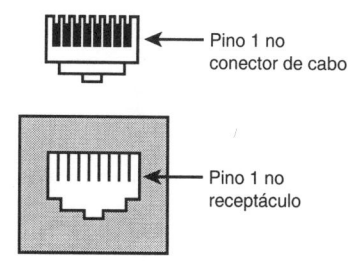

Conector de cabo RJ-45 (em cima) e porta (embaixo), em geral utilizados para UTP Ethernet/Fast Ethernet/.

Porta e conector de cabo RJ-11

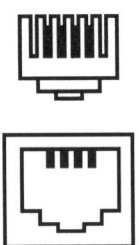

Conector de cabo RJ-11 (em cima) e porta (embaixo), utilizados para modems e outras aplicações da fiação telefônica como as redes com linha telefônica HomePNA. As portas são freqüentemente encontradas em pares, com uma conectando-se à rede telefônica e a outra atuando como passagem para um telefone normal.

Conectores de rede mais antigos

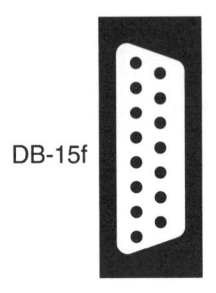

DB-15f

Conector DB-15f utilizado para redes Thick Ethernet (10BASE-5), normalmente localizado na parte traseira de uma placa de rede junto com um conector RJ-45 ou um BNC.

BNC

Conector BNC, utilizado pela rede Thin Ethernet junto com um adaptador T. O adaptador é utilizado para conectar o cabo à placa de rede.

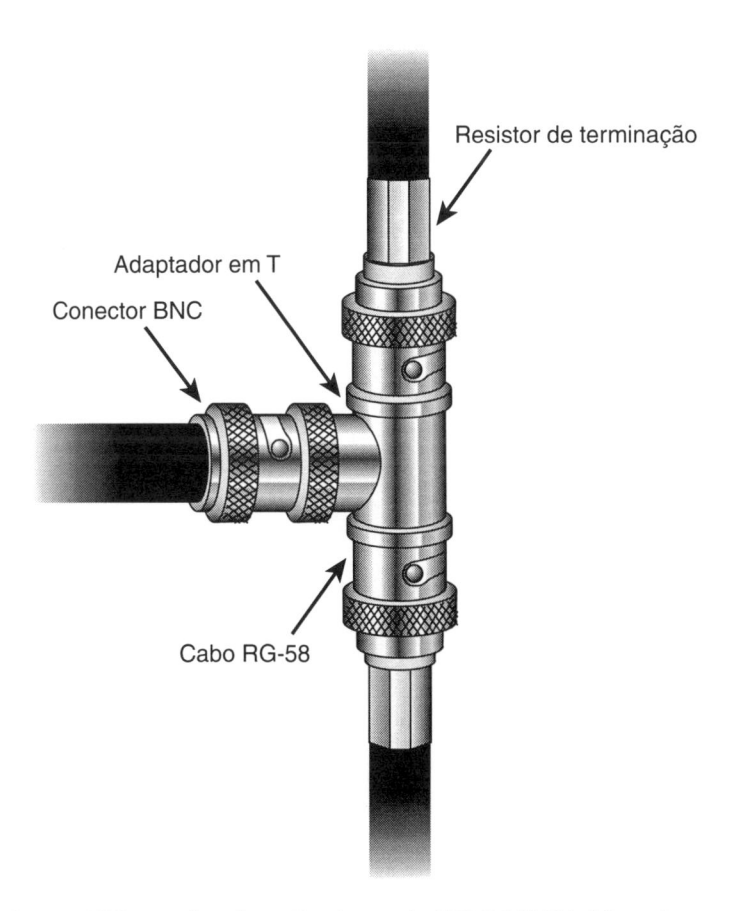

Capítulo 12 – Referências rápidas de conectores **347**

Conector BNC com adaptador em T, resistor e cabo BNC (RG-58 Thin Ethernet).

Índice

Símbolos

3 1/2 pol., unidades de disquetes. *Veja* unidades de disquete
5 1/4 polegadas, unidades de disquetes. *Veja* unidades de disquete
9 pinos, conectores de porta serial de, 196
16 bits, slot ISA, 87
25 pinos, conectores de porta serial de, 196-197
50M, conector de cabo, 337
101, teclados, 237, 243-246
102, teclados, 237, 243-246
104, teclados, 237, 247
porta serial, conectores de 125 pinos, 196
486 processadores, 48

A

ACPI (Advanced Configuration and Power Interface), 26-27
acesso direto à memória. *Veja* DMA
adaptadores de vídeo
   memória, 264-266
   monitores. Veja monitores, 260-261
   pinagem de conector DVI-D, 263-264
   pinagem de conector DVI-I, 263-264
   pinagem de conector VGA DB-15, 262-263
   profundidade de cor, 265-266
   resolução, 265-266
Advanced Configuration and Power Interface (ACPI), 26-27
Advanced Graphics Port. *Veja* AGP
Advanced Power Management (APM), 26-27
AGP (Accelerated Graphics Port), 26-27, 87-88, 268-270
alicate de bico fino, 327
alicates, 327
AMI BIOS, versões, 102-103
   códigos de bipe, 106, 108
   LBA, 122-124
   recursos, 103
AMIDiag, suite, 202-204
Amphenol/Centronics, 337
APM (Advanced Power Management), 26-27
ar comprimido em lata, 334
armazenamento
   de massa, 22
   mídia, 23
   unidades removíveis, 180, 182-185
ASCII, conversões de, 32-40
aspirador de pó, 334
AT Attachment-Packet Interface, 27
AT, sistemas, comparados com sistemas PC/XT, 42-45
ATA (AT Attachment), 26-27
   Serial, 137-139
   unidades de disco rígido, 115-116
      atualizações, 130-131
      chipsets bus-mastering, 134-136
      CHS, 115-116, 120-122
      identificação, 117
      limites de capacidade, 120-121

350 Índice

modos PIO, 131-133
padrões, 119-120
Serial ATA, 137-139
solucionando problemas de instalação, 137-138
taxas de transferência, 131-133
tipo de unidade, 136
unidades mestre/escravo, 117-119
ATA Pro Flash, 131
ATAPI (AT Attachment-Packet Interface), 27, 166-167
solucionando problemas, 169
unidades de CD-ROM, 167-168
atualizações
BIOSes, 91-92, 130-131
alternativas, 92
fontes, 93-95
métodos, 93-94
placas-mãe, 102-105
precauções, 94-96
recuperando-se de atualizações mal sucedidas, 95-96
testes, 92
drives (drives) ATA, 130-131
modems, 204-206
ATX, **placas-mãe, 24-25, 53-54**
fontes de alimentação
comparadas com LPX, 56-57
conector auxiliar, 59-61
conectores, 57-59
principal proprietária Dell, 60-61
áudio
chips, 278-281
SoundBlaster, 30-32
Award BIOS, Veja BIOSes

B

Baby-AT, placas-mãe, 51-52, 54
backups
fita, 187-191, 333
módulos de memória, 331

bancos (de memória), 66-69
barramentos de dados, 27, 41
barramentos locais, 28-29, 268-270
barreira de memória convencional, 68
Basic Input and Output System. Veja BIOSes
baterias, 330
BIOS de sistema. *Veja* BIOSes
BIOSes (Basic Input/Output Systems), 27
AMI
códigos de bipe, 106-108
LBA, 122-124
recursos, 103
ATA Pro Flash, 131
atualizações, 91-92, 130-131
alternativas, 92
fontes (referências), 93-95
métodos, 93-94
placas-mãe, 102-105
precauções, 94-96
recuperadas a partir de atualizações malsucedidas, 95-96
testes, 92
Award, 104-105, 108
Bios Central Web, site, 110-111
compatibilidade com discos rígidos, 125-127
configurações dos multiplicadores, 101
EDD (Enhanced Disk Drive), 127-129
erros
alfanuméricos, 109
códigos de bipe, 106-111
Flash, 27-28
IBM, códigos de bipe, 109
identificação, 101-102
limitações de CHS, 120-122
modo Largo (Large), 122
modo LBA, 122-124
desativando (desabilitando), 124

Índice **351**

determinando a utilização, 122-124
EDD, 127-129
falta de detecção de suporte, 124-125
problemas, 122-124
modo Normal, 122
Mr. BIOS, 104-105, 110-111
Phoenix, 104-105, 108-109
Planilha de configuração, 111-114
Plug-and-Play, 96-100
PCI, 98-99
recurso, 97-98
solucionando problemas, 99-100
programas de instalação, 104-105
ROM, 30-32
solucionando problemas, 100-101
tipificação de drive, 136
velocidade da CPU, 101
bipe, códigos, 27, 106-111
bits de início, 195
bits, 25, 195
blindagem contra pó, unidades de disquete, 172
Bluetooth, 304
BNC, conector, 346-347
Byte Runner Technologies, 200
bytes, 25

C

cabeçotes (unidades de disco), 115-116
cabeçotes de leitura/gravação (unidades de disquete), 173
cabo de dados paralelo, 333
cabo direto, 318-320
configuração, 320-321
DCC, 322
software, 320
solucionando problemas, 322-324
cabo em Y, distribuidores de energia, 330
cabo serial de modem nulo, 333

cabos
cabo direto, 318-320
configuração, 320-321
DCC, 322
software, 320
solucionando problemas, 322-324
conectores, 297-298, 337-338, 345-347
de dados paralelo, 333
de par trançado, 298-299
dispositivos, 332
ferramentas de instalação, 331-332
IDE, 329
IEEE-1284, 332
LapLink, 320
limitações de distância, 301-302
modem serial nulo, 333
porta RJ-45, 332
porta RS-232, 332
portas, 345-347
SCSI, 329
serial, 335-336
unidades de disquete, 329
USB (Universal Serial Bus), 332-333
UTP (par trançado não-blindado), 30-32, 290-292, 299-301
vídeo, 342
cabos de vídeo, 342
cabos seriais, 335-336
canais de pedido de interrupção. *Veja* **IRQ**
Cartão PC, 29-30
CD SPDIF, conectores, 280-281
CD-R, unidades, 166-169
CD-ROM, unidades, 166-167
ATAPI, 167-168
solucionando problemas, 168-169
CD-RW, unidades, 166-169
CDs inicializáveis, solucionando problemas, 170
chaves de fenda, 327
chaves sextavadas, 327
chips, UARTs, 198
CHS (hard disk geometry), 115-116
estendida, 122
limitações, 120-122

cilindros, 116
clusters, 27
  FAT34, 151-153
  FAT50, 153
  NTFS, 154-155
coberturas de slot, 330
códigos de varredura, 30-32, 243-244, 246-247
COM, portas. *Veja* portas seriais
compact flash, 27
Compartilhamento de Conexão à Internet. *Veja* ICS
CompuCover Inc., site da Web, 242
conectores. *Veja também* cabos, conectores; portas seriais
  Aux IN, 280-281
  auxiliares, 59-61
  cabo, 297-298
  de alto-falante/fone de ouvido, 278-279
  de linha estéreos, 278-279
  de microfone, 278-279
  digital DIN OUT, 280-281
  DIN de cinco pinos, 247
  DIN de seis pinos, 247
  disquetes, 174-177
  fontes de alimentação
    ATX, 57-61
    ATX12v, 60
    LPX, 56-58
    principal proprietária Dell, 60-61
  internos do tipo pino, 279-280
  pareamento de fios RJ-45, 299
  placas de som, 278-281
  portas paralelas, 210
  teclados, 247-250
  USB, 223, 290-291
  vídeo, 262-264, 341
conexão direta via cabo Veja DCC, 27
configuração
  BIOS Plug-and-Play, 97, 99-100
    PCI, 98-99
    recurso, 97-98
    solucionando problemas, 99-100
  ICS, 315

  Windows 2000/XP, 316-318
  Windows 98SE/ME, 315-317
placas de expansão, 73-74
  DMA, 76-79
  IRQ, 74-79
placas de som, 282-283
planilha BIOS, 111-114
portas paralelas, 211-212
portas seriais, 200
redes doméstica de TCP/IP, 308-309
redes sem-fio, 305
SCSI, 142-143
  configuração de ID automática, 143-144
  ID de dispositivo, 142-144
  ID para dispositivos externos, 143-145
  solucionando problemas, 144-148
  terminação, 144-145
sistemas de múltiplos monitores, 272-273
unidades de disco rígido, 165-167
configurações de multiplicadores, BIOSes, 101
configurações de sistema, 82-85
Configurações, comando (menu Iniciar), 199
controladoras IEEE-1394 host
  requisitos, 232
  solucionando problemas, 234-235
controladoras, IEEE-1394, 232-235
conversões hexadecimais/ASCII, 32-40
copiando utilitários (transferência de dados), 163
cores
  adaptadores de vídeo, 265-266
  profundidade, 27, 54-55
cortadores de cabo, 328
CPUs, 9. *Ver também* processadores
  barramentos de dados, 41
  velocidade, 101
CRTs (tubos de raios catódicos), 27, 259-261

D

DB-15, conector de cabo, 346
DB-25F, porta serial de 25 pinos, 335
DB-25M, porta serial de 25 pinos, 335
DB25M, conector de cabo, 338
DB-9F, porta serial de nove pinos, 336
DB-9M, porta serial de nove pinos, 335
DCC (Direct Cable Connection), 27, 322
DDR (Double Data Rate), 64
Dell, conector proprietário principal, 60-61
desativando/desabilitando LBA, 124
descascador de fios, 328
detecção automática de drive. *Veja* tipificação de drive
DFP (digital flat panel), 27
diagnósticos
    portas seriais, 202-204
    testando monitores, 276
Digital Video Interface (DVI), 27-28
Digital Visual Interface. *Veja* DVI-I; DVI-D
DIMMs (dual inline memory modules), 27, 62-64
direcionando IRQs, 75-76
Direct Memory Access. *Veja* DMA
DirectX, 271
disco digital versátil (DVD), 27-28
Disk Management, 158-159
Display Power Management Signaling. *Veja* DPMS
dispositivos
    apontadores, 251-252
        drivers de software, 253-254
        métodos de detecção de mouse, 251-252
        mouse, 251-254
        solucionando problemas, 255-257
        tipos alternativos, 254-255
        tipos de interface, 251-252
        tipos de mouse sem fio, 253
    baseados em chipset, endereços de porta, 78-80
    cabos, 332
    captura de vídeo, 274
    entrada, 22
    externos, 331-332
    externos, SCSI, 143-145
    firmware, 69-72
    Flash, 181-182
    hardware, 69-72
    IEEE-1394, 234-235
    memória flash, 186-187
    multimídia, 274
    paralelos, 212
    SCSI, 146-147, 338
        configuração, 142-143
        externa, 143-145
        ID, 142-144
    serial, 195
DMA (Direct Memory Access), 27, 76
    testando placas, 331
    utilização, 76-79
DMM (multímetro digital), 330-331
DNS (Domain Name System), 27
Documentação, endereços de porta de E/S, 80-81
Domain Name System. *Veja* DNS
Double Data Rate. *Veja* DDR
DPMS (Display Power Management Signaling), 27, 261-262
DriveCopy 4.x, 163
    impressoras, 220
    recursos, 184-185
    tipos de drivers de mouse, 253-254
drivers
    impressoras, 220
    recursos, 184-185
    tipos de drivers de mouse, 253-254
drivers. Veja unidades de disco
drives lógicos, FDISK, 155-159
drives primários, FDISK, 155-159
DSP (digital signal processor), 282-283

dual-sided inline memory module. *Veja* DIMMs
DVD (digital versatile disc), 27-28
DVD-ROM, drives, 168-169
DVI (Digital Video Interface), 27-28
DVI-D, pinagem do conector, 263-264
DVI-I, pinagem do conector, 263-264

E

E/S, portas de, 27-28, 200
   endereços, 78-81
   opcionais, 22
   padrão, 22
   solucionando problemas, 202
   Universal Serial Bus. *Veja* USB
ECC (Error Correction Code), 27-28, 66-67
EDD (Enhanced Disk Drive), 120-121, 127-129
EISA (Enhanced ISA), 27-28, 86-87
endereçamento de bloco lógico. *Veja* LBA
endereços
   E/S, 78-79, 200
      baseados em barramento, 79-81
      determinando, 80-81
      dispositivos baseados em chipset, 78-80
      placa-mãe, 78-80
   memória, 72
Endust for Electronics, 334
Enhanced Disk Drive (EDD), 120-121, 127-129
Enhanced Industry Standard Architecture (EISA), 27-28, 86-87
Enhanced Serial Ports, 200
entrada/saída programada. *Veja* PIO
Error Correction Code, 27-28, 66-67
erros
   BIOSes
      alfanumérico, 109
      códigos de bipe, 106, 108-111
      códigos, 250-252
   mensagens de unidade de disquete, 178-179
   unidades de disco, 165-167
   verificando, 29-30
erros fatais, BIOSes, 106
erros não-fatais, BIOSes, 106
ESD (electrostatic discharge), 328
esfregões
   camurça, 334
   espuma, 334
ESP (Enhanced Serial Ports), 200
EX-Copy, 163

F

falhas
   atualizações BIOS, 95-96
   unidades de disquete, 172-173
FAT (File Allocation Table), 27-28
   FAT16, 27-28, 151-153
   FAT32, 27-28, 153
FCC ID (Federal Communications Commission Identification Number), 27-28
FDISK, 150
   atribuindo letras de unidade, 156-159
   comparado com o Disk Management (Gerenciamento de disco), 158-159
   compatibilidade BIOS/unidade de disco, 125-127
   limites de tamanho, 150-151
   suporte a discos grandes, 150-152
   unidades primárias, 155-156
   unidades secundárias, 155-159
FDKS, drives lógicos, 155-159
Federal Communications Commission

Identification Number (FCC ID), 27-28
ferramenta para apanhar peças de três pinças, 328
ferro de soldar, 328
File Allocation Table. *Veja* FAT
FireWire. *Veja* IEEE-1394
firmware, 27-28, 69-72
fitas, unidades de backup, 333
    alta capacidade, 189-190
    dicas, 190-191
    kits de limpeza, 334
    mídia, 188
    padrões, 187-188
    procedimentos de restauração, 190-191
    retensionando, 194
    solucionando problemas, 191-194
    Travan, 189-190
Flash BIOS, 27-28
fontes de alimentação, 23
    conectores
        ATX, 57-61
        ATX12v, 60
        LPX, 56-58
        principal proprietário da Dell, 60-61
    placas-mãe, 55-57
    solucionando problemas, 61-62
formatação de alto nível, 149-150, 158-160
formatação de baixo nível, 149-150
fornecedores, roteadores, 309
freqüência de varredura vertical. *Veja* taxas de atualização

G-H

gabinete de montagem, 330
geometria de disco rígido. *Veja* CHS
geometria de unidades, 27-28
Gerenciador de Dispositivos (Windows), 27, 75-76
Gerenciador de disco. *Veja* Disk Management

Gerenciamento de Energia Avançado. *Veja* APM
gigabytes, 26-27
hard-drives. *Veja* unidades de disco rígido
HD-68M, conector de cabo, 338
HomePNA, 27-28, 302
HomeRF, 304
hubs raiz, 229
hubs, 27-28, 229, 292-293

I

I/O. *Veja* E/S
I2S, conectores, 280-281
IBM BIOS, códigos de bipe, 109
ICS (Internet Connection Sharing), 28-29, 314
    configuração, 315-318
    requisitos, 315
IDE (Integrated Drive Electronics), 28-29, 117
    cabo, 329
    unidades de disco, 117-119
identificação, USB (Universal Serial Bus), 223
IDs, dispositivos SCSI, 142-143
    configuração automática, 143-144
    configurando, 143-144
    externo, 143-145
IEEE 802.11b, padrão sem fio, 303
IEEE-1284, 28-29, 332, 336
IEEE-1394, 28-29, 231-232, 339
    adicionando, 232
    comparado com IEEE-1394a, 233-235
    comparado com USB 1.1/2.0, 233-235
    Linux, 234-235
    recursos de suporte on-line, 235
    solucionando problemas, 234-235
    versões, 232-233
IEEE-1394a, 233-235
iLINK. *Veja* IEEE-1394
Imation, suporte técnico de manutenção, 173

impressoras, 213-214
baseadas em host, 27-28, 215-216
drivers, 220
PostScript, 30-32
problemas de aplicativo, 220
problemas de conexão, 218, 220
problemas de hardware, 216, 218
testando, 215-216
Industry Standard Architecture. *Veja* **ISA**
instalação. *Veja também* **processo de formatação, unidades de disco rígido**
cabos, 331-332
unidades ATA, 137-138
unidades, 329-330
Integrated Drive Electronics. *Veja* **IDE**
Intel
codificação de cor para portas, 54-55
processadores de classe Pentium, 44, 46-48
processadores, 42, 44
IntelliType Pro Software, 238
Interface de Energia e Configuração Avançada. *Veja* **ACPI**
interfaces
mouse, 251-252
placas de circuitos (unidades de disquete), 172
SCSI (Small Computer System Interface), 30-32
unidades óticas, 166-167
Internet Connection Sharing. *Veja* **ICS**
interrupções, portas seriais, 200
Intervalo de repetição, controle deslizante (Teclado no Painel de Controle), 243-244
IP (Internet Protocol), 295-296
IPX/SPX, 28-29
IRQ (canais de pedido de interrupção), 28-29, 74-75, 200
direcionando, 75-76
testando placas, 331
utilização, 76-79
ISA (Industry Standard Architecture), 28-29, 86-87
de 16 bits, 87
placas de som, 282-283, 286
Itanium, processadores, 48

J

JDR Computer Products, 110-111
joystick, conectores, 278-279
jumper, blocos, 330-331
jumper, configurações (substituição de BIOS), 131
jumper, configurações, 143-144

K

K56flex, modems, 204-206
KDE (Ambiente K de Desktop), 28-29

L

lanternas, 328
LapLink, cabos, 320
Large mode (BIOS), 122
Lava Computer Mfg., 200
layouts, teclados, 243-244, 246-247
LBA (logical block addressing), 28-29, 122-124
desativando (desabilitando), 124
determinando utilização, 122-124
EDD, 127-129
falta de detecção de suporte, 124-125
problemas, 122-124
LCDs (liquid crystal display), 28-29, 259-261
lendo códigos de bipe do BIOS, 110-111
Lima, ferramenta, 328
limpeza

ferramentas, 333
teclados, 242
line in (entrada de linha), conectores, 278-279
line out (saída de linha), conectores, 278-279
Linux IEEE-1394, portas, 234-235
loopbacks, 28-29
  plugues, 332
  testando, 202-204
LPT (line printer port), 28-29
LPX, placas-mãe, 52-58
LS-120, drive, 28-29

M

Macintoshes, portas seriais, 197
MCA (Micro Channel Architecture), 28-29
mebibytes, 26-27
megabytes, 26-27
memória com paridade, 65-67
memória de acesso aleatório. *Veja* RAM
memória flash, 27-28, 181-182
  dispositivos, 186-187
  SmartMedia. *Veja* SmartMedia
memória sem paridade, comparada com memória com paridade, 65-66
memória, 62-64
  aberturas, 72
  adaptadores de vídeo, 264-266
  backups de módulos de memória, 331
  bancos, 66-69
  barreira de memória convencional, 68
  bits, 25
  bytes, 25
  DIMMs, 62-64
  dispositivos de firmware, 69-72
  dispositivos de hardware, 69, 71-72
  DMA (Direct Memory Access), 76-79
  ECC, 66-67
  endereços além de 1 MB, 72
  flash
    dispositivos, 186-187
    SmartMedia. *Veja* SmartMedia
  Flash compacta, 27
  Flash, 27-28, 181-182
  paridade, 65-67
  placas de expansão. *Veja* placas de expansão
  placas de vídeo, 72, 268
  RIMMs, 63-64
  SDRAM, 64-65
  sem-paridade, versus com-paridade, 65-66
  SIMMs, 62-64
  solucionando problemas, 68, 71
  sticks, 29-30
  utilização de sistema, 68
mensagens de erro na tela (códigos de bipe), 110-111
Menu de Configuração de Recursos, 97-98
menus, Configuração de Recursos, 97-98
métodos de detecção, mouse, 251-252
Micro Channel Architecture. *Veja* MCA
Micro Firmware, 93-94, 131
Microid Research (MR BIOS), 104-105, 110-111
MIDI, conectores, 279-281
mídia
  armazenamento, 23
  fontes, 184-185
  unidades de fita, 188
  unidades removíveis, 185-187
modems externos, comparados com interno, 206-207
modems internos, comparados com os externos, 206-207
modems sem controladores, 197
modems, 202-204
  externos, 206-207, 209
  internos, 206-207
  portas, 345-347
  sem controladores, 197
  seriais, 202-206
  solucionando problemas, 205-209

Winmodems, 197
modo normal (BIOS), 122
modo largo (BIOS), 122
monitor plano digital (DFP), 27
monitores
  dimensões, 260-261
  DPMS, 261-262
  resolução, 259-261
  solucionando problemas, 277
  taxa de atualização, 269-270
  testando qualidade da imagem, 276
  Windows, 272
    placas de vídeo, 272-273
    questões de configuração, 272-273
monitores primários, 271
mono in, conectores, 278-279
mouse, 251-252
  alternativas, 254-255
  drivers de software, 253-254
  métodos de detecção, 251-252
  sem-fio, 253
  solucionando problemas, 255-257
  tipos de interface, 251-252
MR BIOS (Microid Research), 104-105, 110-111
MS-DOS, método, UARTs, 199
multímetro digital (DMM), 330
Mwave, 29-30

N

NetBEUI, 29-30, 294
New Technology File System. *Veja* NTFS
NICs (network interface cards), 29-30, 290-291
  cabo UTP, 290-292
  USBs como alternativa, 290-291
NLX, placas-mãe, 53-54
Normal mode (BIOS), 122

NovaStor, 189-190
NTFS (New Technology File System), 154-155

O

OS/2, método, UART, 199

P

Page Description Language (linguagem de descrição de página). *Veja* PDL
palitos de dente, 329
parafusos de montagem, 330
Paralan Corporation, 142-143
pareamento de cabo, 298-299
particionando, 149-150
  benefícios, 151-153
  convertendo FAT34 em FAT50, 153
  FDISK. *Veja* FDISK, 150
  NTFS, 154-155
  partição estendida, 155-159
  primário, 155-159
partições estendidas, 155-159
partições primárias, 155-159
PartitionMagic 4.x, 153
PC Card, 29-30
PC/AT, 29-30
PC/XT, 29-30, 42-45
PC99, portas de sistema, codificação de cor, 54-55
PCI (Peripheral Component Interconnect), 29-30, 86-87, 268
  configuração de placa de som, 282-283
  especificações de barramento, 269-270
PCI, opções, Plug-and-Play BIOS, 98-99
PCL (Printer Control Language), 29-30
PCMCIA (Personal Computer Memory Card Internationa e Association), 29-30

PDL (Page Description Language), 29-30, 215-216
pels. *Veja* pixels
Periféricos, USB, 227-228
Peripheral Component Interconnect. *Veja* PCI
Personal Computer Memory Card International Association, 29-30
Phoenix BIOS, 104-105, 108-109
pinagens
  conector de energia ATX principal proprietário da Dell, 61
  conector de energia auxiliar ATX, 59, 61
  conector DVI-D, 263-264
  conector DVI-I, 263-264
  conector VGA DB-15, 262-263
  conectores de energia ATX +29-30 V, 60
  conectores de porta serial, 195-197
  modems externos, 209
  USB (Universal Serial Bus), 223
pinagens de modem externo, 209
pinças, 328
PIO (programmed input/output), 29-30, 131-133
pixels, 259
placas
  de expansão. *Veja* placas de expansão
  PC, 29-30
  placas de interface de rede. *Veja* NICs
  som. *Veja* placas de som
  vídeo. *Veja* placas de vídeo
placas adaptadoras, endereços de memória, 72
placas de expansão
  questões de configuração, 73-74
    DMA, 76-79
    IRQ, 74-79
  solucionando problemas, 80-81
    configurações de sistema, 82, 84-85
  sistemas operacionais, 85-87
  Windows, 82
placas de monitor. *Veja* placas de vídeo
placas de som multifunção, 282-283
placas de som, 280-281
  conectores, 278-281
  configuração, 282-283
  multifunção, 282-283
  portas, 343-345
  resolução, 281-282
  solucionando problemas, 282-284, 286
  tamanho do arquivo, 281-282
placas de vídeo
  comparação de recursos, 270-271
  memória, 72, 268
  sistemas de múltiplos monitores, 272-273
  taxa de atualização, 270
  tecnologia de barramento local, 268-270
placas lógicas. *Veja* interface, placas de circuitos
placas-mãe, 22, 24
  atualizações de BIOS, 102-105
  ATX, 24-25, 53-54
  Baby-AT, 51-52, 54
  comparadas, 54
  endereços de porta de dispositivo, 78-80
  ferramentas, 330-331
  fontes de alimentação, 55-57
  LPX, 52, 54
  memória, 62-65
  NLX, 53-54
  substituindo, 51
planilhas
  cabeamento SCSI, 148
  cabo UTP, 290-292
  configurações TCP/IP, 309-311
  Folha de Dados SCSI, 146-147
  Hub/Switch, 292-293
  Mapa de Recursos do Sistema, 82, 84-85
Planilhas de Configuração de Sistema, 82, 84-85
Plug-and-Play, 29-30

Índice

configuração BIOS, 96-97, 99-100
   PCI, 98-99
   recurso, 97-98
   solucionando problemas, 99-100
   configuração, 73-74
porta de impressora de linhas. *Veja* **LPT**
Porta Gráfica Avançada. *Veja* **AGP**
portas (line printer port), 11. *Veja também* conectores
   cabos, 345-347
   codificação de cor, 54-55
   comunicação, 27
   E/S, 22, 27-28
      endereços, 78-81
      opcionais, 22
   IEEE-1284, 28-29
   IEEE-1394, 231-232, 339
      adicionando, 232
      comparadas com IEEE-1394a, 233-235
      comparadas com USB1.1/2.0, 233-235
      Linux, 234-235
      recursos on-line de suporte, 235
      requisitos para controladoras, 232
      solucionando problemas, 234-235
      versões, 232-233
   IEEE-1394a, 233-235
   legado, 28-29, 228
   loopback, 28-29
   modems, 345-347
   paralelas, 210-212, 336
   placas de som, 343-345
   SCSI, 337-338
   seriais, 27, 195, 335-336
      conectores loopback, 332
      conectores, 195-197
      configuração, 200
      endereços, 200
      ESP (Enhanced Serial Ports), 200
      interrupções, 200
      Macintoshes, 197
      modems, 202-206
      R-232, 30-32
      solucionando problemas, 201-204, 207-209
      UARTs, 197-199
   teclados, 340
   USB (Universal Serial Bus), 223, 339
      1.x versus alta velocidade, 224-227
      adicionando, 224-226
      comparadas com IEEE-1394, 233-235
      identificação, 223
      localizações, 224
      pinagem, 223
      portas de legado, 228
      recursos de suporte on-line, 229
      requisitos, 227-228
      solucionando problemas, 229-231
      versão 2.0 versus versão 1.1, 226-227
   vídeo, 341
portas de alta velocidade. *Veja* **ESP**
portas de comunicação, 27
portas de E/S padrão, 22
portas de legado, 28-29
portas de placas de som externas, 343-344
portas de placas de som internas, 345
portas IEEE-1394, 28-29
portas paralelas, 336
   conectores, 210
   configuração, 211-212
   desempenho, 210-212
   solucionando problemas, 212
   USB e, 228
portas seriais, 27, 195, 335-336
   conectores, 195-197
   conectores/plugues de loopback, 332
   configuração, 200
   endereços, 200
   ESP (Enhanced Serial Ports), 200
   interrupções, 200
   Macintoshes, 197
   modems, 202-209
   R-232, 30-32

solucionando problemas, 201-204
UARTs, 197-199
USB e, 228
POST (power-on self-test), 30-32
 códigos de erro de teclado, 250-252
 testando placas, 331
PostScript, 30-32
Printer Control Language, 29-30
problemas. *Veja* solucionando problemas
processador de sinais digital (DSP), 282-283
processadores. *Veja também* CPUs
 Intel, 42, 44-48
 AT, 42-45
 PC/XT, 42-45
 x86, 32
 larguras de barramento de dados, 41
 Itanium, 48
 velocidade, 49
 solucionando problemas, 49, 51
 486, 48
processo de formatação (unidades de disco rígidos), 149-150
 alto nível, 158-160
 FDISK. *Veja* FDISK
 particionando. *Veja* particionando
 programas de instalação de terceiros, 160-161
programas de configuração, BIOSes, 104-105
protocolos de link de dados, 295-297
protocolos, 295
 IP, 295-296
 link de dados, 295-297
 TCP/IP, 30-32, 295-296, 307-314
PS/2, portas, USB e, 228

Q-R

QIC (Quarter-Inch Committee), 30-32
QIC-EX, 30-32
Quarter-Inch Committee (QIC), 30-32
R-232, porta, 30-32, 332
RadioLAN Wireless MobiLINK, 304
RAM (random access memory), 62-64
 aberturas, 72
 Acesso Direto à Memória
  Veja DMA bancos, 66-69
 barreira de memória convencional, 68
 com-paridade, 65-67
 DIMMs, 62-64
 Direct Memory Access. *Veja* DMA
 dispositivos de firmware, 69-72
 dispositivos de hardware, 69-72
 ECC, 66-67
 placas de expansão. *Veja* placas de expansão
 placas de vídeo, 72
 RIMMs, 62-64
 sem paridade, 65-66
 SIMMs, 62-64
 solucionando problemas, 68, 71
 utilização de sistema, 68
Rambus DRAM. *Veja* RIMMs
RAMDAC, taxa de atualização, 269-270
RealProducer, 281
RealTimeSoft, site da Web, 272
recuperação de atualizações de BIOS malsucedidas, 95-96
recursos on-line. *Veja também* sites da Web
 suporte IEEE-1394, 235
 suporte USB, 229
rede
 cabos
  conectores, 297-298
  limitações de distância, 301-302
  par trançado, 298-299
  UTP, 299-301
 cliente/servidor, 289-290
 conexões direta via cabo, 318-320
  configuração, 320-321

DCC, 322
software, 320
solucionando problemas, 322-324
ferramentas de instalação, 331-332
hardware, 290-293
ICS, 314-318
ponto-a-ponto (peer-to-peer), 289-290, 294
protocolos, 295
  IP, 295-296
  link de dados, 295-297
  TCP/IP, 295-296, 307-311, 313-314
redes de linha telefônica, 302-303
sem-fio, 303-307
software, 290, 294
solucionando problemas
  configuração de software, 311
  numa rede em atividade, 313
redes de topologia em estrela, 303-304
redes domésticas, configuração, 308-309
redes locais (local area networks – LANs), 28-29
redes sem-fio, 303
configuração, 305
custe por usuário, 306-307
ponto a ponto, 304-305
topologia em estrela, 303-304
redes sem-fio ponto a ponto, 304-305
resolução, 30-32
adaptadores de vídeo, 265-266
monitores, 259-261
placas de som, 281-282
retensionando unidades de backup de fita, 194
RIMMs (Rambus inline memory module), 62-64
RJ-11, porta, 346
RJ-45, porta, 299, 332, 345, 347
ROM BIOS, 30-32
roteadores, 308-309

S

scan codes. *Veja* códigos de varredura
SCSI (Small Computer System Interface), 30-32, 146-147
  cabo rígido, 329
  de baixa voltagem, 141-143
  diferencial, 141-143
  porta HD-50M, 337
  portas, 337-338
  solucionando problemas de configuração, 144-148
  terminação, 144-145
  unidades de disco, 115-116, 139
    configuração, 142-148
    configurações de jumpers, 143-144
    de terminação simples, 141
    diferencial, 141-143
    taxas de transferência de dados, 139-140
SDRAM (DRAM padrão), 64-65
Secretaria eletrônica 280-281
Serial ATA, 137-139
servidores pontuais, 29-30
setores por trilha (unidades de disco), 116
Silicone, sprays, 334
SIMMs (Single Inline Memory Module), 30-32, 62-64
sinais (conectores de teclado), 247-248, 250
sistema básico de entrada/saída. *Veja* BIOSes (Basic Input/Output System)
sites da Web. *Veja também* recursos on-line
  AMI, 103
  AMIDiag, 202-204
  BIOS Central, 110-111
  cabo direto, 319
  CompuCover Inc., 242
  configuração de ICS, 318

JDR Computer Products, 110-111
Micro Firmware, 93-94
NovaStor, 189-190
Paralan Corporation, 142-143
RealTimeSoft, 272
SmithMicro, 202-204
suporte de USB, 229
suporte IEEE-1394, 235
Unicore, 93-94
vendedores de roteadores, 309
Weymouth Technologies, 184
Wimsbios, 104-105
WinDrivers, 184
sites. *Veja* sites da Web
slots combinados (combo), 27
slots compartilhados, 27
slots de expansão, 86-90
Small Computer System Interface. *Veja* SCSI
SmartMedia, 30-32
SmithMicro, 202-204
software
cabo direto, 320
rede, 290, 292-293
(não-hierárquica ponto-a-ponto), 294
solucionando problemas de configuração, 311
solucionando problemas
ATAPI, 169
BIOSes, 100-101
cabo direto, 322-324
CDs de inicialização, 170
Configuração SCSI, 144-148
dispositivos de captura de vídeo, 274
dispositivos de memória flash, 187
dispositivos paralelos, 212
fontes de alimentação, 61-62
hardware de áudio, 282-284, 286
IEEE-1394, 234-235
instalação de unidade ATA, 137-138
memória, 68, 71

modems, 207-209
monitores, 277
placas de expansão, 80-81
configurações de sistema, 82, 84-85
sistemas operacionais, 85-87
Windows, 82
Plug-and-Play, 99-100
portas paralelas, 212
portas seriais, 201-204
processadores, 49, 51
redes
configuração de software, 311
em atividade, 313
TCP/IP, 313-314
teclados, 249-250
unidade de DVD-ROM, 168-169
unidades de backup de fita, 191-194
unidades de CD-R, 168-169
unidades de CD-ROM, 168-169
unidades de CD-RW, 168-169
unidades de disco rígido, 164-167
unidades de disquete, 176-178
unidades de mídia removível, 185-187
USB, 229-231
Soper, Mark Edward, 318
Soquetes, 48
SoundBlaster, 30-32
SPDIF, conectores, 280-281
step motors, 172
subsistemas, 21, 23, 29-30
SuperDisk Imation, kit de limpeza, 334
SuperDisk, 28-29
suporte a múltiplos monitores, 272-273
switches, 241, 292-293

T

Tabela de Alocação de Arquivo. *Veja* FAT
tamanho do registro, 30-32

tampas de slot, 330
taxa de atualização sem cintilação, 269-270
taxas de atualização, 269-270
taxas de transferência
SCSI, 139-140
unidades de disco ATA, 131-133
taxa dupla de dados. *Veja* DDR
TCP/IP, 30-32, 295-296
configurações, 307-309
planilha de configurações, 309-311
redes domésticas, 308-309
roteadores, 308-309
solucionando problemas, 313-314
teclados, 237
códigos de erro, 250-252
códigos de varredura, 243-244, 246-247
conectores, 247-250
consertos, 249-250
leiautes, 243-244, 246-247
limpeza, 242
portas, 340
requisitos de USB, 248
solucionando problemas, 249-250
switches, 241
teclado 117, 237, 243-246
teclado 118, 237, 243-246
teclado 120, 237, 247
Windows
ajustando parâmetros, 243-244
comandos, 238-241
teclas, 237-238
terminação, SCSI, 144-145
testadores de tomada, 331
testando
atualizações BIOS, 92
impressoras, 215-216
monitores, 276
teste automático ao ligar. *Veja* POST
tipificação de unidades (drives), 136
transferência de dados, 162
cabo, 333
copiando utilitários, 163
ferramentas, 333
taxas (velocidades), 139-140
XCOPY, 162-163
Transmission Control Protocol/Internet Protocol. *Veja* TCP/IP
Travan, unidades de fita, 30-32, 189-190
trilhos, 330
tubo de raios catódicos (cathode-ray tube – CRT), 27

U

UART, 30-32, 197
identificação, 199
tipos de chips, 198
UDMA (DMA Ultra), 30-32, 132-134
Ultra2Wide SCSI, 141-143
Unicore Software, 93-94
unidades de alocação, 27
unidades de armazenamento removíveis órfãs, 184
unidades de armazenamento removíveis, 180, 182-185
unidades de disco
CD-ROM, 166-167
ATAPI, 167-168
solucionando problemas, 168-169
disquete, 171
energia para a unidade, 174, 176-177
hardware, 174
kits de limpeza, 333
mensagens de erro, 178-179
pontos de falha, 172-173
solucionando problemas, 176-178
geometria, 27-28
discos rígidos. *Veja* unidades de disco rígido
ferramentas de instalação, 329-330
LS-120, 28-29
removível
mídia, 185-187

órfão, 184
armazenamento, 180, 182
  especificações, 183-184
  fontes de mídia, 184-185
  reparos, 184-185
fitas
  de capacidade alta, 189-190
  dicas, 190-191
  kits de limpeza, 334
  mídia, 188
  padrões, 187-188
  procedimentos de restauração, 190-191
  retensionando, 194
  solucionando problemas, 191-194
  Travan NS, 189-190
  Travan, 189-190
abreviações para unidades de medida, 25-27
unidades de disco rígido
ATA, 115-116
  atualizações, 130-131
  chipsets de bus-mastering (controle de barramento), 134-136
  CHS, 115-116, 120-124
  identificação, 117
  limites de capacidade, 120-121
  modos PIO, 131-133
  padrões, 119-120
  serial, 137-139
  solucionando problemas de instalação, 137-138
  taxas de transferência, 131-133
  tipificação de unidades, 136
  unidades mestre/escravo, 117-119
cabeçotes, 115-116
capacidade, 129-130
cilindros, 116
compatibilidade com BIOS, 125-127
conserto, 164-165
EDD (Enhanced Disk Drive), 120-121, 127-129
erros de configuração, 165-167
FDISK, 150
  limites de tamanho, 150-151
  suporte a discos grandes, 150-152
IDE
  identificação, 117
  unidades mestre/escravo, 117-119
particionando. *Veja* particionando
processo de formatação, 149-150
  alto nível, 158-160
  particionando. *Veja* particionando
  programas de instalação de terceiros, 160-161
SCSI, 115-116, 139
  configuração, 142-148
  de terminação simples, 141
  diferencial, 141-143
  taxas de transferência de dados, 139-140
setores por trilha, 116
solucionando problemas, 164-167
tipificação de unidades, 136
transferência de dados, 162-163
Ultra DMAs, 132-134
unidades de disco primárias, FDISK, 155-159
unidades de disquete, 171
cabo, 329
energia para o drive, 174, 176-177
hardware, 174
kits de limpeza, 333
mensagens de erro, 178-179
pontos de falha, 172
  cabeçotes de leitura/gravação, 173
  motor de passo, 172
  placas de circuitos de interface, 172
  protetores contra pó, 172
solucionando problemas, 176-178

unidades de fita de alta capacidade, 189-190
unidades de medida, drives, 25-27
unidades de mídia removíveis, 185-187
unidades escravas, 117-119
unidades mestres, 117-119
unidades óticas
  interfaces, 166-167
  solucionando problemas, 168-170
unidades secundárias, 155-159
Universal Asynchronous Receive/Transmit. *Veja* UART
Universal Serial Bus. *Veja* USB
USB, (Universal Serial Bus), 30-32, 223, 339
  1.x versus alta-velocidade, 224-227
  adicionando portas, 224-225-226
  cabos, 332-333
  comparado com IEEE-1394, 233-235
  conectores, 247, 290-291
  identificação, 223
  localizações de porta, 224
  pinagem, 223
  portas de legado, 228
  recursos de suporte on-line, 229
  requisitos de teclado, 248
  requisitos, 227-228
  solucionando problemas, 229-231
  versão 2.0 versus versão 1.1, 226-227
USB, teclados de legado, 248
UTP (par trançado não-blindado), 30-32
UTP, cabo, 290-292, 299-301

V

V.90
V.90, modems, 30-32
  atualizando para, 204-206
  solucionando problemas, 205

VESA (Video Electronic Standards Association), 32, 268
VESA, barramento local. *Veja* barramento VL
VGA (video graphics array), 32
VGA-15, pinagem de conector DB, 262-263
vídeo de cristal líquido. *Veja* LCDs
Video Electronic Standards Association. *Veja* VESA
video graphics array. *Veja* VGA
VL-Bus (VESA Local-Bus), 32, 86-87
voltagem, conectores de teclado, 250

W

WECA (Wireless Ethernet Compatibility Alliance), 304
Weymouth Technologies, site da Web, 184
Wi-Fi, 304
Wimsbios, site, 104-105
Windows
  configuração de conexões diretas via cabo, 320-321
  configuração de ICS, 315-318
  monitores, 272
    placas de vídeo, 272-273
    questões de configuração, 272-273
    testando, 276
  NetBEUI, 294
  questões de capacidade de unidade, 129-130
  software de rede, 292-293
  solucionando problemas de placas de expansão, 82
  teclados
    ajustando parâmetros, 243-244
    comandos, 238-241
    teclas, 32, 237-238
  versões, 39-40
Windows Producer, 281

Windows, Gerenciador de Dispositivos, 75-76
Windows, Serviço de Nomes da Internet, 32
WinDrivers, site da Web, 184
Winmodems, 197
WINS (Serviço de Nomes da Internet Windows), 32
Wireless Ethernet Compatibility Alliance (WECA), 304

X-Z

X2, modems, 204-206
x86, processadores, 32
XCOPY, 162-163
XCOPY32, 162

Impressão e Acabamento
Oesp Gráfica S.A (Com Filmes Fornecidos Pelo Editor)
Dept° Comercial Alameda Araguaia, 1901 - Barueri - Tamboré
Tel. 4195-1805 Fax 4195 - 1384